U0124991

图书在版编目（CIP）数据

精禽正藉海云飞：范曾研究丛稿 / 周建忠主编 .—北京：北京大学出版社，2012.5
（北京大学中国画法研究院·众芳文存）
ISBN 978-7-301-20672-0

I. ①精…　II. ①周…　III. ①范曾－学术思想－研究　IV. ① K825.72

中国版本图书馆 CIP 数据核字（2012）第 103355 号

书　　　名：精禽正藉海云飞 —— 范曾研究丛稿
著作责任者：周建忠　主编
责 任 编 辑：梁　勇
标 准 书 号：ISBN 978-7-301-20672-0/J · 0442
出 版 发 行：北京大学出版社
地　　　址：北京市海淀区成府路 205 号　　100871
网　　　址：http://www.pup.cn
电 子 信 箱：pw@pup.pku.edu.cn
电　　　话：邮购部 62752015　发行部 62750672　编辑部 62750883
　　　　　　出版部 62754962
印　　刷　者：北京楠萍印刷有限公司
经　销　者：新华书店
　　　　　　720 毫米 × 1020 毫米　16 开　23 印张　327 千字
　　　　　　2012 年 5 月第 1 版　　2012 年 5 月第 1 次印刷
定　　　价：56.00 元

北京大学中国画法研究院 蕲芳文存

精禽正藉海云飞
——范曾研究丛稿

周建忠/主编

北京大学出版社
PEKING UNIVERSITY PRESS

世距睐以炫耀，好嬌美而妒

嫉，故韓公謂鄉願之輩又

以羣人待其身而以聖人望於

人，此社會又能寬容厚德所

致也。

宋玉謂雄風起於青苹之

末，而雌風起於腐餘之庄，

余所聘於社會者，雖以豐

童視我，我心所取狀者為

清風徐來，水波不興，玉不致

於泥淖中自苦也。感謝諒書

所有作者，受誠我者也。辛卯

范曾於北大燕園

輪之，若萬物之源之，若第一

之排動之，若神聖之自尊之。

余讀畢，不禁掩卷一笑，非自

哂為如是之，其庶幾乎不敢

詡，心嚮往之之矣。

余每憶昌黎《原毀》一文，知

列外不斯於人內不斯於心而
已。余雖已蒼然一衲一然
時時為童心所據、不知老之
已至。尼宋於《查坯圖斯特
拉如是說》一文中畫民謂
嬰孩之狀態，若狂也若憨文、

童心不泯

余嘗有二語字自評云："癡於繪畫，能書，偶為辭章，頗抒己懷，好讀書史，墨通古人之變，識者以為誄忌，而本人之意惟恃者以為狂。

目录

名家序跋

诗礼书香　瓜瓞绵延

目 录

志道据德　依仁游艺 (艺术研究)

游心太玄　探本风骚 (文史研究)

走近大师　感悟生命

目　录

前　言

周建忠

　　睿哲之姿，源自文正家风；英绝之才，显乎夫子多能。范曾先生，字十翼，别署抱冲斋主，禀异赋而自勤，故天纵之将圣。先生者，因才赡而为丹青巨擘，诗坛祭尊；因学富遂成国学泰斗，儒林硕彦。现为北京大学教授、画法研究院院长，中国艺术研究院博士生导师、终身研究员，南开大学终身教授，南开大学文学院、历史学院博士生导师，中国人民大学国学院导师，南通大学终身教授。

　　先生身兼众艺之所长而皆造夐绝之境，诚如先生自评："痴于绘画，能书，偶为词章，颇抒己怀，好读书史，略通古今之变。"由是观之，天下谈士相聚而论："先生深通文史哲之邮，复擅诗书画之绝"，徵之先生，孰谓之不然？盈午兄有言："才赡者每贫其学，学富者辄窘其才。揆诸古今，概莫能外。顾事亦有旁逸独出者，才而兼，艺而全，学而通如十翼先生者，亦偶一有之，此灵气所钟、山川所降，彼造物者亦不得不略开其网，然此乃亘数百年而不一遘者也！"先生之才，何令人景羡一至于此也！

　　游心艺苑，挽颓风而振庸；纵意墨林，树大纛以拔俗。先生之丹青圣手，震铄域内外久矣。观先生之画，跃马揽辔、奔逸天岸，豪纵之情喷薄而出；味先生之墨，万象毕呈、造化在手，移山之力处处可感。其纵笔处如飞瀑之悬匡庐，收笔处如鸿声之断衡浦。其画也，多标举中华民族仁人志士之高风亮节、傲骨烈魂，气韵生动、飘逸潇洒，文与画珠玉璀璨，真善美形神俱存。亦倡以诗为魂、以书为骨，集诗、书、画三绝于一身，聚文、史、哲三域为一体，丹青得学问之滋养而终成绝艺。可谓开人物画一代风气之先，举世驰骛，万流腾誉。

先生幼禀庭训，熏染于范氏家风，于挥毫泼墨之余，沉浸醲郁，发为诗文，深秀而高华，"不作无病呻吟之语，不为刻红剪翠之句"，"往往挟长风以长驱，进则有豪侠气，退则有高士气，而儒家经世、禅家感悟、道家睿语，皆若散花之近维摩，不着痕迹。"岂止"童心"之再现，非从胸臆间流出不肯下笔；亦为转益多师、别裁殊体之涵养，如先生言："对我文章气质影响最大者，曰屈原之骚韵，曰司马之沉痛，曰东坡之疏旷，曰稼轩之悲凉。"

先生之诗文众体兼善，色色精工，格高而调古，气豪而思壮，精于炼字又擅于审音，妙旨幽微且趣味卓荦。其诗词，立意高雅，情文双俱，设句破典，音韵铿锵。其文赋，纵横捭阖，境阔意远，心连广表，视及大千。先生之诗，探源风骚，撷英李杜，于诗坛诸大家无不精研探赜，务得其阃奥，然又不为诸家矩矱所牢笼。其诗学理念呈现出其曾祖伯子先生"惟有参之放炼间，独树一帜非羞颜"豪迈气势与豁达胸襟。先生之文史研究，涉猎历史、文学、文艺、哲学诸学科领域，学养精深，厚积薄发，出入儒道佛，驾驭自如。所作长篇论文，出入中西，纵横驰骋，指点江山，游刃有余。

"焚膏油以继晷，恒兀兀以穷年"，先生孜孜矻矻于诗文书画之道，致力于"回归古典"之艺术追求，其树德建言之成就可谓著作等身。已故国学大师季羡林先生说："我认识范曾有一个三步曲：第一步认为他只是一个画家，第二步认为他是国学家，第三步认为他是一个思想家。在这三个方面，他都有精湛深邃的造诣。"季老之评，堪为知音。"国学家"与"思想家"之文化底蕴与思想深度，乃先生成为驰誉世界艺术大师之先决条件，亦印证孔夫子"志于道，据于德，依于仁，游于艺"（《论语·述而》）治学论断之高超。

回望南通范氏诗文世家，绵延十三代，爝火不息、诗文赓续，蔚为大观，维范文正公"先忧后乐"之济世情怀，成为家族文人声气相应之法乳根脉。

文正公"先天下之忧而忧，后天下之乐而乐"之济世宏愿，浩气长存；伯子先生胼手胝足、眷眷于乡邦教育之高山景行，名贯江海；迨先生悲悯天地，屡屡为灾区百姓慷慨解囊、动辄千万，其宅心仁厚如此。凡此种种，皆为南通范氏崇高家风之延续光大，震铄古今！

先生才赡学富，综赅万有，以丹青震于时，以诗文雄于世，更以"民吾同胞，物吾与也"之慈悲情怀而平视古今。惜乎"夫子之墙数仞"，芸芸众生不得其门而入，不见先生"宗庙之美，百官之富"。故为该编，以窥先生志道、据德、依仁、游艺诸门径，以显先生才之大、艺之精、情之挚、道之广。

伯夷、叔齐虽贤，得夫子而名益彰。颜渊虽笃学，附骥尾而行益显。编者薄学浅陋，仰视至大至美之境，难登堂奥，惟愿十翼先生以涵海负天之力，俾我中华文化，自信自觉，远播寰宇，自成高唱，使横渠先生"为天地立心，为生民立命，为往圣继绝学，为万世开太平"浩然之气滂沛乎宇内，嘉惠士林！是为记。

辛卯十月

范先生不仅是一位腾誉士林的国画大师，也是一位综赅贯通的专家学者，倘若要给他一个精准的称谓，似乎"痴于绘画，能书；偶为辞章，颇抒己怀；好读书史，略通古今之变"的辛巳自评更接近先生万斛泉涌之才华的根源。范先生之画有跃马揽辔、奔逸天岸的豪纵之情；有万象毕呈、造化在手的移山之力；纵笔处如飞瀑之悬匡庐，收笔处如鸿声之断衡浦。范先生之诗文众体兼善，色色精工，格高而调古，气豪而思壮，精于炼字又擅于审音，妙旨幽微且趣味卓荦。

　　先生之才赡学富，前贤早有定论。无论是求贤若渴、奖掖后进的郭沫若，还是大朴无华的陈省身、季羡林，都对先生腹笥之恢弘、建树之卓荦极为叹赏。北大周校长更是秉承"大学者，非谓有大楼之谓也，有大师之谓也"的办学理念，聘任先生为北京大学中国画法研究院院长一职。

名家序跋

文姬歸漢

漢宮春・殘燭圖卷詞

郭沫若題

题《文姬归汉》

郭沫若

一九六二年七月八日，江左小范作《文姬归汉图》索题，因成此诗。

汉家失统驭，四海繁兵马。千里不闻鸡，兽多人转寡。

我蒙贤王救，寄身穹庐下。相随十二年，相爱无虞诈。

马湩淳且芳，其味如甘蔗。悲壮胡笳声，肯从琵琶亚？

本拟踵明妃，青冢留佳话。曹公遣使至，要我回车驾。

纂修续汉书，继承先文雅。愧无班姬才，倍觉责大嘏。

圣人作春秋，辞难赞游夏。垂世千百年，褒贬乱贼怕。

我愿学齐史，笔削不肯假。生死皆以之，用报知音者。

感君识此心，慷慨无牵挂。盛装送我归，转教难割舍。

儿女向我啼，羌笛声喑哑。踌躇复踌躇，顿觉天地窄。

君是好男子，笑我欠潇洒。胡汉本一家，千秋眼一眨。

何为临歧路，泪眼如杯斝。史成卿再回，儿大来相迓。

莫用再踌躇，珍重香罗帕。感君慷慨意，纵身随大化。

序《庄子显灵记》

季羡林

若干年来，我有一个想法：人类自从成为"万物之灵"后，最重要的任务是正确处理人与大自然的关系，我称之为"天人关系"，要了解自然，认识自然，要同自然交朋友，我称之为"天人合一"。然后再伸手向大自然要衣，要食，要住，要行。

然而，人类，特别是近几百年来的西方人，却反其道而行之，要"征服自然"，在大自然面前翘尾巴。从表面上来看，人类似乎是胜利了，大自然似乎是被征服了。然而，大千世界发生了许多弊端，甚至灾害，影响了人类生存的前途。

德国伟大诗人歌德说，大自然不会犯错误，犯错误的是人。

德国伟大的思想家恩格斯说，我们不要过分陶醉于我们对自然的胜利中，每一次胜利，大自然都对我们进行了报复。

两位哲人的话值得我们深思再深思。

我有一个公式：人类在大自然面前翘尾巴的高度与人类前途的危机性成正比——尾巴翘得越高，危机性越大。

眼前的这一个世纪，是人类生存发展前途上的一个关键的世纪。

读了范曾兄的近著《庄子显灵记》，"心有灵犀一点通"，引起了我的遐想，写了上面这一些话。

　　我认识范曾有一个三步（不是部）曲：第一步认为他只是一个画家，第二步认为他是一个国学家，第三步认为他是一个思想家。在这三个方面，他都有精湛深邃的造诣。谓予不信，请阅读范曾的著作。

季羡林

2002 年 3 月 18 日

《庄子显灵记》序

陈省身

读范曾兄《庄子显灵记》，有当年读杜工部《秋兴八首》的感觉，气概万千，涉及当前基本问题，非常佩服。

世界上两个重要的元素是自然与人。五百年的伟大的科学进展，开启了我们对自然的了解，也因此影响了人类的生活，我们同五百年前的人已不是同一种动物了。

中华民族是很实际的，中华文化寻求人类社会的处理与组织，一个结果是注意到传代，便自然重"孝"，便把多代连起来，成为一串，不能使串切断，便"不孝无后为大"，结果把中华养成一个巨大的民族。

中西文化的不容，把我们带到一个新的春秋时代。我一九四三年至一九四五年在普林斯顿，常同爱因斯坦见面，也到过他家中的书房几次，他书架陈书不多，但有一本德译的老子《道德经》。希望范曾再写一本《老子显灵说》。

陈省身

2002 年 2 月 28 日

《中国近现代名家画集·范曾》序言

叶嘉莹

　　我对范先生之第一印象，是来自他的一幅画作。那是 1979 年的春天，我第一次归国讲学，将从北大转往南开，南开遂请二位先生来京接我赴津。而于赴津前一日，更邀我游览京郊诸名胜之地。时值碧云寺之中山堂举办画展，我一入展室，但觉眼前一亮，就被入门不远右侧墙上所悬挂的一幅屈原像所吸引了。其后我曾写过一首《水龙吟》词，对我当时初睹此一图像时之欣喜震惊加以描述，说："半生想象灵均，今朝真向图中见。飘然素发，翛然独往，依稀泽畔。呵壁深悲，纫兰心事、昆仑途远。哀高丘无女，众芳芜秽，凭谁问、湘累怨。"当时，我对于作此图画的范曾先生实在一无所知，但我以为若非对屈子之心魂志意有深切之共鸣与体悟之人，就绝不可能画出这一幅能传达出屈子之精神像貌的图画来。我平日论诗词，注重感发和意境，常以为若非诗人之心灵中具有此种感发和意境，就决不能在作品中传达出此一种感发和意境。我对绘画之事既并不深知，因此不敢说我的论诗之言是否亦适用于论画。不过若只就我个人的主观而言，则我对于绘画的欣赏，却一向也是以绘画中所传达出之感发及意境之深浅、厚薄、强弱为我个人赏爱之标准的。因此当我面对此一幅图像时，立即就由绘画中所传达出的感发和意境，引起了对于这一位画家的联想，所以在这一首词的下半阕，我便接着写下了

"异代才人相感，写精魂凛然当面"两句话。而接着写下的"杖藜孤立，空回白首，愤怀无限"之句，则表面上虽是对图画中屈子之形相的描述，但事实上却已融入了我对于画家之情怀的想象。而且在这一幅画上还有画家所题的一首诗，其中有"希文忧乐关天下"之句，然则画家范曾之借用前世名臣范仲淹之"先天下之忧而忧，后天下之乐而乐"之襟怀以为自喻之心情自可想见，这当然就更增加了我对于这幅画的一份感动，所以我接着就又写下"哀乐相关，希文心事，题诗堪念"三句词，明显地把画中之人与作画之人及所题的诗中之人，都结成了一体，如此还把千古以来的屈原、范仲淹与范曾都联成了一线生生不已的民族不朽的精魂。我更在此词结尾处写下"待重滋九畹，再开百亩，植芳菲遍"三句祝愿，这三句表面自然仍是就画中的屈原而叙写的，因为屈原在《离骚》中曾经写过"余既滋兰之九畹兮，又树蕙之百亩"的话。"美人香草"在屈骚中都是他所追寻的美好之理想的象喻，我说"待重滋"则正表示了后人对屈子之志意的继承，这自然可以指作画的范曾。而我当日之归国讲学，原来也正由于眼见国内之教育与文化在"文革"中之横被摧残，因而遂萌发了一种"书生报国成何计，难忘诗骚李杜魂"的愿望。古人既曾把"树人"与"树木"相比，又曾把学生们比做桃李，而桃李自然是一种"芳菲"，所以我所写的"待重滋九畹，再开百亩，植芳菲遍"三句话，当然也就融入了我自己的心怀和意愿。因此千古前之三闾大夫屈子，实可说是我与范曾先生相识之第一媒介。近日我偶然在范先生赠我的一册《画外话·范曾卷》中，读到了他为所绘之《屈原哀郢图》所写的题为《汨罗江，诗人的江》一段话，其中有"回顾屈原以后的贤哲，从贾谊、司马迁到鲁迅、闻一多……千古骚韵，不绝如缕，缱绻壮怀，烛照华夏"之言，然则我当日在与范先生相晤之前，仅就其所绘之一幅屈子图而引发的《水龙吟》一词中的感发和想象，固可因此而证其决非虚想也。

至于我与范先生本人之相见，则是在我写过那一首词的三个月之后。那时我刚结束了在南开的讲学，从天津回到北京。南开中文系的友人，因为曾听到当日赴北京接我并陪我游访碧云寺的二位先生说起过我对范曾所绘屈原图之激赏，遂商请范先生亲自又绘了一幅屈原图作为南开赠我之临别纪念，同时更有友人将我所写的那一首《水龙吟》词也传送到了范先生的手中。因此当我回到北京后，范先生就邀我到他家中去看他作画，并说他已将我的《水龙吟》词写成了一幅中堂准备相赠。我抵达他府上后，他立即向我展示了他的这一幅书法，于是我所写于纸上的一首词，遂在他的劲健飞舞的笔势中，仿佛更获得了一种线外的生命。继之他又欲为我当面作画，但那时他的住处并不宽敞，没有较大的画案，于是他遂张纸于壁，悬腕举肘为画壁之画。初于纸上绘出双目，便已见精光炯炯而出，继之又以线条挥洒，数笔勾勒便完成了一幅深沉睿智的《达摩演教图》。记得范曾论画曾云作泼墨人物必须意在笔先，使所绘之人物与所用之笔墨全相结合，意到笔随，乃见精神，苟有丝毫之迟疑补缀，必成败笔。此事言之虽易，但行之实难，诚以欲求人物之得其神，则必须有深厚之修养，而欲求笔墨之得其神，则必须有精到之功力。范曾先生于人物之能得其神，固出于其才气之敏悟与读书之修养，至于其笔墨之能得其神，则应出于其锲而不舍的精勤之努力。范曾先生曾为其所绘的一幅鲁迅之图像，写过一篇以《生命的奇迹》为题的短文，自叙其于1977年曾因病住院，动过一次大手术。当时他为了要使两手能保持作画之自由，曾请求医护人员将输血之针管插到脚上。据云以脚代腕插入针管之痛苦极大，而他当时又严重贫血，故插管之痛苦，必须忍受多日。范曾先生乃以其坚毅之精神，不仅承受了此种痛苦，且请人于其床上置一小几，每日以意志驱除痛苦，伏几作画不辍，全以白描之笔绘出了《鲁迅小说插图集》一册。似此多年磨砺，方锻炼出了他掌握白描之线条的一种既灵动又精确的功力。而这种刻苦的努力则应是全出于其过人之天才之不甘于生命落空的一种对于不朽的追求。

在我拜访过范先生以后不久，范先生便到我所居住的友谊宾馆来回访。谈话中始获知范曾先生原出生于南通之诗人世家，其曾祖父范当世先生，字肯堂，号伯子，其诗歌在同光之世极负盛名，著有《范伯子诗集》行世，其昆弟子侄每大多能诗，然后乃知范先生之能绘出千古骚魂，固原有其渊源之所自也。而我个人自少年时起，亦复耽于屈骚之吟诵。适值我手边有一小型录音机，因即面请范先生为我吟诵了《离骚》之首尾各一节。其初范先生尚颇有迟疑拘束之意，盖以诗歌吟诵之传统在近世之中国已日渐消亡，常人不习于此乃往往闻而笑之。及至范先生见我闻其吟诵后惊喜之状，遂以我为知音，固乃放声长吟，在兴会淋漓之中，继屈骚之后又陆续吟诵了太白、子美、东坡、稼轩诸家之诗词多首。其后数日，在我临行前范先生又亲来宾馆，以其专门为我录制的吟诗音带一卷相赠，以为临别之纪念。其后我也曾写了又一首《水龙吟》词，继前一词所写的观其绘画之感发之后，又写出了我聆其吟诵之后的另一番感受，词是这样写的：

一声裂帛长吟，白云舒卷重霄外。寂廖天地，凭君唤起，骚魂千载。渺渺予怀，湘灵欲降，楚歌慷慨。想当年牛渚，泊舟夜咏，明月下，诗人在。多少豪情胜慨，恍当前座中相对。杜陵沉挚，东坡超旷，稼轩雄迈。异代萧条，高山流水，几人能会。喜江东范子，能传妙咏，动心头籁。

自从聆听了范曾先生的吟诵以后，我对于他的画乃似乎更有了一份深入的体认。那就是支撑起他的不凡之画骨的，原来正是其内心中所蕴含的一份涵养深厚的诗魂。而且无论其所绘者之为诗人与否，其笔墨深处似乎都有着一缕诗魂的回荡。而这与他自幼生长于诗人之世家，一直接受着诗歌环境之熏陶培养，自然有着密切的关系。若就今日一般之画家言之，则欲求一有不羁之才如范曾者固已极为难遇，若欲更求一有文学诗歌之修养如范曾者，则更属难能。且也，范曾先生不仅工书善画，而且能诗，其所自作之诗篇亦复才气纵横迥出俗尘之外，世称"三绝"。范曾先生自可当之而无愧。是则其负一世之盛名，固决非偶然者也。

不过，盛名之下，亦往往不免有盛名之累。范曾先生既有才人的狂放不羁之傲骨，又有诗人的任率纵情之性格，故其所言所行亦时或不为世人所谅，而认为其有不经之处。我与范曾先生之相识既已有 20 年以上之久，我之年龄又虚长范先生有 14 岁以上之多，因念古人"益者三友"之说，以为我既自愧"多闻"，则于"直、谅"不敢不勉，是以偶尔与之相见，亦曾以谦冲自抑为劝。不过我所谓之"谦冲"实在乃是修养有得之一种境界，而决非世俗之伪为谦冲之态者，否则我固宁取其傲纵之真诚，而决不欲见其有谦冲之伪态也。但谦冲入化之为作画与做人之另一极高之境界，则不待我之言说，范曾先生对此实亦已早自有所解悟。在其为所绘之《老子演教》一幅图像所题写的《画外话》中，便曾经叙述说："道之所在，便是冲融和谐之所在。"又曾在另一幅《老子出关》的《画外话》中说："一个具有雄才大略的睿智伟岸的人，应该虚怀若谷，谦恭下士（知其雄，守其雌）。"夫以范曾先生之天才、学识、意志，其艺术境界定会有更臻于谦冲自得超然神化之一日。天假我年，当拭目俟之。

千禧之年岁在庚辰仲春之月望后五日于南开大学

南通范氏诗文世家序

钱仲联

诗歌之有世业，其肇端于《诗》三百篇哉！《关雎》之诗，姬周创业时之风，世代仍之，为《周南》之始，亦即《诗》三百篇之始业。战国以降，南方之诗即楚歌也，《九歌》之为《离骚》也。即继楚国世代相承之风，其义与北之《诗》三百无殊也。汉魏晋宋以来，五七言古诗兴，入洛传士衡之教，归隐继长沙之风，此旨犹存也。齐梁以还，宫体与帝业相系，维世业之最可征者也。延及李唐，杜圣继审言之后，六代之传统延续矣。宋代斜川一集继三苏，明代东涧张钱氏虞山之学，清代惜抱大桐城古文之派，以迄今日，厥传未绝，以言诗歌。则南通范氏其世执吟坛牛耳者哉？赣派与范氏姻娅盘互，浙派之沈寐叟获理皖抚时，馀事创印刷机构，首以有光纸排印范伯子诗集行世，此皆所谓时节因缘者也。

南通范氏既高据诗界昆仑之巅，其一家之世业撰则又不止于诗也。今汇编为《南通范氏诗文世家》一书，为卷十六之富而有余，计：卷一部分先祖卷；卷二范凤翼卷；卷三范国禄卷；卷四范伯子卷；卷五范钟卷；卷六范铠卷；卷七范罕卷；卷八范况卷；卷九范毓卷；卷十范子愚卷；卷十一范子文卷；卷十二范曾卷；卷十三范凤翼年谱补注；卷十四范伯子年谱；卷十五范曾年谱长编；卷十六姻亲卷。范氏之世业在是，近代世业之传家典型在世，猗欤盛哉！范氏曾，今日学林之祭尊也，刊是书成，属余一言道其厓略，余奚敢以不文辞。余浙人也，而生长虞山，北望南通，一江近隔，烟波渺弥，又不徒仰止之忱之深而已。

岁在癸未春，九十六岁钱仲联敬撰并书

在北京大学中国画法研究院成立
仪式上的致辞

周其凤

尊敬的各位领导、各位嘉宾，老师们、同学们：

大家上午好！

今天，我们隆重集会，庆祝北京大学中国画法研究院的成立，这不仅是北京大学艺术学科发展史上的一件大事，也可以说是中国高等教育界与文化艺术界共同的盛事。在此，我谨代表北京大学，向研究院的成立表示最热烈的祝贺！向关心、支持北大发展的各位领导、各位嘉宾表示最诚挚的感谢！

严格地说，中国画法研究院今天应该是在北大"恢复重建"。早在 1918 年，我们的老校长蔡元培先生就亲自发起成立了"北京大学画法研究会"，这是当时北大一个非常重要、非常有特色的学术机构，曾经极大地影响了现代中国书画艺术研究的发展方向，也对"中国画派"的兴起和一大批现代中国画家的成长起到了积极作用。

众所周知，北京大学是中国历史上第一所现代意义上的国立综合性大学，也是中国现代艺术学科的奠基之地。蔡元培先生就任校长之后就提出，要"以美育代替宗教。"所谓美育，不仅仅是对学生进行音乐、美术方面的教育，更是要帮助学生陶冶性情、提升境界、开阔心胸，从而培养造就有深厚人文素养的"博雅君子"。促进文化的传承与社会文明的进步。当年，蔡元培先生亲自在北大开设美学课程，亲自编写《美学通论》，亲自发起成立"画法研究会"、"音乐传习所"等学术机构。在他的影响下，北大的艺术研究与教育一直比较发达，宗白华、朱光潜等一大批美学名家也汇聚北大，我们的许多老师和学生，多才多艺，体现出了非常高的人文艺术修养。

我认为，这一段历史充分证明：重视艺术学科的发展，将艺术教育融入到教书育人的全过程之中，这是我们北大办学的优良传统和历史经验；而我们北大人的一大特点，就是热爱艺术、热爱中国文化，善于欣赏美、研究美并且创造美。

今天，我们继承和发扬蔡元培先生所开创的传统，重建画法研究院，并通过这个平台，开展中国画法理论的高端前沿研究，阐发中国画的文化精神，培养中国画法理论与艺术实践的高端人才，这必将大大促进北大艺术学科的发展，并且进一步充实和完善了北大的人才培养战略。我们重建画法研究院的宗旨，不仅在于恢复中国传统文化在艺术领域的影响，更在于从更高的文化和哲学的角度，重振中华文化的本体地位，在中国文化的振兴和中华民族的伟大复兴过程中发挥文化引领的作用。

在这里，我还要向大家特别介绍，北大有幸聘请到了范曾先生担任画法研究院的院长。范曾先生是当代中国杰出的书画家、诗人和国学家，他坚持"以诗为魂、以书为骨"的美学原则，开创了"新古典主义"艺术的先河；他的学问渊博、人格高洁，作品中蕴涵着深切的人文情怀，并且热心公益，大爱无疆。作为集诗书画于一身的艺术大师，作为中外文化交流的积极推动者，作为东方文化的"担荷者和守望者"，也作为我们北京大学的老朋友和一份子，我相信，在范曾先生的领导下，中国画法研究院必将不断发展壮大，取得无愧于时代的卓越成就。

各位领导、各位嘉宾，北京大学中国画法研究院的成立，既是"返本"，也是"开新"；既是传承，也是创造。在未来的发展中，我们希望画法研究院能够结合新的时代特征，开创一种全新的艺术研究与教育模式，在这个探索、创新的过程中，北大将全力以赴地给予支持。

我也恳请各位领导和社会各界友人能够继续关心、帮助我们的研究院，集天下之英才，蕴天地之灵气，使它能够更好地实现自己的宗旨，为社会主义文化的大发展大繁荣做出应有的贡献！

谢谢大家！

2010 年 12 月 30 日

南通范氏诗文世家系北宋名臣范仲淹直系后裔，历经明、清、民国直至当代，代代出诗人，可谓薪传火继，雅颂未绝。诚如范曾先生所言："中国术业恒以宗族为传承，其传至二、三代者，殆不胜指，然后易姓以弟子传。能以诗世家薪承火继延至十三代者，不惟中国文学史之所仅见，亦世界文学史所未闻。四百年中，名人相望，大师辈出，陶钧鼓铸，滂沛成气，兀为中国文化史之奇迹。"

　　在十三代爝火不息、薪传赓续的诗文传承中，大抵形成了三座高峰：一为明末英烈史可法所倾慕的"东林眉目"范凤翼（详见《清诗纪事》）；二为陈散原所推许为"苏、黄而下无此奇"的诗坛巨擘范伯子；第三座高峰即为季羡林先生誉之为"国画家、国学家、思想家"的范曾。

诗礼书香　瓜瓞绵延

癖於繪畫弦書偶
為辭章頗抒己懷
好讀書史墨通古人
之變

　廿四字自評
　丁亥夏范曾

世次未绝　于斯为盛

——在范曾先生特聘教授聘任仪式上的讲话

周建忠

在当代中国画坛巨擘、杰出的诗人、书法家、史学家、艺术家范曾先生七十大寿即将到来之际，我们作为范先生家乡唯一的综合性大学，非常荣幸地得到范先生的同意，在这里举行聘任范先生为南通大学特聘教授的聘任仪式，我代表学校感谢范先生对南通大学的厚爱与支持！

范曾先生是我们南通人，1938 年 7 月 5 日出生于一个书香名门世家，禀异赋而自勤。艺名抱冲斋主，自幼即学习历史、文学和绘画，1955 年江苏省南通中学毕业，同年考入天津南开大学历史系，研读中、外历史。1957 年转学中央美术学院美术史系，研究中国美术史和绘画理论，一年后转入中国画系，先后师事吴作人、李可染、蒋兆和、李苦禅、刘凌沧诸先生，深得教益。

1962 年毕业后至 1978 年，供职于中国历史博物馆，创作历史画，研绘中国古代人物服饰史料。1978 年至 1984 年任中央工艺美术学院副教授。1984 年回南开大学组建东方艺术系，并任教授、系主任。《灵道歌啸图》等藏于日本冈山范曾美术馆，《八仙图》等藏于中国美术馆，《秋声赋》等藏于美国伯明翰博物馆。1982 年获日中文化交流功劳纪念杯，1986 年获日中艺术交流特别贡献金奖。

在范先生的客厅里，有这样一幅"著作等身"的照片，他的著作、画集从地上层叠起来，已经远远超过了身材魁梧的先生的高度。先后著有《鲁迅小说插图集》、《范曾书画集》、《范曾画集》、《范曾吟草》、《范曾怀抱》、《范曾自述》、《范曾诗稿》、《庄子显灵记》、《范曾的艺术》、《范曾散文三十三篇》、《故园忧言——范曾自选集》、《范曾临八大山人》画集、《画外话》等。

范先生现为南开大学文学院终身教授，文学院、历史学院博士生导师、中国艺术研究院博士生导师、研究员，中国海洋大学人文社会科学研究院院长、山东大学特聘教授等。

2005 年以来，范先生进入了创作、研究的一个新的巅峰状态：

其标志之一：今年 3 月，《回归与超越——范曾书画作品展》在故宫博物院武英殿绘画馆成功举办，文化部副部长郑欣淼亲为作序。展示了先生从 1999 年以来创作的书画精品 68 幅，以及各种著作、画集、手稿等，其中 10 幅画作捐献给故宫博物院永久收藏。这样的殊荣，只有"吴冠中画展"在午门城楼举办，而在故宫武英殿绘画馆——这个昔日皇家书局办画展，范曾却是当代第一人，可谓殊荣备至。原则上，故宫博物院的宗旨一般不会为"活人"办画展，因此能在故宫举办个人画展的当代画家寥若晨星，而能让故宫收藏其画作的，也只有吴冠中和范曾这两位堪称"大师级"的人物。故宫博物院专门为本次画展编辑出版了极为精致、可以分页装裱的《范曾画集》，由紫禁城出版社于 2007 年 3 月出版。

其标志之二：在《文艺研究》《中国文化》《北京大学学报》等权威刊物发表系列研究论文，学术境界博大高远，学术影响巨大深远，仅最著名的文摘刊物——《新华文摘》，就连续全文转摘两篇。这样的成就，是许多专门做理论研究的专家教授，一辈子梦寐以求又难以企及的境界。这些论文，不仅篇幅长，往往近两万字，而且在内容上解千年之谜，翻百年之案，有石破天惊之慨。

其标志之三：华东师范大学出版社隆重推出了"范曾精品系列"，凡五种：《老庄心解》《十翼童心》《吟赏风雅——范曾吟赏古典文学》《吟赏风流——范曾畅论大画家》《吟赏丹青——范曾论中国书画》，在这个系列还没有出全的过程之中，已出版的著作就已经一版再版，弄得出版社喜上眉梢，迅速获得社会效益与经济效益双丰收。

其标志之四：北京大学出版社又推出范先生学术系列著作：《吟赏灵异瑞祥》《吟赏神契万类》《吟赏江山胜境》。而最值得介绍的是北京大学出版社最近推出的范先生的专著《大丈夫之词》。书名来自《孟子》，"富贵不能淫，贫贱不能移，威武不能屈，此之谓大丈夫。"孟子就"大丈夫"一词作出这样的解释，精准恰当而要言不烦，为后人的立身处世提供了评判准则。此书辑录范先生近年来论文力作凡8篇，总字数16万有余。所论人物从辛稼轩到王国维，从八大山人到黄宾虹，以至当代数学界泰斗陈省身，皆为真君子、大丈夫，与书名之所寄意正相吻合。笔致婉转细腻、情感丰盈醇厚，处处浸染着他独到的艺术与史学观。全书风格老到，磅礴丰沛，用笔凌厉，华光四射。

其标志之五：范曾先生作为南通范氏的第十三代传人，是南通范氏家族的集大成者，范先生不仅将作为一个家族的辉煌，一个历史文化的载体——《南通范氏诗文世家文集》编辑出版，凡21册26卷，刊布于世。河北教育出版社出版了范曾先生编辑的《范伯子手稿》，浙江古籍出版社则联袂推出范伯子、范曾两代范氏名人的诗画集。"南通范氏世家"已经成为一个特殊的非物质文化遗产的范例，南通应时在南通博物苑新建"南通范氏诗文世家纪念馆"，是一个英明的历史性决策。

其标志之六：经中宣部批准，中央电视台新影制作中心专门拍摄一部人物专题影片《范曾》，长度为90分钟，这样的规格以前仅限于我们国家的主要领导人，现在开始转向艺术大师，第一部是著名京剧艺术大师梅兰芳，第二部就是范曾先生，可以这样说，《范曾》专题影片是我国第一位处于艺术创作颠峰的、雄踞学科前沿的大师专题影片，这是我们国家贯彻科学发展观、建立和谐社会的重大突破。这部影片不仅将在范先生七十大寿庆典之时举行首映式，而且还将参与嘎那电影节人物纪录片专题评奖，这是范曾先生的荣耀，是我们南通的光荣，也是我国艺术家的骄傲！

其标志之七：今年春节，大约是年初二，《人民日报》公开发表了范先生论"和谐"的宏文，既反映了范先生对构建和谐社会的积极奉献与社会担当，也体现了我国学术知识界对范先生社会参与的高度重视。

其标志之八：《光明日报》"史学"栏目"史学"二字，由范先生重新题写，在这之前，题写者是著名历史学家郭沫若，这一更换，反映了学术知识界对范先生历史学成就的高度肯定。

其标志之九：高等教育出版社隆重推出了南开大学副校长陈洪主编、范先生亲为插图的图文版《大学语文》，精采绝艳，风靡全国高校，领读图时代之先，对大学文化建设、大学精神提升贡献甚巨，影响深远。

以上之所以不厌其烦、如数家珍般地介绍范先生的近年学术成就与学术地位，"标志"凡"九"，就是为了我们今天将要进行的"标志之十"：

南通大学对范先生学术成就的高度肯定：2005 年 4 月 21 日，范曾先生受聘为南通大学客座教授，并作了感人肺腑、闳中肆外的学术演讲，题为《故园谈艺》；2006 年 11 月 21 日，范先生应邀作学术演讲，题为《八大山人论》。会后，顾校长亲自提议，像范先生如此杰出的人才，应该聘为特聘教授。

2007 年 4 月，南通大学鉴于南通范氏的特殊贡献与学术史意义——南通范氏绵延 400 余年，诗人赓续，世次未绝，大师相望，名家辈出；范氏诗文显示了中国文化传承以家族为系脉的积层性发展规律，同时也记载了家族外延联姻的其他文化家族构成的更为广大深厚的文明传承体系；决定成立范氏诗文世家研究所。

2007 年 4 月，鉴于范曾先生的杰出贡献，南通大学决定筹建范曾艺术馆。20 多年前，日本冈山建立了范曾美术馆；20 多年后的今天，在范先生的故乡的大学，建立我们自己的范曾艺术馆。大学是什么，大学是教书育人的地方，是产生思想的地方，是人类文明的传承者，是引领潮流、诞生大师的摇篮，是青春靓丽、思想活跃、艺术升华、哲学闪光的地方，体现民族的希望与未来。范曾艺术馆建于南通大学，不仅增添了南通大学的文化内涵，而且也有利于范曾思想艺术的传承与弘扬。

今天，又聘任范曾先生为南通大学特聘教授，并积极筹备范曾国际研讨会。

先生对中国悠久文化艺术一往情深。他有24字的自评："痴于绘画，能书，偶为词章，颇抒己怀，好读书史，略通古今之变。"他认为，一个优秀的中国画家，必然对中国的哲学、历史、古典诗词、书画皆有深入了解，否则，不可能登堂入室，只能临摹古人，描摹大自然。因此，季羡林先生的评价——"一个有精湛深邃造诣的思想家"，冯骥才说，"历代名师之中，画家又兼通书法、诗词之艺的亦不算少数，其中佼佼者有苏东坡、郑板桥、吴昌硕、齐白石等大家。而在现代名家中，能集诗、书、画于一身者，唯范曾也。"我们为拥有这样一位艺术大师而感到自豪、感到骄傲，也决定从仰望、崇拜转化为研究、探索，从而逐步使南通大学成为世界范曾研究中心。

祝愿范曾先生身体健康、永远充满活力！祝愿范先生艺术之树常青！

范氏诗文世家发展的几个时期

王成彬

　　2004 年 7 月,《南通范氏诗文世家》由河北教育出版社出版。该书正编部分 21 卷收录江苏南通范氏 21 位作者诗歌 8491 首,联语、诗钟 291 副,文章 2152 篇,专著 5 部,书信 185 封,日记 110 则。副编《姻亲卷》收录南通范氏姻亲 10 位作者诗歌 2022 首,文章 66 篇,专著 3 部,译著 2 部。由该书 3 位编委编撰的《〈真隐先生年谱〉补注》《伯子先生年谱》《范曾年谱长编》和《南通范氏诗文世家纪事编年》4 部专著也收录在副编中。

　　南通范氏系宋代名相范仲淹后裔,属范仲淹次子忠宣公范纯仁支脉。明朝洪武三年 (1370),范仲淹 10 世孙范盛甫由江西抚州始迁南通。明中叶,南通范氏传至第 6 世范禹迹,"始以名德重于乡里"。第 7 世介石公,名希颜,是以诸生博学闻名于"乡之拒公长者、闻人韵士"。当时的诗人汤慈明在《伤逝》诗中称范希颜"封翁如古人,末世所希觏。世方趋偎薄,翁独为长厚。世方竞浮华,翁独示朴茂。及乎吐文辞,烂若披绮绣。屈信者恒理,是以贵翁后"。但可惜的是,范希颜没有诗文传世。

　　范希颜次子范应龙,为南通范氏诗文世家第一代诗人。自范应龙起,历经明、清、民国直至当代著名学者范曾先生,450 余年间南通范氏繁衍 13 代,薪传火继,世次相序,代代皆有诗人出,这在东西方家族史、文学史上都是

　精禽正籍海云飞

一个奇迹。南通范氏诗文世家在诗歌创作和发展过程中，历经了不同的几个时期：有开创时期，有先后出现的 3 个高峰时期，当然亦有相对的低谷时期和续承、平稳时期，这就形成了南通范氏诗文世家波浪式渐进式的发展曲线。

一、开创时期——第 1 代诗人范应龙时期（明朝晚期）

第 1 代诗人范应龙，字士见，号云从，世称庆云公。诸生。生于明嘉靖二十三年，卒于明天启三年，享年 80 岁。范应龙为学者所宗，自万历十年设帐授徒，"每岁诸生从游者可二百许人，学成多为时闻人"。万历三十六年授直隶庆云县令，越五月便辞官归里，筑尊腰馆，以诗趣颐养天年。范应龙70、80 寿辰，远近贺者盈门，叶向高、朱国祚、高攀龙、董其昌、李维桢、钱谦益、郑三俊、顾起元、陈继儒等 140 余名达官显贵、文人雅士以诗文寿之，所收寿文 17 篇，传 1 篇，诗词 192 首，结集为《尊腰馆七十寿言》《尊腰馆八十寿言》以纪其盛。范应龙致仕后闲一治诗，不过陶咏性情而已，无追逐之苦，故流传亦罕。又因年代久远，范应龙所为诗文多所散佚，仅见《五山耆旧集》卷九录诗 1 首，《通州范氏十二世诗略·丛稿》录诗 13 首。尽管范应龙留传下来的诗歌不多，但开了南通范氏诗文世家之先河，为南通范氏家族的文化取向奠定了基础。

二、第一个高峰时期——第 2 代、第 3 代诗人范凤翼、 范国禄父子时期（明朝末期至清朝初期）

第 2 代诗人范凤翼，字异羽，范应龙次子。学者称真隐先生，世称范勋卿。生于明万历三年，卒于清顺治十二年，得年 81 岁。范凤翼 6 岁开蒙，16 岁入家塾，19 岁入州庠，24 岁（万历二十六年）中进士。25 岁授滦州知州，自疏改教职，为顺天府教授。后迁户部主事，转吏部。为时所忌，万历三十五年称病还乡，与友人结创山茨社，优游山水，诗酒吟哦。明天启七年，于北山筑十山楼，治叠石斋于退园。范凤翼是明末诗坛宿将，其所著《范勋卿诗集》《范勋卿文集》，礼部尚书董其昌、礼部侍郎钱谦益、东阁大学士何如宠、右佥都御史方震孺、光禄少卿俞彦等为之序。董其昌叹服其诗"一腔真性情发泄而为大雅之音，且有英雄气"；钱谦益评其诗的风格"清妍深稳，有风有雅，出入六朝、三唐，不名一家"；何如宠谓其诗"发为歌章，气体高妙，词旨遥深"，方震孺评其诗"其句必选声，调必合格，一轨于盛唐"；俞彦谓其诗之师承"不作今人一语而非古人，不袭古人一语而非今人，苦思如长吉而出韦、孟之自然，讥切似少陵而载王、岑之渊妙"；南京兵部尚书范景文在《范勋卿文集》序中评其诗"雷声电击，句句滚尘，有跳昆仑、踏泰华之概，诚得气江汉，百折不回，扬霓鸣鸾，不作起趣小步者矣"；明末文学家王思任评其诗云："先生之心皎如白月，故其为诗昭素春容，风流洒脱，不走刻移背闷之路，不入巧纤凑绘之门。"南京兵部尚书史可法崇仰范凤翼，著有《范公论》纵评其一生。范凤翼的诗文在明末文学史上产生了较大影响，其诗歌的数量和质量都达到很高水平，开创了南通范氏诗文世家第一个高峰期。

范凤翼著有《范勋卿诗集》21卷，录诗1570首，词25阕；《范勋卿文集》6卷，收文214篇。另还著有《超逍遥草》诗集（佚）、《摄山游草》（佚）、《山茨振响集》（佚）、《适患草》2卷（佚）、《楚辞解说》、《庄释》、《法帖》等若干卷。

第2代诗人范凤彩，字稚羽，斋号存云堂。诸生。范应龙四子。生于明万历四十年，卒年不详。《五山耆旧集》《崇川书香录》等对范凤彩都有评介。《江苏艺文志》称其"博学有文名，喜赋诗"。范国禄《山茨社诗品》称："从父稚羽先生，诗未极诣而才情远出一时。由于天限其年，遂使人有葛士修之痛。"范凤彩著述《存云堂集》早已散佚，其诗稿不得觅见，《五山耆旧集》仅录其诗2首。

第3代诗人范国佑，字汝申，号寒泉，斋号天庸。诸生。范凤翼次子。生于明万历四十四年，卒于清顺治十五年。范国佑与茂苑周茂藻、江宁王亦临、梁溪何煌、懒水宋之绳、同里陈世祥等并推于时，33岁时就与诗友结诗集《塔山草堂诗约》。因英年早逝，故留世诗歌不多。杨廷撰《一经堂诗话》称："范汝中国佑先生，簪缨世族，胚胎前光，然性情恬淡，杜门却扫，不妄与人交接。诗亦摆落尘氛，正如秋水芙蓉，亭亭自远。"杨廷撰《五山耆旧集》、阮元《淮海英灵集》和《崇川书香录》《江苏艺文志》等著述对范国佑都有介绍。范国佑主要著述有《天庸斋集》（佚），《塔山草堂诗约》录诗19首。

第3代诗人范国禄，字汝受，号十山，后人称十山公。生于明天启四年，卒于清康熙三十六年，享年74岁。范凤翼四子。范国禄于崇祯十二年入庠，屡试不第，以一诸生终其身。终生好交游，喜与友人结社赋诗，尝与李渔、孔尚任、侯朝宗、王士禛、王士禄、陈维崧、孙枝蔚、吴绮、宗元鼎等交友酬诗。康熙二十八年孔尚任适扬州，范国禄邀周稚廉、周京等友人于扬州会孔尚任作诗会，为孔尚任备写《桃花扇》述说南朝故事，至冬返里。范国禄继父业，为山茨社第2代传人，领袖通州诗坛数十年。也曾与诗友在城南结西林社，文酒唱和。范国禄是以诗为业的一代诗人，集会赋诗，文酒相聚，是范国禄日常生活的主要内容。白梦鼎谓十山公"不事家人生产……著书歌诗、种桃捕鱼为乐，不复言世事。"友人王兆陛称"同学范子汝受素执诗文牛耳"。州太守毕载积与范国禄邀诸诗友归田唱和，清初著名词人陈维崧为范国禄所辑《归田唱和》诗集作序云："范子汝受汇集成编，以裕菲才，辱公隆遇，珠枯沧海，久无照乘之期；玉碎昆岗，永断偿城之望。幸高轩之不弃，乃下士之俱收。爰于告成之日，重命鄙人为序。"康熙十五年九月十九日，范国禄与毕载积等46位诗友云集广陵平山堂，饮酒唱和欢娱月余，范国禄将所为诗词结集《广陵唱和词》，孙金砺在集序中云："诗酒宴聚，交欢浃月。初集时分赋五言近体，复限'屋'字韵赋《念奴娇》。嗣是诸子踔华增美，倡予和汝，迭相酬赠，多至十余首，少者七八首，抽新领异，个出新裁。"序中还云："元旦早起，承汝受命作《唱和词》序因及此，以志一时兴会云。"近人管劲承在《南通历史札记》中云："清代通州诗人，首推范国禄，不止年辈早，亦最多且佳。"杨廷撰《一经堂诗话》引林古度评十山公诗曰："十山乐府以汉为宗，古诗有陶、谢遗音，歌行合太白、少陵而一之，近体又备极初、盛、中、晚之变。"又引陈维崧评十山公诗云："十山得父膏胰，其性深醇，故其词质而不浮；其情笃挚，故其词温而不削；其才豁达，故其词辩而不支；其气纵横，故其词逸而不促。"钱邦芑评范国禄："出其诗歌、古文观之，情深而旨远，义博而气雅，而于乐府、古体尤能抉其精蕴，归于古质。"范国禄之为人，时人多有褒奖。清初著名戏剧家李渔评曰："小范为人冲夷而不流于俗，矫亢而不诡于时，交尽天下士而门无杂宾。括发著书，恒有歉然不自满之色。李青莲诗云'我寻高士传，君与古人齐'，可以移赠。"王士禛赠范国禄诗云："翩翩浊世佳公子，只属扬州范十山。"范国禄在诗歌创作方面取得了突出成就，在清初诗坛上享有很高声誉。清词专家、苏州大学终身教授钱仲联主编的《历代文学家辞典》中收有"范国禄"条目。

范国禄主要著述有《十山楼稿》60卷，录诗3464首、文1163篇。另著有《纫香集》《扫雪集》《听涛集》《江湖游集》《浪游集》《漫烟集》《深秋声》《古学一斑》《赋玉词》《山茨社诗品》等若干卷；刻有《红桥宴集》；与友人共编《西林社集》《狼山诗存》等诗集；还主持编撰《通州志稿》。范凤翼、范国禄父子偕范凤彩、范国佑叔侄，铸造了南通范氏诗文世家史上的辉煌，将诗歌创作推向了第一个高峰期，这个高峰期自明万历至清康熙年间，持续了近百年。

三、相对低谷时期——第4代至第9代诗人时期（清朝中期）

第一个高峰期后，第4代诗人范遇延续了第一个高峰期祖、父诗歌创作之业。范遇，原名兴宗，字镰夫，斋号一陶园，世人尊称桃园公。诸生。生于清顺治七年，卒年不详。范国禄长子。范遇19岁时与友人游军山，作有《游军山记》。26岁识李桑额，"从桑军门征巴陵"，与李桑额及子弟多有诗歌往还。28岁始"浪游四方，走燕赵、历齐鲁，驰驱乎晋、梁，周流乎三楚、豫章",广交诗友,并"从事于军旅"。由于在军旅中"多所建白",康熙四十四年56岁时授武陵县丞。范遇于任上终日饮酒唱诗,翌年便辞官归里。临行时,武陵人士吟唱送行者数百人,为诗数百首,结集《范二尹归田诗》一卷。范遇主要著述有:《一陶园诗集》1卷,《一陶园存今文选》1卷,《镰夫词》1卷(佚),《心印》1卷(佚),《月因诗集》(残本)。流传下来的诗歌100首,文40篇。

从范遇创作诗歌的数量和质量看,远不如前辈了,南通范氏诗文世家从此步入低谷时期。第5代诗人范梦熊,字君宰。诸生。范遇子。生卒不详。受其父影响,范梦熊自幼崇尚武功,青年时投笔从戎,至老不理家业。范伯子《韶亭诗稿序》中称君宰公"奋然投笔,有班定远封侯意,竟老于家乃还"。范梦熊存世之诗作仅13首。

第6代诗人范兆虞,字叙撰,又字韶亭。范梦熊长子。诸生。生卒不详。由于父投笔从戎,常年在外,范兆虞担起经家理业之重任,并继先祖诗业,成为南通范氏诗文世家承上启下的中坚人物。范伯子在《韶亭诗稿·序》中讲到:"先公韶亭理家世业,遂上承三世而下开我曾王父。设公之世复弃而之他,先泽殆将坠乎!然则是卷虽寥寥数篇,盖吾家中流砥柱云。"范兆虞著有《韶亭诗稿》1卷,录诗78首。

第7代诗人范崇简,字完初,号懒牛,斋号蜂窠馆。诸生。生于乾隆二十二年,卒于道光二十年,享年84岁。范兆虞次子。范崇简是南通范氏诗文世家低谷时期最有成就的一位诗人,管劲承《南通历史札记》称其为南通范氏诗文世家之"蜂腰",这是相对于前后两个高峰期而言的。范崇简不但能诗,还是一位颇有成就的画家、书法家。乾隆四十九年27岁时,与诗友胡长龄、曹兴谷、李耀曾、李鼓曾等人重结山茨社,社友逾百人,创造了山茨社又一辉煌时期。范崇简澹泊功名,嘉庆十二年赴省试,与友人寻山览胜,未把乡试放在心中,有诗纪云:"薄病闲情岁月催,扁舟移向水云限。此行不作功名计,为看六朝山水来。"范伯子在《与张幼樵论不应举书》中也讲到此事:"先曾王父(指范崇简——引者注)岁试一、二次,缴还衣巾。"《紫琅诗话》载：范崇简"为人淳朴高旷，能书、能画、能诗，而不好举子业。丁卯省试与友人竟月寻山，遍览鸡笼、牛首、雁门、燕矶之胜概。"

《崇川诗抄小传》推介范崇简"工诗词，与同人联菜根社，谈诗竟日，娓娓不倦。善山水画，暇则漱毫濡墨，生峭如其人。据谈名理，熟于乡曲逸事，曲折原委，诸如指掌。精人伦鉴，性慎默，不轻臧否人物。以夷澹终其身。"范崇简主要著述有《懒牛诗抄》1卷，录诗359首；《怀旧琐言》1卷。

第8代诗人范持信，字静斋。诸生。生于清乾隆五十八年，卒于同治四年，享年73岁。范崇简次子。范持信一生只留传下来2首诗：同治元年太平军扰通州，范持信入乡团卫城，以诗纪之。范持信存诗之少，与乾隆时期的文字狱有直接关系。范伯子《通州范氏十二世诗略序》称："祖父讳持信，——曾祖（范崇简——引者注）不令为诗，或潜为之，不以示人。"为什么父不让子作诗？"或潜为之，不以示人"？据南通学者田鹤年征考，乾隆四十三年，范崇简21岁，"震惊全国的徐述夔《一柱楼诗集》文字狱冤案在通州、如皋、栟茶拉开了序幕，遭难者数千人，其中大多数为无辜牵连者，徐氏子孙当然杀戮殆尽，近属亲朋也均千方百计逃命。数年后，此案余波又累及《东皋诗存》的编辑者、如皋文人汪之衍的后人。当时通、如、扬一带诗书世家大多谈文色变，焚毁著述文稿，以免遗祸子孙及族人。而范崇简不许爱子将诗文示人，也正当这一时期。"（田鹤年《乾嘉时期的通州范氏家学》）范持信的诗歌不能畅其所欲，所为之诗又不能欲之所存，只能口占默记，正是文字狱后遗症的真实写照。

第9代诗人范如松，字荫堂，斋号未信堂，乡谥真孝先生。诸生。生于道光七年，卒于光绪二十四年，享年72岁。范持信第三子。咸丰七年入乡人浙江按察使徐宗幹幕，不久即归。范如松育有三子：长子范伯子、次子范钟、三子范铠，人称"通州三范"。范如松是南通范氏诗文世家由低谷时期转入第二个高峰时的重要人物，由于他的耳提面命，使得"通州三范"各自成名。范如松之诗，伯子先生评曰："蓄意浑厚，音节苍凉，在宋、元诸诗中，类元遗山而过之。"卒后，桐城古文学派大家吴汝纶亲撰《通州范府君墓碣铭》，张謇书丹。范如松主要著述有：《荫堂诗稿》1 卷，录诗 94 首。另传世文 1 篇，书信 15 封。

综观南通范氏诗文世家第三个发展阶段，主要由于乾隆时期的文字狱，使得这个世家的诗歌创作经历了 100 多年的低谷时期。即使在低谷时期，也出现了向范崇简这样很有成就的诗人。其中，第 9 代诗人范如松对诗文世家的贡献尤不容忽视。

四、第二个高峰时期——以范伯子为代表的第 10 代诗人 "通州三范"时期（清朝晚期）

南通范氏诗文世家发展的第二个高峰期领军人物第 10 代诗人范伯子，初名铸，后更名当世，号肯堂、伯子。诸生。生于咸丰四年，卒于光绪三十一年，享年 51 岁。范伯子与姻亲陈三立在晚清诗坛上双峰并峙，是诗史上"同光体"的领袖人物；与张謇、顾延卿、朱铭盘交往甚密，世人称"通州四才子"。范伯子初闻《艺概》于兴化刘熙载，后受诗、古文法于武昌张裕钊，复从桐城吴汝纶研求文学。范伯子续娶桐城古文学派鼻祖姚鼐 5 世侄孙女姚倚云为妻。范姚夫人善诗文，工书法，并有《蕴素轩诗集》《沧海归来集》传世。范伯子与姚夫人夫唱妇和，传为佳话。光绪十七年二月，范伯子受吴汝纶先生之荐，得居直隶总督、北洋大臣李鸿章西席，教授其次子经迈（季皋）。时李鸿章正得恩宠，权势正隆。范伯子虽为西席，实为幕上嘉宾。李鸿章尊师重道，朔望必衣冠候起居，每食奉鱼翅一篮，范伯子却之，李鸿章便以干翅寄奉其二亲。此时先生若动荣身之思，朝上荐章，暮可加官。然伯子先生却"恣意放歌，感慨身世，与海内贤豪唱和，震荡而排奡，视禄秩微尘耳"。

光绪二十年甲午战后，国是多变，范当世于是年 11 月以送女孝嫦与陈衡恪结婚为介，离开李鸿章府第南归。临行前，李鸿章以"弟"自谦作书与范伯子诚相挽留，盼"明春聚首在即"，但范伯子此一去则未复返。虽然范伯子年仅 51 岁便辞世，但作为一位睥睨千古、胸怀大志的一代诗雄，天下景从。他的诗教，对南通范氏后人有着重要影响。范伯子自评诗云："我与子瞻为旷荡，子瞻比我多一放。我学山谷作犹健，山谷比我多一炼。惟有参之放炼间，独树一帜非羞颜。径须直接元遗山，不得下与吴王班。"这首诗所言，是范伯子作诗之理论纲领。《清史稿·文苑传》有范伯子传。吴汝纶评范伯子文曰："文乃错综变化，尽成妙谛，诡谲多端。此由才气纵横，体格雄富，用能因方为圭，遇圆成璧，令我俯首至地。""直当比欧方公而上之，非千年以内之物。曾公及濂老最工之作不过如斯。"陈三立评范伯子诗云："苏、黄而下，无此奇矣！"汪国垣先生在《光宣诗坛点将录》中，将范伯子点定为天猛星霹雳火秦明，并赞云："当其下手风雨快，谁其敌手花知寨。霹雳列缺，吐炎施鞭。"又有诗赞道："盘空硬语真能健，绪论能窥万物根。《玩月》诗篇成绝唱，苏黄至竟有渊源。"钱仲联先生在《近百年诗坛点将录》中，则将范伯子排为天雄星豹子头林冲，评云："范伯子诗，为近代学宋诗一派所推，吴闿生选晚清四十家诗，以伯子冠首。"钱仲联先生对范伯子的仰慕之心，2002 年 8 月在与范曾诗中说的更为清楚："束发倾心范伯子，腹中泰岱峥嵘起。生晚恨不早百年，青眼高歌侍宴儿。"吴闿生称："肯堂先生卓起江海之交，忧时愤国，发而为歌诗，震荡翕辟，沉郁悲壮接迹李、杜，平视坡、谷，纵横七百年间无与敌焉，洵近古以来不朽之作也。"费行简《近代名人小传》称范伯子"兀傲健举，沉郁悲凉，匪第超越近世学宋诸家，其精者直淹涪翁，清末诗人岿然灵光"。范伯子挚友张謇则称："论其诗文，非独吾州二百五十年来无此手笔，即与并世英杰相衡，亦未容多让。"近人香港中文大学教授曾克耑先生则称："近世吾国为国文者，桐城吴挚父先生为第一，以可上接荆公也；诗则通州范肯堂先生第一，以足上嗣遗山也；译事则侯官严几道先生第一，以可上窥玄奘、义净也。"马其昶在《慎宜轩文集·序》更是视范伯子的诗为"国朝第一"，"诚过绝人"。

范伯子主要著述有《范伯子诗集》19 卷，《范伯子文集》12 卷，《戊寅日记》等。《南通范氏诗文世家》录其诗 1151 首，联语 98 幅，文 109 篇，书信

92 封，日记 110 则。

第 10 代诗人范钟，字仲林，斋号蜂腰馆。生于咸丰六年，卒于宣统元年。范钟自幼秉承家传诗学，22 岁就自结诗集《范中子外集》。光绪十一年30 岁首游武昌。光绪十七年，应湖北按察使陈宝箴之聘，课其孙陈衡恪。光绪十九年，与陈三立、易顺鼎、罗达衡游庐山，历 20 日，结集《庐山诗录》，范钟有诗 50 首，刊于卷首。是年，张之洞欲招范钟入督抚署文案，未就；年底，张之洞与范钟礼银，未受；后聘两湖书院教习，范钟高兴受之。在湖北武昌期间，范钟与张之洞多有诗文往还，但与为官毫无干系。光绪二十四年中进士，以知县签发河南。光绪二十八年，丁父忧守孝期满后，入河南巡抚锡良幕，署文案。光绪二十九年起，先后随张人骏巡抚赴广东、山西，转而又折返河南，均署文案。光绪三十三年九月，范钟赴河南鹿邑县令任，直至宣统元年卒于任上。陈衡恪评范钟诗云："独取李、杜之诗，沉思熟诵，以求其气格、意境、声调所以然之，故尤致力于太白"，"其诗阁肆瑰伟，不可端倪。"范钟主要著述有《蜂腰馆诗集》4 卷、附词 1 卷，诗集《范中子外集》稿本 1 卷，诗文集《范钟诗文稿》稿本 1 卷，《日记》5 册。《南通范氏诗文世家》录其诗 473 首，联语 6 幅，文 10 篇。

第 10 代诗人范铠，字秋门。拔贡。生于咸丰十一年，卒于民国四年，享年 55 岁。光绪四年，随大兄伯子先生读书养病于黄泥山之新绿轩，始闻文章之道。光绪十七年，随蔡金台学政赴甘肃，入其学幕。光绪二十四年，以知县签发山东。光绪二十六年秋，入山东巡抚袁世凯幕，署文案。光绪三十年，入山东警察局，掌文案。光绪三十一年九月，授山东寿光知县。宣统二年，授山东濮阳知县。民国元年冬弃官归里。民国三年始撰《南通县图志》。民国四年十二月，卒于山东交涉署任上。范铠之诗，很得当时诗界赞许，吴汝纶先生赞其诗"神来气来，豪健无敌。"范铠主要著述有：《范季子诗集》3卷，录诗 156 首；《范季子文集》5 卷，录文 39 篇；《南通县图志稿》若干卷，与张謇合纂《通海垦牧乡志》1 卷。

以范伯子为代表的南通范氏诗文世家第二个高峰期，在中国诗史上留下了重重的一笔，尤其范伯子以诗行天下，堪称晚清诗坛翘楚。可惜的是，"通州三范"兄弟三人皆不永寿，以50多岁先后而终。不然的话，随着时间的推移和时代更替，他们的诗歌成就及其影响更是不可估量的。

五、继承和开拓时期——第11代诗人"通州小三范"和第12代诗人范子愚先生时期（民国至现代时期）

南通范氏诗文世家传到第11代，又产生了"通州小三范"，即范罕、范况和范毓。"小三范"的诗歌创作主要活跃于民国时期；第12代诗人范子愚的诗歌创作活动，则从民国一直延续到中华人民共和国成立以后。

第11代诗人范罕，字彦殊，斋号蜗牛舍，范伯子长子。廪生。生于同治十三年，卒于民国二十七年，享年65岁。范罕继承家传诗学，15岁时始学杜诗。光绪二十年春，范罕赴武昌二叔父范钟处。期间，范罕谒湖北按察使陈宝箴，并于陈宝箴处读严复译作《天演论》、辜鸿铭译作《论语》，见识大长，眼界大开。光绪二十一年以第一名成绩考入州学。光绪二十二年毕业于江阴南菁书院。光绪二十六年入上海法国教会学校读新学。光绪二十九年，范罕多病，授馆海门，作诗以导性情，并开始学《诗经》，治毛诗之学。光绪三十一年，随三叔父范铠至济南，任山东省立高等师范学校英文、历史教授，不久任该校教务长。光绪三十二年游学日本，主要学习英日两国法律、财务预算制度等学科。宣统二年范罕携子范子愚赴日本。宣统三年夏，范罕自日本学成归国。民国二年，就任民国政府农商部秘书，携范子愚就任。范罕在京城先后10年，至民国十三年归里。在京期间，与郑苏龛等诗界前辈、友人互有唱和。民国十二年《蜗牛舍诗》成。陈师曾、夏敬观、胡先骕、汪东、曹文霖分别为之序。陈师曾、马振宪、张春、汪东、黄元蔚、胡先骕、易作霖、徐昂、蔡达分别为先生《剞劂诗集》赋诗，同学好友黄元蔚、习艮枢为诗集作跋。

《江苏艺文志·南通卷》称范罕："少时好读周秦诸子及宋儒之书。诗不常作，作辄佳。"陈三立评其诗："奇怀警语，归于浑亮。格律尤专，近放翁。与阿翁自大同而小异也。"俞明震评其诗"语从性情中出，怀抱固自不及。张文襄有句云'能将宋意人唐格'，吾于作者亦然。源源家学，欣慰无量。"陈师曾评其诗："彦殊大哥长诗波澜壮阔，结实而空灵，诚杰构也"。"作者不斤斤于宗派，而渊源所自，秉承家学。自是少陵、眉山、山谷、剑南一流，寝馈诸家，自成机杼。雄奇之气、豪宕之情、沉郁之思、潇洒之趣，溢于纸上，不禁一读一击节也。"汪东称其诗："劲气直达，肆而不野，未尝拘宋唐门户，而骎骎与古争驱。"

范罕著有诗论《蜗牛舍说诗新语》1卷；诗集《蜗牛舍诗》本集、别集5卷，录诗360首。

第11代诗人范况，字彦矧。范伯子次子。生于光绪六年，卒于民国十八年。光绪二十年15岁时，范况随嗣父范钟赴武昌就读于两湖书院。光绪二十四年入州学。光绪二十七年以第2名考取上海南洋公学特班。光绪三十二年三月游学日本学商学。民国十三年在南京东南大学任国文系教授。民国十七年写就《中国诗学通论》1部，著名学者王云五主编，于先生逝后4年，即民国二十二年由商务印书馆出版发行。

第11代诗人范毓，字彦彬，彦份，范铠子。生于光绪十七年，卒于1949年。光绪二十八年侍父受业于山东济南。光绪三十年入家塾。宣统元年赴日本游学，于日本成城中学毕业，日本中央大学政治经济科肄业。范毓先后任山东交涉署文牍、安徽财政厅秘书、《善后日刊》编辑、国民代表会议筹备处编辑股科员、民国政府国务院法制局办事、财政部助理员、税赋司办事等职。范毓主要著述有：《范彦彬诗稿》1卷，录诗95首，联语12幅；《一字文》1卷，载文157篇。

第12代诗人范子愚，名增厚，范罕次子。生于光绪二十五年，卒于1984年，享年86岁。子愚先生自幼喜读书写字，6岁入家塾，7岁入儒学小学，12岁随父游学日本，入同文中学读书。13岁随父回国，入通州城北高等小学。15岁随父宦游北京，入祖家街第三中学。18岁在北京入中国大学预科。23 岁与缪镜心结婚。26 岁入上海美术专门学校艺术教育系学习，翌年赴杭州写生，借寓灵隐寺，弘一法师亲授画技。29 岁毕业返里，不复远游，从事中学教育工作凡 30 年，直至 1959 年退休。1960 年重游北京，识李苦禅先生，有诗往还。子愚先生一生以"澹泊"自励，不知名利为何物，写诗也只是为了抒发、宣泄心中一腔勃郁之气，终其生未发表一诗。晚年，由其三子范曾整理出版《子愚诗抄》一卷，录诗 102 首。

南通范氏诗文世家第 11 代诗人"通州小三范"和第 12 代诗人范子愚先生，不坠家风，继承和发展家传诗学，尤其在诗学理论研究方面有发展、有创新，并有两部诗论传世，为第三个高峰期的到来奠定了理论基础。

六、第三个高峰时期——第 13 代诗人范曾高标特立（当代）

第 13 代诗人范曾，1938 年 7 月生，斋署十翼、抱冲。范曾幼承庭训，饱受家学诗教沐浴、熏陶，4 岁时就能背诗逾百首。1943 年入城北小学读书。1945 年入南通女子师范第二附属小学。1949 年考入南通中学。1951 年 13 岁时加入南通美术家协会，成为南通市美协最小的会员，从此与书法、绘画艺术结缘。

1955 年范曾考入南开大学历史系，1957 年转学到中央美术学院。1962 年中央美院毕业分配到中国历史博物馆。1978 年调中央工艺美术学院任讲师，翌年任副教授。1979 年范曾应邀首次访日，于东京、大阪举办画展。是年，任全国青联常委。1980 年，应叶嘉莹先生邀请，赴加拿大 UBC 大学和哥伦比亚大学讲学。1984 年日本冈山县建立永久性范曾美术馆，标志着"范曾的艺术"进入一个新的阶段。1985 年任南开大学东方艺术系主任、教授。1987 年任全国政协委员，被聘为国务院学位评议组成员。1990 年 11 月赴欧洲游学。1992 年，应瑞典皇家学院院士马悦然先生之邀，赴斯德哥摩尔大学讲学。1993 年旅欧回国。1995 年应罗拔教授之邀，赴丹麦哥本哈根大学讲学。1999 年任南开大学历史系博士生导师。2001 年，任南开大学历史学院考古与博物馆系名誉主任，南开大学文学院博士生导师。2002 年 4 月，出任中国海洋大学人文社会科学研究院院长。是年，范曾被聘为南开大学文学院终身教授。

作为诗人的范曾，是南通范氏诗文世家第 13 代传人，延续了家传诗学，开创了诗文创作的第 3 个高峰期。自 1985 年第一本诗集《范曾吟草》问世以来，先后又陆续出版 6 部诗集，成果丰硕。其早年诗作，激越昂扬，意气风发，慷慨悲歌；还甲以后，受老庄影响，渐渐转向空灵恬淡、独自沉吟。《范曾自书七绝百首》自序云："先曾祖范伯子先生以诗行天下，先祖范罕以诗授大学，先严子愚翁则以诗为自娱，此足征近世以还古典诗歌之渐趋式微。至十翼竟如何？亦曾有以诗辅天下之志，故其时之作往往激越慷慨，久之，了无反听，则索然无味矣。缘时代已不可以旧体诗飨广大群体，崔健之一吼，胜诗人之万首。于是孤踪自往，此时之诗往往驰思于云天之际，且也不复事功，吐纳英华遂莫非情性矣。纵览平生诗作轨迹，由儒而庄，了然分明。"

作为哲人的范曾，他倡导复归古典主义精神，深入发掘中国文化内涵，力求在传统与现代价值之间寻找新的契合点，使中国传统文化在新的历史条件下重放异彩。范曾的哲学思考长诗《庄子显灵记》和哲学著作《老庄心解》，针对人类文学艺术正跨进一个失去自控、人文疲软的时代，以史家之慧识、哲人之睿思、诗人之激越轩昂、艺术家之豁达豪情，俯察万类、势如破竹，阐释了人类文明的重要主题：复归古典，回归自然。范曾所倡导的古典主义精神，是南通范氏家传诗教与范曾自己造化相结合的结果。

作为国画艺术大师的范曾，他认为中国绘画完整的观念，与左右着中国几千年的哲学思想、文学思想密切联系着，它的发展过程与那个时代的文学、哲学是同步的。范曾以为，中国历代画家的绘画观念，都是在不断更新，这既是画家内省体悟的升华，画家实践经验的渐趋成熟，也是中国哲学与美学思想发展的必然。在绘画观念上，范曾以为中国画要打破一时一际之局限，不以描摹物象为终极目标，而是缘物寄情，物我两忘，以超然的意匠，飞凌于万象之上，在主客观交感之中产生深邃的境界，这正是中国画能侧身于世界之林而不衰的根本所在。范曾此论，振叶以寻根，观澜而索源，微言精理，洵称的论。范曾创作历史人物画，目的不是为历史做形象的注解，而是为了通过这些死节忠魂抒发对中华民族的一片爱恋之情。1980年，范曾画风有变；1996年画风大变，重简笔泼墨；1998年，继之书体大变，是为了和"新奇"、"轻靡"这两种习气告别。七、八十年代范曾的《钟馗》，不仅成为驱邪除魔的象征，也成了早期"范曾的艺术"的一个符号。九十年代后，范曾的哲学思想、诗歌取向和艺术创作由儒而庄。此后，老庄的画成了范曾创作的主题。范曾在《老子皓髯》一文中讲到："我和老子恐怕是结下了一世之缘了。悲鸿之马、黄胄之驴、可染之牛都有着符号意味，而当今一提及范曾，大概立即想到老子。"并自诘："那童子不正是对老子永怀敬意的范曾我吗？"所以，老子和童子自九十年代后已经成为"范曾的艺术"的新符号。范曾以为，符号是一个艺术家所放射出来的简洁而明确的信息。老子和童子向我们传递的信息是：复归古典，回归自然。

作为通才的范曾，少年耽迷于古典诗文，青年痴于书画，中年以后多研文史哲诸学，其所研究和从事的事业，从已见著文字看，包罗古今，涉及到哲学、文学、历史、艺术、宗教、绘画、书法、摄影、集邮、舞蹈、文物鉴赏与收藏、环保、民俗、科技、相学、占卜、游记等等，近乎无所不事。范曾自评云："痴于绘画，能书，偶为词章，颇抒己怀。好读书史，略通古今之变。"现在我们解读范曾，很难说他是哪一门之"家"。说他是画家、书法家，不错，但他有十几部散文集刊世，其中三篇散文连续三年全国散文排行榜上有名；说他是散文家，他又有七部诗集出版；说他是一位文学家、诗人，他的《老庄心解》等哲学著作向人们阐释了人类所面临的新的课题；他还是一位教育家，南开大学终身教授，文学、史学和艺术三个专业导师。季羡林先生赞誉范曾为"三家"："我认识范曾有一个三步（不是部）曲：第一步认为他只是一个画家，第二步认为他是一个国学家，第三步认为他是一个思想家。在这三个方面，他都有精湛深邃的造诣。"（《〈庄子显灵记〉》序）此论颇中肯綮。

范曾先生腾誉士林，名贯中外，将南通范氏诗文世家的诗文创作活动推向第三个高峰期，其成功固有其年复一年的萤雪之功，但背后也有其历史条件、文化氛围以及机遇等多种外在因素，但家学渊源无疑是不可或缺的重要因素。家学累世相传，在一代又一代薪传火继之中，不断有所发扬、有所创新。南通范氏家族，有着中国人的正义和骨气，有着世代一脉相承的爱国主义思想，有着坚韧不拔的进取拼搏精神，所有这些文化基因，对范曾的人文精神、学人风骨的形成及其卓越的文艺成就的取得，无疑起着重要作用。南通范氏诗文世家收录范曾《老庄心解》一部，《庄子显灵记》一部，诗词曲332 首，赋谏铭 6 篇，联语断句诗钟巧 9 则，题画 233 篇，画外话 46 篇，书画论 18 篇，散文 13 篇，随笔 27 篇，序跋 77 篇。

南通范氏形成一个诗文世家，他们人非一人，代亦非一代，先人对后人的直接影响，经过漫长的演化、补充和丰富，形成了南通范氏家族特有的家风、诗风、文风，凝聚了不同于往古的文化意蕴和历史内涵。世界上有各种各样的遗产：百万富翁，楼台连宇，即使荫及三代、五代，这种物质遗产最终总有挥空之日；历史上达官显贵，荣宗耀祖，虽显赫一时，但纨绔子孙却不能久续之。南通范氏家族的锦诗绣文既无经济上巨族之辉煌，亦无政治上豪门之荣耀，却能长久地传承下来。作为文化名门的南通范氏诗文世家留给我们的是非常宝贵的文学遗产、精神遗产，它给今人、给后人以启迪，开展对这个世家的研究，是有着不同凡响的意义的。

（原文刊登于《南通大学学报》2005 年第 2 期）

诗礼书香说范家

——《南通范氏诗文世家》出版的当代意义

邵盈午

    "南通范氏"是中国乃至世界文化史上都极为罕见的家族文化现象。这个绵延十三代、历时数百年的诗文世家的赫赫存在，已然筑成一座巍峨的丰碑，耸立于我国历史文化长廊，引人瞩目。

    在惊叹倾慕之余，我常常仰天叩问，究竟是什么神秘的力量，化育了这代有其人的"世家文化"？如今，随着这一套散发着油墨清香的《南通范氏诗文世家》的面世，问题也终于有了答案。四百余年的历史沧桑，四百余年的风云激荡，顷刻间已化作中国文化的风铃，在漫漫的时间隧道中撞击出激越的阵阵清音。南通范氏毕竟是"先忧后乐"的范文正公的后裔，他们的祖先，紧握人文精神之魂，在道脉丝悬的叔世攘袂而起，维系着古老民族的内在根脉。透过那一代又一代薪尽火传的文字，我们不由得为范氏家族那种"为天地立心，为生民立命，为往圣继绝学，为万世开太平"的浩然胸襟所震撼，为他们那各极其致的诗文建树所折服。这套印制精美、版式考究的《南通范氏诗文世家》的出版，无疑对当代也具有高度启发性。在商风日炽、传统人文精神式微的时下，窃以为《南通范氏诗文世家》的文化价值是不可低估的。下面，我拟从四个方面略陈管见，以俟公论。

一、"世家现象"的存在价值和文化内涵

在古代中国,一切有历史跨度的文化事业,往往有赖于家族式的传承与发扬,诚如陈寅恪所言,"学术文化与大族盛门不可分离",自东汉以后,"公立学校之沦废,学术之中心移于家族,太学博士之传授变为家人父子之世业"①。司马迁在《史记》中曾专门为那些可以传家继世的家族设立了"世家"一目,他的纪传体一直是"正史"的标准体例。从文化传播学的角度来看,在古代社会,这种带有浓重的亲情化、世袭化色彩的家学世业,曾作为一种重要载体而长期传衍延嗣,并对中华文化的发展做出了非常重要的贡献。但从目前来看,昔日的那种世家现象已大有风光不再之虞;所谓的"诗文世家"(或曰"文化世家"),只是作为一个业已过时的历史名词而存在。可对南通范氏家族来说,诗文传家,几乎成了一种无形而又严明的指令。如果我们将范氏诗文世家置放到一个连续的历史进程中进行综合考察,其中的顺向继承关系还是灼然可见的。古人云,三世承风,方称世家(而范氏则是十三代,且有熠火不息、薪传赓续之势)。作为一个诗文世家,历经四百余载,仍能瓜瓞绵绵,自行延续,且能守护好历经劫火的十三代诗文稿,天荒地老,岿然独存,这是非常了不起的。如所周知,在书籍的普及程度尚欠发达的古代,访书、藏书、抄书皆为读书人历代相沿的习尚。一般说来,所谓"学在官府",意味着国家控制了书籍的主要流通渠道。但古书的流传、亡佚,绝非文化垄断所能主导。因此,私家藏书业与国家藏书遂成为赓续传统文化的两道平行又交叉的线索。但从私家藏书的历史来看,书的烟云聚散,往往难于尽述。而细究其原因,裒集之难,大抵不外乎四端:或厄于水火,或遭于兵燹,或败坏于不肖子孙,或攘夺于有力势豪。黄宗羲在《天一阁藏书记》中尝谓:"读书难,藏书难;藏书久而不散,则难之难矣。"可谓慨乎斯言。从某种意义上说,书的厄运劫难也正是文化的厄运劫难。在中国历史上,"焚书记"一再续

---

① 陈寅恪:《隋唐制度渊源略论稿》,中华书局,1963 年版,第 19 页。

篇，真令人不胜浩叹。而南通范氏家族之所以能够绵延十三代而厥传未衰，且能长存"斯文"于天壤，显然是由于这个文化家族具备了一般家族所难以同时具备的诸多条件：首先，这个家族必须有一定的资财，其家族成员必须有极高的文化修养，自觉地将名山事业视为人生的第一要务（在当时士人普遍视为正业的"宦途"，在他们看来倒成了"业余"）；其次，这个家族必须有着超越世俗的深谋远虑，对如何发扬祖业有着"安敢让也"的巨大责任感；第三，这个家族成员普遍具有恪守家学、注重家藏且以诗文传家树誉的强烈意识。即以范伯子而论，他当年就曾有过纂修祖先诗文集的宏大计划，但限于当时的主客观条件，终未能遂愿，不过这毕竟为第十三代传人的范曾先生奠定了相当重要的基础。搜罗既富，菁华斯寓。《南通范氏诗文世家》的文本本身足以表明，作为第十三代传人的范曾先生，既能承嗣祖上的法脉，复能会通范氏所擅之学，从而确保是书体例彰明，校勘精严。从这个意义上说，《南通范氏诗文世家》的出版，既是踵事增华、光前裕后的一大文化工程，也是我国出版界的一大盛事。

作为一部南通范氏家族明统系、纪隆替、具有相当文献价值的资料集，《南通范氏诗文世家》为我们从"史"的角度探寻范氏家族源流演化脉络、破译孕育范氏诗文世家的文化基因密码，提供了翔实、完备的精彩文本。这不仅有补史乘之阙，辨章学术，考镜源流，裨我们进一步认识这个"诗文世家"的精神蕴涵及其对近现代中国文化发展的深远影响，并且还以一种特异的存在，昭示着被媒体称为"广陵散从此绝矣"的中国精英文化传承中的"家学"模式并未终结，在一定条件下仍能延续昔日的辉煌。

二、对家学、师承等重要问题的重新评估

所谓家学，简言之，即家庭世代相传之学。中国学术文化传统精神的核心之一，是十分推重所谓的"书香门第"。即以清华四大导师梁启超、王国维、陈寅恪、赵元任为例，无一不是"书香门第"出身，家学渊源深厚。推而

言之，家学的潜移默化作用，对一个人一生的发展道路会产生巨大的甚至是决定性的影响。在此，我们还须认清一点，即所谓家学，不光是指传统意义上的经史子集，或范氏家族绵延十三代的所谓诗歌世业，同时也是指这个家族始终坚守的那种文化血脉，和对人生终极价值的关怀，涉及个人荣辱、家族名誉。从小耳濡目染的行为规范与严格的家庭训导联系在一起，在翰墨书香的陶冶中必然形成一种迥异常人的价值尺度。当年，陈寅恪在论及士族的特征时，曾将其概括为"实用儒素德业以自矜异，而不因官禄厚高见重于人"①，窃以为这也正可移评文化世家子弟。在此，我想拈出一个不争的事实，即：在世家子弟中，往往有一种"高不绝俗，和不同流"的"爱面子"的家风，或许正是这一点，决定了这部分人做人的底线和"格调"。既然你在这个家族里占了一个位置，就不能不背负起这个家族的荣誉，承担着这个家族的历史，就不能不竭心尽力地将这个家族的光荣传统发扬光大。陈寅恪在王国维纪念碑中所写的"斯古今仁圣所同殉之精义"的"思想而不自由，毋宁死也"②，或许也与"面子"问题不无关联。作为文化世家子弟，清高孤傲与特立独行也是一种标志，正是这一点，孕育了他们有别于世俗的价值取向。我们从陈寅恪的诸多史著中，不难发现，陈氏非常注重考镜家族或朝代源流与个人身世。在《读吴其昌撰〈梁启超传〉书后》中，陈氏就直言道，梁启超不理解陶渊明的家世出身，何以言之？因梁氏出身寒素故也。注重出身，讲求源流，贯彻于陈氏史学研究的始终，体现出陈氏寄托遥深的史家情怀。

值得一提的是，在《南通范氏诗文世家》中，还专门附有"姻亲卷"。这显示出主编者的独特眼光和文化取向。从"姻亲卷"中，我们不难发现，范氏家族是注重出身（书香门第），讲求世家渊源的。也就是说，范氏家族在对"姻亲"的选择上，绝非按照恩格斯在谈到封建王公的婚姻行为时所说的，是"一种借新的联姻来扩大自己势力的机会"③。他们所重视的是对方的文化

---

① 陈寅恪：《唐代政治史述论稿》，上海古籍出版社，1982 年，第 79 页。
② 陈寅恪：《王观堂先生纪念碑铭》，见清华大学王国维纪念碑原碑铭。
③ 马克思，恩格斯：《马克思恩格斯全集》卷二十一，人民出版社，1960 年，第 91—92 页。

背景，着重考虑的是如何更有利于文化的传播和发扬，而不是权力和财富。也就是说，范氏家族的"联姻"是一种文化行为，而不是政治行为。为了论述的方便，请允许我先将范氏家族的"姻亲关系"作一缕述：据范伯子《通州范氏诗抄序》云："初闻《艺概》于兴化刘融斋先生，既受古文法式于武昌张廉卿先生，而北游冀州则桐城吴挚父先生实为之主。"而张、吴二人乃曾国藩门下弟子。范伯子与之游，故颇得桐城遗绪。范伯子的岳父，为桐城人姚浚昌，乃清古文大家姚莹（曾以诸孙受学于姚鼐）之子。其子姚永朴、永概，亦生长桐城，皆能恪守姚氏家法，时与范伯子切磋诗文。被范伯子敬为师辈的桐城人吴挚父（即吴汝纶——笔者），为清代著名的散文大家。论文推崇桐城，其作品气势宏阔，法度森严，尝为严复所译《天演论》《原富》作序。其子吴恺生，对范伯子颇为知赏。为文汪洋恣肆，纵横捭阖，颇能恪守家法。而范伯子的继室，则为姚浚昌之女姚倚云，亦颇擅古诗文，有声于时。而姚倚云之姐夫马其昶，则为张裕钊、吴汝纶之高足，被时人誉为桐城派之殿军。又，范伯子还与当时的另一个诗坛巨子陈散原结为儿女亲家，范伯子的乘龙快婿正是以诗、书、画、印冠绝一时的陈师曾。

由此可见，范氏家族通过与异姓的联姻，已然形成了一个令人瞩目的"精英文化圈"，当时崛起的诸多学派也就在这种"姻亲"关系中建构起更为密切的联系。因此，我们理应将这种姻亲的结合与交往视为一种极为重要的文化现象。如果从学术的角度由此向上沿波讨源，足可爬梳出晚清、民初之际学术思想、学术流派、学术格局的变革脉络；向下推源及流，则可窥察出晚近以迄于今的学术风气、学术范式、学术路向的分合离背。

需要在此申明的是，笔者上述评断，主要是从"史"的角度寻绎蕴涵在"世家文化"中的一些尚须深究的潜在命题，而无意提倡知识的垄断，也不赞同"唯世家论"。大量的事实表明，在现代学人中，并不乏自学成才而蔚为大家者，如陈垣、钱穆、王云五、唐兰、郑逸梅、叶圣陶，等等，但他们并非"无师自通"，而是"转益多师"，正是他们在治学实践中多方钻研、多方求师，才走向了专业治学的道路，并取得了巨大的成就。即以陈垣为例，他尝慨叹自己"读书是自己摸索出来的"①。陈垣先生之所以能够成为一位蜚声学界的历史学家，主要是靠着自身过人的资质和后天的勤奋，从而弥补了"家学"的欠缺，这一点，当然也适合其他自学成家者。自学成才的学者与有学家渊源的学者相比，在知识结构和综合素质上，或许有所不同，但春兰秋菊，各极一时之妍。

与家学相骈连的，就是所谓的师承问题。师承者，指授受有源而学有所出也，即在学术上有与前辈一脉相承之处。在上世纪初，由于辛亥革命和五四运动的影响，在家学与师承关系的讲求上，虽不及清人及其以前人为重，但在大多数学者身上，仍保持着一定影响。按照清代学者章学诚的说法："学者不可无宗主，而必不可有门户。"足见师承与学术的关系至深且巨。仍以陈垣为例，他曾坦言自己为学"没有得到老师的指导"②，也就是说，在学术传授这一层面上没有得到名师硕儒的点拨（他告诫人们治学要从目录学入手，也就是希望后学者不要像他那样，走那么多的弯路）。事实上，任何一个卓有成就的大家，无不是在其师承的基础上，在师门业已建构的学术基石上，进一步探赜阐微，求真创新，最终建立起自己的学术体系，并发扬光大。一部近现代学术史证明，若无胡适的"大胆假设，小心求证"以及钱玄同的怀疑今古文经，就不可能有顾颉刚的"古史辨"派；若无孙诒让的《契文举例》、罗振玉的《殷商贞卜文字考》，王国维《殷卜辞中所见先公先王考》也无由产生，更不可能有郭沫若的《中国古代社会研究》；而设若不是郭著所创导的一种全新的学术研究风气，吕振羽、翦伯赞、侯外庐、尚钺、胡绳、刘大年等人的马克思主义史学家便也难以崛兴。这种学术上的师承关系，在某些专业领域的研究中表现得尤为明显，如洪钧、沈曾植、柯凤孙专注于蒙古史、元史，极为有力地推动了陈垣、陈寅恪的"不中不西之学"的研究；缪荃孙、傅增湘、张元济诸人的版本目录之学，将现代中国的传统学术推向了一个极致，

---

① 陈垣：《谈谈我的一些读书经验》，《中国青年》，1961 年第 16 期。
② 同上。

其间的承续脉络灼然分明。

不过，若细究起来，所谓师承关系是一个极为复杂的问题，未易一言以蔽之。不少诗家或学人，于自己入手得力处，往往不愿祖怀以示；有的人甚至虚矫以饰（所师者名或不彰却妄称师出名门），或默不一言（分明师出某某学派却偏偏隐瞒渊源所自）。兹拈示数例如下：唐代的张说之、柳宗元，皆无"绍陶"之言，而其《闻雨》、《田家》诸作却冲澹闲雅，一望即知学陶渊明。又如韦应物虽有"自报所师"的《效陶》两首，而其《种瓜》"不言绍陶，而最神似"。还有的虽欲开宗立派，却厥传难续，后继乏人。如上承山谷、口饮西江的钱籛石，诗识固然过人，但籛石之子慈伯却不愿"子承父业"，究其因，窃以为这主要是因为籛石先生气魄有余，才思殊钝，故虽矢志欲为大家而并不足以为名家——由是可见，学殖淹博，固可明义；才气横溢，方能开宗。坐言而不堪起行者，其所创辟之绩业终将失坠而无人缀拾。反观范氏家族，则又另是一番气象。大师相望，名家辈出，且多才大气厚者，故能"陶钧鼓铸，滂沛成气"（范曾语），从历史的纵向角度看，南通范氏家族作为诗文世家，大抵形成了三座高峰：一为范曾的十一世高祖范凤翼，在明末被誉为"东林眉目"（详见《清诗纪事》），尝为明末英烈史可法所倾慕，《南通范氏诗文世家》收录了史氏所撰的《范公论》全文，内云："天生之贤人、君子，固以为社稷苍生之庇。其用之大者，莫如以一君子为众君子之津梁，则太蒙范公之在吏部是也。"文中又盛赞范凤翼"士之附之亦诚百物之于麟凤"，洵非虚誉。至于范凤翼之诗文，更是一时之选，钱谦益评云："原本经术，贯穿古今，凿凿乎如五谷之疗饥、药石之治病；至于指摘利弊，分别贤佞，劳人之苦心与大人之伟略，峥嵘磊落，侧出于笔墨之间。"[1] 又云："念先生与余积薪硕果，大江南北如晨星之相望，非余谁当叙先生者！"[2] 惺惺相惜之情，跃然纸上！至若其子范国禄，诗名益振，当时相与唱和者有李渔、孔尚任、王士

---

[1] 钱谦益：《范勋卿文集序》，选自《南通范氏诗文世家》卷二，河北教育出版社，2004 年，第 245 页。

[2] 同上。

禛、蒲松龄诸人，皆一时文坛俊彦。其诗文稿《十山楼集》凡六十卷，仅诗一项收录逾三千首，足见著述之丰。至同、光之季，伯子范当世先生出，乃为范氏诗文世家的第二座高峰。范伯子先生集先人之大成，为一代之诗雄，天下景从。清代诗人吴汝纶之子吴恺生称："肯堂先生卓起江海之交，忧时愤国，发而为歌诗，震荡翕辟，沉郁悲壮接迹李、杜，平视坡、谷，纵横七百年间无与敌焉，洵近古以来不朽之作也。"① 如果联系范伯子与吴汝纶的师承关系这一背景，吴恺生这"无与敌焉"四字断语，是颇费考量，绝非过甚其辞，率尔操觚②。费行简于《近代名人小传》中则称伯子先生："兀傲健举，沉郁悲凉，匪第超越近世学宋诸家，其精者直淹涪翁，清末诗人岿然灵光。"与范伯子同为清代诗坛领袖的陈散原亦盛赞道："叹绝苏、黄而下无此奇矣。"伯子先生挚友而后为朝廷命臣的张謇在日记中称道："论其诗文，非独吾州二百五十年来无此手笔，即与并世英杰相衡，亦未容多让。"近人香港中文大学教授曾克耑先生则称："近世吾国为古文者，桐城吴挚父先生为第一，以可上接荆公也；诗则通州范肯堂先生为第一，以足上嗣遗山也；译事则侯官严几道先生第一，以可上窥玄奘、义净也。"③ 汪国垣先生在《光宣诗坛点将录》中，将范伯子点定为天猛星霹雳火秦明，并赞曰："当其下手风雨快，谁其敌手花知寨。霹雳列缺，吐炎施鞭。"又诗赞道："盘空硬语真能健，绪论能窥万物根。玩月诗篇成绝唱，苏黄至竟有渊源（散原见无错《中秋玩月》，叹为苏黄以来，六百年无此奇矣）。"汪氏此书稿本，当年柳翼谋、杨杏佛见之，亟推为允当，且有万不可移易者。仅从汪氏对范伯子的评赞看，亦足证此言不谬。钱仲联先生则将范伯子点定为天雄星豹子头林冲，并评赞曰："范伯子诗，为近代学宋诗一派所推，吴恺生选晚清四十家诗，以伯子冠首。"④ 近人

---

① 吴恺生：《晚清四十家诗钞序》，选自范曾：《亦文亦画书系·范曾卷》，中华书局，2003年，第333页。

② 范曾：《南通范氏诗文世家序》，选自《南通范氏诗文世家》卷一，第1页。

③ 黎玉玺：《范伯子全集·序》，选自《南通范氏诗文世家》[玖]，第298页。

④ 钱仲联：《近百年诗坛点将录》，选自《三百年来诗坛人物评点小传汇录》，中州古籍出版社，1986年，第154页。

姚鹓雏盛赞范伯子诗："长吟大句，无篇不佳，近体骨势崚嶒，气欲负山而趋，而语多沉痛，则所遭然也。"[①] 洵为知言。

范伯子才大力厚，确有雄视古今之概。他尝谓："我与子瞻为旷荡，子瞻比我多一放。我学山谷作犹健，山谷比我多一炼。惟有参之放炼间，独树一帜非羞颜。径须直取元遗山，不得下与吴王班。"[②] 此乃范伯子奉为圭臬的诗歌理论纲领，对南通范氏家族的后代影响深远。诚如范曾先生在《南通范氏诗文世家序》中所言："余纵览先曾祖诗，中心之感动，首在其不同凡人之心胸手眼，真所谓搓摩日月，折叠河山。其胆识接迹太白，确为的评。曾祖于李白、杜甫、苏东坡、黄庭坚之外，又有意于李义山绵延邃密。其豪情逸怀，常与古人作异代游，游赤壁竟有'江水汤汤五千里，苏家发源我家收'之句，不可端倪，令人击节抚掌。读至'字里鲲鹏翻积水，眼中鱼鳖撼骄阳'，则更知曾祖确为摩荡文字、激扬情怀之巨匠。"谈言微中，洵非虚矫之论。

由是我们不能不认定以下这样一个事实，即一种厚重的家学传统是否能够卓然而名，是否能够绳绳然有所续，往往与其自身的"质"、"量"有关。如前所述，作为一个以诗文传家树誉的文化家族，必须大师相望，名家辈出，方能声气相乎，厥传不绝。而从文本的角度看，作为一个彬彬称盛的诗文世家，来自其家族的每一个成员的诗文创作，在历时性的流衍中，愈显光彩，愈具权威（当然，作品数量也是一个重要方面），文化辐射力也愈强，便愈容易使后人左右采获，愈容易产生互动影响，其家族的"世业"也就愈容易得以传承和光大。由此隅反，历史上不少业已衰微的文化世家，并非乏善可陈，但来自这些文化家族的某种"精义"之所以无人缀拾，几成绝响，倒并非由于"首倡"者不具识见，而是难以为后人提供具有典范意义的创作实践文本，遂致这一家族的"世业"日趋式微。

当代著名国画家、国学家范曾先生令人瞩目的赫赫存在，标志着范氏诗

---

① 姚鹓雏:《春水移诗话》，选自杨纪璋编:《姚鹓雏剩墨》，社会科学文献出版社，1994年，第95页。
② 范当世:《除夕诗狂自遣》，选自《南通范氏诗文世家》卷十三，河北教育出版社，2004年，第194页。

文世家在创作成就方面的第三座高峰。纵览他的艺术论专著，或钻坚而求通，或钩深而取极，或要言以达旨，或隐义以藏用。即山铸铜，煮海为盐；微言精理，时现笔端，综赅融贯，烛幽抉隐，卓尔自成一家言。他的序跋集，立论精审，文采赡富，鞭辟入里，谈言微中。其文字水净沙明，冲夷旷远。左右逢源，收放得体。而他的序跋文字（如画跋、题画、题记、题词等），则大多以文言出之，即兴挥洒，典雅奥丽，手挥目送，俯仰自得，既无古文家的书袋气，亦无骈文的堆砌呆板，而是纤浓得度，委婉灵秀，舒卷自如，隽永有味，读来诗意盎然，妙趣横生。他的散文，笔酣墨畅，情采芬芳，章法严谨，收放得体，笔触细腻，颇耐咀嚼。他的艺术通论，墨妙笔精，挥洒自如，剥茧抽丝，破执解缚，灵心慧眼，通达淹博而全无学院气和学究气，令人寻绎不尽，具证作者手眼之高，文心之细。至于他的书画，更是神乎其技，驰誉中外……总之，书通二酉的渊博和高屋建瓴的自信，使得范曾先生站得高，望得远，看得透，放得开，收得拢，煞得住。故他的文字风神万种而精光四射，锋芒与涵养、严谨与散漫、宏观与微察、玄索与通解、庄肃与宽容、性灵与机智，统统集大成地水乳交融成一体，使得范曾先生成为名副其实的"国画家、国学家，思想家"（季羡林语）①。而这一切，如若细细地迹其由来，范曾先生显然大有得于祖上的风范熏陶教化之功。事实上，早在青少年时期，根植于深厚的家学背景的范曾先生已具抉择之智，抱定为学之志，绝不随众流转，与俗推移；也正因为他有所自恃，固能恒久，并能在诸多领域孤往而深入；惟其如此，范曾先生方能学有所专精而笔下有神奇出焉。

可发一慨的是，以上所谈的这种家学与师承传统，迨至上世纪 50 年代，由于不断的政治运动而遭致破坏；至于当代，这种注重家学与师承之风也难成气候，个中缘由，鲜有人深入论及。汉代文臣陆贾有言："道为智者设，马为御者良，贤为圣者用，辩为智者通，书为晓者传，事为见者明。"（《新语·术事》）说的皆是理论工具的"设"、"用"、"通"、"传"等，设若没有一代代贤

---

① 　季羡林：《庄子显灵记序》，选自《抱冲斋艺史丛谈》，中华书局，2003 年，第 529 页。

明、通达的智者不懈的努力，没有像范氏诗文世家成员那样的护持与发扬，我国的传统文化何以弘扬而光大？从这个意义上说，《南通范氏诗文世家》的出版，正可引发我们进行这一方面的专题研究，深信此举将会大有益于当代及今后的学术发展与文化建设。就我个人而言，在读罢奕奕煌煌的二十一卷《南通范氏诗文世家》后，更坚定了如下一个看法，即：传承中未必无创造，创造未必不赖传承之力。拘泥古法，墨守成规，不重创造，只能是迂腐之士；既有古法而又复出奇能变，不为所囿，方为正途。

三、真正的大师所由产生的深层根源

歌德在谈到民族的文化传统对作家的作用时，曾经慨乎言道："就连我们这些生在德国中部的人要得到一点智慧，也付出了够高的代价。我们全都过着一种基本上是孤陋寡闻的生活！我们很少接触到真正的民族文化，一些有才能、有头脑的人物都分散在德国各地，东一批，西一批，彼此相距好几百里，所以个人间的交往以及思想上的交流都很少有。当亚·韩波尔特来此地时，我一天之内从他那里得到的我所寻求的和必须知道的东西，是我在孤陋状态中钻研多年也得不到的。从此我体会到，孤陋寡闻的生活对我们意味着什么。"[1] 歌德因此又进一步强调道："如果一个有才能的人想迅速地幸运地发展起来，就需要有一种很昌盛的精神文明和健康的教养在他那个民族里得到普及。"[2] 从这个意义上说，出身于诗文世家、诗教传统深厚的范曾先生是相当幸运的。传统的诗教，大而言之，其可贵之处在于它旨在化成一种"经夫妇，成孝敬，厚人伦，美教化，移风俗"的人格风范[3]，能持博通古今之识，慧续天心之智、兼济天下之志，超乎一己之私而参天地万物之妙。若从小处看，即诗文创作的意趣境界，而后者仍以前者为根基。范曾的先祖范仲

---

① 歌德著，朱光潜译：《歌德谈话录》，人民文学出版社，1978 年，第 140—141 页。
② 同上。
③ 《毛诗序》，选自《中国古典美学举要》，安徽教育出版社，2000 年，第 210 页。

淹强调"古仁人之心"，①此与孟子的"持其志"，宋儒的"操存"，实乃同一机杼。说到底，也就是一种超脱万物、德侔天地的"诗心"。从《南通范氏诗文世家》看，范氏家族非徒博文，更重蓄德，以培植诗心作为见道之门，力除俗气、习气、堕气、腐气、妄气。气之正，心之立，性之成，闳中而肆外，中为醇粹气充，外则氤氲磅礴，为诗之道方能发用盛大，而所谓"立言"才能落到"三不朽"上来。世人皆知范曾先生为一代艺术大师，至于大师之所由产生的深层根源，则鲜有知者，岂不谬哉。

那么，作为一种历时悠久的传统诗教，能否生发出一种足为当下以及后世受用不尽的精神资源来呢？回答是肯定的。事实上，范曾先生作为一代大师的精彩个案足以证明：一旦"打开自己宝藏，运出自己家珍，方知其道不可胜用也"。②

由此我不禁慨从中来，时下有欲借所谓"现代学术"之名漠视我国优秀的古典传统者，并不乏人，误己误人，为害甚巨。由是我又想起了"五四"那代人，他们虽然口头上说"不读古书"，甚至要将线装书扔到马桶里，但这并不成什么问题，因为他们那代人本来就是"为此文化所化之人"（陈寅恪语），从小就秉受着"根文化"的濡染，旧学功底深厚。即便一时倾心新潮，言行激进，却随时可以"勒马回缰作旧诗"。可事到如今，再这样"旧话重提"就未免滑稽可笑。像我们这些背"老三篇"起家的一代，与背"十三经"起家的一代，文化渊源、知识背景原本就有霄壤之别。倘若"不甚下切实功夫"，恐怕终生都难成"大器"。所谓大胆疑古，大胆引进西方的理论模式，敢于惊世骇俗颠倒时论，固然是时下某些"怪才"、"鬼才"的特点，但一味走偏锋、立异说，蔑视相对固定的学术规范，毕竟不是学术正途。况且，由于知识背景上的"无根"，难免造成学术上的虚浮与疏漏，这类例子是不胜枚举的。基于这样一种当下语境，《南通范氏诗文世家》的面世，正可以裨我们全方位地

---

① 《岳阳楼记》，选自《古文观止》卷九，中华书局，1959 年，第 421 页。

② 马一浮：《复性书院讲录》，卷一。

认识范曾先生的成长背景、人文精神、个性气质、创作特点以及大师风范之形成的深层原因。

总之，善于运用家学传承，本身就是一种创造。范曾先生的卓荦之处就在于，当他面对厚重的家学传承时，既有"历史主人"的精神，又有"理性审视"的意识，亦复有独辟蹊径、驭古为新的创造才力和自觉追求。正是这几个方面的综合，使得范曾成为集"画家"、"国学家"、"思想家"于一身的范曾。

四、"文化世家"传统中蕴涵的极富当代意义的精神资源

近代以降，政治与学术事实上已经判然两途。随着清末科举制度的废除，世家学术的消解也就成为一种必然。尤其是五四运动后，随着西方思潮的涌入，文化激进主义者鉴于传统势力的过于强大，竭力主张向西方文化认同，新学日益成为学术文化主流。在知识传承上，由以家族为中心的教育模式向以学校为中心的公共教育模式转化。在知识结构上，具有统一标准的"士"，被消解成各类专家——这当然是由高度理性化、科学化、专业化的现代社会的主要特点所决定的。知识爆炸、信息密集，技术高度发达、专业高度分化的现代社会，所需要的是大量专门人才。在学术机制上，也由家塾、书院的形式转变为以大学或科研院所为中心的高度组织化的运行空间。这种"转换"，彻底抽空了"家学"得以存在的社会土壤。在势不可挡的历史大潮的影响下，世家文化非但不能维系文化精神于不坠，甚至连重圆一下世家祖辈的旧梦也不可能，世家文化的传承力、流播力已微弱得宛若夏夜里飘忽于草地上的一团萤火的光亮。

然而，作为一种在我国文化传播史上产生过巨大作用的世家文化现象，毕竟不会随着时光的流逝而渺然灭迹。尽管其表面的形式几被革除，但其精义深旨依然存在，而且必将在未来的岁月中，广被普化，深入人心。质言之，作为毕生以呵护文化为性命的范氏诗文世家，他们那种一以贯之的"视学术

为生命"的传统,那种超然于功利目的的自由精神,那种"博学于文,行己有耻"的人格风范、庄严肃穆的境界和悲壮的理想主义精神,恰恰是现代学术体制所匮乏的,也是当今有识之士扼腕长叹的。

应当进一步指出的是,目前的这种学术体制,使不少人文研究者都习焉不察地在进行着一种缺乏价值等差观念的级次较低的工作。要言之,在人文学科研究的上空,笼罩着相当浓厚的虚无主义的阴云。即以大学来说,在编的教研人员,几乎人人手头都有科研项目,但却经不起进一步的价值追问。缺乏专业积累,缺乏方法意识,缺乏人文关怀,甚至缺乏起码的逻辑推演和逻辑操作范型。真理的获得变得似乎非常容易,只需要根据某一段名家语录或拈取几则相关的"资料"(与此相反的"资料"则往往被"遗忘"或"忽略")。再者,在学术职业化的制度之下,学术与现实的功利胶结难分;"我侪所学关天意"(陈寅恪语)的神圣的学术,大有成为政治与经济权力的附庸的趋势。对此,我们不禁要问,作为一个真正的人文研究工作者,难道不应当拥有最基本的价值等差观念和终极关怀的信念吗?难道不应当将"治学"作为一种在精神世界安身立命的支柱,一种爱与创造力的源泉?难道不应当拥有一颗"不受奖赏的、业余的良心",①而将治学视为个性发展的最充分的形式吗?设若离逸于此,任何所谓的"学术研究",究其实,都只不过是一些"末技",而绝不是真正意义上的"文化追求"。从这个意义上说,《南通范氏诗文世家》的出版,虽然未必能够对现代的学术运行制度、学术评价体制的弊端提供直接的应对策略,但却可以作为一种世家文化精神的象征,为当代学人和现行学术体制提供一种反思,一种参照,一种文化自省,一种价值理念,乃至一种精神与人格。而这,不正是《南通范氏诗文世家》出版的当代意义之所在吗?

最后我想申明的一点是,我虽忝列《南通范氏诗文世家》这套丛书的编委,但也不过是以一种"临文以敬"的心情,部分地承担了这套书的编校、撰

---

① 萨义德:《知识分子论》,三联书店,2002年,第72页。

写工作。由于水平所限，能否做到"毫发无憾"，殊未敢自是；尽管如此，作为一名专职编辑，我仍为此生能够有幸参与到这项不朽的文化工程中来，而深感荣光。为此，特填词一首以申贺忱，调寄《思佳客》：

四百年来云水苍，漫言声教已微茫。
却惊范子发宏愿，要让楹书系海桑。
罗放佚，费周章，枌榆旧椠焕奇光。
厥功自有千秋在，九域争传姓氏香。

（原文刊登于《文艺研究》2005 年第 5 期）

文正家风世代传

——试论明末清初范凤翼的家族意识

顾友泽

一、范凤翼家族意识的来源

范凤翼（1575—1655），字异羽，号太蒙，学者称真隐先生，宋代名臣范仲淹的后人，当代著名书画家范曾第十一世祖，为南通范氏早期在家族文化建设中起着重大影响的人物。曾在明朝为官，为时所忌，称病还乡，后屡召不起。

从范凤翼的诗文及其同时期文人的有关文字中可以看出，范凤翼具有强烈的家族意识。范国禄《先母杨孺人行述》载："一日，（范凤翼）呼不孝禄，出曾王父传见示，曰：'祖德不可忘也，小子其识之！'"①范凤翼《复宗侄孙石夫孝廉书》曰："家谱成帙未刻，若见示，即当助成。"而在所有的祖先中，范凤翼尤其倾心于范仲淹、范纯仁父子。其《复宗侄孙石夫孝廉书》紧承上文曰："文正、忠宣文集不佞欲任刻成"②，明确表示愿意为两位祖先文集的流传做出实实在在的贡献。更值得注意的是，范凤翼常常在诗文中提及范仲淹

---

① 范曾编：《南通范氏诗文世家》（陆），河北教育出版社，2004 年，第 388 页。
② 范曾编：《南通范氏诗文世家》（贰），第 123 页。

父子，而有些时候则并非必须。试看两例，"孝廉天本生英杰，文正家门伤继绝"①、"希文乍可支西夏，处道斯堪扫建夷"②前两句哀悼侄孙，从情理上讲，只需说逝者的去世是逝者的父辈或祖辈这一分支的悲哀即可，没有必有牵扯到几百年前的古人。这里，范凤翼的表述，显然有突出范氏家族历史感之用意。与前两句相比，后两句诗歌在表达上更是显得有点唐突。作者要赞美杨应春的才能，可选用的方式很多。即便用古人作类比，可选用的古人事迹亦不少，而范凤翼唯独选用自己的先祖范仲淹之事，不能不说乃习惯思维使然。

范凤翼家族意识的产生，从大处讲，其根源在中国古代文化。中国远古时期的政治体制以宗法关系为基础，形成家国同构的政治形态。而后来成为中国古代主流思想的儒家学派也强调血缘关系，主张基于人的心理基础之上实行由近而远的推扩式的爱："老吾老，以及人之老；幼吾幼，以及人之幼。"③这样的爱，有等差、有亲疏之别，而上升到文化层面，则体现在家族认同感、民族认同感、文化认同感。其中，家族认同感是起点。

基于这样的文化特点，中国古人往往强调家族文化建设与传承，尤其是诗书礼乐之家。明末清初的范凤翼作为南通范氏家族中具有崇高地位和较高文化修养的人物，自然会产生慎终追远的情感。

而且，范凤翼的先祖范仲淹、范纯仁又都是宋代名臣，这样显赫的家族背景自然更容易唤醒其家族意识，范凤翼产生强烈的家族认同感与自豪感也就理所当然。这从同时代人赞叹、羡慕的口气中也可以想见，凌苏《范司勋先生小传》曰："先生……宋忠宣公之后，上世代有闻人。""先生其德器之深过人者，一脉相承，所繇来也。"④

当然，对范凤翼家族意识的产生进行考察，除了应该注意到中国古代的文化这一根源性的问题，同时还不应该忽视其直接的渊源。那么，范凤翼家

---

① 范凤翼：《挽宗侄孙石夫二首》，《南通范氏诗文世家》（壹），第411页。
② 范凤翼：《七月五日集元孺衙斋再叠前韵》，《南通范氏诗文世家》（壹），第261页。
③ 《孟子·梁惠王上》，见朱熹：《四书章句集注》，中华书局，1983年，第209页。
④ 凌苏：《范司勋先生小传》，转引自：《南通范氏诗文世家》（贰），第226—228页。

族意识产生的直接原因是什么？叶向高《范太翁七十寿序》："计其家庭议论必有卓然自信、拔出于风尘壒埃之中、不以浮沉得丧动其念者，有是父方有是子，语不虚矣。"①又丁元荐《范太公小传》曰："父子扃户，修万石家风。"从中不难看出，凤翼家族意识产生的直接原因乃其父范应龙的言传身教。这可以从下面的事例中可以看得更为分明。范应龙对范仲淹、范纯仁父子非常推崇，且常有效法之举。丁元荐《范太公小传》曰："（范应龙）既贵，加意宗党，时时周恤之，居恒叹曰：'先文正公何人哉！'"②范凤翼亦然，下文将有详细论述。而陈继儒《寿范云从先生八十序》则径直将范应龙、范凤翼父子与范仲淹、范纯仁相提并论，进行类比。这里抄录全文如下：

> 先生大约类文正、忠宣父子耳。夫文正捐田赡族，捐宅建学，忠宣捐俸以广义庄，而先生寒赐襦，饥赐粟，市药掩骼，垂老无倦容，其利济同也；文正文章本于六经，忠宣以作者自命，禁林典册及当代金石碑版之文皆出其手，今先生娴经术，工辞赋，而异羽言语妙天下，艺苑推为代兴，其文学同也；文正与孙明复、张横渠、胡安定共论《中庸》《春秋》，明堂礼乐及乡饮酒礼，先生弟子二百余，皆知名孝秀，为引经叙史几至呕心，而又延同师里老讲读高皇帝律令于乡，其整训邦族同也；文正、忠宣剖断国是，好铨别邪正贤不肖，今先生汲引后学，异羽惓惓以搜扬贤士大夫为己任，其雅意人才同也；文正忤夷简去，忠宣忤安石、章惇去，先生性刚嫉恶，谢庆云令，异羽抗时自劾，谢吏部郎，其急流勇退又同也。③

这段文字为了突出范应龙、范凤翼的品质德行，从多个方面将二人之所为比拟范仲淹父子。虽然这种类比不无牵强之处，但其中揭示出范应龙对范凤翼的影响及两人对范仲淹父子诸多品质的继承则无疑具有重要的参考价值。

---

① 叶向高《苍霞续草》卷之七,《四库禁毁书丛刊》集部125, 第23页。
② 丁元荐《尊拙堂文集》卷六,《四库存目》集部171, 第54页。
③ 陈继儒:《晚香堂集》卷六,《四库禁毁丛刊》集部66, 第627页。

二、范凤翼对先祖范仲淹父子的继承

范凤翼在范应龙的影响下，在远祖范仲淹等人精神力量的感召下，自觉维护家族荣誉，有意识地以范仲淹父子为榜样。

对范氏家风或曰先祖范仲淹等人的品质的继承，因为时代的不同，人生际遇的差异，范凤翼不可能亦步亦趋，但精神实质却一脉相承。这里，挂一漏万，择其有迹可循者，分四点作一比照。

首先，兼济天下的社会责任感。范仲淹在《岳阳楼记》中抒怀："不以物喜，不以己悲。居庙堂之高，则忧其民；处江湖之远，则忧其君。"[①]首次从理论上提出与以往文士或仕或隐二元对立的政治选择——达则兼济天下，穷则独善其身，迥然不同的人生态度，即不计个人遭际，将对江山社稷和对天下苍生的责任感化为内在的道德自觉。范凤翼秉承乃祖范仲淹之风，无论在朝为官，还是在乡隐居，都先天下而忧，心系朝廷，情挂百姓。在朝为官，范凤翼历任数职。无论官职如何变化，范凤翼都能恪尽职守，在其位而谋其政。范凤翼曾感叹："古人愿亲民为朝廷爱养百姓，后起者当不昧斯语。"[②]表现出与其先祖范仲淹同样的兼济情怀。范凤翼为吏部验封司主事，到任即查封假印、假官，立斩违法者数人，并曰："此吾职所专办也"。[③]后调考功，举用正人，不遗余力；屏退贪污不谨之人，不逊情面。这一行为，正与当年范仲淹为参政时，以笔勾去不才监司而以次更易的做法异曲同工。再调文选，推用东林清流如顾宪成、高攀龙等人，又进用鲍应鳌、李邦华等数十正人。因直道行事，以此遭人忌恨，遂挂冠而归，退隐乡里。

乡居期间，范凤翼虽不处其位，却思谋其政。他针砭时弊，积极上书；鼓励亲朋好友，为国出力。1621年，辽阳战事失利，范凤翼以诗为剑，对朝廷之上尸位素餐、文恬武嬉、卖官鬻爵的丑行予以辛辣讽刺，对遭受横

---

① 李勇先、王蓉贵校点：《范仲淹全集》，四川大学出版社，2002年，第195页。
② 《〈真隐先生年谱〉补注》，《南通范氏诗文世家》（壹拾捌），第261页。
③ 范国禄：《先府君行述》，《南通范氏诗文世家》（陆），第374页。

征暴敛而无以为生的百姓表示深切同情、对入侵的外族予以谴责；1635年，张献忠军队攻略江淮，南京城内，人心惶惶，范凤翼首倡复常平仓、编保甲法，得到钱春、范景文等朝廷重臣的认可，并予以实施；1636年，南中食米不敷，范凤翼又首倡积储，以防不虞，并自备三百石，以供士大夫效法。1643年，明朝已岌岌可危，政府措兵措饷，无人响应。范凤翼独破产急公，一年之内，先后助饷数次。其子范国禄《先府君行述》中有详细记载："癸未，海上贼廖二等横聚江艘，沿掠州县，官府不能扑灭，猥以掩饰从事。府君驰书淮海路公振飞，属成副戎大用调兵会剿，兵集而饷不充，府君捐千金以助之。……未几，闯破关中，倾吞河北，势震东南。南中兵食久耗，守备空虚。大司农高公弘图、大司马史公可法计无所出，劝募绅士富民。府君闻而感愤，愿尽破其产以励同仇。于是助淮饷二千金，助粤饷千金，助南枢饷二千五百金，而家不留担石储。"①1644年，范凤翼年七十，亲友祝贺，微闻李自成进京，罢宴无心进食。后闻崇祯帝煤山自缢，范凤翼以诗代哭，肝肠欲断；明朝灭亡，身处山林的范凤翼仍然不忘旧臣身份，以苟生为耻，恨不能身先国家而亡。

从上面对范凤翼事迹的罗列中可以看出，与其先祖范仲淹相比，虽然功勋不如、身世之显赫不如、影响亦不如，但二人无论穷达，无论进退，始终不忘国事，始终保持着对国家、民族、人民的关心却是一致的。也就是说，范凤翼的所作所为，正是对其祖先范仲淹等淑世情怀的继承。

其次，刚正不阿的人格。范仲淹、范纯仁乃北宋名臣，尤其范仲淹更被宋代大儒朱熹列为五君子之一。范仲淹嫉恶如仇、敢于进言、不计个人得失的高贵品质历来为人称颂。范凤翼虽名位不及文正公，但不违心、不谄媚，遇事必言、逢恶必纠，绝不妥协的精神却与其先祖一脉相承。有必要强调的是，范凤翼的行为乃有意识地效法范仲淹。范凤翼曾有诗云："秋宪忤珰追

① 范国禄：《先府君行述》，《南通范氏诗文世家》（陆），第380页。

祖德，天曹简镜训庭趋"，①表现出自己因洁身自好、直道为官而遭受阉党打击而产生的对先祖范仲淹当年政治遭遇的体认，以及由此而产生的自豪感。范仲淹交友谨慎，其交友之道是："惟德是依，因心而友"、"每定交而不杂，必推义而为上。"②范凤翼以清流自处，洁身自好，决不与贪婪奸邪之人周旋。天启二年（1622），巡按御史崔呈秀行部至通州，拜谒范凤翼，范恶其贪黩，躲至海上，不肯与见。范仲淹曾言"宁鸣而死，不默而生"，③而且果然用自己的行动为此作了注脚。其在朝为官，三谏三贬，却秉性未移。范凤翼同样铁骨铮铮，遇事绝不苟且。方震孺序其诗集，评其人曰："异羽劲骨挺峙，嫉邪过严，殆其天性不独避元规之尘如垢秽，即熏莸稍别，辄不禁蛇蝎畏之而蚊蚋驱之，亦不必其有损于己也。"④诚如方氏所论，范凤翼无论在朝，还是乡居，无论与己是否有关，只要其认为不合理之事，皆要主持公道。范凤翼座师沈一贯为首相期间，其不仅不附丽，而且沈一贯令言者借事构陷郭正域等人时，范凤翼反而昌言于朝，以为不可。后范凤翼为吏部文选司主事，兵科朱一桂诬讦周起元，范凤翼力争于廷，不为所慑。退隐乡居，1630年，南通本地发生了以明铎父子、苏如辙兄弟为首的暴乱，范凤翼上书朝廷，遭到魏忠贤余党的借机报复，故意偏袒乱民，而将责任推卸到范凤翼身上。范凤翼不为所屈，坚决予以还击，屡次上书驳斥，显示出其刚烈的性格。

范凤翼、范仲淹在人格上的相似，通过下面两件事情的类比，更显而易见：

> 顷之，冬至立仗。礼官定议欲媚章献，请天子帅百官献寿于庭。公奏不可。殊大惧，召公，责怒之以为狂。公正色抗言曰："仲淹受明公误知，常惧不称为知己羞。不意今日更以正论获罪于门下也。"

---

① 范凤翼：《答赠冒玄同先生》，《南通范氏诗文世家》（壹），第288页。
② 范仲淹：《淡交若水赋》，《范仲淹全集》，第493页。
③ 范仲淹：《灵乌赋》，《范仲淹全集》第9页。
④ 转引自《南通范氏诗文世家》（贰），第239页。

殊惭无以应。^①

　　罗公玘为李东阳门生，当刘瑾、张永之际，罗不难沥胆上书，李亦得书泪下，今则为罗者不少而为李者绝无。^②

　　前一则是宋朝天圣七年（1029）之事，范仲淹认为仁宗率群臣拜贺皇太后欠妥当，主张在后宫行家人之礼。此举遭到举主晏殊的斥责，而范仲淹却并不妥协，反而对晏殊以大义相责，表现出不有犯无隐、直言极谏的高贵品质。后一则是范凤翼在给两位友人的书信中的内容。文中的罗玘是其自喻，而李东阳则指怨叶向高。范凤翼以罗玘与李东阳之事指代自己与叶向高的关系。《明史·罗玘传》曰："正德初，迁南京太常少卿。刘瑾乱政，李东阳依违其间。玘，东阳所举士也，贻书责以大义，且请削门生之籍"。^③叶向高乃范凤翼座师，曾为阁部大臣。然其胆小畏事、姑息养奸，致使朝党林立、清流尽除。对此，范凤翼非常不满，故以此作比。其在《寄田东明老师》中指责叶："若究祸源，恐阁部大臣纵奸养乱之罪不胜诛也，顾安得起张相国之骨而肉之耶？"^④又在《与洪桂渚鲍中素书》中指名道姓指责叶向高："大都阁部大臣纵奸养乱以至于今，狼狈已甚。……自福清（叶向高）在事，小人始首排滇南（王元翰）以观新相胆力之何如，而明乎其不足畏也"。^⑤范凤翼在关系国家大事上，丝毫不为尊者讳，正与当年其先祖范仲淹对自己的举主晏殊的态度一致。

　　再次，乐善好施的道德品质。范仲淹、范纯仁等范氏家族成员乐善好施，人所共知。有关文正公这方面的轶事，可举例者甚多，甚至小说家多有附会之事。宋代有一个流传很广的故事，讲范仲淹在睢阳时，遣尧夫（范纯

---

① 朱熹：《宋名臣言行录》前集卷七，影印文渊阁四库全书本，第9页。
② 范凤翼：《与洪桂渚鲍中素》，《南通范氏诗文世家》（贰），第83页。
③ 《明史》卷二八六，中华书局，1997年，第7345页。
④ 范凤翼：《寄田东明老师》，《南通范氏诗文世家》（贰），第80页。
⑤ 范凤翼：《与洪桂渚鲍中素书》，《南通范氏诗文世家》（贰），第81—82页。

仁）到苏州取麦五百斛，归途中遇曼卿（石延年），其因三葬未举，滞留丹阳。范纯仁即以麦舟赠之。回禀范仲淹，受到赞许。这个故事，刘永翔已证其为伪。[1] 笔者要说的是，一个并不存在的事件，却为自宋以来的人们坚信不疑，正说明范仲淹父子乐善好施已成为共识。范凤翼作为范氏后人，自觉效法先人。从其诗文集中可以看出，范凤翼非常热衷公益事业。大凡有学堂、道路、庙宇需要修缮，他总是积极倡导或响应，捐款捐物。崇祯十四年（1614），淮海饥荒，其时，因遭受以明铎父子、苏如辙兄弟为首的戊午之乱，在家庭财力大不如前的情况下，范凤翼依然炊糜以食饥民，活百姓数千人。而同乡陆季荐家贫无以下葬其父，范凤翼慷慨解囊出十金，并积极为其再行募捐，则具有明确效法先辈的意识。他在《题贺千秋〈犠尊卷〉后》中写道："吾家先文正公以麦舟助石曼卿之丧，谊高千古。"[2] 其本意以眉公先生之义举比拟范仲淹之事，但其中渗透出的作者对祖先行为的赞许及自我的取法之意不言而喻。

范仲淹、范纯仁等人的乐善好施有很多表现，尤其集中体现在对家族、对乡梓的贡献上。范仲淹晚年曾在苏州近郊买良田千亩，以为义庄，以供周济宗族贫者，后范纯仁又有增广。范仲淹父子的举动，对宋代其他义庄及慈善机构的创办起了积极的引导作用，故后来学者予以极高的评价。范凤翼虽无范仲淹父子如此大的举动，但也经常周济族人。范国禄《先府君行述》："抚育诸从子恩义兼隆，人人藉以自立。敦睦三党，其扶植尤众，待府君而火者至数十人。"[3] 其积极为族人、乡里奔走的精神与其先祖一脉相承。范凤翼退隐乡里，积极为乡里谋福祉。除了为乡里的慈善事业贡献力量，还为地方百姓的生存条件的改善积极奔走。明政府当年东征关白，加征江北四府军饷，然事毕而军饷之费未减达十余年之久，范凤翼上书总河署刘漕抚，最终蠲免；

---

① 参见周辉撰，刘永翔校注：《清波杂志校注》卷八，中华书局，1994 年，第 367—369 页。
② 范凤翼：《题贺千秋〈犠尊卷〉后》，《南通范氏诗文世家》（贰），第 160 页。
③ 范国禄：《先府君行述》，《南通范氏诗文世家》（陆），第 383 页。

南通知州福文明为增加赋税收入，下令南通百姓购买食盐，而南通即为产盐之地，范凤翼以为此无疑如江边买水一般荒唐，据理力争，上书盐道袁世振，又得以蠲免；当政欲以南通现有之沙田而核定赋税，范凤翼又上书，论述沙田坍涨不定之理，而使方案未能实施，保护了当地百姓的利益。除此而外，范凤翼还为南通本地百姓请求酌减商税，复位差徭，又打击地方土豪劣绅、衙门奸滑小吏等。正因为范凤翼为家乡所作出的实实在在的贡献，他受到当地老百姓的爱戴。戊午之乱后，范凤翼避乱南京，而"里中父老数千人群持牛酒，诣江南北，敦请公还故里，道路络绎不绝"，由此方震孺感慨："则公之为德于乡可知矣。"①

范凤翼乐善好施的行为、积极为乡里奔走的背后，所体现的实际上是其仁民爱物之心。这也是他从本质上对其祖先行为的理解。范仲淹、范纯仁的乐善好施、周济族人，是其仁民爱物的具体表现；范凤翼造福桑梓的种种举动，也是仁民爱物的体现，是其在更大的范围内无法实现拯救苍生的理想，退而求其次的表现方式。正因为具有这样的情怀，范凤翼的很多行为便具有更多耐人寻味之处。其在灾荒之年对灾民进行救济，但并不仅限于此，而是对灾难予以更多的思考。其《感事口号》其二曰："田日荒芜赋日加，催科无暇问桑麻。饥民强半驱为盗，寄语豪家非汝家。"其四曰："发仓牒下只虚文，数石如何万姓分？更有奸胥思染指，民谣堪畏不堪闻。"②分析指出岁荒实起于人祸，官府一味催租，而不引导农民从事劳作，无异杀鸡取卵；灾年中政府的赈灾往往是一纸空文，最后将会导致百姓走上反抗的道路。因为有这样的认识，范凤翼对风起云涌的农民起义军固然表现出仇恨，但同时也有理解。而对明代朝廷的窘境，既充满惋惜，同时又杂糅着恨铁不成钢的复杂情感。范凤翼入清之后，表现出的举动有违常理，这是在研究范凤翼其人时所无法回避的问题。范凤翼并未仕清，但其与南通当地的官员却有交往，甚至为南

---

① 方震孺：《范玺卿叙事》，转引自《南通范氏诗文世家》（贰），第225页。
② 范凤翼：《感事口号》，《南通范氏诗文世家》（贰），第410—412页。

通州太守唐翊明立传。从严格意义上的说，作为前朝旧臣，范凤翼的行为不能不说有损其气节，而且与其一贯行为不符。这固然有很多解释的理由，但有一点不可忽视，范凤翼与清朝南通地方官员交往，有避免南通百姓惨遭屠杀的意图。顺治二年（1645）苏如辙等有慨于清朝的剃头政策，杀害太守李乔。范凤翼有《回刘刑厅书》一文，其中有这样的一段文字："不意数日之后遂有逆贼苏如辙、明万里借剃头为名惨杀李州尊一事。概州本皆从顺良民，无不人人惊死。"① 关于这件事情的真实性，有待进一步研究，这里姑且置之不论，单从范凤翼的文章看，可见其有全南通百姓性命之意。而范凤翼或许是虚与委蛇，或是真情流露的与清朝官员相关的文字，从某种意义上说，也正是其仁爱之心的体现。

最后，对由范仲淹开创的廉素家风的继承，也是范凤翼家族意识的体现。范仲淹一生俭朴，欧阳修《资政殿学士户部侍郎文正范公神道碑铭》曰："公为人外和内刚，乐善泛爱。丧其母时尚贫，终身非宾客食不重肉。临财好施，意豁如也。及退而视其私，妻子仅给衣食。"② 范仲淹不仅严于律己，对子弟也严格要求，并作为范家家规。有一则故事颇能说明范仲淹治家之严。范仲淹次子范纯仁取王质长女，此女出身于世代簪缨之家，日用奢侈。"或传妇以罗为帷幔者。公闻之不悦，曰：'罗绮岂帷幔之物耶？吾家素清俭，安得乱吾家法。敢持至吾家，当火于庭'。"③ 范凤翼的生活态度亦如范仲淹。范国禄《先府君行述》："训子孙以孝让为本，加之以勤俭。……府君自奉俭约，饮食服御不及中人"④，所述不仅体现出范凤翼对范仲淹廉素家风精神的继承，而且在行为上也有几分相似。

---

① 范凤翼：《回刘刑厅书》，《南通范氏诗文世家》（贰），第127页。
② 欧阳修撰、李逸安点校：《欧阳修全集》，中华书局，2001年，第336页。
③ 朱熹：《宋名臣言行录》前集卷七，影印文渊阁四库全书本，第17页。
④ 范国禄：《先府君行述》，《南通范氏诗文世家》（陆），第383页。

三、范凤翼对范氏家风建设的贡献

南通范氏号称诗文世家，已经连绵十三代之久，且代有闻人。这是中国文化史上罕见的现象。之所以如此，原因很多，这是一个综合性的课题，但家族风气肯定是不可或缺的原因。

有资料表明，范凤翼不仅自己自觉继承先祖良好的家风，还将之发扬光大，用以教育范家子弟。范国禄《先府君行述》曰："训子孙以孝让为本，加之以勤俭。"① 又《先母任孺人行述》："不孝禄或嬉戏，府君严于督责。"② 又有唐翊明《申上台文》："（范凤翼）居家训子弟以忠孝敦睦。"③ 而事实上，范凤翼也的确也常有教育子弟的行为，其《分家要说》，对祖先创业之艰难，子弟败家之容易作了详细阐释，又说："我范氏承自宋文正、忠宣公不具读，只自先王父、先大父以来，诗书之泽已历四世，大率敦伦笃行，有万石风，而务本勤约，家用日饶。"又言："我大父……曾不见以儿子成进士沾禄朝家而稍稍登枝捐本忘其素风。""有德故能有其家业，彰彰前规具在，顾不知诸子侄辈能不坠先人之绪否？""不独为国彦兄弟谋，并为范氏子孙世世谋。倘得予言而存之奉为家诫，庶几无忝所生，而可以为子，可以为人，可以自立于天地之间矣。"④

上面引用范凤翼的《分家要说》，信息量较大，内容丰富。其中有这么几点值得注意：一，将先祖范仲淹、范纯仁当作自己家族中最高的道德榜样，当然也是难以企及的高度。二，在范凤翼之前，南通范氏已有家规。范凤翼在这里重申家规，不是就事论事，而是希望能够为范氏子弟所共同遵循，从而使范氏家风不坠，保卫家族的荣誉。三，范凤翼所提及其家族的"素风"，

---

① 范国禄：《先府君行述》，《南通范氏诗文世家》（陆），第383页。
② 范国禄：《先母任孺人行述》，《南通范氏诗文世家》（陆），第390页。
③ 转引自《南通范氏诗文世家》（贰），第233页。
④ 范凤翼：《分家要说》，《南通范氏诗文世家》（贰），第156页。

其含义与范仲淹《与翰长帖》中所言"寒儒之家，世守廉素"①含义类似，可见范凤翼教育子弟的内容与范仲淹对子弟的要求一致。

范凤翼的家风教育后来在范氏家族得到了回应。以其子范国禄为例，其诗文中常常表现出较范凤翼更为明显的家族意识。其《中宪大夫河南少方伯前太史范公诔》："吾宗受姓，粤自六卿；高平分郡，蕃衍至今。其在江南，实始吴门；前有文正，后有忠宣。"②《岁寒约》："敢告道南，代计目下，肯为并日，不待分甘，庶几文正家风久而未坠，诸弟侄谅有同心也。"③又《旧游公约》："诸旧游仅吾数人在，徒念缟带之欢，奈无麦舟可赠，言之愧汗。"④第一则材料，范国禄回顾自己家族发展历程，其中所体现出的强烈的家族意识显而易见。而其在《〈黄氏家谱〉序》中，回顾了黄氏的家族传承后，颇为伤感地写道："顾某有感于子者，寒家自忠宣公衍派抚州，至盛甫公遭陈友谅之变，计复归吴。会张士诚窃据平江，不得已渡江而北。兵火流离，谱系阙略者迄今未举，以视二子之为功于家乘相去不甚远乎？"⑤范国禄的感慨正是其有意保存家族历史的流露。第二则材料，则以文正家风号召对范黄州进行接济；第三则材料，信手借用讹传的范仲淹、范纯仁的故事。如此这般，我们皆不难看出范国禄受范凤翼影响的痕迹。

上文仅以范国禄为例，说明范凤翼在家族意识、家风传承中的影响。而事实上，他的影响并不限于子辈，而是对整个南通范氏都有深远的影响。直至当今，其十一世孙范曾还称其族人受其影响之深远："范凤翼之浩然正气，对通州范氏家风影响巨深，四百年来犹为后辈懿范。"⑥范凤翼之所以在家族文化建设中有如此高的地位，大概有三个方面的原因：一，范凤翼在南通范

---

① 《翰长学士》，《范仲淹全集》，第 700 页。

② 范国禄：《中宪大夫河南少方伯前太史范公诔》，《南通范氏诗文世家》（陆），第 413 页。

③ 范国禄：《岁寒约》，《南通范氏诗文世家》（陆），第 337 页。

④ 范国禄：《旧游公约》，《南通范氏诗文世家》（陆），第 335 页。

⑤ 范国禄：《〈黄氏家谱〉序》，《南通范氏诗文世家》（伍），第 399 页。

⑥ 范曾：《南通范氏诗文世家序》，《南通范氏诗文世家》（壹），第 7 页。

氏家族中，官位最高。这一点毋庸讳言。二，因为范凤翼官位高，就有了常人不具备的表现自己才能、品质的条件，而且其事迹也易于为人传播与记忆，也就因此易于成为后辈仰望、效法的对象。三，同样因为其较高的政治地位，范凤翼也因此比家族中其他成员更具备效法先祖范仲淹、范纯仁行为的条件，比如兼济天下的政治情愫、比如与权奸斗争的举动等。故而，他能够较为全面地继承先祖范仲淹等人的家风，从而将较为远古的由范仲淹开创的范氏家风转变成具体可感的南通范氏家风。

范伯子诗学渊源考论

黄　伟

在晚清诗学的发展谱系中，范伯子是不可忽略的重要一环。他不仅被标举为"桐城派"在江苏的杰出代表，且屡屡被援引为"同光体"的主要干将，同时又是沟通"桐城派"与"同光体"的桥梁与纽带①。兀傲健举、沉郁悲凉的诗作为范伯子赢得了"精者直掩涪翁"的美誉，也奠定其岿然灵光的诗坛地位。在南通范氏诗文世家十三代爝火不息、薪传赓续的诗文传承中，范伯子更是以其诗作雄视江表，堪称为范氏家族超逸绝尘的光辉巅峰。精湛的文学素养与儒家文化的锤炼，使得范伯子对待诗歌具有全面而独到的眼光：一方面强调诗歌应该有"老怀忧国切，生计入诗宽"②（《奉和外舅积雨感事诗》）的人文关怀与道义担当；另一方面也丝毫不忽视诗歌的审美特性，无论是"雕琢何必碍性灵"的己见独抒，还是"文之于诗又何物，强生分别无乃痴"的审美判断，都体现出传统诗学总结者的开阔视野与艺术修养。

---

① 马亚中：《晚清两诗派之间的"桥"——论范当世的诗》，《南通师专学报》（社会科学版），1987 年第 3 期。
② 范伯子：《范伯子诗文集》，上海古籍出版社，2003 年。

一

在范伯子的诗学体系中，没有界唐分宋的狭隘门户之见，更多地体现出古典诗学总结期转益多师的集大成特点。在著述薪积、人物浪淘的诗人图谱中，李、杜、韩、孟、苏、黄是范伯子最为推崇、屡屡标举的诗家楷模，也是范伯子取法借鉴的诗学渊薮之所在。

范伯子在自述其求学历程时曾讲到："自当世甫冠……初闻《艺概》于兴化刘融斋先生，既受诗古文法于武昌张廉卿先生，而北游冀州，则桐城吴挚父先生实为之主，从讨论既久，颇因窥见李杜韩苏黄之所以为诗非夫世之所能尽为也，而于李诗独尝三复。"（《通州范氏诗钞序》）由此可以看出，范伯子对李、杜、韩、苏、黄的诗学造诣是倾倒备至，极为叹服的。范伯子对上述诗家巨擘的推崇并不仅仅局限于纸上谈兵式的"独尝三复"，而是在其诗歌创作过程中积极贯彻并付诸实践的。

在对诗坛前贤心摹手追的体悟过程中，也造就了范伯子"直造其域"的诗歌成就。如汪辟疆即认为范伯子"震荡开阖，变化无方"的诗歌成就奠定了他以一诸生而名闻天下的诗坛地位，而讨其渊源所在就在乎"得力于李、杜、韩、孟、苏、黄为多"（《近代诗人小传稿》）[1]。汪辟疆还指出范伯子"苦语高词，光气外溢"的审美风尚大抵为"东野之穷者也"，而"天骨开张、盘空硬语"的审美追求，主要"得诸太白、昌黎、东野、东坡、山谷为多"（《近代诗派与地域》之二《闽赣派》）[2]。在对诗坛前贤有选择地揣摩、感悟的基础上，范伯子能够汇通各家之所长，进而独辟蹊径地开创出属于自己的独特风貌，同时人或后世研究者也大都留意到了范伯子在这方面取得的成就。如陈声聪指出："南通州范伯子（当世）诗兀傲排荡，以杜韩之风骨，参苏黄之姿神，以一诸生名满天下。"（《兼于阁诗话》）由云龙也认为范伯子"并学杜韩

---

① 汪辟疆:《汪辟疆说近代诗》,上海古籍出版社,2001 年。

② 同上。

东坡,淋漓挥洒,如天马行空不可羁勒"(《定庵诗话》)①。

范伯子在仕途可谓抑塞无俚,但这种久试不第的人生困厄恰恰成全了他在诗坛上的春风得意,同时也透露出他对自己诗歌的极端自信。如其《除夕诗狂自遣》所云:

> 人言诗必穷而工,知穷工诗诗工穷。
>
> 我穷遂无地可入,我诗遂有天能通。
>
> 我与子瞻为旷荡,子瞻比我多一放。
>
> 我学山谷作遒健,山谷比我多一炼。
>
> 唯有参之放炼间,独树一帜非羞颜。
>
> 径须直接元遗山,不得下与吴王班。

如果说"唯有参之放炼间"是范伯子讨源溯流的诗学抉择,那么"独树一帜非羞颜"才是其一生亹勉从事的诗学追求,也是其取得跨越前贤、以成伟观等诗学成就的动力源泉。在对前代诗人细大不捐的学习、模仿过程中,范伯子完全能够独具只眼地有所扬弃,而没有在诗家昆仑耀眼的光芒中彷徨失据、迷失自我。这种审美追求的诗识判断也使得范伯子能够"合东坡之雄放与山谷之遒健为一手",从而奠定"吴中诗人,江弢叔后,未见其匹"的诗坛地位②。

在诗学渊源上,范伯子对苏、黄审美趣味的嗜好是显而易见、毋庸置疑的。如汪辟疆在《光宣诗坛点将录》里就指出:"盘空硬语真能健,绪论能窥万物根。玩月诗篇成绝唱,苏黄至竟有渊源。"但如果仅仅把他局限在审美判断的学术视野里,就难免步入门户之见的窠臼。诚如严迪昌所言:"葆真写心,是伯子诗最见优长处,学苏(东坡)学黄(山谷)则是一种诗艺取舍之功。倘不着眼前者以谈范氏诗,徒议其诗风诗艺宗奉所在,进而计较于体格

---

① 寒碧:《范伯子诗文选集附录三》,浙江古籍出版社,2008 年。
② 钱仲联:梦苕庵诗话,转引自《清诗纪事》,江苏古籍出版社,1989 年。

范型，纳之于'同光体'中成一翼或别支，凡此舍诗心以论诗的体派，均属本末倒置之说，无法跳脱前人设置的牢笼，必也不能摆落清末遗老遗少特定的诗之趣好。"①

二

作为北宋名臣范仲淹直系后裔，范伯子家族自明代范应龙起，代代出诗人，几乎所有诗人均在当时或身后正式出版过诗集或文集，形成一个个足以领一代风骚的文化群体。邵盈午先生即指出："南通范氏以诗礼书香传家，绵延十三代，克绍箕裘。这一不仅在我国，即使在世界上也属罕见的现象。"② 对范氏家族所取得的诗文成就，范曾先生也自豪地指出："中国术业恒以宗族为传承，其传至二、三代者，殆不胜指，然后易姓以弟子传。能以诗世家薪承火继延至十三代者，不惟中国文学史之所仅见，亦世界文学史所未闻。四百年中，名人相望，大师辈出，陶钧鼓铸，滂沛成气，兀为中国文化史之奇迹。"③

在四百年间以诗意融于人生的创作历程中，大致形成了范氏家族独特的艺术魅力与创作基调："不作无病呻吟之语，不为刻红剪翠之句，亦未见喁喁鬼唱之诗。大凡范氏作手，往往挟长风以长驱，进则有豪侠气，退则有高士气，而儒家经世、禅家感悟、道家睿语，皆若散花之近维摩，不着痕迹。"（范曾《〈南通范氏十三代诗文集〉序》）

但近代以来的诸多诗评家仅将范伯子纳入桐城派、宋诗派或者同光体的体系范围内加以考察其诗学趋向，而很少关注范氏家族诗学理念对范伯子的导引、熏染之功。对此现象，严迪昌先生曾撰文指出："论者又每好言范伯子成姚氏婿后，穷研惜抱轩主人姚鼐文，得桐城一脉法乳"，转而强调范氏诗文

① 严迪昌：《范伯子诗述略》，《文史知识》，2003 年第 8 期。

② 邵盈午：《诗礼书香说范家》，《文艺研究》，2005 年第 5 期。

③ 范曾：《南通范氏十三代诗文集序》，《南通师范学院学报》，2004 年第 6 期。

传承中固有其庭训家法："其实通州范氏自有诗文化之家法承传"，"读伯子诗，不明乎此门风，必难得其精义"（《范伯子诗述略》），洵为独具只眼的方家之见。范氏家族诗文传承往往被忽略的原因，一方面不外乎《通州范氏诗文集》未能尽早裒辑成册，以嘉惠士林。另一方面，范伯子"我与心嘉成一笑，各从妇氏数门风"的诗句或许起到了误导作用，而陈诗"文学桐城，诗肖宋人"的论断更是如浮云遮望眼般的掩盖了范氏家族诗学的流衍与影响。

无论是"上窥屈宋下欧王"，"呜呼李杜人，精灵何崛强。沧溟万古寂，为我沿波上"的讨源溯流，还是"我与子瞻为旷荡，子瞻比我多一放。我学山谷作遒健，山谷比我多一炼"的转益多师，都可看作范伯子诗学理念中"瓣香前哲无休歇"的绝佳注脚。而刘熙载与桐城派、湘乡派的诗学理论更是在范伯子一生的诗歌创作轨迹中留下了很深的烙印，直接起到导夫先路的重要影响。

范伯子续娶桐城古文鼻祖姚鼐5世侄孙女姚倚云为妻，也使得南通范氏诗文世家及其姻亲桐城姚氏组成了令人瞩目的"精英文化圈"。范姚夫人一家，无论是姚濬昌、姚永朴、姚永概，还是马其昶，亦皆能恪守姚氏家法，时与范伯子以诗文相切磋。在日夕浸染、上下讨论的切劘探讨中，桐城派的诗学理念也不可避免地成为范伯子手摩心追的师法渊薮。

在诗歌创作取法涂辙上，范伯子对桐城派开坛设帐的姚惜抱，是极为叹服并推崇备至的：

> 滔滔江汉古来并，判作支流势亦平。
>
> 直到山深出泉处，翻疑河伯望洋情。
>
> 泥鼍鼓吹喧家弄，蜡凤声华满帝城。
>
> 太息风尘姚惜抱，驷虬乘鹥独孤征。
>
> ——《既读外舅一年所为诗因发箧出大人及两弟及罕儿诸作遍与外舅观之外舅爱钟铤诗至仿效其体爱询当世以外间所见诗派之异而喟然有感于斯文也叠韵见示当世谨次其韵略志当时所云云》

对桐城派"雅正"、"襟抱"、"阳刚"、"阴柔"等美学主张，范伯子也是尽力体悟并付诸实践的①。

在范伯子的文化视野里，"立德、立功、立言"三者萃于一身的曾国藩才是其顶礼膜拜的楷模和近乎完美的精神导师。范伯子对其先祖范文正的功业尚且提出疑问："世说小范十万兵，不能战胜徒其名"，唯独对德业文章，炳耀寰宇的曾文正可以说是五体投地、极为叹服：

> 剪烛重吟太傅诗，虽然少作耐人思。
>
> 有生不与此公值，竟死毋为流辈知。
>
> 北海岂烦涉南海，西施何以学东施。
>
> 从今筮得天山逐，清浊茫茫付两仪。
>
> ——《读曾文正道光乙未岁莫杂感诗慨然毕次其韵十首》之九

曾国藩凭藉着屡败屡战的韧性成功地镇压了太平天国运动，使得痨病将死的清王朝得以苟延残喘。曾国藩对清王朝回光返照的经营，也使得他声誉日隆，封建士人甚至誉之为"德埒诸葛、功迈萧曹"。曾氏在政务萦心之余，对诗歌、古文情有独钟，且凭借其执著的体悟涵咏，在文学领域也取得"文章无愧于韩欧"的称誉。总之，曾国藩的人格体气和文化精神造使他登上了传统进取模式的顶点，也对中国近现代知识分子产生了深远的影响。

范伯子对曾国藩凭藉着寒窗苦读而金榜得中，继而投笔从戎勘定大乱的功业是无比服膺的。范伯子称曾国藩为太初师，自称为私淑弟子、再传弟子："我有无穷私淑泪，只应寂寞付湘流"（《以〈湘军志〉遗日读竟题尾》），"湖南有家法，来人多清奇"（《恪士止我寓庐》）。范伯子在《寄曾重伯》诗前小序中讲到："自以文正公再传弟子，故与重伯引分甚亲"，该诗中也讲到对曾国藩的推崇与景仰："独有亭亭好孙子，手提骇马逐奔飚……私淑平生无不在，门庭长落每能知。"在伯子诗集中，还有几十首专门对曾氏《岁暮杂感》的次韵之作。

---

① 汪朝勇：《姚鼐与范当世诗文理论之关系》，《阜阳师范学院学报》（社会科学版），2007 年第 3 期。

豁达的襟怀以及精湛的文学锤炼使得曾国藩对文学流变有着高屋建瓴的全面把握，通过对桐城派诗文理念的承继与超越，曾氏构建了一个既重"经济"而又不忽略古文审美特性的理论体系，体现出晚清古文集大成者的开阔视野与艺术素养。面对羸弱的时局，曾国藩特别强调了文学的"经济"功效。曾氏虽然对桐城古文心向神往，但对其流衍既久的羸弱积弊甚为痛心。作为政治家的曾国藩并没有仅仅局限于在狭隘的理论作坊内寻求医治桐城派弊端的解药，而是结合晚清危如累卵的国势，将眼光投放到更广阔的视域，强调了以"经济"入文的重要性，才使得桐城派古文"起死回生"、得以中兴。而范伯子生逢"万古无今日，仓皇百变陈"的晚清，有感于"沧溟激荡洪波起，广野萧条落日悬"的蜩螗国事，他更加注重诗歌作品的社会功效。如其《戏题白香山诗集》所言：

> 白氏论诗崇讽谕，吟风弄月祇空华。
>
> 笑他闲适终成片，莫我平生竞一家。
>
> 万语纵横惟己在，十年亲切为时嗟。
>
> 原知诣绝都无用，持比陈人却未差。

　　在范伯子诗中，对甲午之战、戊戌之变、庚子之乱之感喟，无不如川赴壑、奔聚腕下，牢愁悲愤一寓之而为诗。故范曾先生特地指出范伯子"对前七子、后七子、竞陵、公安派等都没有什么好的评价，这是范伯子对文化的一个信仰，他不喜欢那种才子气的、无责任感的、无担当的诗词。中国的传统是'文以载道'，不光从周敦颐开始，曹丕就说过'盖文章，经国之大业，不朽之盛事'。我们的'文'载荷着民族的精神和民族的使命。"[①]

　　就姚鼐所提出的"阳刚"、"阴柔"等美学主张，曾国藩对其审美特性又进行了重新阐发，并且还提出了"气势"、"识度"、"情韵"、"趣味"等较具系统性的审美范畴。范伯子诗学体系中也承继了曾国藩"四象"的审美理念，

---

① 范曾：《吾家诗学与文化信仰》，《中国文化》，第二十五、二十六期。

如范伯子主张："诗各有不同，要之大段必当有合处。第一韵味胜，而气势乃次之，典实文雅或居其三。（公前二诗在二三之间，亦似意理之间未得空明澄澈者，至此四诗乃清极生映，而故实亦不碍气……）吾于此事更不学无术，勉强从事，尝为诗人所讥。"（《与言謇博书》）范伯子还强调如欲在文学作品中留下独立千古、确乎不拔之象，必先树立起独立的文化精神与舍我其谁的胸襟气概。如其诗云："古人所宝文章境，岂与小夫争俄顷。对面相看泰华低，发声一奏雷霆静。"

无论是姚鼐还是曾国藩，都特别强调掌握音节对增强文章韵味所起到的重要功效。如姚鼐指出："诗古文要从声音证入，不知声音，总为门外汉耳"，并进而强调："学古文者，必要放声疾读又缓读"，"急读以求其体势，缓读以求其神味"①。曾国藩承继了强调由声调而展示诗文气势豪迈的传统，他认为"作文以声调为本"，更把韩文《柳州罗池庙碑》的"情韵不匮，声调铿锵"作为"文章第一妙境"。并指出："情以生文，文亦足以生情，文以引声，声亦足以引文。循环互发，油然不能自已，庶渐渐可入佳境。"（《日记》咸丰九年九月十七日）为追求诗歌的气势，曾国藩还强调声调的重要性。曾氏认为："文章大抵以力去陈言、戛戛独造为始事，以声调铿锵、包蕴不尽为终事。"（《复许振炜》咸丰十一年三月十一）

范伯子不仅承继了"惟独声音之道……其为道也至大"的论点，而且在诗歌作品中积极贯彻这一创作准则。如其诗云：

> 能谱吾文作歌吹，汝从何处得真诠？
>
> 行多磊落抛人外，气有瀠洄在道先。
>
> 笔下聊浪三数处，弦中高下五千年。
>
> 要令事少文无累，此妙空空竟不传。
>
> ——《喜闻况儿诵吾文因示之要》

---

① 姚鼐：《与陈硕士》,《惜抱轩尺牍》卷三，中华图书馆印行。

在姚鼐、曾国藩、范伯子诗文理念的传承中，对袁枚"浅俗俚鄙"诗风的批评似乎也是他们一致追求"雅正"风格的直接体现。如姚鼐指出："今日诗家大为榛塞，虽通人不能具正见。吾断谓樊谢、简斋皆诗家恶派。"（《与鲍双五》）而曾氏"力矫性灵空滑之病，务为雄峻排奡，独宗西江"的诗学主张终结了"性灵"末流"大雅殄绝"的积衰习气，导引了同光体的宋诗运动，从而奠定"开数十年风气"、"陶铸一世之功"（《晚清簃诗汇》卷142）的宋诗派宗主地位。而范伯子"平生最鄙随园，作风迥异"（陈冰如《鞠俪庵诗话》），他认为"此俗艳称者，随园与薛庐"（《章西园刺史从夜谈天津十年事明日过其半隐草堂因索题且约再来居之赋二首应教》其二）。

在对桐城派、湘乡派师法学习的过程中，范伯子既讲家法之矩矱，又不是一味地为姚、曾所牢笼。"一般而言，桐城家法是由苏、黄溯于杜、韩，肯堂则此四家外，李白、李义山、白居易、孟东野、贾浪仙、梅圣俞、欧阳修、王介甫、陆放翁、元遗山等都在他的师法范围"，并论定范伯子"比之于曾，他的作品更见充实；衡之以姚，他的门庭更为宽大"。[①]（《重印晚清四十家诗钞序》）

在范伯子诗学理论的取舍与建构中，授业恩师刘熙载的诗文理念无疑也起到不可忽略的重要影响。作为晚清文艺理论的集大成者，融斋先生的诗歌理念不可避免地会渗透到范伯子的诗学体系中，进而影响其审美取向与创作轨则。宏通的治学胸襟以及精审的学理思考使得刘熙载对文学流变有着高屋建瓴的全面把握，刘熙载入门正、立意高的诗学锤炼直接导引范伯子步入了诗歌创作的康庄之衢，并进而开坛设坫、引领风会。

刘熙载、范伯子诗学理念的承传源流可以说是紧密合拍且相互印证的，如刘熙载倡言："诗品出于人品。人品悃款朴忠者最上，超然高举、诛茅力耕者次之，送往老来、从俗富贵者无讥焉"[②]，而体现在范伯子诗中就是"涕泪

---

① 寒碧：《范伯子诗文选集附录五》，杭州：浙江古籍出版社，2008年。
② 刘熙载：《艺概》，上海古籍出版社，1978年。

间皆天地民物"、"其所忧伤愤叹在邦国之兴替"。刘熙载主张："诗不可有我而无古，更不可有古而无我"，范伯子也强调："凡作诗，第一须有我在，若《咏古》等作，纵无预襟抱，亦必处处有当时在，方不浪费笔墨。如此等《十国杂事诗》，既无我在，亦无当时在，不过选词结调小雅之所为而已。"刘熙载讲求诗句锤炼之功，认为"西江名家好处，在锻炼而归于自然"，而范伯子身体力行地实践"文贵自然"的创作原则并取得了极大的成就。如吴汝纶曾言："文之道，莫大乎自然，而莫妙于沈隐，无错中年到此，则天下文章其在通州乎？"（《家书三》）

在清代诗学史上，既推崇宋人之筋骨思理，又不菲薄唐人之风神情韵是诗人们对待诗歌遗产的审慎态度。但从兼采唐宋到自出手眼的积极尝试中，宗唐、宗宋的审美分歧却如潜流奔溪，未曾消停。"以文为诗"无疑成了界唐分宋的一个明显标志，也成为界定范伯子"诗肖宋人"的重要依据。同声相应，同气相求，被誉为"同光体之冠冕"的陈三立因审美旨趣相近而与伯子产生惺惺相惜之感，伯子也推许伯严文学"本我之亚匹"。陈散原极为推崇范伯子的诗歌，如对范氏《玩月》诗叹服备至："吾生恨晚生千岁，不与苏黄数子游。得有斯人力复古，公然高咏气横秋"（《肯堂为我录其甲午客天津中秋玩月之作诵之叹绝苏黄而下无此奇矣用前韵奉报》），"江南号三范，子也白眉良。早岁缀文篇，跻列张吴行。承传追冥漠，坠绪获再昌。歌诗反掩之，独以大力扛。"（《哭范肯堂》）对陈、范二人的推许相惜之情，徐一士曾指出："综览散原精舍诗，所最推许者，当属通州范当世肯堂，集中投赠独繁而挚。一作云：'公知吾意亦何有，道在人群更不喧'，又曰：'万古酒杯犹照世，两人鬓影自摇天'，此'使君与操'之胜慨也。"① 范当世以一诸生名闻天下，久居合肥幕中，所结交多为天下贤俊。在与陈散原的唱和切磋中，陈氏的诗学理念也不可否认地影响到范伯子的审美风尚与诗学追求，起到助其精进的功用。

---

① 徐一士：《一士类稿》，转引自《清诗纪事》，江苏古籍出版社，1989 年。

三

在南通范氏诗文传家的庭训及刘熙载高屋建瓴的导引下，范伯子在与"桐城派"、"湘乡派"、"同光体"等"姻亲"、"师承"关系中建构起更为密切的联系，其诗学理念在互相予夺、互相借鉴下日益奇肆。范伯子作为晚清诗坛岿然灵光的翘楚人物，又兼有"搓摩日月昭群动，摺叠河山置太空"的胸襟与器识，注定他不会一味乡愿式地推崇李、杜、苏、黄，当然更不会拘囿于"文学桐城，诗肖宋人"的牢笼与束缚。桐城姚惜抱和湘乡曾文正为晚清天下景从的文坛司命，也是范伯子心摩手追、素怀敬仰的诗家宗主，其熔铸唐宋、兼收并蓄的诗文理念也不可避免地渗入到范伯子的诗学体系中。所以，无论从古典诗歌演进的规律性，还是从师承家学的一贯性来看，"文学桐城，诗肖宋人"只是对范伯子一种肤廓皮相的看法，也是有失偏颇的。

"得失惟与苏黄争，渊源或向杜李讨"（《叔节行有日矣为吾来展十日期闲伯喜而为诗吾次其韵》）、"与子婆娑见真意，公然一蹴杜欧间"（《与仲实论诗境三次前韵》）不仅是范伯子踵武前贤的法门自述，同时也透露出其平视坡谷、比肩李杜的诗学自负。文变染乎世情，兴废系乎时序，中国古典诗歌体式发展到晚清，在熔铸唐宋的基础上倡导独创之诗早已成为一种趋势。如范伯子就提出："吾诗其实无意于学人，出手类苏黄，亦所谓近焉者。无为尊唐薄宋，蹈明人之陋习。且彼明人何尝不说到做到？何尝不有绝特过人处？……依人与自立之不同，为己与为人之各别也。不但此也，文章有世代为之限，贤豪之兴，心气万古一源，皮色判别殊绝。五六百年间，薄近代之所为而力求复古者，未有不流于伪俗者也。"（《与俞恪士书》）

范伯子强调文章应随时代变化而演进，刻意复古者未有不流于伪俗者，重蹈明人之陋习。因此，范伯子强调讨源李杜、瓣香坡谷的目的是舍伐登岸式的学以善创，是师其意不师其辞的内在契合。如范伯子不断强调"君知桐城否？所学一身创"，"颉顽古人岂在貌，肺腑净洁心肝芳"，从而创造出一种"满眼生机转化钧，天工人巧日争新"（赵翼）的诗坛新气象。

目前学界大抵由范伯子与桐城派、同光体的关系入手，围绕"文学桐城，诗肖宋人"的切入点对范当世其文其诗进行研究。虽然也给出了非常高的评价，但这并不是对范伯子诗文理念最恰如其分的评判，只能算是"以意逆志"式的研究者片面的强加在范伯子身上的学术标签。

"诗文随世运，无日不趋新"，对范伯子而言，仅仅在桐城派、同光体的范围内纠缠，而未能凸显其"独树一帜非羞颜"的诗学主旨，无疑是一种以偏概全的做法，也将陷入"都是随人说短长"的窠臼。诚如范曾先生所言："但凡一代之中、一艺之内、恒有异数者，不可以承传视，不可以流派限，不可以门户见，独立而不羁，特行而忘几。即以曾祖伯子先生诗文言，桐城耶？同光耶？宋诗耶？唐诗耶？佛道儒耶？狂士耶？剑侠耶？细看都无相似，让面目还他自己——范伯子。"（《吾家诗学与文化信仰》）

情韵深美　风格高秀

——姚倚云诗歌情感内涵述论

陈晓峰

　　姚倚云（1864－1944），字蕴素，近代著名女诗人，教育家。生于桐城文物之邦，为古文宗师姚鼐后人。祖父姚莹，近代爱国人士，鸦片战争时期领导台湾军民抗击英寇取得胜利，著《中复堂集》。父姚浚昌，"诗文义法，郑重薪传……襟抱旷远，学问雅博"①，著《远心轩诗钞》、《五瑞斋诗》等。兄姚永朴、姚永概"以能文有声海内"，并称"桐城二姚"②，姊夫马其昶被视为桐城派殿军。母氏光知书，十龄母没，随父隐逸挂车山。经由文学家吴挚甫以诗为介，归"一代诗家宗祖"③南通范伯子（1853－1904）为继室，1889 年成婚于姚浚昌任所安福县，夫妇琴瑟好合，感情笃挚。1901 年以来，范伯子与张謇等人"以助国家长育人才为己任"④，执着新学事业，1904 年因肺病逝于沪。晚清民初，在救亡图存的现实焦虑下，进步人士主张通过教育发挥妇女在挽救民族危机中的作用，姚倚云亦深刻认识到女学之重要意义。范伯子逝后，她继承丈夫遗志，成为近代女子社会化教育开拓者之一。1906 年担任南通公立女子师范首任校长，一往无前，不避艰险，先后十五年，校誉冠乡

---

① 钱仲联主编：《清诗纪事》，江苏古籍出版社，1987 年，第 11544 页。
② 同上，第 14696 页。
③ 曾克耑：《范伯子诗集》序，《南通范氏诗文世家》，第 9 卷，第 289 页。
④ 姚永概：《范肯堂墓志铭》，《南通范氏诗文世家》，第 9 卷，第 286 页。

国。1919 年应姨侄方时简之邀任安徽女子职业学校校长，然其情系南通教育，不久仍返通讲授经义。1943 年任南通红十字会会长。1944 年与世长辞，学生执绋柩送至三元桥墓地者数百人。

桐城姚氏家学渊源，姚倚云自幼涵濡诗礼教泽，清醇其质，砥砺学问，素嗜吟咏，"朝夕承训迪于层岩飞泉间，诗意满前，吟兴益滋"[①]。少时诗稿令吴挚甫大为激赏，遂亲以评点，"韵味悠永"、"飘洒不群"、"情韵深美"、"风格高秀"等赞誉粲然在目。既归南通，诗文创作未辍，著《蕴素轩诗集》十二卷、《沧海归来集》十卷传世，《南通范世诗文世家》副编选录诗六百七十四首，文十一篇。清代以降，名媛诗家崛起，遂臻极轨，置身女性文学创作的繁盛背景，诗人立足自我命运和日常生活，以细腻敏锐的感受、雅洁蕴藉的笔触，将命运遭际、人生感慨和时代风云娓娓道来，"其哀乐之异感，其性情之寄托，其学植之渊源，则学者可于兹卷求之。"[②]情感成为表达的灵魂和主题，普遍浓烈的意味，丰富深沉的内涵，沁人心脾，艺术文本获得极具广度、深度的情感释放呈现。

一、丰富深沉的情感内涵

1. 十载山居养素真，一川风景总宜春

幼年隐居之挂车山淳朴宁静，山水幽绝，诗人深得山林清淑之气沾溉，"十载山居养素真，一川风景总宜春。"（《春日正长无端感兴偶忆西山故庐得四绝句》）朝夕与云霞、花鸟默默相对，临清流深潭，沐惠风夕阳，醉心于此，赏爱无尽。

"东风吹雨长溪痕，霖霖山前麦浪青。开遍杜鹃红间紫，落花飞过小沙汀。"（《春日即事》）"宿鸟惊枝动，新蝉抱叶鸣。野花红屋角，细草碧烟浔。"

---

① 徐昂：《范姚太夫人家传》，《南通范氏诗文世家》，第 16 卷，第 186 页。
② 范毓：《沧海归来集》跋，《南通范氏诗文世家》，第 16 卷，第 194 页。

（《夏日即事》）"天光云影碧烟空，露滴秋林夜气浓……满山霜重丹枫落，绕砌花残翠藓封。"（《次大人〈月夜〉韵》）"曲苑寒侵松色翠，平芜风劲雪光新。"（《大雪有感》）暮春东风吹柳，麦浪青青，山花烂漫，落英缤纷；仲夏新蝉欢唱，群莺飞舞，野花正浓，碧草茵茵；深秋天光云影交相映，霜叶红于二月花，清露瀼瀼，夜色苍苍；朔冬寒风凛冽，雨雪霏霏……四季节物风光、阴晴明晦、寒暑炎凉历历在目。诗人"从先君宦游于江右，后从夫子囊笔北游"（《赠易仲厚归龙阳序》），舟车江湖之间，登山临水，饱览名胜古迹。"泛览江山入湖口，奇峰峻石高嵯峨。"（《游石钟山》）"一塔孤耸出云际，一江回合如长川。"（《从夫子游琅山归而戏为长句》）"三潭印月真堪画，九曲莺声更可怜。"（《宋苏震买舟同泛西湖作此以赠》）图绘山川，雄阔壮观与恬淡秀媚交相辉映，各尽其妍。禽鸟花草跃然纸上，如芙蓉初发，自然可爱，意趣盎然。"清辉竹外度残萤，池面风生约绿萍。"（《月夜》）"庭柳初青吹缕缕，壁苔渐紫自欣欣。"（《送三弟公车北上》）"可人双蛱蝶，篱下弄秋光。"（《村居秋兴》）"灵虫解文思，绕笔来相依。"（《次大人〈试院酬唱〉韵》）

诗人徜徉于山光水色，"一时诗思清何着，只在山容与水光。"（《山居春日杂兴》）自然和心灵的感应交融即成天籁，清妙逸群，寓目所见，化为缕缕诗情。视境于心，莹然掌中，尽显大自然的和谐优美。崇山峻岭、茂林修竹、风云月露，络绎奔赴纸下，令人目不暇接。山如履其石，水如临其流，新鲜与晗的风景天真烂漫，引人入胜。自然的活泼生机和深远韵致，成为诗人审美视阈中不断追寻的精神归宿。

2. 琴瑟因缘文字师，永怀真感寸心知

范伯子与姚倚云千里姻缘诗文缔结，伉俪情深，闺中酬唱如鼓琴瑟。陈冰如称："闺中唱和，伉俪能诗，在昔惟伯子与姚。"[1]诗文感性的情感记录韵味悠长，感人至深。

结婚伊始，日夕为伴，精神交融，那是一段令人追想的美好时光。"君情

---

① 钱仲联主编：《清诗纪事》，江苏古籍出版社，1987 年，第 14325 页。

未觉春光稀，犹障清寒护我肌。……晓妆对镜自轻匀，眉黛由来久不嚬。捲帘无限韶光好，都付吟风弄月人。……晚来人静闭香扄，风满栏干月满庭。与君笑乐吟君句，天外回风送雁声。……侍酌微醺映脸霞，醉横青眼对梅花。感君代写经年思，万种清愁付暮鸦。"(《次韵夫子〈四时词〉》)秀幕低垂，百花嫣然，翠鸟和鸣，屋外春意盎然，室内其乐融融；黄梅初落，榴花照眼，薰风南来，芭蕉绕室，愁消欢声长；秋云缥缈，黄花满径，晚来人静，月满西楼，乐吟诗篇；侍酌微醺，醉眼对梅，万种清愁付暮鸦。款款叙来，浪漫与诗意随之彰显，确是"静观生意满，美景皆词章"(《呈夫子》)。范伯子中年流徙江湖，常南北数千里，姚倚云素居寂寞，心弦反复弹奏出略带苦涩幽怨的离别调、相思曲。"桃花谢久虚前约，柳叶阴浓负此心。自惜依稀劳去梦，谁怜迢递少来音？幽闺镇日空惆怅，夜卜灯花望藁砧。独坐芸窗未展颜，最怜消息阻江关。魂乘野鹤归千里，思逐飞鹏越万山。"(《安成孟夏寄怀夫子》)桃花谢久，柳叶阴浓，黯然独坐，一灯莹莹，寂寞对影，音信寥寥，佳期如梦，思逐流水去悠悠，跨越千山万水追寻相守依偎。刻骨铭心、难以割舍的思恋范伯子深能理解，"易怨为盼，盼之久而怨又将生，此一月中，其重劳夫人之痛想也必矣。"①

字间弥漫的无边感伤犹可领会，"性情之至，缠绵反复，不主立意，而颇复有层出之态，读之亦最能动人，特使我惭惶而又加怜惜，终日不可为怀耳。"②

范伯子亡后，"文辞相悦，白首相宾"的美好愿望随风永逝，漫长之夜、艰难之途唯见孤身单影，《悼亡二十首》为泪痕溢纸之作。序言情调哀苦，字字悲咽，具有强烈的感发力量。"萧瑟金风，百感难消今日；凄凉玉露，千端怵忆向时。援笔书来，写我哀思无已；引杯浇恨，哭君硕学徒宏……伤哉弃我余生，难待精消。痛至于斯，万难自已，聊写哀词，以志余悲。"对其诗文、

---

①　范伯子：《与姚夫人书》，《南通范氏诗文世家》，第9卷，第191页。

②　同上，第192页。

人格高山仰止，"千篇佳句抗苏黄，健笔雄辞追盛唐。""襟怀磊落如秋月，富贵从来淡若云"；为其一生不遇伤痛惋惜，"彬彬文质遭时厄，德惠雍容柳下风"；对其未竟之业憾恨不已，"最怜第一伤心事，辜负生平教育心"……显示了夫妻间的醇厚情感和深度融合。诗中更多是沉甸甸的悲情直诉，"情协金兰太可惜，回思去影泪如泉。唱随十五年间事，今日何期化作烟？行年四十虽云暮，顾影茕茕悔独存。惟有梅花知此恨，冷香和月伴黄昏。"十五载患难与共、相濡以沫的往事已尘封，生死两茫茫，锦瑟年华谁与度？茕茕徘徊、梅花知恨、冷香缭绕、孤月为伴，成为失去生命颜色和热度的灵魂投影。曾经沧海难为水，此恨绵绵无绝期，时隔五年，重返伯子病逝之地，"不堪回忆当年事，怯听江潮呜咽声。"（《为汝重来复此城》）几经春秋，复经夫子读书之处，"莫问当年新绿轩，伤心只有泪潸然。"（《道愔夫人招饮其家西林山庄归题四绝》）

3. 安得桃花源，骨肉永无离

骨肉相附，人情所愿，中国封建社会家族观念浓厚，父母之恩、手足之情是先在的文化语境，成为个体与生俱来的情感归属。祖母、父兄、叔母、姨母、大姊、族妹等成为诗人频频寄予的对象，"一别间生死，悠悠阻黄泉。生事剩孀媚，艰辛重颠连。思我自弱岁，抚之加恤怜。饥寒与疾病，靡不中肠牵。"（《哭外祖母》）母亲过早离世，外祖母温润哺育，饥寒疾病时刻牵挂。一朝物化，养育深恩无以为报，感慨泪纵横，悲情体验和凄凉表达跌宕起伏，感人至深。"苦为伯姊思皖口，南望离离但星斗。忆昔清闺共掩关，事去思来肠九还。君今寥落故乡里，我独流踪东海间。"（《再次前韵寄大姊》）一母同胞，情同手足，山长水阔，从别后，忆相逢，总是凄凉境。渺渺情千里，哀哀空诉天，姊妹深情一以贯之，《月下怀大姊》、《寄大姊》、《留别大姊》、《怀大姊》等真挚动人。满载风物与人情的故乡是血缘和亲情的体认，魂牵梦萦着远嫁之人，成为风尘四起、漫漫人生之途浅吟低唱的精神企望。"春来望断乡关路，燕雁迢迢未得书。"（《和大人寄大姊三弟诗韵》）"朝夕趋庭每西望，怯将青眼对斜曛。"（《奉和舅大人寄安福韵》）雁燕飞过，斜阳将尽，趋庭西望，故乡渺渺，云山暝隔。八十一岁的生命历程中，亲人先后谢世，惋惜与追忆不断涌来。"拜月学人嬉桂苑，采菱从姊出荷丛。"（《秋夜悼姨侄女马德麟》）"梦里犹闻唤，悲来见旧情。可怜提抱处，双袖泪纵横。"（《悼侄女莲》）"爱汝依依解唱诗，七年朝夕为扶持。"（《哭曾孙女恂》）年幼美好的生命频频陨落，承欢膝下的温馨屡屡破灭，泪飞肠断，曲曲挽歌，声声叹息。

　　诗人有着对传统亲情内涵的可贵延伸，折射出宽广的胸襟和高尚的情怀。如对范伯子前室吴夫人的真挚追念，"于归之后，拜于前室吴孺人墓下，不禁苍凉身世之感而挥无穷热泪，祝之曰：'吾为子续，殆命也。夫今为子之代表，子之父兄子女，我之父兄子女也。应尽之义务，不得辞焉。'"吴夫人乳名大桥，范伯子作《大桥遗照》纪念之，"广征题咏，名贤墨迹于斯图可见"①。诗人披卷览阅，感慨良多，"人生泡影安足瞬，徒尔哀哀清泪横。他日黄泉会相见，眼前人事归吾营。会须凭吊苍烟处，慰尔穷愁老父兄。"（《题〈大桥遗照〉》）对夫人早逝的悲慨、人生瞬息的感叹、庄重的承诺皆发自肺腑，自然流出。她毕生更是严谨地践履誓言，"续继后，怜于子女，甚于亲生；孝敬舅姑，甚于父母。"②身为继母，孝娥出嫁时殷勤叮咛，百般不舍，"慎承巾栉人间事，抱痛荒丘泉下心。辽海三年吾愧训，楚江一别汝悲忧。临歧忍却千行泪，洒向冰天独苦吟。"（《遣嫁孝嫦书以勖之》）范况求学日本，遇火伤足，就医沪上，赶去探视，"为汝重来复此城，药炉且喜病能轻。"（《为汝重来复此城》）孝娥英年早逝，婿陈师曾续娶春绮，姚倚云与春绮之交往和情谊于《和春绮〈游北土山〉原韵》、《步春绮和师曾〈悼亡〉原韵》、《题师曾夫妇合画梅幅》、《见梅忽相忆》、《春季扫墓无限凄凉遥望通明宫复哭春绮》等诸篇可见。

①　《南通范氏诗文世家纪事编年》，《南通范氏诗文世家》，第21卷，第101页。
②　同上，第108页。

4. 一朝喜遇金兰友，小别犹怀情见辞

诗人在留别、怀远、酬唱、悼亡之作中记述了真挚的情谊。首先是莫逆之友，"故乡兴业因公益，颇助余力同艰辛。"（《赠叶沛青》）"频来温语能纾暖，送去春光不破寒。"（《孟嫩叠前韵邮寄再和之》）"此境孤清太寥廓，天涯惟有玉俞知。"（《玉俞别后寄诗步其韵答之》）"与君把晤真恨晚，鸿爪何缘作良会？"（《叶氏姊招饮席上感赋赠章佩芬》）才华修养相互吸引，志趣道义彼此维系，投桃报李，真诚无私，默默守护，无不遵循"贵相知心"、"相契于淡泊之中，隐合于无言之际"（《赠易仲厚归龙阳序》）的原则，抹去喧嚣浮华，追求深度的遇合共鸣。朋友间交往拓展了日常生活的容量，充实了平淡的岁月，温存了孤寂的灵魂。其次是患难之交，经过风雨苦难洗礼考验的友谊得以升华，醇厚如酒，历久弥香。"与子心期已十年，江湖憔悴各风烟。"（《吾与砚香夫人神交十年》）"世恶嗟吾道，交深感友生。经过忧患后，始识故人情。"（《病中不寐书感赠璞君》）晚年因战乱避居如东马塘，友人们毅然施以援手，殷殷关切，庇护有加，诗人将无限感激剖心自陈。"邀我避乱特青眼，高风古谊干云霞。"（《赠谢陈稚樵老翁》）"朋侪弟子交情真，爱惜衰老怜风尘。"（《潮桥遣闷》）"今日还家还惜别，诸君高义似清秋。"（《只缘归骨买行舟》）真诚友善、淳朴浓郁的情韵扑面而来，在战争的残酷惨烈和个体的孤寒无助面前筑起坚不可摧的心理防线。

姚倚云与湖南汉寿女教育家易仲厚终身不渝的情谊传为佳话，"我生遭死丧，性命寄游丝。裁悲且为君，初见如旧时……结此金兰契，譬彼棠棣枝。"（《和易仲厚见赠原韵》）一见如故的美好结识驱走夫逝之后笼罩生命的阴霾，成为疲惫空虚精神的依托。步履维艰的女子教育之路结伴而行，相互砥砺，抵御生存的艰辛，成为彼此重要的支柱。"所思在长沙，迢迢江海截。悠然不相见，展转徒蕴结。"（《新秋寄怀易仲厚长沙》）一别经年，海角天涯，云树参差山水远，鱼雁难传，迢迢江海，清夜月明人静，秋风凄雨伤离索，何当促膝长谈、共叙心曲？"忆订金兰已卅年，每思儒雅阻山川。正疑消息疏鱼雁，岂料精魂化杜鹃？余我残年成腐朽，哭君硕学问人天。萍踪与子悲今昔，话旧凄凉共泫然。"(《哭易仲厚并示君左》)金兰之交三十年，心灵相契，肝胆相照，其深有过伉俪，其真有过手足。噩耗传来，悲不自禁，文字浸透着痛切之泪，表现了对亡友的由衷敬仰和深切哀悼。

5. 未能酒醉情先醉，乱世师生意更长

1906年姚倚云担任女子师范校长，投身推动社会进步的教育改革实践中，学为人师，行为世范，循循善诱，诲人无倦，春风化雨润物无声，"学子由由然如婴儿之得亲慈母也"[①]。"受其化者有千百之弟子。"[②]其精神维度与行为方式的构建和引导，显示了平凡生命的高远境界，具有启示意义和现实影响，受到学生们的尊敬与爱戴。

姚倚云60寿辰，女师及附小数百名师生编《花好月圆人寿》舞为其祝寿，《师弟交逾骨肉中》序曰："数百学生无不欢然鼓舞，备极美满之情，复设宴称觞，余甚感焉。"遂吟诗以谢："师弟交逾骨肉中，感情欢喜到儿童。""花好"、"月圆"、"人寿"集中了人世间最美好的光景，翩跹舞姿、天真笑容、欢庆氛围、浩然声势感人至深，洋溢着纯洁心灵真诚祝福的浓情献演是何等珍贵的生日祝福。十载悠悠而过，师生再度欢聚，为诗人恭贺70华诞，忆及此事，依然令老人不无感慨，"千龄楼上醉霞觞，孟夏南风麦正黄。少长朋侪欣嬿集，师生歌舞兴何长。…… 回忆月圆花好事，十年家国感沧桑。"(《千龄楼上醉霞觞》)爱是教育力量的源泉、成功的基础，姚倚云用爱心播种知识与理想，启迪智慧，塑造灵魂。桃李满天下，恩情似海深，祝寿之舞是对师恩的倾心回报。

"未能酒醉情先醉，乱世师生意更长。"(《王芝生招饮席间半属弟子即席赋赠》)又《师生道重义难寻》序曰："孙静宜、吴允诚二君以余目力昏暗，邀至市购镜以助光明，未得如愿，怅然而返。此情此景，铭感于心。"79岁生日时，学生北强、挹清亲自烹调，并邀易王、志淳同席，尽醉尽欢，随即赋诗：

---

① 徐昂：《范姚太夫人家传》，《南通范氏诗文世家》，第16卷，第187页。
② 曹文麟：《沧海归来集》序，《南通范氏诗文世家》，第16卷，第189页。

"肴馔亲烹知味美，世情验久觉愚贤。"（《盈池碧水叠荷钱》）"群弟子邑人又将藉太夫人八十帨辰之初，合先后诗文词集之成书为寿太夫人。"[①] 掩卷遐思，浓浓师生情谊出以淳朴独到的方式和动人的细节，不止于一时、一地、一人，清醇馨香，为桑榆晚景涂抹上绚烂之彩，让人沉醉流连。饮水思源，能打动心灵的是心灵本身，能获致爱意的是爱意本身，能滋养灵魂的是灵魂本身，对结果叹为观止的同时更感喟源头活水的浩瀚博大，师生间情感的流淌交融诠释着教育的真谛。

6. 平生历历数经过，多少酸辛枉泣歌

诗人穿透生活表面风景和事件，直笔驱入，以理性眼光反思参悟生命。岁月如流，人生短暂，转瞬即逝。"劳役频年复故关，自怜华鬓损朱颜。"（《还乡有感因用仲兄韵呈姨母》）"空悲华鬓无由玄，凄凉旧迹安能绘？"（《叶氏姊招饮席上感赋赠章佩芬》）对年华流逝触目惊心，对生命耗损深沉感喟，逝者如斯，不舍昼夜，流年冉冉侵双鬓，生命衰老凋零是宇宙间个体无由解脱的困境。此般时流之慨与人生之悲交融，酿成不堪承载之重。"发白颜凋兴会阑，自怜短暑悟空观。怵思往事增愁绪，阅透人情觉世寒。"（《和易孟嫒寄怀原韵》）人生不满百，常怀千岁忧，蓦然回首，多少销魂滋味，多少飘零踪迹，多少凄凉往事，多少冷暖炎凉，诸般况味欲说还休。"平生历历数经过，多少酸辛枉泣歌。"（《书感》）"闲思六十余年事，大半消磨忧患中。多少存亡余白发，且吟短句醉颜红。"（《春日有感》）垂暮之年，俯瞰平生，一路坎坷，早年失怙、中年丧夫、亲友星散、家政辛劳、事业艰难、聚散无端、生不逢时、贫病交加……动乱时代人本如一叶浮萍，复以艰难人生之磨砺，对生命注定残缺的深刻洞察和对生存艰难的切身体验，交加为深长的感伤痛楚。"沧海桑田易几人，只余日月常相照。"（《赠叶沛青》）"篮舆乘兴瞻名迹，兴废于今几转蓬？"（《侍祖母游后湖》）自然无穷流转，人生有限苍白，世事流

---

① 范毓：《沧海归来集》序，《南通范氏诗文世家》，第16卷，第193页。

云，人生飞絮，荣辱是非皆过眼云烟，无法排遣的悲凉忧郁油然而生，历史沧桑的纵深视野开辟了人生无常的喟叹，营造出深邃的哲学意蕴。

审视生命是人类独特的情感体悟和理性思考，诗中强烈的时间意识和生命意识是对时光迫促、人生有限、世事沧桑的沉思和阐述，呈现否定惆怅、苍老沉郁的情怀。透过表象直视深层，冷峻的生命思考和追问是诗人对投注过的今生的执着和焦虑，对人生归宿的渴望和忧郁，对世界本能性和必然性的眷恋，对永恒和完美的向往。

7. 眼底兴亡多少事，披图家国感沧桑

在近代社会新旧交替急剧变化之时，诗歌不仅成为心灵的文献，还超越一己之悲欢离合，继承民族和家族爱国传统，在国家存亡之秋直面现实，表现民族悲剧和社会灾难，"闪耀出爱国和民主精神的光芒"①。

诗人深切抒发了对民族命运的担忧和战事的关心，爱国热忱俯拾可见。"游伎皖江乐，兵戈辽海生。"（《故里中秋感赋示直之翁望两侄》）"皖水烽烟漳水浑，风尘浩劫梦魂惊。"（《赠闵孝同》）"寒雨潇潇不可听，徒悲家国几番更。"（《校中读史有感》）"眼底兴亡多少事，披图家国感沧桑。"（《题金子善云水册页》）"风雪盈窗映眼明，寒宵辗转念苍生。无穷家国安危事，卧听邻鸡唱五更。"（《丁丑冬夜不寐》）"白首苟安扶海角，烽烟满地不胜思。"（《春郊简胡漪如》）近代中国民族、民主革命接踵而至，鸦片战争、太平天国革命、戊戌变法维新运动、辛亥革命等风雷激荡，五四运动、五卅惨案、九一八事件、卢沟桥事变等波起云涌，面对前所未有的民族危机，诗人虽华发苍颜，仍忧心如焚，顾念不已。"安得猛烈士，同心矢奋扬。扫清古国土，吾民寿且康。"（《校中避暑戏用杜少陵〈夏夜叹〉原韵》）热切呼唤同胞救亡图存，拯救风雨飘摇中的祖国，豪气凛然，记述了志在戡乱的激昂情怀和对和平美好生活的向往。尽管烽烟满地，形势严峻，对国家前途还是充

---

① 王运熙、顾易生：《中国文学批评史》下册，上海古籍出版社，2004 年，第 413 页。

满了信心，"满地烽烟虽未靖，成城众志莫心寒。"（《避乱马塘邓氏义庄用去年病后谢亲友韵以谢翰芬侄婿》）鼓舞国人万众一心，同仇敌忾，奋勇向前，抵御外敌。

与范伯子"涕泪中皆天地民物"之精神同调，诗人对水深火热中的百姓投以关注，"万姓居民披水灾，结茅山顶市群材。遥怜武汉浔阳地，遍野惊鸿更可哀。"（《过枞阳》）"妇子流亡哭窈窱，孤怀恻怆吊黎民。谁无骨肉伤心目，碧血横飞惨不仁。"（《闻战感书》）"阵云何日散，民困在穷边。"（《赠吕美荪女士》）即使身处安定之境、欢宴之时，苍生之忧不时袭来，将黎民酸辛端然纸上，处处山河泪，拳拳爱国心，散发出人道与人性的光芒。1938年日军登陆南通城，烧杀奸淫、清乡扫荡之惨剧连连，生灵涂炭，满目疮痍。"对梅把酒诚足乐，慨然洒泪哀流亡。横飞碧血骸遍野，民生无辜罹祸殃。"（《严敬仲世讲赠梅花后二日大雪赋诗致谢》）哀鸿悲鸣、流亡遍野，生命被肆意摧残、任意践踏，面对惨淡凄苦的现实，诗人更具敏锐深刻的感受力，太多生命创痛和感伤的弥漫、积聚需要消释超越，满腔抑郁引动万斛情思，构成诗歌情感生发的原动力。

诗人心之所向、情之所系，是中华民族和流离百姓的命运，对时代沧桑的感慨和对现实世界的关注宏观微观兼顾，以爱为本，以忧为主，以悲为结，曲曲时代悲歌宛如凄切的杜鹃之吟，震撼人心。

二、真诚执著的情感书写

文本情感如溪水出涧，自然流淌，错落有致，将诗歌抒情的本质和特征发挥得淋漓尽致。其一，寄情对象广泛。以审美的眼光和对生活的热爱拥抱世界，深于感物，敏于体情，风云雨露、梅竹兰菊之佳景，桑麻菽麦、耕耘纺织之劳作，悲欢离合、阴晴圆缺之人世，盛衰沧桑之历史、生灭代谢之宇宙……对天地万象进行持久独立的审美观照，达到自然与人事、一己与家国、现实与历史等多方位、全景式表达，体现了近代女性文学题材的开放性和时代性。作为近代女性社会化教育先行者之一，爱国实践与时代精神紧密结合，因事业而发的吟唱独具特色，如《参观学校至沪赠项趾仁梁冰如两女士》《留别皖省女子工艺传习所教职员》《与璞君及惠若夫妇论近时教育感赋二绝》《杭州即席赠女子职业学校余菊农以下教职员诸君》《闻女师迁至丰利书以慰劳玉衡等诸弟》等，记述了教育道途一路走来的独特感怀和矢志不渝的价值取向。究其原因，不仅来自诗人细腻深刻的艺术感悟，更见高瞻远瞩的识见、博大开阔的胸襟和冰清玉洁的人格，似一泓溪水，澄净清透，风吹水面，外境迭至，万态皆有；又如一轮旭日，温婉和暖，沐浴世间万物，释放饱满爱意，为后人提供了具有启迪意义的抒情范式。叶嘉莹认为："诗要传达出一种感发的力量，而这种感发力量的大小一定与作者那感发生命的质量有密切的关系。"[①] 诗歌根植于永恒普遍的人情和博大仁爱的心灵，尊重关爱生命，亲和珍视一切，散发着曜曜生辉的人格魅力。对爱的深刻理解和炽烈追求带来充盈的温情，滋润感化着苦涩干涸的心田，抚慰疲倦彷徨的精神，陶冶萎靡困顿的情操，以美感的方式激发内心深处对浅薄狭隘的解围和对博爱的崇高追求。

其二，抒情形态丰富。或欢愉，"骤喜长怀慰，欣逢麦熟天"（《喜淑芳尊者至》）；或伤感，"苍波万顷起遐思，寒日茫茫忆别时"（《过小孤山奉怀姨母》）；或沉痛，"已是伤心万绪纷，暮年生死感离群"（《挽徐冰如》）；或惆怅，"无端惆怅思千里，双桂楼前月向西"（《安福闻子规寄怀大姊》）；或感激，"归来贫病徒相累，药物亲调赖护持"（《病中杂咏赠君干沛青韫山秀芝诸子》）……风貌迥异，姿态横生，形成多声部混合的复式美感。诗人依凭自身的文学禀赋、人格情操和社会实践，受激于自然、人事和境遇，一情独往，万象俱开。不是无端悲怨，直将阅历写成，或歌或哭，或悲或喜，是生活处境与心境的自然天放、本色再现，具有持久的感染力和审美价值，引起读者的广泛共鸣。诗歌有着对情感单一和支离的突破，内涵丰富，层次清晰。"推

---

① 叶嘉莹：《叶嘉莹说汉魏六朝诗》，中华书局，2007 年，第 425 页。

篷遥望惜阴亭，贤宰遗风直到今。德泽千秋承母教，留宾封鲊昔时心。风景无殊人事迁，朱颜绿鬓忆当年。苍茫五十余年感，存殁重过只泫然。万姓居民披水灾，结茅山顶市群材。遥怜武汉浔阳地，遍野惊鸿更可哀。乘潮鼓桨小渔舟，泛滥秋光云水悠。买得鲂鱼味鲜美，呼童沽酒释离愁。"（《过枞阳》）寄情对象为晋代善施家教的陆侃之母、已然离世之婶母、当下困于水灾之黎民、枞阳之秋光云水等，流露出对贤母的敬仰、亲人的哀悼、灾民的牵挂和美景的流连，历史人物的追慕、现实生活的观照和自然山水的欣赏结合，诸般情思多端交错，复加叠映，丰赡充实，流转自然。

其三，生情之境广泛。桐城姚氏、南通范氏均是文化世家，复以联姻与互动，为姚倚云诗文创作营造了良好的人文环境。隐居之日，"（父）时时为诗自娱，予兄弟因从事吟咏，妹亦与焉。"[1]成婚之时，"父子、甥舅、夫妇更迭唱和，裒然成编矣。"[2]赴津之际，在李鸿章府第，"寓园玩月，四人唱和有诗"[3]。和谐浓郁的文学熏陶下，随兴所至，遇事辄吟，诗歌深深地融入了生命，成为生活现场普遍自觉的意义表达。游历之地，如《随夫子登滕王阁》《舟行大孤山书呈夫子》《游石钟山》《武昌杂咏》《同夫子过焦山感旧次韵》《秦淮杂感》等；羁旅之途，"旅馆肃秋高，窗明淡晴日。征鸿辞我南，客思真郁郁"（《题〈梁淑人传〉》）；欢聚之宴，如《同人邀集水心亭小饮余有深感即席步旧韵赠之》《张君携榼来精舍》；离别之际，如《送三弟之江阴》《送别三弟妇归里》《质言留别诸生》；衰病之秋，如《八十生日病中口占》《病中口占赠陈韵珂》《病起》。日军肆虐南通城，动荡流离中诗人坚持以博大胸怀容纳悲惨世界，生活的审美与情趣缭绕笔端，映现出对诗意人生的执着追求。"除夕寂寥因禁爆，残冬过去物华新。飘扬腊雪丰年兆，梅绽枝头又报春。"（《马塘除夕》）"营巢燕子趁风斜，淡白梨花间杏花。忽忆故

---

① 姚永朴：《沧海归来集》序，《南通范氏诗文世家》，第16卷，第188页。
② 《南通范氏诗文世家纪事编年》，《南通范氏诗文世家》，第21卷，第108页。
③ 同上，第119页。

山风味美，芬香烹啜雨前茶。"（《马塘初春杂兴》）艺术的伟大在于激起对幻灭的挣脱和希望的醒觉，清新明快的气息和温馨隽永的情怀是对悲惨事实的接受容纳，更是对苦难现实的化解超脱。残酷现实中的诗意人生一如寒风萧瑟中秋菊绽放的素雅清辉，超然的襟怀韵味不经意间深深感动、震撼了观者，开拓出辽远悠长的美学境界，那是源于对生命的坚韧支撑和对生活的乐观虔诚。

诗人通过文字审美地捕捉诗意的瞬间，发诸生命本真的体验深情满溢，是对人性之美、人情之挚的张扬与讴歌，呈现出健康明朗的精神状态。诗歌以范伯子去世为分水岭，显示了情感内涵的变迁。前半生侧重春愁秋恨、途远伤离等传统闺阁情趣，后期随着时代与人生命运的剧变，从传统未亡人幽寂黯淡的境地走出，保持并加强对现实人世的关怀，无论生活还是诗歌都成功实现了题材和情感的置换。在近代民主精神和妇女解放思潮激荡下，姚倚云迈向独立自主的新生活，以主体身份将人生追求与社会进步事业结合，展现了新女性的人格魅力。生存格局中家庭角色向社会身份过渡，带来诗境的演变递进、诗情的丰富升华。突破血缘家庭的局限，对朋友、学生、事业，同时扩大为对普遍人类的关怀，诉诸诗文，一往情深，赋予个体抒情丰富幽渺、深沉丰满的意蕴。

结　语

近代社会政治结构和意识形态的转型，为女性人格觉醒提供了契机，主流文化对女性创作的肯定、鼓励和激赏，带来审读社会人生的女性视角和话语。诗人继承了女性文学以情感为本位的传统，并与当时文学思潮对诗歌内容形式的积极主张和有益改革保持一致，如龚自珍"尊情""宥情"说，梅曾亮对"真性情"的强调，方东树"闻见广，阅历深，则能缔情"之识见，黄遵宪"诗之外有事，诗之中有人"、"我手写吾口"的提倡等，体现了近代女性文学由传统走向现代的过渡特点。诗人勤勉于对生命过程的谛听、思考和领悟，独具慧眼地捕捉和传达人生行迹、心路历程的点滴，书写至真至善至美之情，达到了新的人性深度，是南通范氏家族"不作无病呻吟之语，不为刻红剪翠之句，亦未见喁喁鬼唱之诗……有国魂在，有诗灵在，有家山风物、故人情怀"[①]精神的代表和诠释，以主体身份参与到家族文化的传承构建，具有积极意义。

---

① 范曾:《南通范氏诗文世家》序,《南通范氏诗文世家》,第1卷,第6页。

交尽天下士，门庭无杂宾

——范国禄诗文的交游情况略论

史 薇

范国禄，字汝受，号十山，范凤翼之第三子。范国禄生于明天启四年（1624），卒于清康熙三十六年（1697），享年 73 岁。有《十山楼稿》60 卷，录诗 3464 首、文 1163 篇。十山文才过人，在清初诗坛上享有很高的声誉。管劲丞《南通历史札记》云："清代通州诗人，首推范国禄，不止年辈早，亦最多且佳。"钱邦芑评范国禄曰："出其诗歌、古文尤能抉其精蕴，归于古质。"杨廷撰《一经堂诗话》引林古度评十山公诗曰："十山乐府以汉为宗，古诗有陶、谢清音，歌行合太白、少陵而一之，近体又备极初、盛、中、晚之变。"又引陈维崧评十山公诗曰："十山得父膏腴，其性深醇，故其词质而不浮；其情笃挚，故其词温削；其才豁达，故其词辩而不支；其气纵横，故其词逸而不促。"① 这里，陈维崧首言范国禄之品格深醇，似其父亲范凤翼；次言其词质朴温削，才气纵横。对于范国禄其文其才，吴绮在《范汝受十山楼词序》中曾道："予友范子汝受少多奇气，人知孟博之名早，擅贤声，世重巨卿之义，青箱家学闻六艺于趋庭，黄绢才华夺五花于颖事，聪明冰雪学架区中，意气

---

① 范曾：《南通范氏诗文世家—范国禄卷》，河北教育出版社，2004 年，第 371 页。

云霞心倾海内。"①范国禄虽然才华横溢，却一生困顿场屋，只以诸生终其身。但其文名高著，当时公卿多愿倾心交接。

范国禄终生好交游，素喜与友人结社赋诗。白梦鼎说范十山"不事家人生产……著书歌诗、种桃捕鱼为乐，不复言世事"。他以诗为业，集会赋诗、文酒相聚，成为他日常生活的主要内容。他继承父业，为山茨诗社第2代传人，也曾与诗友在城南结西林社，文酒唱和，领袖通州诗坛数年（《西林社集记》）。纵观《十山楼稿》收录的诗文，酬唱赠答和纪游诗占了很大比重，简直就是一部文友唱和集。十山公广交社会名流，与当时名人王士禛、钱谦益、陈维崧、孔尚任、李渔、冒辟疆、侯朝宗等人均有交游。他的赠答送别诗歌不仅是他全方位、多层次的社交联系的再现，也可以说是范国禄及其时代士人的生活状态和心灵脉动的实录。

一、范国禄与陈维崧

陈维崧（1625—1682），清代词人、骈文作家。字其年，号迦陵。宜兴（今属江苏）人。清初诸生，康熙十八年（1679）举博学鸿词，授翰林院检讨，54岁时参与修纂《明史》，4年后卒于任所。

陈维崧与范国禄相差一岁，清初也同为诸生。相似的人生经历和投合的志趣爱好，是范国禄和陈维崧的知己之谊的基础。根据陈维崧和范国禄年谱，以下将二者人生经历做一些对比：第一，陈维崧出生于诗礼书香之家，他的父亲陈贞慧是"明末四公子"之一，节气刚烈，为人称道；范国禄亦是家学深厚，出生在一个有节气的家庭里。父亲范凤翼是"东林眉目"，交游名士遍天下，名声响誉当时。第二，陈维崧英年早慧，十岁便有"衣冠之祸，剧于娆圣，六月霜飞，白虹贯井"②之惊人语；范国禄也是九岁作文，出手不凡。他

---

① 王运熙：《清代文论选》（上册），人民文学出版社，1999年，第181页。
② 严迪昌：《清诗史》，浙江古籍出版社，2002年，第188页。

们都以诗词为毕生功业，喜交天下名士。第三，范国禄受文字狱之后，家道破落，"遭文字之祸，流浪十年，归返故园，家业尽废。"（《与侯方伯胡公书》）陈维崧自父亲陈贞慧于顺治十三年（1656）病逝后，愈益穷愁潦倒，生计维艰，仅避祸寄食于如皋冒襄的水绘园就渟历八年。[1] 同样经历过坎坷波折的人生，是同病相怜亦或是志同道合，总之，范国禄与陈维崧在顺治年间就结下了不解之缘。

范国禄和陈维崧的交游频繁，他们相邀共同出席的大型诗酒聚会就有两次。顺治某年，通州太守毕积载与范国禄邀陈维崧等诗友归田唱和，范国禄辑录诗友诗文作《归田唱和》，陈维崧为此诗集作序云："范子汝受汇集成编，以崧菲才，辱公隆遇，珠枯沧海，久无照乘之期；玉碎昆岗，永断偿城之望。幸高轩之不弃，乃下士之俱收。爰于告成之日，重命鄙人为序。"时则陈维崧寄居在水绘园，虽未扬名天下，亦已表现出了杰出的才华。虽然陈维崧自谦"菲才"，但是范国禄却对其倍加欣赏，并邀之为诗集作序。"珠枯沧海"、"玉碎昆岗"之语表现出陈维崧复杂的情绪，自负却又绝望。岂不知是珠玉总会发光，陈维崧最终享有了"清初第一词人"之美誉。这不仅证明了陈维崧的才力，也证明了范国禄等人的眼光。

另一次是在康熙十五年（1676）九月十九日，范国禄与陈维崧等46位诗友于于广陵平山堂集诗会，饮酒唱和月余。范国禄将所为诗词结集为《广陵唱和词》，其中有陈维崧一首《念奴娇·送朱近修还海昌，并怀丁飞涛之白下，宋既庭返吴门，仍用顾庵韵》，是陈维崧提出"词史"理论的典范作品，范国禄评此词为"一篇龙门列传"[2]。司马迁是龙门人，范氏评陈氏此作，似《史记》中的列传，是看到了此词具有《史记》意蕴丰厚、叙事有致、笔法简捷的特征。将词和史联系起来，可谓独具慧眼。

范国禄和陈维崧的人生都曾发生过重大的转折，但是命运的变化没有改

---

① 严迪昌：《清词史》，江苏古籍出版社，1999年，第155—195页。

② 孙金砺：《广陵唱和词》，康熙留松阁刊本。

变他们的友情，交游也从未中断过。

康熙十一年（1672），范国禄因受命纂修《通州志》得罪权臣，以至无法在原籍立足，不得不浪迹四方，开始了将近十年的漫游生活，其足迹遍布全国，遍访诗人墨客，留下了几百首诗文。[①]其中也记载了和陈维崧交游的经历。《邗上晤陈维崧》两首：

> 终年江上往来频，不畏风波为故人。
> 我亦生平有知己，出门犹未免逡巡。
>
> ＊　　＊　　＊
>
> 三月京华始到家，挂帆今又客天涯。
> 轻舟野泊无装载，消受寒河水一拿。[②]

诗中范国禄对知己陈维崧倾诉自己漂泊天涯的无奈，苦楚之词，肺腑之言，倾囊诉出。如此不加掩饰，已见关系非同一般。

相比于范国禄，陈维崧的仕途在迟暮之年却扶摇直上。康熙十八年（1679），陈维崧经大学士宋德宜推荐应"博学鸿词"考试，以第一等第十名授职翰林院检讨，参修《明史》。是年，陈维崧自水绘园出发至京城，范国禄、冒襄等人为陈维崧饯别，范国禄有诗纪之。《送陈维崧应召入都》六首曰：

> 萝卜勤求事若何，近来破格已加多。
> 更教寤寐劳当宁，特举宏词博学科。
>
> ＊　　＊　　＊
>
> 圣主临轩召上书，一时名士赴公车。
> 悬知宣室虚前席，肯使先生赋索居？
>
> ＊　　＊　　＊
>
> 生平不识京华路，隔绝燕台眼底尘。

---

① 范曾：《南通范氏诗文世家纪事编》，河北教育出版社，2004年，第371页。
② 范曾：《南通范氏诗文世家—范国禄卷》，第365页。

今日长安都市上，碎琴还是姓陈人。

*   *   *

羊车何处托知音，想见长门卖赋心。

共许书成动当世，国门一字重千金。

*   *   *

梁园词客数邹枚，不及长沙哭尽哀。

何惜草衣见天子，痛将时事奏平台。

*   *   *

满载薰风入帝京，无人不愿识陈生。

会看藜火光天禄，岂止文章饰太平[①]。

    六首七言绝句，分享了陈维崧"草衣见天子"的喜悦，"长安碎琴"的快感，对其繁华似锦的前程给予了美好展望。文字慷慨激昂，迥异于早期诗歌的清新婉转。这与诗人的人生变化有关，应该也是受到陈维崧豪放词风的影响。尤其是第三首，可谓夺胎换骨，将陈子昂碎琴的典故运用得恰到好处。《太平广记》第一百七十九卷记载：

    初举进士入京，不为人知。有卖胡琴者，价百万，子昂顾左右，辇千缗市之。众惊问。子昂曰：余善此。曰：可得闻乎？曰：明日可入宣阳里。如期偕往，则酒肴毕具。奉琴语曰：蜀人陈子昂，有文百轴，不为人知。此贱工之伎，岂宜留心？举而碎之，以其文百轴遍赠会者。一日之内，名满都下。[②]

    同是"姓陈人"，范国禄认为，陈维崧同陈子昂一样，器宇轩昂，有"碎琴"的骨力、神力、气力，有朝一日，一定也会"名满天下"。第四首借用司马相如卖赋的典故，对陈维崧入京的光明前景给予美好的寄愿。

---

① 范曾：《南通范氏诗文世家·范国禄卷》，第393页。

② [宋]李昉：《太平广记》，哈尔滨出版社，1995年，第1398页。

此时陈维崧和范国禄，一个应诏入都，一个四处飘零，相逢多半是难事，范国禄无奈云："那知半日淹知己，独向天涯问路程。"（《次答陈维崧黄桥见寄》）

二、范国禄与王士禛

王士禛（1634—1711），又名士祯，字子真，号阮亭，又号渔洋山人，谥文简。新城（今桓台县）人。王士禛是多才多艺的文学家，他博学好古，能鉴别书、画、鼎彝之属，精金石篆刻，诗为一代宗匠，康熙时继钱谦益而主盟诗坛。王士禛被称为泰山北斗，当时和朱彝尊齐名，称为南北两大诗人。王士禛论诗创神韵说，其诗作早年清丽澄淡，中年以后转为苍劲。顺治十五年（1658），王士禛赴京参加殿试，居进士二甲。根据顺治皇帝的诏令，清廷是年录用的士人，从二甲以后，一律不能在京城任职，只能外派地方为官。因此，第二年，王士禛授任扬州推官。从顺治十七年（1660）赴任到康熙四年（1665）离去，王士禛在扬州任职整整五年。在这五年的青春岁月里，王士禛初步形成了"神韵说"的诗歌思想。[①]

王士禛神韵说的形成，除了主观上的宗唐倾向外，与客观上受到扬州风神情韵的影响也不无关系。明清时期文人普遍崇尚交游，交游之广泛胜于以前任何一个朝代。王士禛也不例外，他一生交游遍及天下，同当时海内一些著名文人都有密切的往来，如陈维崧、施闰章、朱彝尊、宋琬等。在扬州时，王士禛更是修禊红桥，与诸名士宴集红桥赋诗，有《红桥唱和集》。事实上，当时的扬州地区的文人网络也基本是以王士禛为中心的。[②]王士禛《居易录》中言及他在扬州时期的交游道："庚子，之官扬州。扬州衣冠辐辏，论交遍四方；又数之金陵、姑苏、毗陵，所至多文章之友，从游者亦众。"并且他还说，

---

① 王利民：《王士禛诗歌研究》，中华书局，2007年。
② 王士禛：《渔洋精华录集释》，上海古籍出版社，2009年，第8页。

在扬州"多布衣之交"。清初，明遗民对清朝还怀有仇恨心理，而远离政治中心的扬州就成为遗民诗人聚集之地。[①]他们在此交游唱和，用诗词歌赋来排遣心中的忧愁。王士禛虽为清朝官员，却在心理上渴望拉近与明末遗民之间的距离，消解前朝留下的积怨。为此，王士禛做了很多的善事，曾查获清理过许多民间冤案，为之昭雪。王士禛初出茅庐便颇有政声。虽然日常忙于官务，王士禛却从未懈怠诗文著述。扬州的秀丽山水和人文积淀促发了王士禛的创作灵感和审美情绪。[②]他曾回忆他在扬州时期的诗兴道："予往如皋，马上成论诗绝句四十首。""予在甓社湖中，作岁暮怀人绝句六十首，丙夜而毕；纸尽，以公牒牍尾续之，淋漓皆遍。"(《渔洋诗话·卷上》)离开扬州时，惟图书数十箧，尝有诗道："四年只饮邗江水，数卷图书万首诗。"(惠栋《渔洋自撰年谱注》)

康熙四年，王士禛去如皋，拜访了冒襄，在水绘园进行了一场规模甚大的唱和。金镇扬州府志云："水绘园在如皋县，为文学冒一贯别业。地富水竹，入其中者如游深林大壑。"冒一贯即是冒襄，与范国禄相交深厚。关于这一次聚会，王士禛有《上巳辟疆招同邵潜夫陈其年修禊水绘园八首》《再泛水绘园看月作二首》等诗记载了此事。陈维崧在《水绘园修禊诗序》也记录了这一盛事："水绘园修禊诗一卷，共八人：王阮亭士禛，邵潜夫潜，冒巢民襄，穀梁禾书，青若丹书，毛亦史柱，许山涛嗣隆，陈其年维崧。诗则有五言古、七言古、五言律、七言律、五言绝、七言绝，为体有六，共诗三十有八首。是集也，盖岁乙巳之暮春三日云。"范国禄没有参加此次盛会，据范国禄年谱中记载，"康熙四年，范国禄游南州、江楚"。且范国禄的《与王阮亭书》也说道："方老师进京之日，某在西江，及捧命在淮，某又淹留于楚。"证明范国禄没有参加这次盛大诗会。

康熙十九年（1680），王士禛升迁为国子监祭酒，成为继钱谦益之后的京

① 蒋寅：《王士禛与江南遗民诗人群》，《北京大学学报》（哲学社会科学版），2005 年第 5 期，第 117—125 页。
② 黄河：《王士禛扬州期间的诗歌思想》，《学术研究》，2000 年，第 101 页。

华诗坛盟主，领袖诗坛数十年。作为诗界宗主，文坛领袖，王士禛有拱月般的弟子群从。据说，当时的"王门弟子"已数以百计。渔洋在顺治十七年时就开始充任过江南乡试同考官，分校"易二房"，得九人称门生，其中已经有名诗人、官至御史的昆山盛符升、崔华。康熙十一年（1672）奉命出典四川乡试、十七年又典顺天乡试，复得门生数百。等到他迁国子监祭酒时，连洪升、查慎行都算及门弟子，可见其声势之壮。范国禄也称王士禛为"老师"，说明范国禄也是追崇王士禛的弟子。在与王士禛及其兄王士禄的交游中，范国禄受到过他们的鼓励和爱护。范国禄在文章中说："至相关切莫如老师。"范国禄在《与王阮亭书》中还写道：

> 某以汩汩老生，无入世之具，空疏抱愧，今且五十余年，负老师文字之知，非甘暴弃，命实不犹，安已久，惟自顾汗颜，无以报知己，此衷徒自茹耳……虽奉教于令兄先生之左右者皆先后凡二年，极承教爱，实皆推老师之谊。方拟决计入都援一例以希结局，不谓以文字之祸竟至破家，仅从二三故人糊口于外……①

范国禄在文中首言其没有入仕的才能，深感惭愧。次言辜负老师期望，自顾汗颜。"虽奉教于令兄先生之左右者皆先后凡二年，极承教爱，实皆推老师之谊。"范国禄直接奉教的不是王士禛，而是其兄王士禄。王士禄（1626－1673），诗名亦盛，与弟王士祜、王士禛齐名，称为"三王"。范国禄早年和陈维崧等人作《广陵唱和词》，与会诗人便有王士禄，可见相交已久，情谊亦深。范国禄写这篇文章时，王士禄已经去世，故推老师之谊及王士禛。王士禛极为推重文士，而范国禄又闻名江左，诗文清远冲淡，品性高洁，崇尚自然真趣，正是王士禛"神韵"趣味所标举的。

"以文字之祸竟至破家，仅从二三故人糊口于外……"范国禄将"文字之祸"的景况详细诉说，申明"方拟决计入都援一例以希结局"未成的缘由。范

---

① 范曾：《南通范氏诗文世家·范国禄卷》，第291页。

国禄所述之"入都援一例"之事已不可考，但是毕竟说明范国禄与王士禛兄弟有过长期的交往。另外，王士禛还欣赏范国禄之为人，并且著诗称颂。王士禛《赠范国禄诗》云："翩翩浊世佳公子，只属扬州范十山。"由此海内相传，十山声名大震。王士禛欣赏范国禄翩翩君子的气质，而这种气质正是与他意趣相投的。一个是有才华而为官的诗人政治家，一个是有才华而不入仕的明末遗民诗人。他们在身份上是矛盾的，但是在心理上和感情上是相互认同的。王士禛虽委身政治事业，但是他的内心是清洁避俗的，他在扬州修禊红桥，吟唱清游，就是为了自觉地以名士气来掩饰风尘俗吏的身份。他欣赏的，是能有像范国禄那样的名士兼隐士的风范。他的诗，诗格风流，吐辞修洁，"抗迹何妨五湖长，由来名士半樵渔"（《寄答汪苕文二首》其二）的诗句就道出了他以名士兼隐士自居的心理。范国禄的气质与王士禛的审美追求不谋而合，他恣心所适、不簪不带、豪爽洒脱的名士风范，连王士禛也为之叫绝。

三、范国禄与孔尚任

范国禄生命的最后几年，结识了另一位好友——孔尚任。孔尚任（1648—1718），字聘之，又字季重，号东塘，别号岸堂，自称云亭山人。山东曲阜人，孔子六十四代孙，清初诗人、戏曲作家。时人将他与《长生殿》作者洪升并论，称"南洪北孔"。孔尚任生于清初，在他懂事时清朝已经政局稳定，社会太平。孔尚任年青时期又有志仕途，可惜困于场屋，37 岁时意外地受到康熙皇帝的眷顾，被破格拔为国子监博士。孔尚任感激万分地说："书生遭际，自觉非分，犬马图报，期诸没齿。"[①]孔尚任对清朝不是仇恨的，却为什么对明朝眷恋，并且写出《桃花扇》呢？《桃花扇》记叙的是南明灭亡和李香君的轶事，虽未亲见明朝灭亡之过程，却重现了历史场景，这些素材从何而来？孔尚任的父亲孔贞璠是一个遗民，使得孔尚任骨子里就有民族气节和情结，这

---

① 袁世硕：《孔尚任年谱》，齐鲁书社，1987 年，第 43 页。

是他写作的心理依据。其次,《桃花扇》的故事是孔尚任根据收集的轶事撰写的,特别是在淮扬任上时,冒辟疆、范国禄等为他讲述了很多南明故事。当时通州隶属于扬州,康熙二十五年(1686),孔尚任以国子监博士在淮扬当差,疏浚黄河海口。通州一带的冒襄、范国禄等都与孔氏有唱和交游。交游唱和中,范国禄、冒襄等人为孔尚任详说南朝的故事,这也是孔尚任创作《桃花扇》的蓝本。而长期与淮扬的遗民交往中,孔尚任与他们结下了深厚的感情,淮扬遗民的民族气节和爱国情感使之深为感动,并在《桃花扇》中为他们代言。他说"平生知己,半在淮扬",范国禄就是其知己之一。

康熙二十八年(1689),范国禄与华亭周稚廉、江宁周京等人于扬州会孔尚任作诗会,尽文酒之兴。这年夏天,孔尚任作诗《赋答范汝受》二首:

其一

东南有佳人,娇好复频浴。老大卧空闺,媒来遭其辱。早作夜何思,孤怀如明烛。门外登徒繁,悠悠莫投玉。投玉不成婚,独吟不成曲。

其二

喜逢范髯公,乃在江上渚。芙蕖初着花,采花握手语。昔也范与张,交情托鸡黍。逢君漫别君,所愿亦已阻。纷纭世情中,谁识心相许?

这两首诗写得深蕴幽藉,含而不露,有羚羊挂角之妙。黄仙裳评云:"聪明技勇,尽归平淡,如含元吐化,何以形容!"其一赞赏范国禄的人品,其二描述自己与范国禄深挚的友谊。"东南"四句将范汝受比作一方佳人,"她"洁身自好,不与世俗同流合污。"门外"四句指范汝受孤芳自赏,绝世独立,犹如众多登徒子投玉求婚却绝不答应的佳人一样。第二首诗中,孔尚任以传诵颇广的范张鸡黍的典故来比喻自己与范汝受的友情。"纷纭世情中,谁识心相许?"更是表达了孔尚任对范汝受的知己之情。

孔尚任在淮扬近三年,康熙二十八年(1689)冬天离扬赴京,范国禄也去扬返里。离别之际，孔尚任作《与范汝受》，抒写了自己与范汝受诚挚的友情。正是这种诚挚的感情，使"逸老"来送行，使将行者拖延淹留。孔尚任说："先生十年不出之逸老……乃以何事忽来？仆已入都矣，又以何事仍留？"离别执手，孔尚任如此感慨："皆仆积诚之所致乎。"知己难得，却不能相伴，"一似律钟津剑，为天生有对之宝，而人必不肯使之孤飞独鸣者，我两人可以漫为离别哉？"[①] 知己分别，难舍之情溢于言表。

结　　语

"欲知其人，先察其友。"陈维崧是词坛巨匠，王士祯是诗坛盟主，孔尚任是戏曲领袖，三位驰声艺苑的名家都对范国禄刮目欣赏，甚至引为终身知己，不得不让人信服范国禄的诗名和高洁品性。范国禄一生交游甚广，现只取其荦荦大者，以期管中窥豹。范国禄交游虽遍及天下，交游对象从官员到布衣，从诗人到闺秀，从名士到僧人，等等，但是有其倾向和原则。他不流世俗，所以喜交高洁之人；他一生以诗为业，所以交游对象大多是文人知识分子；他忠师孝父、意气真率，故其愿与正直有节气的人结为挚友。明末清初的戏曲名家李渔亦是范国禄好友，对于范国禄之为人品性有过深辟的点评，他说："小范为人冲夷而不流于俗，矫亢而不诡于时，交尽天下士而门无杂宾。括发著书，恒有欿然不自满之色。李青莲诗云'我寻高士传，君与古人齐'，可以移赠。"[②] 交尽天下士，门庭无杂宾，便是范国禄交游的最重要的特征。

范国禄一生虽未成就功名，却文名高著。在与王士祯、陈维崧的交游唱和中，至少是"近朱者赤"，更可能是"取法其上，得乎其中"，与高人相处，与大家交游，与名家唱和，与智者沟通，是聪明而智慧的择友之道，值得赞扬与肯定。范国禄直接或间接吸收了各位友人诗文作品的精华，取长补短，

---

① 徐振贵：《孔尚任全集辑校注评》(第二册)，齐鲁书社，2004 年，第 1020 页。

② 单锦珩：《李渔全集》第十九卷，浙江古籍出版社，1990 年，第 117 页。

不断升华，坚定了自己独善其身、不卑不亢的人生选择，提升了艺术审美的高远情趣，大大开拓了诗文创作的美学境界。交尽天下文杰的同时，范国禄也是不辍笔耕，给后世留下了宝贵的诗文遗产。除了《十山楼稿》60卷以外，他还著有《纫香集》《扫雪集》《听涛集》《江湖游集》《浪游集》《漫烟集》《深秋声》《古学一斑》《赋玉词》《山茨社诗品》等若干卷；并刻有《红桥宴集》，编有《西林社集》《狼五诗存》等诗集。卷帙浩繁，佳作如林，无愧为江东第一才子。

范国禄的创作在文坛诸家的影响下包容荟萃，不仅在当时瞩目于世，也深深地影响了他的子孙后代。南通范氏，自范国禄的祖父范应龙始，至当代范曾，历经明、清、民国至今450年之久。绵延13代，代代出诗人，薪传火继，世次相序，从未中断，堪称家族史、文学史上的奇迹。有人认为"南通范氏"是"一座巍峨的丰碑，耸立于我国的历史文化长廊"，是"中国乃至世界文化史上都极为罕见的家族文化现象"[①]。2004年《南通范氏诗文世家》的面世，再现和弘扬了这个家族深厚的文化底蕴和历史价值。21册煌煌巨帙，收录了南通范氏家族及其姻亲诗人群体诗文8000余首。其中名手如林，举世相望，形成了该家族特有的家风、诗风、文风。南通范氏诗文在发展过程中经历了三次高峰：明朝末期至清朝初期，以范凤翼和范国禄为代表；清朝晚期，以范伯子为代表；当代范曾时期[②]。范国禄毕生经营的诗文事业，得到了子孙的传承和发扬。南通范氏这一世所罕见的文化现象，已经受到了全国乃至世界的关注。2009年6月，"南通范氏世家诗文"被列入省级非物质文化遗产，并在逐级申报国家级非物质文化遗产和世界非物质文化遗产。范国禄的品德、学养，和他的作品一样，都是后人学习的典范，也是地方和民族的财富。它们在文学史的长流中不该被淹没，而应该同他生前一样，得到世人瞩目。

---

① 邵盈午：《诗书礼香说范家——南通范氏诗文世家出版的当代意义》，《文艺研究》，2005年第5期。
② 王成彬：《范氏诗文世家发展的几个时期》，《南通大学学报》（社会科学版），2005年第2期，第129—130页。

范崇简社集酬唱诗研究

薛　瑞

范崇简（1757—1840），字完初，号懒牛，又号浮休居士，斋号蜂窠馆。乾隆五十六年诸生。范氏诗文世家第 7 代诗人。范兆虞次子。范崇简为康乾文字狱时期范氏诗文世家最有成就的诗人，主要著述有《懒牛诗钞》1 卷，录诗 359 首；《怀旧琐言》1 卷。

范崇简不仅诗名远播，还是一位书法家、画家。《紫琅诗话》载："范崇简为人淳朴高旷，能书，能画，能诗，而不好习举子业。"山茨社友李懿曾在《懒牛诗钞》序中写道："范子既夙承家学，而性禀恬淡寡营，撒手名利，日与二三友啜苦茗爇黄熟，玩古敦牟彝鼎之属，故其为诗益遒然以清嚼而不滓。"① 范崇简为人淳朴高旷、恬淡寡营，交游满天下，27 岁与诗友重建山茨社，社友逾百人。其间创作了大量的交游酬唱诗，据统计，约有 140 首，占所有诗歌的三分之一强，颇能代表其创作水平。这些诗内容丰富、情感真挚，是了解诗人生平行迹及心灵世界的重要渠道。

---

① 　范曾，《南通范氏诗文世家》第七卷，石家庄：河北教育出版社，2004 年，第 202 页。

一、范崇简社集酬唱诗的内容

范崇简社集酬唱诗可分为两大类，一类抒写与诗友之间的友情，一类记载集社的盛况。

1. 入座论交亲麈尾，对床分韵拨炉灰

范崇简为人淳朴高旷，襟怀坦荡，六岁即能诵《楚辞》终篇，一生爱诗如癖。所交之人无论官居尚书或乡间野老，均是因诗慕名，以诗相契，赠诗怀远。诗歌，浸润他生活的每个细节，是他认识世界的媒介，也是他表达自我的渠道。

乾隆三十五年，范崇简随父范兆虞迁居至拱宸桥南养幽斋（即今范氏老宅，南通崇川寺街 123 号），与胡长龄毗邻而居。胡长龄，字西庚，号印渚，1759 年生，乾隆己酉一甲一名进士，授修撰，官至礼部尚书，有《三余堂存稿》。胡范二人年纪相仿，志趣相投，所历诗坛无不朝夕与共。他们曾合力重建山茨社，经其共理，创造了南通诗坛的又一辉煌。他们常相聚纵谈古今，各不相下。"余初交渔衫、印渚、绮楼、巢丹，时见启发，四君皆有时誉，聪颖过人，或三五日一聚，聚必终日，……少年意气，纵谈古今，各不相下。"[1]

"乾隆乙酉胡长龄舟行北上，是年大魁天下。"[2]范崇简为其寄诗。"忆尔三年别，才通尺素来。早梅逢驿使，细雨问燕台。献赋时方重，闻鸡志未灰。长安在天上，漂泊亦何哀？"（《寄胡印渚客都中》）先是对老友久无音信的嗔怪，想念与期盼之情跃然纸上，后又写胡长龄"住京城时，每夜燃烛数寸，用以读书，遍阅经史"的勤奋情状，最后一句既是劝慰老友，不经意间也流露出羡慕的意味。

除胡长龄外，他与李渔衫、钱绮楼、丁巢丹过从甚密。"钱绮楼有花梦草堂，在儒学之后，与丁巢丹为比邻。少时，偕李渔衫、胡印渚习游两家，谈诗

---

① 范曾，《南通范氏诗文世家》第七卷，石家庄：河北教育出版社，2004 年，第 187 页。

② ［清］顾鹮，《紫琅诗话》，清刻本。

饮酒无虚日。"①情笃谊深，互相之间也有赠诗唱和：

"乐府新翻调最工，书生记载占天功。"(《题李渔衫〈乡乐府〉后》)"李渔衫先生［懿曾］，博学能文，著作极富，其《扶海楼诗集》，典赡风华，卓然名家。"②李渔衫作《乡乐府》，范崇简作为朋友，深知拟书者的艰辛，故也深知书之价值，所以他说"莫言此事无关系，可补江乡风俗通"。"传呼海上故人来，三载离情一笑蠲。"(《喜钱绮楼来自海上》)见到归人时的欣喜与三载离情，都在这相视一笑中，所谓知己，便是如此，只需要一个眼神就明了对方心意。"升沉自是无成局，气候何须问定期。"(《晚桂为丁巢丹作》)表面写桂，实为写人，句句都是对好友的担忧和劝慰。

除此四位诗友外，范崇简与两位忘年交刘澹竺、平蕴山的相识也是因诗而起。

《崇川诗钞汇存》载刘伊，字莘儒，号澹竺，南通州人。乾隆十七年进士，官鹤山知县，书法遒逸。乾隆四十七年秋，范崇简初识刘澹竺先生，后范崇简从刘澹竺先生杖履二十余年，所历诗坛无不朝夕与共。与其分别之后，范崇简常常感到寂寞，写诗忆之，"记曾相识便相知，常伴山公醉习池。二十年来今寂寞，更无耆旧可谈诗。"(《忆澹竺刘丈》)

乾隆五十六年，范崇简受知于通州紫琅书院讲席山阴平蕴山先生。"偶因甄别在院，即荷先生之知，勖予与就名，而奖劝不已。"③范崇简自幼不喜读经史，不好举子业，却在这一年做了诸生，不可否认他受到了平蕴山先生的影响。范崇简在《送平蕴山师归山阴》中抒发了对这位知己兼师长的情谊："屡侍先生侧，高吟五字诗。程门风雪老，马帐管弦迟。正许商今古，如何又别离？茫茫前路阔，回首最萦思。"

---

① 范曾，《南通范氏诗文世家》第七卷，石家庄：河北教育出版社，2004 年，第 195 页。

② ［清］周曾锦，《卧庐词话》，清刻本。

③ 范曾，《南通范氏诗文世家》第七卷，石家庄：河北教育出版社，2004 年，第 196 页。

2. 风追古昔随流挽，美尽东南感旧来

范崇简 27 岁时与诗友胡长龄、曹兴谷、李耀曾、李懿曾等人重结山茨社，范围由通州地区扩大至苏州、无锡、常州、南京等地，社友逾百人，创造了山茨社的又一辉煌。范崇简常邀桐城、金陵、扬州、如皋等地诗友与山茨社友相聚唱和。文人结社自明代始，至清代繁盛，范崇简结山茨社是乾嘉时期江南文人结社活动的一个缩影，而大规模的社集吟咏，酬唱赠往，推动了江南地区诗坛的繁盛，真是"风追古昔随流挽，美尽东南感旧来。"（《山茨社集》）

范崇简诗歌中多次记述了当时集社场面，如："未肯虚良会，开樽此共醺。客情千里合，诗思一庭人。"（《与友集山茨社分韵》）；"扫径接名流，招寻到范牛。懒因诗速驾，阁为我生秋。槛外入深碧，樽前数旧游。相逢知不偶，珍重此淹留。"（《听秋阁社集》）；"预放蓝舆待众仙，狮峰深处约云烟。纵然来日林泉共，已占清秋一着先。"（《同人集狮峰精舍予以廿六日先赴口占一绝》）等，集社的形式多种多样，有社友的邀约，也有相约在名园胜景中吟咏唱和，也有范崇简做东雅集："喜逢旧社来蓬户，且典单衣慰旧游。……急雨斜风都不管，一樽还为主人留。"（《刘澹竺李渔衫胡印渚集饮山茨》）范崇简一生困厄，除夕夜常避债至四更天才敢回家，为集社竟不惧风雨，典当单衣置酒资，比当年李白"五花马、千金裘，呼儿将出换美酒"更多一种旷达与洒脱。

如此窘迫的集会毕竟是少数，更多的是高朋满座、胜友如云：

> 折简无端到客途，主人招客罄欢愉。
> 语音未辨久方得，礼数略抛全不拘。
> 吟席分曹争射覆，词场作达尽投壶。
> 东方既白灯花落，犹促行厨酒再酤。
>
> ——《京口张琴川招同人集逡巡园作》

好风迟日落花前，胜友相逢陪快然。

十里村深黄鸟树，一帆波静白鸥天。

论心凤契盟今夕，放眼新晴想隔年。

此会南皮应不偶，定多佳事入瑶编。

共将清兴陟楼台，似为多情面面开。

石角微阴驱绿上，树头浅照带云来。

几回曲径停游屐，无数幽香侵酒杯。

行过阑干才小坐，琴声已到假山隈。

——《桐城张抱朴先生叶石圃道兄邀诸友泛舟游冠芳园听陈羽士弹琴》

良辰佳景在目，丝竹管弦盈耳，高朋胜友相陪，美酒好诗相伴，真是不亦快哉！甚至到了老年时期，范崇简都对集社盛况念念于兹，常常回忆，"主人揖客客忽悲，此地曾经斗诗虎。热风转眼即冰霜，欲追前事何能数？升沉聚散总无时，而我年华非强弩。"（《冬日游石渚过蓝雪斋作画》）——可见他对集社情感之深。

《山茨社集》诗前小序云："觞咏之游，如飘风碎瓦，且自余性癖耽吟，外里中儿无有过而商者，良可惘怆。幸一二典型如驻堂、瓠碉两老人，巍然灵光，诸名隽得竹人、红桥、渔衫、耕麓、印渚、绮楼诸子，彬彬代兴，斯道未坠。"范崇简在集社中结交好友，在与好友的雅集中思考人生，使生命的深度和广度得到进一步延展。

二、范崇简社集酬唱诗的特色

社集酬唱诗因其实用性并不能占据诗坛主流，但是却是了解诗人人生经历及情感世界的重要渠道。范崇简写给亲友的酬唱诗中，倾注了真挚而深沉的感情，使得诗歌在实用性之外，更添了一份厚重，诗风哀婉而凄清。

1. 真挚而坦率的情感

范崇简秉性真诚，与朋友交往极其坦率，这在其酬唱诗中有所体现。

范崇简一生场屋不售，淹蹇乡里。其所交与之人除胡长龄高中状元官至尚书外，多是些乡贤诗老，满腹才气却因各种原因未能入仕。范崇简与他们有着相同的际遇与体验，情感交融得更为彻底。城南诗老曹星谷诗名高筑，却拙于逢迎，范崇简深切地了解好友的这一不足，不忍批评，惺惺相惜："却怜骨傲逢迎拙，风月闲情托子虚。"（《寄曹竹人》）漫长的岁月里他与朋友相知相契，相怜相依，"廿载论交成底事，不应心迹总相同。"（《赠李湘芸》）；"病云经岁久，贫复与时新。感极复相慰，闻之莫怆神。"（《访黄楚桥》）；"节义好持千古局，文章应结死生情。"（《赠黄艮男》）节义与才华互相吸引，相同的志趣与深度的情感交融结成死生之交。

他与朋友因诗相交，却并不止于诗，而是渗入生活的细枝末节。他生计常常窘迫，对待朋友却毫不吝啬，曾典当单衣置酒资，甚至家里有了新茶，也不愿一人独享，"天涯兄弟关情甚，消受何堪我独先？"（《家东树招试新茶》）无私的付出也得到相应的回报，好友陈理堂曾在除夕夜为其送来过年的资财，他感激不尽，"他时忆知己，感激在江乡。"（《除夕陈理堂广文送酒资》）他怀念远方的朋友，"西河泪暗悲中子，南国交疏忆子卿。"（《次韵答李望峰》）哀切离情缭绕笔端；悼亡去世的邻居，"黯黯儿孙门户意，寥寥戚友解推仁。白头怕是伤心泪，洒向茅檐草不春。"（《哭杨静庵》）情感深挚，令人叹惋。

对朋友坦率真挚是范崇简结交好友、组建诗社的重要密钥，而与朋友的交往使生活的内容丰富充盈，给漂泊无依的心灵以休憩，让寂寞而灰暗的岁月有了温暖的底色。

2. 哀婉而凄清的风格

范崇简社集酬唱诗的另一个显著特点是风格哀婉凄清。

范崇简少负诗名，而以诸生终其身，郁郁不得志，常年为贫穷折磨，除夕夜常常为避债躲至四更天才敢回家。徐宗幹在《斯未信斋杂录》中评介其一生，"范完初先生……老且贫，郁郁以没"。生活的艰苦使得他异常重视与朋友之间的感情，而与朋友之间聚少离多，这样就形成了他社集酬唱诗哀婉凄清的艺术风格。

综观范崇简社集酬唱诗，尤其爱用"苦"、"愁"、"泪"、"怆神"、"惆怅"、"伤神"等词语。诸如："水乡交冷间能得，岐路愁深梦可参"（《赠山左董衣园》）；"孤帆欲挂暗怆神，从此天涯远故人"（《送桐城方樵松之燕》）；"别后寻思各惆怅，伤心先废《蓼莪》篇"（《寄徐德泉如皋》）；"与君同梦分南北，似我无聊各苦辛"（《寄陈虹江（二）》）；"愧我论交将卅载，空将老泪迸残晖"（《寄杨敬亭》）；"白头余尔我，携手亦伤神"（《逢居雨十》）；"河干分手后，消息竟凄然"（《挽周陆舫》）；"山茨子弟偏多感，吟社苍凉仗友生"（《寄孙瓠硎》）；"款予重悲伤，殷勤见雅度"（《寄顾大表弟》）……满腹离情与愁苦，无不是对寂寞人生与温暖友情的倾诉与怀念。然而，范崇简受儒家思想浸润，笃守温柔敦厚之教，情感的抒发有所节制，其社集酬唱诗哀而不伤，平和雅正，是对南通范氏家族"不作无病呻吟之语，不为刻红剪翠之句……有国魂在，有诗灵在，有家山风物、故人情怀"①精神的完美诠释。

结　语

社集酬唱诗并不是诗歌主流，但却是文人交游社集情况的记录，对了解其人亦有一定的价值，"其有唱酬赠答，亦可想其一时嘤鸣求友之盛与夫贤豪聚散之迹。是诗即其谱也，传也。"②范崇简的社集酬唱诗记录了与朋友之间的友情和山茨社友集社的盛况，在社集、赠别、怀远、悼亡之际抒发了一份份真挚深沉的情感，哀婉动人，具有丰富的思想内涵和艺术价值。

---

① 范曾，《南通范氏诗文世家》第一卷，石家庄：河北教育出版社，2004 年，第 6 页。

② 温汝遵，《竹堂诗钞》，温汝适序，嘉庆年间刊本。

南通范氏诗文世家 13 代诗人系北宋名臣范仲淹直系后裔，历经明、清、民国直至当代，450 多年间名人相望，大师辈出，"中国乃至世界文化史上都极为罕见的家族文化现象。"[①]

南通范氏及其姻亲组成的诗人群体品节高尚，"以诗意融于人生"，"高风起于海澨，嗢呕振于湏洞"。他们自身的品节与才情，交游聚集了一批文化精英，形成了庞大的文化交际圈。精英文化的交流碰撞促进了范氏优良家风与诗教的形成。范崇简的社集酬唱诗是其积极参与家族文化建设的一个体现，同时也是范氏文化交际的一个缩影，无论是对深入研究乾嘉年间文人社集与下层文人心态，还是范氏文化交际及家族文化传承，都有着深远的意义。

---

① 邵盈午，《诗书礼香说范家——〈南通范氏诗文世家〉出版的当代意义》，《文艺研究》，2005 年第 5 期。

范钟年谱·引言

夏文婕

晚清之时，中西文化遭千年不遇之碰撞，传统知识分子历未曾遭遇之处境，思想起前所未有之变动。于此国家存亡之际，纷纷觉醒以求振兴之路。范钟正是厕身这一时代，一位传统且又积极的知识精英。作为范文正公之后，通州范氏向以诗文世家名闻于世，范钟既秉承深厚的家学渊源，又深受时代所染。其一生的经历，描绘了一般传统士子的生存处境，更折射出社会大变革时期穷途士子独有的生存状态。其诗文，又是文人才士意识形态的绝好注解。因此，对范钟生平和诗歌研究，有助于我们从一个侧面认识社会变迁对文人心灵及其家族群体的影响，进而梳理出社会转型期文人自身角色定位和家族文学发展流变等诸问题。

范当世、范钟、范铠，世称"通州三范"，均少有才名。大兄伯子，声名最盛，为吴汝纶所激赏，乃桐城古文、同光诗体之大员，钱氏仲联赞其"豪杰之士也"。范钟于兄，所受教影响甚大，弱冠之后声名鹊起，"为诸侯座上宾，吟稿遍海内"[1]，吴闿生评其"气骨雄伟，光气卓然，不愧为范公之弟"[2]。然而，长期以来，范钟并未进入学者的视野。一方面是由近代文学整体研究

---

① 范钟:《达刚已〈范中子外集〉跋》,《范中子外集》一卷,范钟手稿。

② 吴闿生:《晚清四十家诗钞》,浙江古籍出版社,2006年,第77页。

状况决定的，另一方面，正所谓"名士不为官"，晚年卒于任上，倍受诟议，多少拖累了他在文人心中的形象。世人于范当世研究资料较详细完备，然于范钟零碎稀少，尚无一简编年谱。"吉光片羽，宜其为识者所珍藏"①，其诗文尺牍难得一见，因而造成了"三范"之一的范钟长期以来湮没无闻。近年来，随着学科整体研究的发展，于近代士人的研究逐步走向纵深化，因此正确认识范钟并给予评价已显得十分有意义。并且，作为晚清桐城派名士，范钟交游甚广，将个体文人投入到社会交游的时代背景中去考察，更能突显出清末民初文人群体的生存特征及其流变过程。本文即是怀着这样一种动机进行创作。

范钟年谱的初步研究需要建立在广泛的原始文献整理的基础上。范曾主编的《南通范氏诗文世家》的出版，标志着范钟诗歌文献的初步整理工作取得了一定成果，诗文资料得以为广大学者所见。而履历传记文献则少之又少，仅散见于笔记、尺牍、日记中，对准确定位其生涯及活动，带来了不小的麻烦。笔者仅能通过笔记、唱酬或书信等资料钩沉出这位清末名士的人生脉络，以供后来者完善补正。现将其生平及著作文献的整理情况做一概述。

一、生平概述

范钟，字仲林，又字中木、中子，别号蜂腰馆。清咸丰六年（1856），生于南通范氏文儒世家，时兄伯子三岁，始读书。钟从教于大兄伯子，承家学渊源，根基非浅；才力颇高，且喜为诗；清俊通达，喜交乡间贤士，诗稿遍海内。弱冠后，拜师武昌张廉卿，师出桐城，功力见长。又受江苏学政黄体芳赏识，入其学幕，巡省科试，钟自言："自注师门籍，恩深独我偏。"② 光绪七年（1881），范钟举优贡，次年交游京都，见识大长，颇得读袁昶、李慈明巨

---

① 范钟：《达刚已〈范中子外集〉跋》。
② 范钟：《初至学使幕中呈漱师二首》，《范钟诗稿附文集》一卷，范钟手稿。

丽之言，且与朱启勋、姚文楠、志锐昆仲等文宴流连。光绪十年（1884），入陈宝箴学幕。光绪十一年（1885），首来武昌，交游武昌知府李有棻兄弟。自光绪十三年（1886）至十七年（1891），授为李府西席，"及馆鄂省遍交关、左、柯、刘诸君子"①，亦深受张南皮之垂青，屡以诗文相试。钟来鄂，"自丙戌以后，年方三十外，意气盛壮之时，穷日读书，不肯复为诗"②矣。光绪十七年（1891）六月初十，受李有棻之荐，应湖南巡抚陈宝箴之邀，课其孙陈衡恪。十九年（1893），又任湖北武昌两湖书院教习。在此期间，与陈三立、梁鼎芬、杨锐、易顺鼎等积极革新之辈多所交游，清朗通达，渐喜西学。甲午年间，内侄范罕、范况亦至两湖书院范钟处读书，得识严复译之《天演论》，辜鸿铭译之《论语》，见识大长，为两兄弟日后留学日本埋下伏笔。甲午八月，范钟九次乡试，终举亚元。光绪二十四年（1898）五月，中进士。自九世祖范凤翼中明万历二十六年（1598）进士，亦为戊戌科，至范钟再中，凡三百年矣。范钟本想依托陈三立指分鄂省，不料变法失败，陈氏失宠，范钟也遭新党之谤，而掣签分发河南。十一月，范钟入河南巡抚幕署文案，与韩紫石、言謇博、胡嗣芬、路朝霖等人游。次年丁忧，回籍奔丧守孝。光绪二十七年（1901）冬，启程赴河南任。二十八年（1902）正月，入河南巡抚锡良幕，充文案并课锡良子孟博。供职闲余，多阅曾文正公文牍、诗文及信札、笔记等。九月二十二日，张人骏调为河南巡抚，范钟蒙许再任。同年秋，任河南乡试同考官，阅卷期间，深感科举查人之弊端，"文主于字之独造即不免见弃。科举至此，真可废矣"③。二十九年（1903），张人骏调为广东巡抚，先生随往，仍署理文案，兼广东课吏馆教习。三十一年（1905），张人骏调署山西巡抚，先生随行，委山西文案并山西大学堂教习。在任期间，积极整顿山西学务，力于教学，得高徒徐鸿宝、马君图、李芳圃等人。次年（1906），随张人骏调署河南。光绪三十三年（1907）九月，范钟赴河南鹿邑县任县令。然署中局

---

① 范钟：《范钟日记》五册，手稿。

② 范钟：《范钟诗稿附文集·序一》一卷，范钟手稿。

③ 范钟：《范钟日记》第四册，范钟手稿。

面纷杂，银价飞涨，常有经济亏款诸事，麻烦重重，到任不久即有参官之闻。宣统元年（1909），范钟卒于河南鹿邑任上，享年五十四岁。遗夫人季氏，年五十六岁。无子女，侄范况嗣之。范钟任官三载，银价居奇，饱受财政困扰；政务繁多，家中万事悬心；又体弱多病，心情郁郁。范钟之卒，世人颇有微词。王锡韩《蜷学庐联话》中云："范肯堂先生之弟仲林大令以名进士历任寿光、鹿邑县事，大吏颇优遇之。仲林在官，惟以诗酒从事，一切听家丁、幕友为之，其后竟为所误，以案落职，因是郁郁，遂客死于鹿。"[1] 弟范铠在处理范钟遗留经济事亦云："惟斥豫、齐两家以充部司各款，免俟交代算结"，"黄金频脱手，百口欲翻窝。"[2] 是所谓，一代名士，一生坦然，然不习政事，终落银钱之污。

二、身份角色

正如生平所示，观钟之一生，除最后两年为官生涯，其人生主导性角色，即是幕僚、教习，出入于幕府、学堂之上。这种身份迫使其为求生四处漂泊，屈己从人，"钟也饥驱向人海，低眉宛首如拘囚。"（《题胡晴先生山水长卷》）"君病胡能已，吾饥讵有涯。"（《赠仲威》）一种求生的意识时时袭上心头。"从来唯一饱，吾意媚侏儒。"（《鄂江杂咏》）"人生一饱无余事，兰亭俯仰空流涕。"（《三月三日修禊曾公祠南皮尚书拟集不果既而惠酒食同节庵石甫伯严赋诗》），迫于饱腹的生理需求而不得已浮泛人生。"我浮人海比杯水，逝欲东迥非得已。"（《题胡晴先生山水长卷》）这一生命历程，亦导致其内心始终笼罩着一种郁郁不得、局促人世的情绪，《鄂江杂咏》："世难伤交薄，名微愧路穷。"而往往强以为欢，"仓皇拼一笑，聊浪不成归"（同上）这种情绪氤氲在诗中，笼着浓浓的伤感。发之为诗，则其意象往往是无有所凭的孤独之

---

① 王锡韩：《蜷学庐联话》七卷，民国五年（1916）铅印线装本。
② 范铠：《南通范氏诗文世家》卷十《范钟范铠卷》，河北教育出版社，2004年，第208页。

物，飘零于世，若孤雁、孤云、孤花等。如《伯严深夜馈肴酒不免写诗小意》："一雁风高傍玉河，飘零为客八秋过。"《九日同陈伯严梁节庵杨叔峤江孝通师曾登武昌城东桑园归宴臬署乃园醉后奉送梁节庵还焦山一律》："孤花自隐岩腰秀，故叶新闻空外鸣。"《清明一日偕陈伯严梁节庵易硕甫宴集琴台长乐郑刑部寿彭工相人术是日亦集》："孤云无心傍人立，一鸟欲啸动烟来。"《寒夜寄怀恪士长沙》："双鱼腹在唯餐饭，一鹤心孤吠群待。"《武昌馆次》："五夜江关孤雁度，一襟星月九州看。"《和宗武》："独雁流哀入晓霜，四更残月黯虚堂。"这种种孤独的意象无不象征作者自身的境况。其见落木而赋诗，观梅落而感慨，闻雁鸣而生情。这在诗中屡屡可见，令人感悲怆之情，大有感同身受之意，乃其对自身生存环境之观照。虽然兄弟三人，然各处异乡，因此时时生难以欢聚之慨，而多怀伯子季子之诗。如《旅鄂一月有怀伯子天津季子兰州》："江流赴海曲，西首源三巴。沧州鹜鸟逝，翩若投吾家。昆仑万里外，西际沿流沙。华戎一隔阂，渤碣迥惊杳。不惜世难亟，但苦飞云遮。"还有《雨夜不寐有怀伯子季子》等等。总之，读钟之诗，往往有一种身世浮萍之感，莫不与其身份角色有关。因此想要清晰深刻地把握范钟思想及其诗的内涵，对于其身份角色的定位是很有必要的。

三、思想意识

范钟虽身处封建时代的末期，然仍沿袭传统的教育方式，深受儒家思想影响而自表为儒生，《立之观察以余有山右之行再三枉顾以扇索诗眷眷之情感而不能自已赋呈二律》："年来低首沈公久……慰我一儒生寂寞"。作为典型的传统知识分子，出仕为官乃其毕生夙愿，故其九试而终得一第。范钟身怀济世之志，《赠仲威》："世业源荀孟，雄心豁亚欧。"《寄季直曼君登州二首》又言："山东印友抵书来，茄吹清霜幕府开。匹马短裘它夜梦，宝刀囊剑不凡才。丈夫一取单于耳，燕雀安知鸿鹄哉？强弩轻车功不薄，几时召见未央宫？"虽然此是励激好友，不过也是自道胸襟，可见出其一番志向。其《岁暮杂感》："拔剑空哀斫地歌，六龙飞辔笑蹉跎。稻粱岁晚谋仍拙，薪胆中原事更多。"见出钟原有一番雄心，然而毕竟名微，连自身生计都难周全，结果身蹉跎事无成，可薪胆之心仍未灭。他对民生政治始终保有关心，忧怜时局百姓。当外夷入侵，国家昏乱，苍生受难，则发而为诗直指朝政。当李鸿章与法水师总兵福禄诺定约罢兵，其不满李的做法而悲痛时局之艰险，《和陈伯潜阁学》："三辅维天下，深悲丧乱年。不曾军渭水，惟见火甘泉。丑虏惊尘入，群公谏草传。相贻军父辱，何以载皇天？莫问庐龙塞，今看虎豹林。载书酬白璧，割地罄黄金。赏罚滋群惑，爱危在帝心。不无南顾恨，沧海日常阴。"在经过归德府时，又有《行过归德府》："廿年四海迥车处，却为残黎畏远征。"战乱四起，四处征兵，其心中念及的是生民远征之痛。《清江感事六绝》："万马千墙昔上都，中原民气几时苏，山川能语公休问，此是神州堕泪图。"这是作为一个正直的知识分子所具有的品格。

然而其又兼有浓厚的庄、禅思想，当政治衰乱、人事烦扰、世事无可奈何之时，往往于庄禅中寻求一丝心灵的安宁。如《养疾天宁寺里诸子皆散去云悔庶常行复入都怆然有赋》："久病心情住禅榻，……渐耽道味今丧我，胜有文无一忆君。"看透人事浮云之后，唯在对道的体味中而忘我，以达庄生之境。又如《偕姚贤伯游龙眠归途赋赠时并谒石甫先生祠墓》："我生精力愁销亡，饥来不得夸身强。会乘六气恣姚佚，插足惊鸿凌八荒。"乘六气、凌八荒做逍遥之游。就如上引《岁暮杂感》，诗前部虽表达自己的雄心，然而不果，结尾便"逍遥合羡严陵叟，风雪寒天自理鬃。"丢掉世事，逍遥自在。再如《伯严深夜馈肴酒不免写诗小意》："布衾安稳江湖梦，饱我尊前一醉酡。"但得尊前壶酒，便安稳自足。《晚宿东林寺》："沈与暝忘辨，坐揽荒栖中。"继陶潜之趣，以得忘言之境。其游庐山诗中，此种见道之诗，比比皆是。可见道家思想深深浸在他的人生观中。他的世界观中又有佛家的因子。他认为这宇宙、人事乃处在"劫"中，《庚子年伯严寄诗奉和一首不通问者三年矣·再和原韵一首》："万劫如沙望不迷，更无长剑划云霓。"《戊戌冬月晤胡宗武于河南省垣以诗索和因约言君謇博同作》："万劫人天付桑海，一麾风雨梦河梁。"《武昌馆次》："万劫消沉蠹影残，百年啼笑答儒餐。"《和顾延卿》："万劫人天事不同，九流汉宋道疑通。"诗中仍还有多处提及"劫"。此劫乃是佛教之典型的时间观。劫，梵语劫簸 Kalpa 之略。译言分别时节。通常年月日时不能算之远大时节也。故又译大时。劫有二种：一名器世间，就世界成坏而立之数量也。如成劫坏劫增劫减劫等名。二名岁数劫，算昼夜日月之数量者。法华论曰："示现五种劫：一者夜，二者昼，三者月，四者时，五者年。"① 由此看来，范钟认为整个宇宙、人间不过是无数劫的轮换交替，没有止尽，未曾暂住，如恒河沙粒。这种思想近于道家之"化"，而钟受其影响，加之原有的道家隐逸情怀，更企望摆脱尘世，而归于大化。故其诗中含"劫"字眼的，整首诗总带一种隐逸情怀，如《武昌馆次》便是"万劫消沉蠹影残，……心期更为簪梅折，嗅罢临风故倚栏。"

但是另一方面，其身处中西碰撞之时，作为积极的知识分子，一直努力学习西学，其 46 岁时曾在日记中写道："车中阅沈丹曾东游记，所载东洋天长节阅兵时与各国政臣相见一节，及外务大臣青木周藏与丹曾所云旅顺大连湾拟开一欧洲通商大码头，而亚西不与此，亚洲宜求进步之事等语。帝国能自强变法则臣民具有荣光，而国家亦永无忍辱之事。日皇以三岛之地能自立于地球各国之间，我国不宜自奋哉？读日记再三为感动不已。"② 喜与维新变革之士结交，如生平所述，其在李有棻西席及陈宝箴处时，遍交其乡名士陈三立、梁鼎芬、杨锐、易顺鼎等，深受诸人影响，思想上显得清明通达，批评科举取士。在任河南乡试同考官时，阅卷期间，深感科举查人之弊端，"文主于字之独造即不免见弃。科举至此，真可废矣"。由此可见范钟思想之复杂性，然又以儒家进取精神为主干，辅之以庄禅。因为时代因素，又具有部分现代性，但主要以强国振兴为主旨。然而名微言轻，又逢末世，无所作为，其徘徊于诸种思想间，亦是必然。此亦为末世士子生存状态的通况。

---

① ［日］织田德能著，丁福保译《佛学大辞典》，上海书店出版社，1991 年。
② 范钟：《范钟日记》第二册，范钟手稿。

四、诗歌艺术成就

范钟曾自述其学诗历程："早岁习为绮靡，颇以自疚，乃废置不作者数年。独取李、杜之诗，沉思熟诵，以其气格、意境、声调所以然之故，尤致力于太白。"可见其早好绮靡之词，而后独学李杜，尤以李白为致力之处。陈衡恪在给《蜂腰馆诗集》作跋时又写道："肯堂先生、吴挚甫先生复以惜抱、廉亭两家诗文一贯之道相与阐发，及至武昌与吾父参互订证而所会益深。"这段描述，事实上也将范钟诗艺之进益的过程作了一梳理。肯堂即其兄伯子，吴挚甫即吴汝纶，钟自幼受其兄教，伯子与挚甫交之甚深，因此钟亦与挚甫交厚。惜抱廉亭二家即姚鼐、张裕钊。其在日记中曾提到："二十后，师武昌张裕钊。"吴汝纶、张裕钊乃曾国藩最为得意之门生。曾氏深慕姚鼐之论诗文宗旨，诗学方面继姚鼐"熔铸唐宋"的精神，为文则在桐城"义理、考据、辞章"的基础上，考虑到时代因素，而添加"经济"一项，使得桐城派又续生气。其兄续娶姚氏倚云，乃桐城中期大将姚莹之子浚昌之女。由此钟与姚氏又添一层亲缘关系。其曾在《将去天津别姚甥遂生》："家承阀阅为忠说，海内文章况大师。努力相期无一语，祖庭趋训已多时。"可见其对桐城家法是很崇敬的，而且承认姚鼐之大师地位。既如此，钟与桐城派之间的关联是不言而明的。

及其到武昌后，课陈三立子衡恪，与陈多诗文酬唱，诗艺精进。如陈衡恪跋中所道："及至武昌与吾父参互订证而所会益深。"陈三立乃同光体之大员。其论诗主"三元"之说。学宋又兼顾唐，与姚鼐之"熔铸唐宋"的精神实是一脉相通的。钟与陈三立交好，切磋诗艺，这便又与同光体结下一层深缘。

由此看来，范钟兼有桐城派、同光体双重身份。同光体诗人，虽不排唐人，事实上以学宋为主。如闽派陈衍学杨万里；赣派陈三立学韩愈、黄庭坚；浙派沈曾植亦学韩愈、黄庭坚，外加谢灵运。其皆未曾以李杜为本。然范钟自述："独取李、杜之诗，沉思熟诵……尤致力于太白。"这种早年经验，事实上在其诗中有着明显的反映，而且贯穿其为诗生涯，这段经验使其摆脱了宗宋派"以学问入诗，以散文入诗，合诗人之言与学人之言合一"等主理主学问而少诗韵的缺点。

同光体学宋，贴近生活，将生活中的悲欢忧喜、诸种细节，皆纳于诗中，扩增了诗的内容，如陈三立所言"诗为写忧之具，体当变风变雅"。范钟承此旨，巨细皆为诗所取，以抒自我胸怀。《中秋小病卧雨有怀季子并燕生兰州》："惟将鼻涕输僮约，合有头风付孔璋。"自古以鼻涕见于诗中，实属罕见。而钟打破常规开首则以此入诗，却不曾觉其难忍，而更感其真实风趣，自谑解嘲。

范钟诗善于锤炼字眼，盖亦杜甫以下尤其继承黄山谷的宋诗派的传统，但又能与诗境浑然一体。如《独游乃园由见江亭至高观亭一首》："万木窍天风，一亭俯群栋。拳山土石糅，拔地成孤耸。横割城隍腰，远控江湖踵。"窍，乃取庄子《齐物》篇，写风声吹万，可见风势之烈。俯，乃显亭高而瞰群楼。拳，乃写山形，而似由土石揉捏而成，拔地见其孤耸。此处见出范钟之想象奇特。下句"割"、"控"二字，具有力感，道出江亭所在位置之险要独特。这些字眼使诗增色不少。

《秋柳》："一树曾惊上苑青，丝丝重与挂疏星。虚闻舞地千堆锦，不见开花九子萍。梦里栖鸦巢历乱，天边去燕语宁丁。荒途雨雪长终古，只恐征夫不忍听。"以曾、惊二字起首，惊，点出柳之青绿，曾，却是已过之景。下句乃眼前实景，柳叶黄若疏星挂条。颔联笔调一转入虚，曾经人事繁华歌舞之地，却如柳絮飞逝。进而颈联寒鸦入梦乱，北燕南飞翔。写出秋之萧瑟荒凉。结末又引典故《诗经·采薇》篇，将其化入诗中，与诗的意境浑然一体，而且将整首诗落实到对于征夫的体恤上。此诗虽名为秋柳，而未曾实笔精描，却处处用虚笔，将整首诗的意境提升又显自然。

在《东林道中雨望庐山夜宿义门铺》中，其表现出想象力之丰富夸张，意境之独特，大有李太白《梦游天姥吟留别》的风范。诗道："我生不识飞云气，迥光荡海心邃惊。攀梯百丈还控地，如脱死胁空中行。枝柱万仞阁霄汉，举头不复忧天倾。……飞龙碎首虎罢乳，何况众鸟魂湛冥。……走昔五岳不挂眼，宵来枕席躺清宁。世涂万事困泥泞，八极一拓崎岖平。……手探壶天唾寥廓，笑煞人间雷电声。"读来惊心动魄，怪道陈衡恪在跋中道："其诗闳肆瑰伟，不可端倪。"

范钟写景诗大都清新流丽，《乃园雨后》："画地横村色，名园领半秋。露胜寒蛱蝶，雨蔓卧牵牛。柳意开随化，花光静敛愁。只怜菘种遍，谁与闷林秋。"诗中意象清新浅近，皆寓目之象，无怪诞奇僻之词。对仗工整，声律和谐，大有杜甫隐居成都时的境界。又如《初发九江城入山》："山郭背江静，春云压翠来。眼明初麦秀，心傍野花开。蝶戏卫烟过，鸦痕带雨回。行将车侧酒，百里问莓苔。"读来清幽鲜丽，朗朗上口，如入画中。

范钟诗歌，内容丰富，既有个体化的抒情诗，又不乏忧痛时局的政治诗。然其在抒发怀抱时未曾流入同时代很多为诗者浅俗不堪的弊病。写风景又清新可人，未曾陷入很多为诗者为求新异故作生僻的误区。其诗蕴藉含蓄，诗味独存。但因其身份及身处没落时代等因素所限，其诗往往透着一种日暮之时悲世悼己的伤感。这也是一个时代的盛衰在一位诗人身上的体现。

可以说范钟虽然与桐城派、同光体，皆有着因缘，然而其诗歌自有其特色，此亦难得，想来多得力于李杜。然而学界久忽于范钟之研究，顶多对于伯子尚算青眼。事实上，通州三范的人生历程乃是一传统士人家族在末世的生存史的缩影。因此对其三人全面的把握分析在今后的研究工作中，是十分必要的。此亦期于后来者，甚矣。

五、著作文献整理情况概述

范钟"自二十后，切喜为诗，用力颇不浅。然不自许可，才一脱稿，辄随手散去"[①]，而其存者仅十一耳。"自言其诗早岁习为绮靡，颇以自疚，乃废置不作者数年。独取李、杜之诗，沉思熟诵，以其气格、意境、声调所以然之

---

① 范钟：《范钟诗稿附文集·序一》一卷，范钟手稿。

故,尤致力于太白。"①及至武昌与陈三立"参互订证,而所会益深,故其诗闳肆瑰伟,不可端倪"②。其存世之作有《范中子外集》一卷、《蜂腰馆诗集》四卷附词一卷、《范钟诗稿附文集》一卷、结集《庐山诗录》四册、《范钟日记》五册,并书信二十封。

光绪三、四年间(1877-1878),范钟自选诗集《范中子外集》一卷,手稿。诗集后达刚已跋云:"壬申春(1932),冯君翰飞书《范中子外集》见示。"③后,"民国乙酉仲春(1945),退思孙从旧书摊购得此集。"④

《蜂腰馆诗集》四卷及附词一卷,始自壬辰(1892),多为范钟交游武昌时所作。蜂腰者,介于伯、季之间,名以寓谦抑之意。现存三种版本,一为范钟手稿,弥足珍贵。一为友人誊稿,所录诗自庚寅至癸巳(1890-1893)范钟客湖北武昌时诗作,系从友人处传抄,故非全本。一为民国八年(1919)刻本,系范钟殁后十年,弟子徐鸿宝与其友人张允亮合刻其遗诗,弟子陈衡恪附跋于后,南京图书馆藏。

《范钟诗稿附文集》一卷,范钟手稿。系辛卯(1891)三四月间,范钟客次武昌闲暇时追忆杂抄往作诗文,收录诗六十首,词一首,文九篇,书信三封,并存目诗四首:《癸未出都门》七古一首、《至顾埭》五古一首、《赠王弢甫》五古四首、《南潦北旱叹》一首。

《庐山诗录》四册,光绪十九年(1893)刻本。范钟于癸巳年四月,与陈三立、易顺鼎、罗运崃自武昌抵九江游庐山,后四人结集《庐山诗录》,每人各一卷。上海图书馆、浙江图书馆、南京图书馆藏。

光绪二十四年,范钟中进士,签分河南。自是年十月,至光绪三十二年(1906),范钟所记官旅生涯合为《范钟日记》五册,范曾处藏。

2004年,范曾主编的家族丛书《南通范氏诗文世家》二十一卷,由河北

---

① 陈衡恪《〈蜂腰馆诗集〉跋》,范钟《蜂腰馆诗集》,民国八年(1919)刻本。

② 同上。

③ 范钟:《达刚已〈范中子外集〉跋》,《范中子外集》一卷,范钟手稿。

④ 同上

教育出版社付梓发行，汇集范氏十三代诗文作品，涵括诗文、辞赋、词曲等文体，洋洋百万言，将四百年间先贤诗文汇聚成册，刊行于世，功不可没。其中第十卷《范钟范铠卷》，收录并点校范钟《蜂腰馆诗集》四卷附词及跋、《范中子外集》一卷及跋、《范钟诗稿附文集》及序，独家收录范钟家书十七封，即《禀父翁书》一封、《与兄范伯子书》一封、《与三弟范铠书》十四封、《示嗣子范况书》一封，是为研究其思想、行踪不可多得的材料。

已故国学大师季羡林先生说："我认识范曾有一个三步曲：第一步认为他只是一个画家，第二步认为他是国学家，第三步认为他是一个思想家。在这三个方面，他都有精湛深邃的造诣。"在季老的"三步曲"中，"国学家"与"思想家"的文化底蕴与思想深度无疑是范先生成为驰誉世界的艺术大师的先决条件，也印证了孔夫子"志于道，据于德，依于仁，游于艺"（《论语·述而》）治学论断之高明。

范先生总能在本世纪人类艺术的诸多败笔中匡正扶危，自辟蹊径。一方面因为范先生具备振衰起弊的艺术雄心，另一方面范先生在艺术领域始终呼唤古典主义精神的复归。"以诗为魂，以书为骨"的八字箴言可以说是范先生古典主义精神的具体内涵，也是先生自拓衢路，别开户牖的内在动力与灵感源泉。

志道据德 依仁游艺（艺术研究）

范曾的文化品格和艺术追求

——《范曾泼墨——纪念八大山人诞辰三百八十周年》

程大利

在当代，范曾以画名世，几乎家喻户晓。

如果换一个角度，从学术切入，更可以感受到他的自由思想与独立人格。在他的近作《鱼藻波寒——王国维和他的审美裁判》（见《新华文摘》2005年第 14 期）一文中，他认为王国维"希望寻找独立意志、自由思想与中国固有的道统的无隙的融合，以为新时代来临时的先导"。认为他的不苟于世，"留下了一个为理想'九死其犹未悔'的典型"，而这正是清末民初知识分子难得的品性。标题中"波寒"二字寄托了一个思想家的是非评判和悼念之情，耐人寻味。他的《大丈夫之词——论辛稼轩》（见《中国文化》2006 年 5 月第 22 期）以情感激越而又深邃的文笔论述了辛词慷慨恣肆和深层的悲凉后，写道："大丈夫是中华民族自周秦以还民族脊梁的符号，也将是我们新时代民族性的灵魂。"他深入论述道：以 19 世纪末至 20 世纪初中国知识分子热切希望西学东渐，然则西学之于武器而秘藏者，其渐可乎？我深为祖国之前途祷，为生民之幸福祷。扫荡民族的劣根性，亦即鲁迅先生当年"哀其不幸，怒其不争"的所有品性，正是当代青年所深应痛绝者。在学术文章中体现出来的深爱民族家园的人格意志和赤子之心正是范曾本人的写真。

我与范曾交往不多，只是从作品中认识他。他有大量的画作、书作、诗文和研究文章行世，而且随处可以听到人们对他的评论。但数周前的一次晤谈，使我对他有了新的认识。三个半小时的见面，先是欣赏了他的一批近作，然后是以先生为主的交谈，话题由陈师曾，而陈寅恪，而陈三立，而范伯子，而王国维，又从诗文转入八大，由八大上溯陈淳、徐渭、董其昌，而后落脚到黄宾虹。这中间还涉及到叔本华、海德格尔和德里达诸人的思想。这是位博闻强记的饱学之士，是一位有观点和文化立场的学者。历史是他的第一专业，研究兴趣则涉及文学（尤其是古典文学）、哲学（尤其是美学）、文艺学等诸多领域，他的著述颇丰，且培养着绘画之外的博士生。

范曾生于南通的文化世家。世家文化是中国的文化现象，难得的是自范凤翼而下的四百年文脉不断的文化承袭。这种承袭是耐人寻味的，这样的世家确已无人比肩。范曾得天独厚而又十分珍视家学传统，于学问一途兀兀穷年，焚膏继晷。家学基因和数十年的勤苦积累化成诗魂，吟咏吐纳，常有醒世之作。他的长诗《庄子显灵记》使季羡林认为他"是一个有精湛深邃造诣的思想家"。

范曾有二十四字自评："痴于绘画，能书；偶为词章，颇抒己怀；好读书史，略通古今之变。"的确，绘画是他最为痴心的事业，他为此付出了数十年研究的心血。以学识修养论，他的丰厚的积累是当代其他画家不具备的，至少是有所疏略。

中国书画是中国文化的产物。但它不同于音乐、舞蹈，不同于汉代的舞乐百戏和唐代的教坊。中国书画和古典诗词一样是中国古典哲学这棵大树上结出的艺术之果。书画杰作都是最优秀的文化人的智慧结晶。欲探求中国书画的内蕴，剖其"基因"，必然要涉及诸如先秦诸子思想和儒、道、释源流的问题。书画之技是小术，书画为道却是博大精深的课题，以技进道，彰显出文化品格。这就必然涉及到学问，入境尚且不易，出境更为其难。中国画与西洋绘画的本质区别也正在这里。范曾以深厚的国学根柢和敏锐的艺术感觉对中国传统艺术作了长期研究，对八大和黄宾虹有着深刻认识和独到而精微的论述。他醉心八大，有种"高山仰止"的崇敬。他认为八大"外包光华，内含坚质"的笔墨为中国文人画开创了一个新的世纪。心有所仪，笔有所追，范曾为八大作的简笔造像，是消化了八大笔性后的个人心得，是倾注了个人情感乃至生命的精心之作，确乎写出了八大"无待"的大美，写出了一个从容不迫的八大。

在范曾画室，我看到了他的一批简笔近作，显然是深究八大堂奥之后的新感悟。"一线穿空若有声"的情感和功力记录是画家的新的突破。1998年，在他南开大学的画室，给我留下较深印象的是署款"丙子范曾"的老子简笔画，一个恍兮惚兮的白衣老者跃然纸上。那时的线已在谋求新的表现，而这批近作更于简笔之中多了修炼之后的理性力量，多了些内敛的美感。

数十年心无旁骛地对中国笔墨作深度探讨是需要文化理想支撑的，范曾的文化立场从未动摇过。这种立场是建立在对民族文化的情感和深刻的认识两个基点之上，而深的认识更为重要。对于中国画家，理性的力量是决定性的，它决定着一个中国画家能走多远。

范曾旗帜鲜明地主张"古典精神的复归"。他指出：古典精神的复归并不意味着复古，或者因循，而是在一个新的基础上，从人类自身的历史资源里寻找最优秀的东西。他更明确地主张："要使中国画能够前进，并不要借助外力。不讲他山之石可以攻玉，一定要用西化的方法来改造中国画，或者中国人一定要在皮毛外相上学习西方的东西。从民族自身的优秀文化里吸取那些最精华的东西。比如老子、庄子那种感悟的哲学体系，它带给文艺创作的可以讲是功德无量。"这些深刻的论述是基于对东西方文化的比较研究之后的结论，当然也是对中国传统文化深入体悟的结果。这是一个认识的高度，实现中华民族的伟大复兴应该站在这个高度上看问题。这是范曾在文艺理论上的重要贡献。

其实，范曾的艺术观已经被黄宾虹和齐白石的实践证明过了。20世纪初康有为、陈独秀对中国画悲观绝望的结论，被几十年后齐、黄突破。康有为晚年《广艺舟双楫》中的结论等于修正了自己年轻时的观点，而晚年的陈独秀也曾为自己年轻时主张"废除汉字"而深愧，中国文化的博大于此也得一证。"从人类自身的历史资源里寻找最优秀的东西"肯定属真理的范畴，依此完全可以续写中国笔墨艺术的新篇章。

范曾的新文人画

刘开渠

　　中国画家范曾同志，展出他的山水画、人物画和书法95幅，使我们有机会比较全面地看到他在诗、书、画上的成就。诗书画三者相互渗透，相得益彰，形成了文人画家的风格意境。范曾把自己的感受，升华为艺术品，告诉同时代的人们，这是文人画的新发展。

　　范曾主张："全面地继承和发展中国古典绘画的优秀传统：深邃的意境，独创的意匠，风发的性灵，强烈的个性，以诗为魂，以书为骨。"这是文人画的很高要求。他在创作上努力体现这个境界。如他画的《秋声赋》，是借用欧阳修的文章题目与意境，然而却更为清远、明快，更富有自己的性灵。在这幅画中，他描绘了参天雄伟的古树、盘枝如盖的松枝，以及那高飞的鸟群、赶路的行者，表现出秋季清朗高远的意趣。看了此画就如吟了一首明快而淡雅、爽冽的诗章。范曾的《黄山松风图》，是他在黄山时所作。当时我亦恰好来到这松涛山音变幻无穷的胜地。他热情地把这幅画拿出来给我看。在这一巨幅画上，我看到范曾挥写自如，功底结实，继承传统而不为传统所束，能有所师承而不为师辈所缚。《黄山松风图》，主要由纠虬盘枝的奇松翠柏和神逸飘渺的白云所组成，远处衬托青山与飞泉，并用一白衣老人和一红服童子，增添了这幅画的云山多变，松风回旋，具有生动的气势和深邃的意境。他用豪放的笔纵，如律的气韵，体现了洒脱旷达的风度与胸怀。这正是以诗为魂、以书为骨的艺术风格与个性。

范曾说："我的艺术之所以能在中国生根，获得各阶层人民的喜爱，那是我所画的主题，弘扬了中国光辉的历史，歌颂了那些为祖国的生存、发展而鞠躬尽瘁死而后已的孤忠之士。"的确，他创作了如屈原、曹操、李白等流芳千古的历史人物形象。在这次展览中，他所展出的张衡、蔡伦、祖冲之及多幅高僧的造像，人物造型巍峨，有顶天立地之感。我欣赏《谢灵运》一幅，他用充满激情的画笔，寥寥几根线条准确而生动地勾画出这位诗文纵横俊发、性格高洁的南朝文士的形象。范曾的《一行观象图》《弘一法师》《钟馗造像》《祖冲之运率图》等作品，气势崇峻，笔墨生动活泼，是十分难得的人物画佳作。

范曾的书法笔墨酣劲流畅，顿挫明快，豪放开阔，给观者以不尽的享受，汇以豪放的诗词，更是引人入胜。

我预祝范曾在今后的艺术道路上有更大的成绩。

青山不见夕阳斜

——《唐人诗意图》赏析

刘　波

中华民族的审美心理和审美情趣借助于一千多年以来的绘画积淀而丰富、发展并最终固定下来，形成我们民族的集体记忆——传统。即如线条的成长生态：它从上古先民图绘在陶罐、崖壁上的稚拙而天真的线条，发展为紧劲连绵、高古游丝的描法，进而逐步与书法结合而衍化为跌宕有致的写意性线条。个中情由，自有非一般民族所可以仿佛者。苟非泱泱大国、绵延数千年不绝如缕之诗性文明，期有此创，不啻梦境。对于这一传统的理解和扬弃，是近代以来中国画坛最重要的话题。今天，经过沉淀的思考和论争，似乎更加有力地证明了中国画自身生命力的强劲和其发展内在逻辑的严密。

十数年追随范曾先生学习中国画的体验，不惟把握到中国画精神的正统，而且也深切感受到此一传统所特具的灵性和难度。近日，范曾先生创作巨幅中国画《唐人诗意》，本人曷幸，得亲睹先生运思、落墨之全过程，中心郁勃，有感佩莫名者，兹拉杂著文，亦欲以追记感动，以飨同好：

记得在大学期间，每逢有范曾先生授课，我必趋之若鹜，一则，为先生博闻强记、滔滔雄词的气度所吸引；一则，必欲领略先生课徒示范之风采。彼时对国中画坛状况尚无深知，以为天下名家皆能如此这般教学创作。比至后来，涉世渐深，闻见日广，乃知古典如谢赫"六法"指称在今天已经日益

　精禽正藉海云飞

难以见到其实了，所谓"气韵生动"、"骨法运笔"，面对今天一般的中国画，我们无法用这样的标准来解读。那"笔迹周密"之顾陆，"笔才一二，像已应焉，离披点画，时见缺落"之张吴，其运笔、情状之美，我们从范曾先生的绘画中，也只有在范曾先生的绘画中才可以领略。如此，则我当年直觉所驰赴者，原来就是中国画最本质的一种状态。

十翼恩师天机孕育于南通诗书世家，学问筑基于南开史学群彦，而艺事更亲炙于中央美院诸师。彼之众美吾师兼之，以此襟抱运此文思，并世画坛，一人而已。

诗书世家，所赋予先生者，在于其对于中国文化的诗意把握，从少小时期明陪鲤对而培植的对于诗歌意蕴以及诗人情怀的理解，随着岁月的递嬗日益深入，渐渐成为内心的一种本能，不同于饾饤小儒孜孜不倦作一些死于章句的工作，"为文所化"之人，首要者在于气象，那就需要从心灵上和历代的倜傥高蹈之士交流融通。这样，才可以从精神上与前贤颉颃。先生大著《大丈夫之词》《黄宾虹论》《八大山人论》诸篇相继问世，学界瞩目。其中所含蕴者绝非一个学者穷年考订的辛苦，而是一个当代士人所发出的异代知己之论，他们之间是真正的对话，对话的契机在于他们同样高蹈文化的颠峰。

以这样的心态来理解传统，理解传统的精神，没有丝毫的龃龉，相反，他们是如此默合无间。先生笔下的古人，具有如此持久、深刻的感染力，其原因正在于此。因为他对对象的理解超出一般人之上，塑造的形象自然多了一份深挚持恒的魅力。

"回归古典、回归自然"，也正是在深入了解传统文化精神、准确把握当代人审美诉求的基础上提出来的。"古典"的内涵，非止于物质遗存，更在于生命的内在理趣。那峨冠博带的古人，也绝对不仅仅代表了某朝某代的一个物质形象，流露在画面人物眉宇和举止之间的，是中国士人外包光华内含坚质的品格，是哲学的睿智、诗歌的浪漫的结合。对古人意象的表达，真正揭示和守护的是作者一己的人文情怀和精神家园。

对"回归自然"的理解因人而异，正如对"写生"的理解因人而异一样。

对待自然的态度，中国古人那里有非常睿智的见识，他们不会陷于一地一景的拘执，而是通过在自然间游走通观的方式来摄受自然之魂魄。古人惜墨如金的珍重，同样体现在对待自然的态度上，他们宁可把自然视为知己，与之游处、宴饮、晤谈，进而深入其中，感受其无尽之美质。因之，"回归古典"与"回归自然"从一个心灵的层面来看根本是相通的。"古典"是顺应自然生趣的"古典"，而"自然"，又是积淀了古典滋养的自然。范曾先生，用自己的艺术实践和睿智哲思，深切感受到两者之间的相互依存的价值，他多年躬行力倡的，也正是这样的一种境界。我们与其说这是艺术上的一种取向，不如说他更是一种对待文明、对待人生的高峰体验。中国画家，一旦脱离这一方水土，其所为作，终归会有些夹生之感。

《唐人诗意》巨幅画作的产生，我们不要仅仅从一个技术的角度来考量，而应该从更加本质的视野来观照。

首先，中国古代传统的纸绢绘画，很少有如此巨大的幅面。大画并非小画的放大，而是完全不同的两种布局、表现手法。许多在方寸之间挥运有余的画家，有的终身腕不离纸，其线条的韧性和情致毕竟有限；有的则过分陶醉于一点一划的变化，一旦经营巨幛鸿篇，则鼓努为力、顾此失彼。寻常的大幅面画作，或小景放大，力所不逮；景物堆砌，气机阻滞，或笔力纤弱、墨块溷浊，风骨既乏而神采阙如。图绘巨幛，要能有老子所谓"治大国如烹小鲜"之精审和从容方能得自然之数而游刃有余。观吾师《唐人诗意》之创，恒有此慨：

老者、童子、鹿、鹤之出，心闲手敏，不依粉本，左右向背，尽得自然之数。先生虽于西洋素描有极精到、准确之把握，而他宁可弃绝光影，用纯粹的线条来写形造境。那种自信，来源于他对线条的理解和把握。他太清楚传统人物画在表现自然形象上的优长和局限，在大学期间，于白描痛下苦功，百炼钢化为绕指柔，至于今日之境界。先生自高士额部开笔，一条线如锥划沙，则转折、透视、体积甚至皮肤之质感无不毕显。白鹿骨骼、结构处略施皴擦，要言不烦，而体量结实壮硕，灵足矫健，直欲脱纸而来，他如童子之稚、鹤羽之柔，造化在心，时亦在手，非有天赋之灵机与过人之功力，不能至此。此一组合，虽笔墨不多而气势伟岸，诸大的空间已然被牢牢镇住。两株苍松拔地而起，顶天立地，气势充盈整个画面，而其相交之形宛似一大三角形，形成稳固之支撑。一老干跌宕而下，把原本冲决出去的态势有力地拉回画面，向右前方铺展、延伸，运笔往复回环、纵横顿挫，穷极委婉尽意之能事，与左侧主干之浑朴恰相厮衬，然后虬枝盘曲其间、松针蒙茸其上，着墨不多而得自然之生意，浓淡虚实之间，宛若置身苍茫巨壑，直欲纵身大化，遨游天地。左侧之柏干更有先生独运之匠心在焉：整体画面之气势已如前述，则左侧之排兵布阵不宜与之争锋，先生画一柏干偃卧松侧，而浓密之柏荫构成画面黑的团块，从而阻挡气机自左侧流泻，微妙之处在于一片浓密中透出光明：线条引领柏干挣脱束缚直抵云霄，与俯冲之松干相接而聚拢整个向上的气场，给远处云丝雾影中之悬瀑留出一片空灵。由此可知，作大画如此者，固在于大处着眼、大处落墨，而其审慎之匠心、严密之布白则往往是大师之所以为大师的根本之点。即如前述之思致，常人可梦见乎？

右侧放笔直取，三株苍松扶摇而上耸入云霄，相互间揖让有致、收放有度，升腾之气韵于松干之结顶处戛然收煞，其间，枝干之穿插、松荫之浓淡一由自然之妙造，不加斧凿。而远观仪态万方，近视笔墨浑融。喷薄之云烟占据画面之大部，最难处在于云石相接处之虚实变化。当代国中仰望西方者每斤斤于西方现代派之"构成说"，有"正负形"之说，殊不知此在吾十翼师画中浑然迹化，不事雕琢而尽得风流。先生下笔处为人物、为松柏、为花草，而其空白处则为云烟、为水雾、为万物。一切的气机鼓荡、一切的虚实相生均来自于对这相反而相成的双方的睿智表现。面壁而立，我们感受到的是老子哲学的神秘而确切，那"高下相成"、"有无相生"的教化，假诸笔墨的相互映发而至于极致。那虚实相接处，是云烟之变幻、是松石之参差，也同样是宇宙万物相承相交之灵机。

十翼师作画，无论小帧巨幛，接之以心而运之以手，从容写来，似闲庭信步，作此画亦然。以十四米宽、两米五高之幅面，几乎可以把一个舞台遮挡起来。所有观者面对此景莫不瞠目，而年届七旬之先生则笑谓诸生：此在我平生所作大画中，尚非最大者。此前，先生为人民大会堂图绘《云浮千秋》，十二张丈二匹相接的画面上五棵虬曲的苍松在云雾中相依相搏，有万千气象在焉。作此画，先生真正凝神运思、挥洒丹青的时间加起来尚不足十小时。从落墨到题字钤印完成，两天半的时间，与生徒、友朋谈笑自若，丝毫不见紧张、局促之感。是以知"大将"云者，临事不乱、处变不惊、运筹帷幄而指挥若定之谓也。然而没有对中国画笔墨数十年雨夜霜晨的历练、没有对中国文化自少至今的积淀和生发、没有对画面诸要素的合理调动和有序组织，何来此等境界？所以我们欣赏中国画，固然应视结果，而构成此一结果之过程和内涵则尤为重要。

中国画经过历史的淘洗，发展为"文人画"的境界，其中，尤以董其昌所提出的"南北宗"说为解读"文人画"锁钥。依十翼师之论，"南北宗"说之根本在于告诉世人：什么样的笔墨是最好的笔墨。纵观中国古代画坛倜傥非常之人士，若顾恺之、若李公麟、若倪云林、若董其昌、若八大山人，无非神清而意远、技高而境阔者。其万变不离之宗，乃在于笔墨。

十翼师正是继承了这一中国画传统之根本，他的笔墨所写，固非历史上任何一家一派的面貌，但其浸淫在"诗魂书骨"中的笔墨作为士人精神气象的载体，却同千百年来的传统相接续、相映发。首先，先生的笔墨是诗意的，这有两个方面的内涵：一方面，他的笔墨所状写的对象都是经过诗意裁判的对象；另外，他的运笔用墨，所含蕴的，不同于西方的轮廓和阴影，是千百年来经过历代大家作手不断丰富、不断提炼的结果，包含着这个民族文明的全部记忆。其次，它还是书法的，那顿挫有致的线条和清华不滓的墨块，都是用柔毫直接书写出来，他体现出一个艺术家对书法的独到理解和精湛把握。我们看那画面上苍劲有力的松干、屈曲盘纡的松枝、礁嶒跌宕的岩壁乃至于飘逸风动的袍带、潺潺流注的春水，即令细如眼睑的一条线、凌空的一段藤，其起止之迹、收放之致莫不本乎情性而合乎书法。石涛上人所谓"一画"者，非此也耶？再次，它更是哲学的。那由二维平面到三维空间的通邮置驿，恒在于运笔的变化和统一，对这一对矛盾的驾驭正是中国画笔墨的至高境界，不知此，不足以言中国画。《唐人诗意》的人物和景物、松干和松枝、云烟和水石，完全在一个平面上，而因着运笔用墨的丰富变化和和谐统一，他们构成了复杂多变而又浑然一气的整体：浓之所以为浓、淡之所以为淡；疏之所以为疏、密之所以为密。其间，有着艺术家多少精到、审慎的把握。倘不能够对中国画笔墨做如此把握，那一切的堆砌和铺排都显得空其所对。尝忆先生亲给本科生授课，教以写意画要素云：把怯懦的灵魂踩在脚下，把昂扬的情绪予以发扬；要变二维平面的加减法为三维空间的乘除法。十数年精勤绘事的体验，于今益发感受到先生语中哲思之隽永。一个有着如此睿智思维的艺术家，其兴会所至，当然有"在其内而忘其外、得其精而忘其粗"、"得鱼忘筌"、"得兔忘蹄"的快意。

尽管设色对于先生的清华高迈的笔墨来讲不居于首要的位置，先生曾有论白描七绝云：总觉胭脂成腐秽，须教水墨化阴晴。水墨的单纯而透辟，有着君子务本的简朴和空灵；而色彩的过分华饰，则易流于巧言令色的矫造和虚妄。作为中国士人精神守望者的范曾先生，当然他本能的追逐在于前者。然而先生的设色，既不囿于随类赋彩的拘执，又不陷于繁彩华饰的曼词，其色墨相发、典雅沉静的设色尤有可述者焉：

以《唐人诗意》之巨制鸿篇，设色之法自与一般画作不同，大片山岩用丰富的混合色来铺陈，构成画面主色调，与树干之赭互相映衬。除去山脚、树根等体面交接处之外，基本采用平涂法，大画必从大处着眼，若其专注局部的变化，则必失之于琐屑，而有悖整体。先生此作设色，尤以松云相接处为匠心独运之创造：万象蒙养，钟灵毓秀，恒在于变化统一之铁律。画面上云烟瑰奇，幻变无定，状写此等景象，不可拘执于既往之法与一定之规，首要者乃在于得其气象，先生铺色至于云中之干时或以淡色轻拂画上，或留白而径以水墨之形出，则云气舒卷之姿、山川氤氲之致毕现，要者，作大画如此，有必不可者三，曰：万象浑融，不可太分明，分明者必至于刻露；形态万方，不可太拘谨，拘谨者必至于雕琢；塽廓虚灵，不可太齐楚，齐楚者必至于板滞。三者有其一，则画面用力过猛反至气象偃蹇，既乖物理之常，复悖神情之怡。然此可为智者道，难与俗人言。倘能深入堂奥，必有会心而胸罗大象、吞吐山河之气度胸襟，固先生素所蓄积。先生于《唐人诗意》设色所行之不言之教，单纯中含蕴博大、质朴中包藏清虚，有无相生、言尽义永，正所谓妙悟者不在多言。至如高士襆巾、童子博带，又分别与松针之青黛、钤印之朱赤遥相呼应。则一色之中，分别轻重之体；一画之内，调和变化之方。综其终始，设色一途，于无笔处皆是学问。大哉，吾师之道！

布白之精审、笔墨之高华、设色之典雅，当为先生艺术清新俊逸之所从来，而其因势利导、随机变化之能力又非一般画家可见项背。日夕与先生、同门诸兄做诗钟为戏，每每一题既出，众皆剥啄之际，先生早有妙联以应，审之，则对仗工稳、遣词古雅，兼且命意迥出俗想，诸生莫不倾服。魏文帝云：气之清浊有体，非力强而至。《唐人诗意》赏画心得虽赘述如上，知其为研讨之方便计，于吾十翼师之艺，窃妄加言说，皆非真相。高峰既遇，惟怀稇计程而上耳。

范曾艺术实践对文人画的发展

郭长虹

大约世纪之交，范先生的画风突变。前此的数十年焚膏继晷，似乎都是这一转捩的铺陈和序曲，庄严的正剧刚刚开场，一种元气淋漓的泼墨写意人物画出现了。

中国画坛有一个令人遗憾的现象，许多画家在创作刚刚渐入佳境的时候，艺术感觉和生气尚有可观，假使期以岁月，加之刻苦努力，未必不能有所成就，但是此后则大多停滞不前，甚至退步，或营营于自家声名的炒作而无暇沉静地思考，或热衷于自我贩卖而忙于粗制滥造，或固执偏狭、僵硬结壳而不自知。这些症结其实都是一个原因，缺少必要的人文素养知识，单靠一时的灵感聪明不能持久。因此，能够刚猛精进，一日又一日之进境者如范先生，其空谷足音尤其显得旷远而孤独。

从范先生风格的变化，我们依稀看见另外一个伟大画家的影子——八大山人。范先生论古今中外画家，曾有正六品、负三品之说[①]，其中正六品为

---

① 范曾先生论列画家九品如下：正一品者称画家，作品能赏心悦目，满足视觉之快感，而于心灵之启示则付阙如；正二品者为名家，作品风格独特，面貌自具，代有百数；正三品者乃大家，作品突兀于群伦，天下景从，代有十数；正四品者是大师，前足以继先，后足以开来，代有数人而已；正五品者谓巨匠，五百年里必有王者兴，未必代有其人，为艺史之里程碑式人物；正六品者曰魔鬼，达至高至极之境，（接下页）

魔鬼，达至高至极之境，古往今来尚未之见，所谓能通邮置驿于人、鬼、神之间，与天地精神相往还者也。正五品，中国画家先生所举为八大山人，西方画家为米开朗基罗，则知先生对于八大之推崇。范先生之所以如此推重八大山人，一个原因固然是二百五十年来中国画坛无此笔墨——范先生用"高华"来概括八大的艺术特征，远远超出了一般所谓"冷逸"的皮相之论；另一方面，他以艺术家的敏锐，意识到了八大的更深刻的意义：他的艺术成就所带有的预言性，中国绘画不仅没有消亡之虞，相反，将成为中国文化最精华的部分，在世界文化史上起到重要的作用，而此一作用，在今天远远没有被一般治美术史或文化史的人认识到。

要了解八大山人的意义，恐怕也不能只从艺术史寻找答案，我们还是首先回到八大山人的时代。

文人画在元以后，逐渐成为中国绘画的主流。从此，绘画的命运便与士大夫这一阶层的命运息息相关①。士大夫或曰文人，是中国传统文化的承担者和创造者，这个集团具有多重的文化性格，他们既是统治集团的成员，也是伦理道德的化身，同时，还是文化和艺术的独占者。这种多重文化性格造成了他们的多重使命：在政治方面，他们负有"忠君"的政权维护责任；在道德方面，他们肩负"仁以为己任"的道统责任；在学术艺文方面，他们一方面要"为往圣继绝学"，一方面要"究天人之际，通古今之变，成一家之言"。而在传统社会格局中，"忠君"和"体道"往往构成了不可调和的矛盾——这个矛盾是士大夫集团文化性格中最基本的冲突，从而也构成了中国文化的传统困境。

在明清之际，此一困境首先在学术领域得到表达，从宋明理学的僵化，

（接上页）古往今来尚未之见，所谓能通邮置驿于人、鬼、神之间，与天地精神相往还者也。负三品，依次而下，数愈大则品愈低：负一品者叫痴，终身勤于斯而不闻道，不知美为何物者也；负二品者叫迷惘，探之愈久，其去益远，与美背道而驰而懵懵然不知觉也；负三品者叫恶棍，与美为仇寇，不共戴天，大体精神变态，心灵污溷，与罪犯趋近，苟有审美法庭，绝对判以死刑，立即执行，剥夺公民作画权利终身。

① 关于文人画的概念、文人画的产生时代，历来见解不一，作者主张文人画的理论产生于宋，而真正意义上的文人画产生于元，具体观点详见拙文《士大夫集团文化性格的完成与文人画的产生》,《南开学报》（哲学社会科学版），2004 年第 4 期。

到王学的兴起，再从王学末流的衰败，到"三大儒"为代表的实学的兴起，印证着传统文化在彻底成熟之后，急迫寻找出路的焦虑。然而"断潢绝港，只差一篙"①，哲学上获得的有限突破，反而在新政权对正统的接受下，重新回归到以乾嘉学术为代表的旧有轨迹。有学者以杜牧的盘丸之喻来描述这种情况："丸之走盘，横斜圆直，计于临时，不可尽知。其必可知者，是知丸之不能出于盘也。"②明清之际的剧烈文化变动，照例可以看作是一种"丸之走盘"的情形。③

这种在政治实践和文化实践上的双重胶着，使得士人的内心世界发生了激烈的变化，首先是儒家"为万世开太平"政治理想的破灭。其次，对经世责任的放弃，使得一批士人将人生的终极目的转向了艺术创造。李日华曾经挪揄董其昌，"从前画靠官，如今官靠画"——也正好说明了这种悄然的变化。因此，八大所处的时代，不仅有易代的政权变化，还有文化转折的重大变化。此一时期传统士大夫阶层的心灵煎熬超过以往，因此反映在文艺创造上也就斐然可观。从董其昌到八大山人，他们的艺术实践已经悄然打破传统的士大夫"王——道"之间摇摆的二难文化性格格局，已经为传统文化的前途打开了一个指示性的方向。从今天的立足点后视，我们完全可以将这个时期的艺术创造高峰看成传统文化突围的先声。而这种发展，是中国古代士大夫阶层文化性格历史发展的合乎逻辑的结果。

八大山人就是这样一个"出盘之丸"。所谓"出盘"，并不是说他超越了传统文化语境，而是说他的艺术成就，完全可以放在更广阔和更长的历史时段来认识，像齐白石的"雪个心结"，也侧面说明，士大夫阶层消亡后，八大在艺术上仍然具有的现世意义——即到底传统文化能否在自足的前提下获得前进。如果不理解自明清之际以来，艺术在中国文化命运前程中所起的接

---

① 牟宗三：《政道与治道》，台湾学生书局，1983 年。

② 杜牧：《樊川文集》卷十，《注孙子序》。

③ 后来的"两千年未有之变局"，则是属"丸已出盘"，不能用相同的判定标准来研究了。但是出盘之"丸"本质却是一贯的，不过到了一个更大的盘中而已。

续作用①，许多问题的解答都显得奇怪，比如就有人将齐白石评价为"文人画的当代孑遗"，也有人将黄宾虹的成就看作传统的延续或曰"回光返照"。

范先生在巴黎期间，曾经用力于八大山人甚勤，这个阶段的作品后来结集为《范曾临八大山人》画册出版。我们不能仅仅将这个行为看作他对前代伟大艺术家成就的探索和继承，几乎与此同时，他还全面思考了从老子、庄子以来的中国美学精神，后来这种思考的结果被他撰写成《老子心解》《庄子心解》等一系列文章。再其后，他的全面的艺术主张和对全部文化艺术问题的思考，结晶为长诗《庄子显灵记》，在这首宣言式的长诗中，他纵横捭阖，雄视古今，全面地将他"回归古典"的艺术主张进行了理论上的构建。因此，我们在评价他的画风的转变的时候，如果仅仅局限于技法、个人风格转变等等范畴，就不能获得真切的理解。范先生长期倡导，要实现东方文化的"文艺复兴"，这不仅仅是对自己艺术造诣的自信，也是通过对传统文化的全面思考、对当下全局文化问题的思考而得出的必然结论。西方的文艺复兴运动中，达芬奇、拉斐尔、米开朗基罗、但丁、薄伽丘等巨匠，将人类的文化史推进到一个全新的阶段，应该说，在我们翘首以待的东方文艺复兴中，也应该对这样的巨人有所期待。

季羡林先生序范曾《庄子显灵记》中说："我认识范曾有一个三步（不是部）曲，第一步认为他只是一个画家，第二步认为他是一个国学家，第三步认为他是一个思想家。在三个方面，他都有精湛深邃的造诣，谓予不信，请阅读范曾的著作。"季先生为当代学人之领袖，为人端方谨严，于士流甚少许可，因此上述意见决不是一般的表面文章。当代另外一位学术宗师钱钟书先生，也曾经以"画品居上之上，化人现身外身"来评价范先生的绘画，钱先生在给一位著名的文艺理论家的信中，曾对这两句话解释，"画品居上之上"者，盖谢赫《古画品录》分上、中、下品，其上品又分上上、上中、上下也。

---

① 中国近代的社会转型，固然有明显的如政治层面的存亡抗争、以及隐蔽的如社会全体层面的复杂变化，然必有以文学革命为代表的新文化运动之影响既深且远，也可以从这个角度来分析，然这个问题更复杂且超出了本文的范围。

按照谢赫的评价，上上品的画家，是要能够"穷理尽性，事绝言象，包前孕后，古今独立"的，则钱先生之推重可知。"化人现身外身"者，《列子·周穆王第三》载，"周穆王时，西极之国有化人来"，携王神游于中天之上，醒而王仍坐向者之处，化人曰："吾与王神游也，形奚动哉？"钱先生用这个典故比喻范曾先生的绘画，能够夺人神魄。惜乎钱先生只看见了才情风发的范曾，却没有得见今日卓荦而大、廓然而虚的范曾。《列子》中的"化人"，"乘虚不坠，触实不碍，千变万化，不可穷极"，正可作范先生画中人物观。

因此我以为，对于范先生世纪之交的变化，要格外的注意。

范先生经常说，一种风格的取得或者风格变化的产生，都是不期然而能的，是长期的艺术实践和思索带来的自然而然的变化，这种变化由渐不由顿，是日积月累地发生的。曾经见有人持先生 90 年代作品来谒，先生张画于壁，沉思面对有顷，提笔加竹枝数茎，画面气机顿时大畅，较诸原来更觉神采迥出。先生掷笔喟叹，艺能的进境，原在不知不觉间。

宽泛地看，当代画坛的"写意人物画"并非没有，甚至是"很多"。然而真正以"中国画"的标尺来衡量，以笔墨这个"底线"来要求，则大部分过江之鲫，严格地说是不具备美术史意义的。甚至，其中许多许多的人，和他们的作品，是不具备美术的意义的。

在上世纪末，范先生创作出《简笔老子》《亦崎岖而经丘》《泼墨钟馗》等一批简笔泼墨人物画后，画风似乎又向原来回归了一段时间，盖先生深知，风格的变化不可勉强，尤其是中国写意画，一旦滑熟，便入魔道。

人物画的写意性，一直是文人画中没有彻底解决的难题，天才如陈老莲，也是以工笔的具体技法，抒发了写意的情感。近代以来，任伯年的纯熟与挥洒，徘徊在雅俗之际；徐悲鸿开创之功不可没，蒋兆和则达到了笔墨和形神的高度统一，然于文人画的"写"之一字，尚有所缺憾。范先生在变法之前，其人物线条的纯"写"状态，已经达到极高的境界，如果不是这种积累和准备，就无法做到其简笔泼墨中所表现出来的磊落、挥霍而又意蕴无穷的丰富。

历史上曾经出现的写意人物画，如石恪、梁楷、牧溪诸人，皆特出之才，惜乎具体而微，与山水花鸟尚不足成抗鼎之势；吴小仙、黄瘿瓢辈格调不高，不足深论。① 文人画后，人物之发展又处于相对弱势状态，因此，范先生的这种写意风格的人物画的出现，盖可以看作文人画在当代的发展，也可以看作文人画在人物领域里的完善，此种完善不仅是使得以笔墨为造型手段的文人画在一个画科里面的完成。如上所述，发源于庄子的中国艺术精神，不仅在山水中可以获得审美的自由，于人本身更能得到精微的体察，因此，这种完善可以认为是以庄子思想为主体的传统美学精神在中国画领域的当代延伸。我们可以比较范先生的泼墨简笔与上述石恪、梁楷诸人的作品，则笔墨的丰富性与人物的传神程度，都有迥然的区别之处，会心者自能洞观——此其一；其二，石恪、梁楷之泼墨人物画，虽然已达妙境，然而衡诸文人画的标准，尚是甚少相干处。

范先生认为，在艺术史上，大体有三类人物，"第一类是'知其然不知其所以然'的，这断非天才，其间手艺人居多，这类人车载斗量，多不胜数，与艺术之本义无涉。第二类是'不知其然而然'的，这显见是天才，如音乐奇才莫扎特、画史异数梵·高，溷迹乞讨的瞎子阿炳等等。这宛如胡塞尔所特别强调的'先验的主体'论，这些天才都是先验的，或者说他们的音乐和绘画都是不其然而至的，摈弃理性与经验的灵智之果。第三类是'知其然，更知其所以然'的，这其中包含着两种人：一类是职业的、有成就的艺术家，在天才以下，在平庸以上。另一类则是五百年必有王者出兴的超天才，如欧西文艺复兴的米开朗基罗和中国南唐的李后主、明末清初的八大山人。"

天才之创造，其有待于后天者有之，依赖于先天者有之。先天者为禀赋，后天者为学养，而艺术的识见，则有赖于两者兼具。盖这种天才的创造，正如尼采《查拉斯图特拉如是说》所谓"赤子者若狂也，若忘也，万物之源泉也，游戏之状态也，自转之轮也，第一之运动也，神圣之自尊也"。艺术家之

---

① 范先生曾经论列："中国的泼墨人物画至五代石恪的《二祖调心图》已比较成熟，足见经历了相当长期的发展过程，而至南宋梁楷之《泼墨仙人》《六祖劈竹》已入妙境。此后七百年泼墨人物画几成绝响，不复见大师降临。"

"狂"，是明心见性的天真状态；所谓"忘"，是脱却了一切桎梏和烦忧的精神大自由；万物之源泉，正是心灵出发和归宿的地方；游戏之状态，不仅说精神的自由，也是超乎一切功利之上的状态；自转之轮，则天才的创造，合于天地大造之韵律，无所待，亦无所止；第一之运动，有如上帝创造之初的推动那样，天才将开启新的艺术境界；神圣之自尊，是对这种创造价值的肯定和期许。

范先生近日又复作写意人物多幅，诚如先生自谓"神骥之来，讵可逆料"，亦复如"自转之轮"，冥冥中之运行生生不息。与先生在上世纪末的那次大喷发中创作的作品相比，其美奂程度更使人有"大雅久不作"之感慨，或许中国画坛等待这样的作品的出现，等待得太久了。

希文忧乐关天下，屈子襟怀寄楚骚

——读范曾的历史人物画

陈聿东

　　当代杰出的人物画家范曾，早以他作品超迈的品质，独具的风貌，以及融诗、书、画三绝于一炉的特点，蜚声国内，饮誉海外，成为近年来中国画坛上崛起的一枝奇葩。在范曾的众多画作中，以历史典籍为题材的人物画，构成了他创作主题的一个重要部分。

　　上下数千年的历史，纵横几万里的山河，无不激发出画家的浩然之气，眷恋之情。在他笔下，为我们带来了诗仙的浪漫、哲人的沉思，以及许许多多依然使人感到钦敬的忠魂义魄。他画忠心被逐的屈原、悲天悯人的杜甫、临危慷慨的嵇康、傲视帝王的李白，画疾世者的内心寂寞、捕蛇者的切肤隐痛，也画壮志补天的女娲、怒降妖鬼的钟馗……；并在画面上或长跋或短令，或歌赋诗词，才情横溢，真乃讽烦与笔墨齐至，沉雄随典雅俱成！他为那些朗然千古、名彪清史的华夏英灵造像，是有所寄托，有所寓意，有所感奋的。尽管这些为中国人民所热爱的历史人物个性不同，但都不同程度地具有范曾所说的"明大义，轻生死，民胞物与，正气凛然、富贵不淫、威武不屈、穷且弥坚、老当益壮的风格，体现了中华民族的骨与魂"。难道在这样一些人物面前，人们的心灵不能得到某种净化和升华吗？

　　范曾早年曾就读于南开大学历史系，旋入中央美术学院深造，加之家学渊源，因此谙熟文史，对于中国画理亦有独到见解和造诣。他主张，人物画的创新，应借鉴西方艺术之长，但要植根于民族优秀传统的土壤之中，从前辈大师成就的最高点起步。他说："每一种成熟的艺术，在美学上，必然有它深刻的思想原则，在技法上也必然形成了诸多的程式，这是一种文明层积性的标志，是历代艺术家智慧凝聚的结果。我们今天的任务，不是随便地否认这些成果，而是应当古为今用，化腐朽为神奇，在现实生活中检验、锤炼、发展传统的技法，从而进一步发扬其美学思想。他继承了文人画托物言志的艺术表现手法中的合理内核，借古开今，表现时代精神。他曾说："作为一个艺术家，要具备着时代的责任感，作家创作的自由和他们的社会责任感是应该统一的，一个完全没有社会责任感的艺术家，很快如大浪淘沙，被人民所抛弃。"基于此，范曾在他的作品中，无不充分体现着他对祖国的赤子忠情和民族自信心，这是他的使命感和社会责任感的表现。在他的画面上，屈原被置于遭雷电的老松之下，松顶虽秃，而枝干虬屈怒生，其顽强生命力，若不可遏，三闾大夫似乎正在表露着"路漫漫其修远兮，吾将上下而求索"的胸怀。使观者哀其不幸，嘉其志远，从中得到教益和鼓舞。他画杜甫，形如磐石，巍然盛立，满目忧患，无声饮泣，仿佛正在念人世上疮痍，民间疾苦，沉吟出"军声动至今，凭轩涕泗流"的诗句。使人们于领略诗人忧国忧民的心境之中，引起联想，受到鞭策。

　　范曾在人物画的创作上，一向提倡生活的不断积累，技巧的刻苦锤炼，加上品格的磨砺和思维的训练。这样，艺术家才能"胸有丘壑、成竹在胸"，进而臻于"神与物游"之境，也就是把美的判断告诉观众，与观众共同树建真、善、美的情操。在人生坎坷的道路上，范曾常以"玄奘西天取经，不畏七十二难"自励（李可染先生赠范曾语）。在技巧上，他曾对中国历代优秀画家的作品多所揣摩和探究，遍临唐宋元名迹，及至明清，又于西画之造型能力，亦颇用功，复于当代艺术大师的熏陶下，涉猎益广，为其人物画的继承创新，打下了雄厚而又坚实的基础。因此他才能食古而化，跳出古人窠臼，开辟新境界。加之其文史的精晓，气质的操砺，故于创作中宏内博外，物我两忘，直撷事物的神髓。

在笔墨技法上，范曾将书法的用笔，花鸟画的用墨，结合成一种泼墨与白描相互补充的有机整体，构成画面虚实、轻重、浓淡相生的节奏感，观之韵味无穷。他常说："宣纸犹如一面无情的镜子，它毫不客气地检验出一个画家在上面所留下笔触的生命力，来不得半点虚假，庸才会在它面前原形毕露，能者则在上面弹奏出时代和个性的最强音，因为毛笔可以说是真正艺术家的神经末梢的延长。"

"以形写神"深入其理、至于其性，是范曾历史人物画创作所追求的主要目标。他画人物，无须起稿，挥洒自如，一气呵成，先眼后头，继而周身，最后精点双眸，著笔髭须，便顿觉生气盎然，神彩飞扬。

揉诗入画，画中有诗，是范曾表现历史人物题材的又一美学思想。他认为，那种仅将画面题上诗句，便是画中有诗，只是肤浅之见。而真正达到这种美的享受，乃是于画中含有诗的意境，"这意境是画家的心意，是画家用自己的情怀感染别人，是画家笔下所创造的世界，它是一种精神世界。画家的心境愈博大，就愈能广泛地感染他人"。这里面既有对我国文人画宝贵传统的借鉴，也是我国绘画发展到现代更高层次的要求。

观照范曾所塑造的一系列历史人物形象，我们无一不感受到画面上所赋予的诗人的激情和胸襟，也反映了画家本人的情怀和追求。他为先人范仲淹那"先天下之忧而忧，后天下之乐而乐"的博大拓旷的赤诚之心而悸动，又为屈原那"亦余心之所善兮，虽九死其犹未悔"的坚毅不拔、探求真理的高尚精神感染，他就是要将这样的诗文，诉诸视觉形象，给人以启迪，诱人以遐思，使人得到情操的陶冶和美的享受。这就是范曾的历史人物画的魅力所在。诚如一幅他题写的对联中唱出的"希文忧乐关天下，屈子襟怀寄楚骚"。这恐怕也是他自己的追慕和写照吧！

文心幽远：范曾《后赤壁赋》简析

孔令伟

　　此幅作品取自苏轼的《后赤壁赋》，《后赤壁赋》是《前赤壁赋》的续篇，是苏轼第二次游赤壁时所作，距初游赤壁时间仅相差三个月。但因景色不同，文中流露的心情也随之有所变化，前赋主要是谈玄说理，后赋则以叙事写景为主，前赋描写的是初秋的江上夜景，后赋则主要写江岸上的活动。忧伤，寂寥的情绪是《后赤壁赋》的主旨。

　　是岁十月之望，步自雪堂，将归于临皋。二客从予过黄泥之坂。霜露既降，木叶尽脱，人影在地，仰见明月，顾而乐之，行歌相答。……复游于赤壁之下。江流有声，断岸千尺；山高月小，水落石出。曾日月之几何，而江山不可复识矣。予乃摄衣而上，履巉岩，披蒙茸，踞虎豹，登虬龙，攀栖鹘之危巢，俯冯夷之幽宫。盖二客不能从焉。划然长啸，草木震动，山鸣谷应，风起水涌。予亦悄然而悲，肃然而恐，凛乎其不可留也。反而登舟，放乎中流，听其所止而休焉。时夜将半，四顾寂寥。

　　千百年来，苏轼的前、后赤壁赋一直传唱不衰，也是无数文人画家和民间艺人反复演绎的创作题材。如金代画家武元直便有《赤壁赋》传世，此图成为明代收藏家项元汴旧藏。项氏题跋有"'北宋朱锐画赤壁图，赵闲闲追和坡仙词真迹'，后人从之……"等字句，可为佐证。

在当代画坛，长于简笔写意人物的著名画家范曾尤为偏爱描绘历史、典故或传说中的人物。老子出关、伯乐相马、竹林七贤、钟馗捉鬼、怀素书蕉、达摩面壁、东坡赋诗等常是他下笔描绘的对象。对这些题材的再创作实际也折射出作者本人对文史人物精神操守的理解和内心的情感寄托。在这些作品中，范曾讲求"以诗为魂，以书为骨"，诗境与画境互相感通，行笔洒脱飘逸，线条节奏感强，呈现出清新典雅而又活泼韵致的风格特色。《后赤壁赋》正是体现范曾绘画特点的代表之作。

此件作品，用笔干净爽利，墨法、皴法纯由笔出，绝无拖泥带水之弊。画面中描绘的是苏轼贬官后所居游的黄冈赤壁。画家在此记录了苏轼将归于临皋，过黄泥之坂的情节。临皋即湖北黄冈县南江，苏轼被贬黄州期间曾寓居于此。苏轼才华横溢，但在政治上却屡屡失意，令人压抑的现实生活不断给他心灵深处带来新的创伤。此画表露了诗人苏轼出世入世矛盾所带来的内心苦闷。他一直幻想着从俗世尘网中解脱而出，在天地间寄托自己放旷不羁的情怀，这也是自庄子以来中国文人富有的精神传统。

范曾对《后赤壁赋》的描写，一方面展露了苏轼、佛印、鲁直等三人的精神境界，另一方面也穿越历史时空地沟通了自身与古代文人高士的精神联系，反映出作者文心之幽远。

范曾国画艺术视界的建构

吴士娟

一、深厚而连绵的文化浸润

范曾的艺术实践是在对传统文化的继承中逐步体认完整的，范曾的艺术是带有民族印记的。一个民族的社会历史、风俗习惯、文学艺术都会在作品上体现，而范曾正是在用画笔表达"画作语言"的著名艺术家。一个作家的画作就是这个作家倾诉思想的语言，通过这种语言披露了作者丰富的内心世界。画作也是一种以具象形式呈现的语言，所以画作也是一个立体的民族精神，民族的精神即是民族的语言，这就是精神的自我理解。在画作语言中一样存在着民族的逻辑，即民族对思想的观念和原始关系的认识。无论一个人来源于什么样的家庭，其共同的种族天赋和民族情节都规定了他的民族倾向性。"复归古典"是范曾多年前提出的一个美学观点，但是对于这个词的理解不应该是简单的"复归"加"古典"，而是在艺术创作过程中始终追逐并实践着的对精神的汲取和体认。范曾认为不管是在艺术层面还是人类的命运，都应该回归于人类优秀的文明中，这种回归不是简单地回到过去，不是抱残守缺，而是从人类自身发展的宝库中汲取养料，革陈出新，再图新生。对于一个画家来讲，努力寻找一种既能保存于世又能抒发情怀的言说方式是一种必须。当民族的东西发于骨血，与成熟的睿智交织在一起的时候，当曾经的记忆与敏锐的灵感冲撞的刹那，范曾的笔下，一个属于他的世界应运而生，画作不再简单是符号，而是用一种语言携带人格的外显。也正是因为有民族的文化浸润的存在，作者的内心才会更有安稳的感觉，其笔端才会更多地流淌出民族的底蕴。范曾认为，中国先哲深邃高蹈的思想，史学家宽博浩雅的洞察，诗人沉雄俊逸的篇章，都是中国画的源头活水。画家若能用诗人的眼睛观物，用诗人的言语论事，胸怀必定博大，格调必定清新。范曾作品的精神本质是民族性，这是一个作家艺术视野的根基，是作者艺术灵感的源头，也是作家艺术世界建构的基石。

二、追寻历史之踪的艺术体验

汉语主张"天道人性，流于语言，化为万物"。因此中国画作的取材范畴也是"仰则观象于天，俯则观法于地，视鸟兽之文与地之宜，近取诸身，远取诸物"，国画的创作过程是人对时相脉理的理解过程，而取材则是主观对客体的有意选择。范曾一语道出了对于自我艺术定位的思索。孔子曾说："仲尼五十究易，作十翼。"范曾也有自评："痴于绘画，能书。偶为词章，颇抒己怀。好读书史，略通古今之变。"范曾认为："一个人常具敬畏之心，就可以与天地无障地来往，无敬畏则有拒绝之心，无敬畏者无怀抱、无包容，童心会沦失殆尽。有敬畏之心则会身心收敛，于商品经济社会恪守教师操守，重视自身人格修为，如曾子'日三省吾身'，少烟酒味，少市侩气，这样自会养成一段高逸儒雅之气。"因此范曾所追求的是顺应意与神的"天人合一"的境界，是顺适自然的历史传承，这是老庄思想在其简笔泼墨绘画中的延伸与融通，是作者追求历史之踪的精神体验。范曾前期绘画作品多引老庄、屈原、陶潜、李杜、苏轼、辛稼轩为异代知己，尊崇他们"独与天地精神相往来"、"澹然独与神明居"的自在状态，继而将他们请进咫尺画幅之中，自己幻化为他们身边的随行童子，时从之游。例如，范曾在自己的作品《十翼童心》的封面上放置了一幅水墨人物画：卧着的巨石上，一个孩童与一猴争夺一水果，孩童圆脸盘细眼睛，嬉笑颜开；猴儿神情凝重，高举左臂，奋力相争；中间的水果各用一线相牵，一来一去，得失之间诠释了一个人间的自然之图像。还有范曾一小品画题为《小沙弥诵经心不在焉》，并介绍故事背景：小和尚不热心诵读佛经，被方丈缚于柱上，用足尖蘸泪水画一小鼠，方丈感动，不再阻拦。

范曾善于诠释的是人从自然中取象，以象成意，以意成作的过程。天地大美的存在渗透到一切领域，它和年轮无关，只和宇宙中一切美的、自然存在有关。范曾是在平实的叙述中追求心灵的井然有序，建构属于个体的理想世界。与古代圣贤的跨时空对话，成就了范曾独特的精神气质和精神符号，对于历史的追踪形成了范曾建构艺术世界的血液。范曾毫不掩饰自己对于中国古代大家的崇拜，他向法国巴黎第七大学的孔子学院赠送了自己绘制的孔子画像，借此表达对中国文化的体认。范曾向在场的嘉宾介绍："孔子是中国古代的大儒，他最核心的思想就是一个'仁'字，这个字在《论语》中出现的频率高达 109 次。孔子的'和为贵'、'己所不欲，勿施于人'的理念在当今人际和国际关系上同样适用。"范曾正是在对于先人哲学思想的历史追踪过程中，不断丰富自己的认知世界和对于社会的独特感悟，从而创造一个平凡而不平淡的精神空间。

三、自由灵性的艺术实践

画作就是一种象的外显，画家通过画作诠释的是自己的美的世界。范曾的作品有着自己独特的审美追求。首先，范曾追求着心灵的完美，让完美的心灵去探寻美、发现美，同时摒弃一切邪恶、伪善，回归宇宙的和谐、纯朴和美好。其次，范曾认为一切都要师法自然，因为美就是造化，是自在之物，是经久不变、遵循发展规律的自然。因此，范曾的笔墨，"以宇宙万物为支，以人间哀乐为怀，假历史之杯，大浇现实之块垒。把酒临月的李白，忧国忧民的杜甫，泽畔行吟的屈原，仰观天象的一行，面壁邃悟的达摩；还有炼石补天的女娲、玩潮戏蛙的神童、缁衣怒目的钟馗、悠然梦蝶的庄周等，人物形神兼备，栩栩如生，笔墨雄厚，振奇拔俗。笔下人物，不仅古意十足，且清新宕逸，有骨气、神气和仙气。"史诗般的美感与大气，令人不禁击节赞叹。范曾在艺术实践中追求着灵性的自由和艺术精神的最高体现，他荡涤着内心的重浊，抒发着内心的欢歌，感受着审美自由的快感，而这一切的源头都是自然。范曾说："只有道、大朴、自然，才是人们所应感悟与追逐的无为之境，那惚兮恍兮的物和象，才是大美之所在，才是无状之状、无物之物、无美之美。宇宙之终极是无，美的极致是无美，这是老子一以贯之的感悟。"简约灵动是范曾所心仪向往的创作境界，自由无忌、质朴和谐是范曾精神的统一和升华，他是一个在矛盾中寻求统一，在恪守传统与发展自我中寻求艺术张力的画家。

四、结　语

从范曾的画作中不仅可以窥见中华民族几千年来的民族精神、仁人志士的亮节高风和傲骨烈魂，也让人们窥见了历史的沉淀与民族之光，这是画家自己对于世界和历史自身的体认和品味，是在长期的认知过程中艺术锤炼后的精神升华。范曾向往信奉艺术创作中的"正"、"大"、"雅"，致力于沿袭传统基础上的个体创新的创作宗旨并躬身力行。范曾借画来抒发自己纵横捭阖的艺术语言、沉雄跌宕的艺术胸襟，读者也藉此获得观感上的至大享受。中国传统文化给了范曾艺术的底蕴和创作灵感，先人的哲理又给了范曾艺术的风格定位，最终成就他不朽的画卷。我们在体认范曾艺术世界的时候，也会有相同跳动的脉搏和同样深刻的情感渗入。

范曾及其笔下的朱子形象

宋晓文

    中国邮政于 2010 年 10 月 22 日发行《朱熹诞生八百八十周年》纪念邮票一套两枚，邮票图案由著名画家范曾先生用中国画形式创作。国画大师范曾以其独到的笔触，为我们刻画了"朱熹像"和"游学传道"的生动形象。在第一图上，范曾描绘了头戴儒巾、气宇轩昂的朱熹，并配上朱熹名著《四书章句集注》作为背景。范曾笔下的朱熹有着独特的性格特点，他重点刻画了人物侧面仰视的神态，表现出自信与深邃。第二图画面描绘了朱熹与弟子牵马行进在松柏小道的情景，背景描绘了武夷精舍和高山流水的景观。

    范曾 1955 年就读于南开大学历史系，1957 年转学中央美术学院美术史系，一年后转入中国画系学习国画，师承蒋兆和、叶浅予等名师，因此其白描功底十分扎实。1962 年，美院毕业选择毕业画主题时，范曾画了一幅《文姬归汉》，郭沫若看后十分高兴，称他是"江东小范"。当时报纸是这样记载的："一美术学校的学生画了一张《文姬归汉》给郭老看，郭老高兴得夜不成寐，写了一首诗，天不亮就一个人起来，匍匐在地上把诗题上画卷。"郭老一气挥就 48 句，可见郭老对范曾的赏识。范曾具有渊博的历史知识、深厚的文学修养和精湛的绘画技巧。他虔诚地学习传统绘画技巧，恭恭敬敬地临摹历代名家名作：敦煌壁画、汉代石刻、民间创作。当年，他如痴如醉地勾线，经常通宵达旦，累得眼痛手酸。如今，他悬腕挥毫，广阔天地，纵横驰骋，心力全到。正如范曾自评 24 字："痴于绘画，能书。偶为辞章，颇抒己怀。好读书史，略通古今之变。"

范曾对描绘古代人物有其独到的见解。他认为，中国的水墨人物画，从南宋以后渐渐发展起来。这同中国文人画的兴起差不多是同样时间。而文人画从宋元以后，大体把注意力集中到山水和花鸟，人物画是一个比较薄弱的环节。尽管出现过元代的永乐宫和明代的法海寺大幅壁画，但是这些不是水墨画。当然也出现过陈老莲、任伯年等，毕竟寥寥无几。到了现代，在水墨人物画上，出现了蒋兆和、黄胄这些杰出的画家。而作为文人画，还没有人全面地继承。提倡新文人画，就是为了区别于旧文人画。新就要新在思想、意境、构图、格调诸方面，都要有新的因素。就其表现手法来说，应当是诗书画三位一体的综合艺术。范曾说："以抒发自己的怀抱，强调意趣，着重神韵，来构成一种文学气息很浓的绘画，这就是我追求的目标。从古典的诗、文、书法、绘画吸取营养，同时从近代的、现代的各方面画家的成就中得到启迪。"

范曾画朱子始于为"鹅湖之会"创作的《鹅池有辩》国画。淳熙二年（1175）朱熹编定《近思录》后，至信州，与心学大师陆九渊、陆九龄兄弟会于鹅湖寺论道，史称"鹅湖之会"。范曾以犀利的笔锋描绘出朱子与陆九渊论道时淡定、沉着、睿智的神态。画面以一只白鹅，衬托双方各执己见，不合而罢的交锋。后来，范曾将此作品改绘成白描，作为《古代书院》（第二组）"鹅湖书院"（2009-27-3）的主图。邮票上的白描朱陆论道，较之国画《鹅池有辩》，人物的神态更加淡定从容。

此后，范曾又创作了表现朱子与宋代著名词作家辛稼轩（弃疾）交往的国画《临江赋诗》，朱子的瞑目沉思与辛弃疾的临风仰视形成鲜明对比。这幅作品的人物，与范曾早年创作的忧国忧民的屈原、炼石补天的女娲、把酒临江的曹操、临危慷慨的嵇康、驱鬼拿妖的钟馗，同出一辙。画家画出古代人物的智慧和力量，歌颂中华民族自古以来推崇的品节和风容，表现了为人的尊严、自信、高洁、旷达、疏放和自然淳朴之美。

应当指出，范曾对朱熹的理解是独到的。以往人们对朱熹的印象一直是停留在"朱子对镜自画像"上，画像上有朱熹亲笔题写行书："从容乎礼法之场，沉潜乎仁义之府，是予盖将有意焉，而力莫能与也。佩先师之格言，奉前烈之遗矩，惟默然而日修，或庶几乎斯语。绍熙元年孟春良日，熹对镜写真，题以自警。"该画像描绘朱子两手对插端拱于腹前，神态端庄，须发右颊眼耳间的七颗黑痣清晰可见，栩栩如生。但此像给人的感觉是脸庞清瘦、神态平静。后来的画家曾根据朱熹自画像绘制或创作了朱熹的形象，其中有收藏在台湾的朱文公像、有后来者添加了色彩后形成的不同理解的朱熹像，但这些画像都不同程度受到自画像的影响；而现代画家创作的朱熹塑像则融入了现代人对朱子的独到理解，已大大不同于最初自画像中人物羸弱、瘦小、老态的特点，更多表现出人物的一种精神气质。范曾画的朱熹是这种精神气质的集中体现，画家突出朱熹作为思想家的睿智，作为教育家的聪颖，作为哲学家的明理。打破常规，为我们塑造了一个全新的朱熹形象：侧仰着头，白须飘逸，面色红润，眼神放光。范曾以朱熹语录为题，为他的朱熹像题款："一草一木，皆天地和平之气。"

在朱熹一生中，传道授业是其主要活动，而传道授业所到之处，不胜其数。范曾选择了朱熹骑马的场景是独具创意的。朱熹骑马在文献中确有记载，《文集》卷五《大雪马上次韵》《马上口占》等诗作可见一斑。为此，描绘朱熹风尘仆仆与弟子游走山涧，一匹白马紧随于后，这成了范曾笔下朱熹业绩的经典画面。而画家在画面背景上信笔营造的高山流水景观和武夷精舍，也成了点睛之笔。欣赏画面，朱熹的名诗《观书有感》仿佛萦绕在耳边："半亩方塘一鉴开，天光云影共徘徊。问渠那得清如许？为有源头活水来。"源头何在？即在往古圣人的儒学经典也！

范曾说过："中国画和欣赏者有着一种天然默契，芳荣共存，谁也无法离开谁。如果一个中国画家发出的信息得不到欣赏者的回音，那就是这个画家的失败。同样的道理，如果艺术品朦胧得只有你自己知道，那也是艺术的悲剧。"正是因为范曾对古代人物的独到理解，并且有在中国历史博物馆工作及擅长泼墨人物和人物白描的深厚功底，他的古代人物绘画形神兼备、登峰造极。

从《朱熹》邮票的三次修改上，我们不难领略其绘画精髓。第一次"朱熹像"背景图案采用的是朱熹"读书起家之本，徇理保家之本，和顺齐家之本，勤俭治家之本"题词书法及朱熹诞生地尤溪县南溪书院。第二次"朱熹像"下方取消了尤溪县南溪书院的背景。第三次"朱熹像"背景图案采用朱熹名著《四书章句集注》。在具体的修改中，第一枚邮票"朱熹像"经历了由图 4、5 原画中"白胡须"，到一稿变成"黑胡须"，后又改回"白胡须"；第二枚"游学传道"上的弟子形象经历了由大到小的修改过程，定稿时背景图对山峰进行削减，对松树的树干给予加强，这一修改过程也凝聚着设计者的智慧。

在当今艺术界，范先生是当之无愧的画坛泰斗、丹青巨擘。同时，先生幼禀庭训，熏染于范氏家风，于挥毫泼墨之余，致力于诗文创作并取得卓有建树的成就。如先生自评："痴于绘画，能书；偶为辞章，颇抒己怀；好读书史，略通古今之变。"惜乎"夫子之墙数仞"，芸芸众生不得其门而入，不见诗歌之美、文章之妙。

先生之诗文"不作无病呻吟之语，不为刻红剪翠之句，亦未见喁喁鬼唱之诗"，"往往挟长风以长驱，进则有豪侠气，退则有高士气，而儒家经世、禅家感悟、道家睿语，皆若散花之近维摩，不着痕迹。"先生之诗文不仅是"童心"之再现，非从胸臆间流出不肯下笔；亦为转益多师、别裁伪体之涵养，如先生言："对我文章气质影响最大者，曰屈原之骚韵，曰司马之沉痛，曰东坡之疏旷，曰稼轩之悲凉。"

游心太玄　探本风骚（文史研究）

诗魂书骨　大美不言

郑欣淼

　　范曾先生为当代中国画坛巨擘，诗词、书法、文章及学问亦颇负盛名。他对自己的评价是："痴于绘画，能书；偶为辞章，颇抒己怀；好读书史，略通古今之变。"（《范曾画传·题辞》）他也颇受时贤的推崇。季羡林先生说："我认识范曾有一个三步（不是部）曲：第一步认为他只是一个画家，第二步认为他是一个国学家，第三步认为他是一个思想家。在这三个方面，他都有精湛深邃的造诣。"（《庄子显灵记序》）

　　"以诗为魂，以书为骨"，这是范曾绘画的显著特色，是他几十年创作甘苦的体味与总结，也是他为中国画提出的箴言。这里的"诗"，非直指古风近体，而是指诗的意蕴境界。范曾认为，举凡中国先哲深睿高华之感悟，史家博雅浩瀚之文思，诗家沉雄逸迈之篇章，皆为中国画源头活水。加之画家对宇宙人生，入乎其内，出乎其外，以诗人之眼观物，以诗人之舌言事，胸次既博大而格调又清新，其所创制，自非一般。范曾生长于诗人世家，一直接受诗歌环境之熏陶培养，且有厚实的儒、释、道等中国传统文化的滋养，因此其内心就蕴含着一份涵养深厚的诗魂，这份诗魂又氤氲在他的笔墨深处。

　　所谓"书"，可以宽泛地理解为"笔墨"。范曾指出，中国画状物言情，必依托于笔墨。笔墨之优劣则视画家书法功力之深浅。"古往今来，有笔虽遒健而未成大气象者，此失魂落魄者也；如笔疲腕弱而企成大气象者，则未之见，此魂无以附者也。中国笔墨为最具形式构成之特质、最具独立审美价值之艺术语言，中国画坛凡称大家作手，无一不以笔墨彪炳于世。魂附骨存，骨依魂立，诗、书于中国画之深刻影响于此可见。"（《中国近现代名家画集·范曾·自序》）

就中国画的整体效果而言，范曾认为，中国画的诗意不只是体现在整个画面的意蕴风神中，同时也体现在每一笔的点划流美之中。"诗、书、画在中国画上高度统一所构成的气氛，正是东方艺术最可自豪的特色。一个诗思滞塞的人，不会有灵动的情采；而一个用笔羸弱的人，画面也必然缺少凛然的风骨。凛然的风骨和灵动的情采之最深的根源，在于画家自身崇高的品德和博大的修养。"（《范曾诗稿·自序》）

从一个艺术家的社会责任感和知识分子的良知出发，范曾近年来力倡古典精神的回归。物欲汹汹的商品经济大潮，对中国艺术发展带来很大冲击，一切与传统道德理想、价值判断联系在一起的社会审美旨趣均发生动摇，灵性渐失、精神无寄的现象日益严重。范曾认为，衡量艺术亘古不变的原则是好与坏，而不仅仅是新与旧。他全面思考了从老子、庄子以来的中国美学精神，《老子心解》《庄子心解》等一系列文章就是思考的结果。《庄子显灵记》则是他的全面的艺术主张在理论上的构建。回归古典，就是要从自己民族的文化中寻找那些生生不息的活力，增强自身的造血机能，使古老的文明发出新的光耀。惟其如此，中国有指望在新世纪高张文艺复兴之大纛，使天下云集而影从，从上世纪人类艺术的诸多败笔中匡正扶危，自辟蹊径。大美不言。范曾指出，两千五百年前的老子看透了生命成熟的危机，提出"复归于婴"，其实人类远古的纯净，确在宇宙的浑朴之中，在它和谐的大智慧之中，我们只有坚其内质，刻苦地掌握传统，然后才可能去发展传统。

回归古典还有更为深刻的内容，即人文关怀精神的回归。这种人文关怀精神是对地球和人类命运的终极关怀，是着眼于追求全世界的和谐共生。这也是中国传统的忧患意识在新的时代的发展和提升。同样，它所要回归的古典文化，也超越了狭隘的民族主义和国家主义，需要以一种恢宏的眼光、一种健全开放的文化心态，对人类所有文化精华的摄取与回归。知识分子是责无旁贷的人文关怀精神的载体。范曾认为，这样一种人文关怀精神恰恰是应该在当代艺术家中提倡的。艺术家往往得社会风气之先，他们在和谐社会时代精神构建中可以发挥更多的作用。从根本上说，这也是艺术和当代社会、当代精神以及当代生存关系的体现。

范曾先生以画名世，认真读他的书、画、诗、文，会感到他在各个方面成就都很大。范曾艺术其实是一个整体，一个具有鲜明中国艺术、东方艺术精神的整体。体现民族创造力和民族精神的中国书画艺术的不断提高，与中国文化的建设与发展息息相关。范曾先生以自己几十年来不懈的艺术追求、坚实的创作实践、丰硕的创造成果以及多方面的卓越成就为世所瞩目，不仅在中国书画的发展上起着有力的推进作用，而且为中国文化的建设和积累作出了积极的贡献。

故宫博物院举办的"回归与超越——范曾书画作品展"，集中了范曾1999年以来创作的书画精品，其中10幅捐献给故宫博物院收藏。人们从这些作品中将会得到美的享受，并领略画家在中国画发展道路上一往直前的风采。"天意君须会，人间要好诗。"（白居易《读李杜诗集，因题卷后》）我们期望范曾先生不断有好诗问世，不断有诗魂书骨的画作出现，庶几不辜负这伟大的时代，这充满希望的社会以及为美好的未来而奋斗的人民。

2007 年 3 月 20 日

挑战毕加索

——读范曾《庄子显灵记》

马立诚

2002 年 1 月，我访问日本冲绳县，一个悬疑再度浮上心头。县政府一楼大厅正举办当地中小学生画展。我看到几幅作品，颇类似毕加索立体主义时期的几何画。画面上稚拙的韵味，更是成年人难以达至的境界。但是这样的画，大概只有署名毕加索才能堂而皇之地挂在客厅里。有杂志介绍说，毕加索晚年曾说过，他那些立体主义的画是胡乱画的。对此尚可考证，但我相信，中小学生绝对写不出《悲惨世界》和《九三年》。

回国之后，读到范曾新作《庄子显灵记》。这首两千多行的长诗以磅礴之势向"皇帝的新衣"发起挑战，震人心魄。

范曾近年写作甚丰，《范曾谈艺录》《范曾诗稿》《范曾散文三十三篇》《画外话·范曾卷》《庄子显灵记》等相继问世。其中，就文学原创性成就而言，当以《庄子显灵记》为最。范曾谈他的绘画一向强调"以诗为魂"。他对诗词浸润之深，众所周知。范敬宜曾有一首古风称他"万卷诗书万里路，化入笔端便入神"。多年来，范曾生活在中法两个具有灿烂文化的国度，可谓学贯中西，对亚欧人文及艺术有了较深切的体验和把握，《庄子显灵记》便是中西文明交汇之作。这首诗"酝酿于京津，著述于巴黎"，熔屈骚汉赋、唐诗宋词、戏剧套曲及自由体新诗等不同风格、不同体裁于一炉，打造出一个前无古人的长篇佳构，独开文体新生面。

全诗为对话体，通过虚拟庄子与太始、爱因斯坦、海德格尔、毕加索、柏拉图及范伯子的辩难，寻究宇宙与自然的起始，探讨生命与死亡的真谛，辩驳善恶与美丑的分际，诘问克隆与工具主义的非理性冲动，评析恐怖主义与后现代主义的磨难……激荡生辉，博雅浩瀚。长诗吟咏的重点，则在于揭起回归古典、回归自然的旗帜。在众多登场对话者中，之所以由庄子领衔，不独显示诗人对中国文化及庄子一往情深，更缘于庄子汪洋恣肆的奇思妙想与长诗浪漫主义风格相辅相成，庄子"天地与我并生"的思考尤有助于主题的表达。

> 环球皆昏梦，
> 夜云天未曙。
> 芸芸众生罹网罟，
> 我正待万里风帆回古渡。

这是范曾对当下艺术状态的忧思。近年来，媚俗邀宠的平面文化一路驾驶消解意义的挖掘机将"宏大叙事"的价值体系夷为废墟，逐步取得文化领域的实际霸权地位，加剧了转型期社会特有的文化迷乱。有篇文章说：娱乐电视制片人和导演、流行作家、流行音乐制作人、流行新闻记者及广告制作人已经控制了局面。"闹文化"、"野文化"、"反文化"大行其事，"逻各斯中心"的崩溃和"元语言"的颠覆，使人们在获得自由的同时像断线的风筝撞来撞去。浮躁与流俗扑面而来，挥之不去。"人们最爱读的两种文字是钞票上的数字和任命书上的文字。"凤凰卫视曾播出湖南某城市这样一种景观：一个男青年在便道上脱去衣服只穿短裤，引路人观看。他用刷子沾着白色涂料把全身涂白，最后只露两只眼睛，就算完成了"艺术创造"，朝众人摇手"拜拜"，跑到自来水龙头下面冲洗去了。

> 是什么原因导致了这种局面呢？
> 万绿丛中生出了一株薇甘菊。

它的种子、叶、梗都能繁殖，

而且它的绿色碧透而光烁，

它迅猛地向大地延伸，

爬上岩石、树梢，然后开始肆虐……

薇甘菊，一种有毒的植物，即混乱的始作俑者。诗人讥刺 20 世纪初叶崛起的现代主义"把荒诞和奇丑视作创意，把灵魂散发的腐败以为芳馨。这立体派的静物，都像断木残片。只看出欺世的恶愿，而不见天才的聪颖"。到 20 世纪 60 年代，"后现代主义的怪胎占领艺苑，走进文学的著作。音乐舞蹈也成为它的阵地，一批批癫狂浮躁的歌手汇成它的群族。这正如薇甘菊一步步进逼，水源因为它的繁衍也逐渐涸枯……"

其中，毕加索实为滥觞。在《庄子显灵记》中，诗人假毕加索的口气独白道："我告诉世人，我打破了时空，从二维的平面直追四维的崇岭。我把两只眼睛画到脸的一侧，便是我艺术的觉醒。"

后现代理论家、美国社会学家丹尼尔·贝尔对此已有过深入剖析。他指出，由于资本主义自身的矛盾运动，禁欲的宗教冲动力让位于贪婪的经济冲动力，导致发展与变革就是一切，宗教精神迷失，渎神成为社会世俗化的节日，人的精神陷于迷乱和虚无。最先捕捉到这种迷乱的现代主义文艺，相应地走上"开拓鬼魅世界"的迷误，"甚至连疯狂本身也被当成是真理的优越形式"！后现代主义更进一步，在现代主义基础上向文化与社会结构发起更猛烈的旋风般进攻。如果说现代主义还以先锋性和个人魅力吸引眼球的话，后现代主义则干脆把人解构为虚无。历史意义消失了，深层意义消失了，人的主体地位消失了。剩下什么呢？零散的碎片和浅表的平面。周星驰主演的《唐伯虎点秋香》《大话西游》，也有零碎的幽默和机智，但看完之后整体一片空白。后现代画家沃霍尔有句名言："我想成为机器，我不要成为一个人，我像机器一样作画。"艺术家变成了机器，作品当然就无情无思无识无语。

不否认一些现代主义和后现代主义哲人、艺术家经历的艰辛探索以及部分成果的启示，这是人类精神进程无可回避的一部分。《庄子显灵记》对毕加索在《格尔尼卡》中的探索给予正面评价，但对于毕氏的误区则痛加针砭："臃肥的裸女，哪像美貌的玛丽，把艳绝的朵拉画成怪丑的猩猩。《海滨奔跑的两个女人》，得了橡皮病，哪来女性的娉婷？《亚维浓的姑娘》，一个个奇貌异相，令人吃惊。看这晚年的大作，表现出毕加索黔驴技穷，但却有淋漓尽致的色情。"值得注意的是，这些画的走俏，都有赖于画商的包装及炒作。

"不过现在春的消息，已降临枝梢花萼。"法国一项民意测验表明，人们最喜爱的画家是莫提格里安尼，90%的人讨厌毕加索。虽然投票不一定是衡量艺术价值的最佳方式，但它透露出审美倾向转变的消息。"皇帝的新衣欺骗太久，正被人们扯剥。啊，那本是光腚的家伙，哪有衣服从身上剥落？"

春的消息是已经出现了向古典复归、向大自然复归的呼唤。什么是古典？在18世纪法国画家那里，乃选材严肃、强调素描、注重理性之谓也。我们今天不必如此刻板。所谓古典者，除留心艺术传承的审美规范及注重功力修养之外，核心是弘扬人文精神。复归不是形式的崇尚模仿，如明朝诗人鄙弃宋诗，刻板模仿唐诗，结果了无生气。我们考察的基点是今天。我们对于古典的反视和回归，以今天为起点。在这方面，范曾的中国画就是一例。中国画长于写意，风景静物有诸多佳作，但人物画却是弱点。范曾继承古典，推陈出新。他的人物画，写实中不乏写意，以流畅飘逸的线条高标秀出，独成一家。人物虽然多取材古人，但蕴含现代艺术风格，所以看起来灵气飞动，并不觉得古旧。

以学问为诗，以思想为诗，是很难讨好读者的。在这方面，宋朝人有教训。明朝人批评宋诗云："宋人多好以诗议论。夫以诗议论，即奚不为文而为诗哉？"毛泽东对此也有同感，他说："宋人多数不懂诗是要用形象思维的，一反唐人规律，所以味同嚼蜡。"我初读《庄子显灵记》，很为范曾捏了把汗，因为这首诗涉及很多哲学、美学、伦理学和现代科学的知识，但一口气读下来并不板滞。诗中对各种观点作了极为精炼的概括，且能用形象的语言表达出来，再加上角色转换往复辩难，针锋相对词语犀利，也大大增加了吸引力。

全诗幻象奇丽，理趣横生，忽而激扬跌宕，忽而谐谑不羁，在很大程度上避免了宋人毛病，诚为难得。抒情理趣诗能有如许融合中外思想及体裁的鸿篇巨制，亦为我国诗歌史上一株奇葩。

　　长诗最后所附王成彬等三人所作《跋》云："先生甚憾于当代文艺正气式微，大道荆棘；势趋媚俗邀宠，象呈光怪陆离；郁结既久，不吐不快，遂述往思来，亟欲重振风雅，以为回归古典、复归自然之大旗。"按之初衷，此诗有如陈子昂《修竹篇序》或韩柳古文运动的宣言，欲横制颓波，振拔文坛，巍哉其志。

文学家范曾

宁宗一

在和范先生未曾晤面前，我已经通过各种渠道知晓他原是中国传统文化的饱学之士，在其心灵深处有着对自己文化传统的永难割舍的爱恋与执着。从阅读他的诸多文字中，我的直接感受可以说是醇厚馥郁，晶莹剔透，文笔雅致、明快自然；而在论析问题、抒写情怀时，笔触有时奔放，有时细致，有时峻峭，有时悠然，而其中总能透出蕴含幽深的情志。所以在读他的文字时，我已经感受到了这位正值盛年的学者是一位文史大家，也是一位有独特造诣的风格家。

终于在 1986 年底，我因调动工作常与范先生相处。记得他给予我的面对面的"第一印象"，就是开朗幽默，时有俊语；智慧机敏却不矫饰，风骨刚正而却不拘泥古板。文与人，文本与人本一下子在我心中契合了，名士形象也就在我眼前浮现了。

时隔整整二十年，范先生竟然迈入古稀之年。为了祝贺范先生七十华诞，也为了记下这整整二十年的友谊，我确实有话要说。我之所以不自量力地列出了上面这样一个题目，一是有再读范曾的欲望；二是想在吸纳知识的基础上与精神同道进行一次广泛的对话和潜对话。

一

在一个相当长的时间，范先生一直高攀古典主义复归的旗帜，其纲领性的文字就是《勿忘众芳之所在——论二十世纪美的误区和古典主义的复归》一文。文中从精神义理层面明快地表述：今天谈回归古典，当然不是再厕身雅典学院的门墙或者去杏坛聆听先贤的雄谈；我们必须弄清的是回归古典的切实内涵，然后我们才可能有所依允、有所寄托、有所恃守、有所弘拓。回归古典一词，它旷逸的一面，是与古人邂逅，异代知己，有朋自远方来不亦乐乎；它峻烈的一面，则是不会以食古人剩菜残羹为己任，对一切古已有之的东西，我们将同样抱着剃其繁芜、掇其精要的精神。范曾先生的这一传统文化观是科学的，它会引发我们诸多思考。

由于传统文化自身条件基因不同，其所带来的优与劣，主要取决于接受者自身的文化条件、学养和人格境界的不同。范曾先生关于回归古典的系统论述，正是要求我们对传统应该用最大力气打进去，又用最大的智慧打出来。这就是我理解的范曾先生坚持的、倡导的新古典主义。

古典主义的复归，当然不是复古。回归古典实质上是对经典的拥抱，是对道德良知的呼唤，是医治社会精神创伤的良药，也是追求心灵自由和构建和谐文化的必然。记得罗曼·罗兰说过这样的话：历史上的优秀文化遗产如一座座高峰，我们要定期攀登上这些高峰，去看一看，去呼吸新鲜的空气，去汲取营养，从而神清气爽地下得山来，投入新的生活。我想，回归古典的精神正在于此吧。

二

也许正是凭着这种理解，我在读范曾先生的《老子心解》《庄子心解》《大丈夫之词》时，确实感到范曾一直在探寻老庄这两位哲人和辛弃疾的心灵文本，借用范曾先生为自己的诗稿所写的自序，就是"我的心伸向你"。我的心伸向你，乃是以心会心、将心比心。这是范曾先生探寻伟大心灵文本的不可忽略的特色。范曾先生始终用心灵的语言去研究老子、庄子和辛弃疾的心态流程。范曾先生以自己的新去捉摸古代文人的新，这是因为对他们的理解来自对自己的理解，心理的洞察来自自我意识。范先生善于透过字里行间，穿透纸背去体验、把握这些文化巨擘的内心。以心会心是一种真切的内心体验，是一种平等的对话关系。他能紧贴着自己观照的人物，逼真地描述出他们的心理流程。细致的观察、冷静的描述以及激情的书写，又都体现着传统文化中"静观"的审视态度，因此《老子心解》《庄子心解》和《大丈夫之词》体现出的深邃的透视力、洞察力和强烈的审美感受力，确实把史识、今识和诗识水乳交融在一起了。这就是我们最应称道的史笔诗心。总之，在范曾先生的笔下和心灵语言中，那些令平凡人感到惊心动魄的哲人与诗人的命运都真切地展现于我们面前了。

范曾先生对于中外古今各个时期的学者、作家、画家的心灵文本的执著探寻，还有数量相当多的美文。代表作如《鱼藻波寒》《黄宾虹论》《英也夺我心》《天经百劫云归淡》《陈少梅画集序》《徐悲鸿论》《大哉，雪涛》《大隐吴玉如》《何期执手成长别》《彼美一人》《梵·高的坟茔》等。

这种心灵文本的探寻乃是一种"发皇心曲"的研究，它体现在细致入微的心灵与心态的分析上。在他的不少写人物的篇什中，半数以上是忆旧、怀人之文，所忆念的对象多数是范曾先生的师友，未曾亲与过从的，范先生也都从个人角度刻画印象和抒写感受，所以这些文章，读来篇篇都使人感到亲切有味，仿佛能触摸到具体。或者说，这里的一个个艺术家、学者的肖像透露出了中国知识分子的精神。比如，曾被评为全国散文创作一等奖的《何期执手成长别》一文，是对陈省身先生一生伟大人格的精彩描绘。在范曾先生动情的笔触下，令人动容的是陈省身先生的知识与思想都构筑于他的人格精神。在读这样的美文的审美享受中，让我们更深刻地理解到文化之魂正是大写的人的人格精神。在范曾先生的笔下叙写的八大山人、黄宾虹、王国维、蒋兆和、李苦禅、徐悲鸿、吴玉如、陈少梅、王雪涛、梵·高、陈省身、季羡林等人物，都是通过范曾先生对作家文本的把握，极微妙地显示出这些大师、巨擘的心灵流程。通过这些意旨遥深的美文，道出了一个心灵史研究的真谛：艺术家、学者并非只有一种形貌和单一的精神世界，他们的心灵流变往往就是社会流变以及艺术流变的一面镜子，或是一个缩影。

范曾先生关注作家、艺术家和学者个体在不同历史时代不同环境与际遇中所呈现的不同生命状态和人生况味。艺术家之所以为艺术家，学者之所以为学者，是因为他们在整个社会、文化、艺术环境中，是从事精神生产的知识层、思考层，是一个智慧的阶层，有极大的智慧潜力。他们在整体社会文化和精神生活中扮演主角。在古代，对于艺术家和诗人来说，是高卧东山还是击楫中流？是混迹市朝还是采菊东篱？在进退出处徘徊犹豫，也属不少。如果像辛弃疾这样的大丈夫正逢中原陆沉，王朝易祚，更要承受巨大的精神创伤，这一点在传统文化最忠诚的信守者的知识分子群体中反映得尤为突出。这一切范曾先生都能切近现实而又超越时空地进行深沉思考。对于范曾先生这位具有浓厚、强烈感情的文学家来说，必然由痛苦的反思转为对古代作家心灵的真实揭示；而我们这些读者又必然从范曾先生的文字中由心灵的真切感受转入痛苦的沉思。

读范曾先生的美文，其实是对他心灵文本的解读与诠释。不可否认，我们过去在观照一位作家或一位学者时，往往看到的是链条的两端，而对整个链条，也即整个心灵过程，却有意无意地忽略了，这几乎成了过去的一种诠释的制作模式。现在，应当通过阅读范曾，让我们能更加注意并善于捕捉他内心生活的多样性、迅速变化的心态，从而把握他的精神世界中可以捉摸的那一瞬间。而一般读者将会跟着这样的观察得以心领神会，心悦诚服地认同他们对范曾心灵流变的理解。

总之，范曾先生以人性和心灵的角度投射历史人物和当代名家。我们之所以感激他给予我们的美文，正是由于它们记录了你的、我的、他的、我们的命运。也许范曾先生"野心"很大，因为他的美文已经为我们留下了一份历史的底稿。

三

无论范曾先生创造的众多诗词歌赋，还是他的艺术评论，在风格上最鲜明的特征是气势美。"气势"是抽象的概念，是精神的感受，但又不是不可把握的。中国的古典诗词中极讲究"气势"。词话、诗话中也常常用"雄浑"、"浩瀚"、"磅礴"、"豪放"等词来形容气势，我们很少见到把气势和"婉约"、"轻灵"、"幽雅"、"淡远"等词相联。所以当我们读到一首词一首诗一篇美文时，这首诗这首词这篇美文使我们心灵上感受到巨大的震动，精神上感染着强烈的激荡，胸襟开阔深广，情绪兴奋高昂，而它揭示的又是联系着千万人民的命运，关乎着国家、民族、文化的命运时，我们就会称它为有气势。范曾先生的代表名作《莽神州赋》就是一篇有气势美的赋。抒情主人公怀着高贵的情操，以热爱自然和理想主义为支撑点，折射出抒情主人公的不平凡。诗人不是为了卑琐的目的，而是以对民族的忠诚，对祖国山河的热爱，作为内在的基础，因此，赋的"气势"就深化了一层。《莽神州赋》的气势美是他把主要内容压缩到一块严整的结晶体中，这块结晶体，全身闪光，辐射出一股强烈动人心魄的射线来，这射线使人振奋，激发民族自豪感，于是我套用范曾先生的话，"此乃大丈夫之赋也"。

正因为如此，范曾先生的艺术评论与艺术创作是传统的，因为他已经为我们记录和叙写了人的心灵史；范曾先生的创作和评论又是现代的，因为他把一颗鲜活的心灵托出水面，直接和当代人的心灵互动、融通，让我们既看到传统之美又看到当代之美、心灵之美，并让人们关注心灵自由的重要。

总之，范曾先生是一个大画家，一个诗人，一个美学家，一个心理学家，一个哲学家，一个绝好的知己。我深信范曾先生精心建构的心灵文本必将进入经典。

诗意的裁判

——范曾美学思想研究

薛晓源

苏联哲学史研究专家阿尔森·古留加在《康德传》中指出："哲学家一生的标志就是他的那些著作，而哲学家生活中的那些最激动人心的事件就是他的思想。"[①] 20 世纪 90 年代末，范曾先生先后撰写了《老庄心解》《庄子显灵记》《大丈夫之词》等著作，2004 年相继出版，图书在短时间里不断再版，在知识界产生了强烈的反响，《老庄心解》等著作一直雄踞西单图书大厦图书销售排行榜前列。

一个艺术家具有哲思的学术著作和"文学作品"何以畅销？我认为：范曾先生的著作有奇特的运思方式，他"用诗人之心观物，用诗人之舌言情"，打通了中西文化的畛域，穿透了文史哲艺的壁垒，使文史哲艺诸学科磨砺互证，建构了一个色彩瑰丽、气势恢弘的有意义的思想圣境。理解和阐释范曾先生论著中所蕴涵的美学思想在于对"诗意"和"通"字的深刻理解和把握。王国维说："政治家之眼，域于一人一事；诗人之眼，则通古今而观之。"[②] 司马迁在《报任安书》中说："究天人之际，通古今之变。"钱钟书先生在《谈艺录》中说："学与术者，人事之法天，人定之胜天，人心之通天。"范曾先生在

---

① 阿尔森·古留加：《康德传》，商务印书馆，1997 年，第 1 页。
② 《王国维遗书》(九)：上海书店出版社，1983 年，第 486 页。

二十四字自评中说道：好读书史，略通古今之变。纵观范曾先生的论著，我们可以发现"通"字蕴涵两种意义："通"一作"通晓、精通"讲，范曾先生通晓中外经典文献，或文，或史，或哲，或艺，无不了然于胸，随手拈来，自成高格；"通"一作"会通"讲，范曾先生"以诗人之心观道，以诗人之情察物"，对天地万物进行了"诗意的裁判"。钱钟书先生说："东海西海，心理攸同；南学北学，道术未裂。"[1] 陈子善对此评价说："钱先生当然出色地运用了比较方法——其终极目的是在于说明天地间有此一种共同的规律、共同的诗心、文心而已。"[2] 陈子善的评价在某种意义上也企及了范曾先生论著中的精妙之处。

关于诗与哲学的关系，德国哲学家海德格尔谈得最为透彻，他认为："诗乃是存在的词语性创建。"（Dichung ist worthafte Stiftung des Seins）"诗乃是对存在和万物之本质创建性的命名。"[3] 从中我们可以看出，在某种意义上，诗就是对存在的发问与运思，"诗"就是"思"，"思"在古希腊是哲学存在的最原始的方式，是存在的澄明与揭蔽。海德格尔进而认为诗人担负时代的使命，"真正为他的民族谋求真理"。就海德格尔论"什么是诗？"这个问题我曾经请教过范曾先生，先生说：海德格尔对诗的追问与命名的确企及了西方诗学的深层底蕴，但是未能涵括中国诗学的深层境界，拿海氏的论述去研究中国诗学，确实差强人意，就如钱钟书先生所说，隔靴搔痒，很难搔到痒处。说完，先生用毛笔在宣纸上写下如下文字："晓源询诗，十翼云：摩挲音韵律，通邮人鬼神。丙戌范曾"。

在我驻步欣赏之时，先生问我，与海德格尔相比，这副楹联是否传达了诗之蕴涵之神韵？我说，先生对诗的命名，可以说打通了中西诗学的畛域，使中西诗学互通互释；先生拓宽了诗的界域，寓思于诗，寓诗于思，使诗思互通。

---

① 钱钟书：《谈艺录》，中华书局，1986 年，第 1 页。

② 陈子善：《论钱钟书》，广西师范大学出版社，2005 年，第 85 页。

③ 海德格尔：《荷尔德林诗的阐释》，商务印书馆，2000 年，第 47、51 页。

一、老庄心解：阐发和引申"人与宇宙和谐"的思想

范曾先生在《老庄心解》序言中指出："心解者，止言吾心所悟，不同注笺之凿凿，不同传书之洋洋。性之所至，随感而发，择吾心以为人所未详、人之所弃而述焉。虽不周于古训，不周于今论，然其间剖析，或有契老庄原旨而黯然不彰者，此余所以不揣简陋以八万言成书之缘由也。"这是范曾先生对老庄解读的方法论，先生不是拘泥于字句章法的考订，也不是长篇累牍的烦琐求证，而是用诗意的语言、旁征博引的譬喻，展开了与老子庄子的心灵对话。

中国哲学中的有关和谐思想由来已久，且内容博大丰赡。在中国古代文化典籍中，"和"的概念出现得很早，在甲骨文和金文中都有"和"字；在《易经》中，"和"是吉利的象征；从春秋战国时期开始，诸子百家把"和"作为一个哲学的抽象范畴加以研究，揭示了和谐的本质、状态和路径。孔子提出了"和而不同"的命题，强调"和"就是不同因素的存在与共容，揭示了和谐的本质特征。老子提出了"阴阳冲气以为和"的命题，揭示了通往和谐的路径。在这里，和谐是阴阳二气相互激荡而产生的状态，而阴阳二气则是和谐状态的内在机制。阴阳二气尽管相互对立、冲撞、激荡，却最终必然以"和谐"的方式来解决。孔子的学生有子提出了"和为贵"的命题。所谓"和为贵"，就是认为和谐是天底下最值得追求的价值，是人世间最美好的状态。[①]

范曾先生从本体论、认识论、伦理学、美学等视角，用豪迈的激情，诗化的语言，梳理概述了和谐的本质、和谐的存在方式、和谐当下的存在状态，并深刻而睿智揭示了如何去认识宇宙的和谐、如何实现人与宇宙的和谐、如何把握和体会艺术的和谐，如何把握人与人的和谐，进而使人更深层次把握人与自身的内心的和谐。

德国哲学家舍勒在《人在宇宙中的位置》一书中指出，人在宇宙中的位

---

① 秦宣：《论和谐社会的科学内涵》，《马克思主义与现实》，2007年第1期。

置这个问题，表明人力求认识自己，认识宇宙以及人在宇宙中的位置，这既是一个本体论问题，又是一个认识论问题，是哲学家不得不回答的问题。范曾先生是这样回答这个问题的，他说："和谐，来源于相互的了解、容忍和谦让，来源于心平气和的对话。那么，人和宇宙的和谐，通过什么方式来对话呢？只要人类的索取不是过分，宇宙依然以它博大的胸怀，容而忍之；甚至通过自身的调整，迁就和适应人的能动性改造。这就是对话，这就是冥冥中宇宙的语言。"[①]范曾先生通过对"和谐"内蕴的深层把握，揭示了人和宇宙的和谐的本质。

和谐的存在方式是继老子以来历代鸿儒大哲念兹在兹的问题。什么是和谐的？什么不是和谐的？这也是历代哲人大师面临应对的问题。范曾先生用精炼的语言、排比的句式，深刻揭示了和谐的存在方式。他说："东方哲学的终极追求便是和谐，它是和谐的哲学，因为东方哲人深知，宇宙的一切都处于至大无涯的和谐之中。和谐，是一种伟大的存在方式，顺之者昌，逆之者亡。一切和谐的，便是化育着的、生长着的、繁衍着的、运转着的、变化着的生物和无生物，那是一派融洽无缝的天成美景……宇宙中一切和谐的声音，便是不借孔窍的天籁，那是作曲大师们的典范；而一切非和谐的声音，则是破坏宇宙宁静的噪音，譬如战争的杀伐、地震的轰鸣、泥石流的撞击等等。"[②]

20 世纪是人类有史以来最为痛苦的世纪：两次世界大战爆发，几千万人死难；东西方冷战，核武器与恐怖主义接踵，科学高速发展与地球濒临失衡同步。英国著名哲学家安东尼·吉登斯惊呼：我们所处的世界是一个"失控的世界"；德国学者乌尔里希·贝克等学者在反思切尔诺贝利核事故和 9·11 恐怖事件之后，认为风险不是只拘囿于某一地区或领域，全球化的快速进程把风险带到世界各地，风险社会已经转型成为全球风险社会。贝克认为：我们生活在文明的火山上，风险威胁的潜在阶段已经接近尾声了。不可见的危

---

① 范曾：《老庄心解》，华东师范大学出版社，2005 年，第 15 页。

② 同上，第 18 页。

险正在变得可见。贝克深刻指出我们正处在全球风险社会里，任何人不能逃脱。基于诗人的敏感与哲人的睿智，范曾先生饱含激情大声呼吁："和谐已不是哲人的清谈、诗人的咏歌，和谐已像一个被弃的婴儿，扔于荒野；殊不知这是一个宁馨儿，一个丘比特，他会成长，如果全世界良知未泯的人们，都来共同喂养它，扶持他，他将硕壮高大，神勇无比，他会答谢生养他们的父母，培育他们的亲人……人类，快拥抱起那无邪的'和谐'吧，这大婴孩，他已快因饥渴而死了。"①

如果我们用"新批评"的"细读法"（close reading），去阅读范曾先生的《老庄心解》，我们会发现范曾先生特有的研究理路和思想路径。先生首先从老庄思想中提炼富有价值的思想命题，然后用精练的语言进行阐释，继之列举丰富的文史哲科学等事例进行佐证，最后深刻揭示这些思想命题对中国书法与绘画艺术的影响和渗透。范曾先生对艺术与科学的和谐之境的阐发是非常发人深省的，他说："宇宙本来极其美好，极其和谐，我们欣然从理论物理学家那里得到了近乎神话般的启示，这些学者和艺术家一样，他们原来的追逐是了解宇宙的和谐。""宇宙生命的和谐，也包含着矛盾双方的同一性，在书法艺术上所强调的刚柔相济、轻重相间、浓淡相生，用笔速度上疾缓相调，都决定着线条之是否真正有生命力……倘若书法能依循这种辩证的思维，能知其刚强，守其温柔；知其坦荡，守其舒缓；知其蕴藉，守其迅捷；知其风动而守其凝重，那么我想就达到了和谐之境。"②

二、《庄子显灵记》：富有睿智的哲思诗剧

《庄子显灵记》是范曾先生继《老庄心解》之后，又推出一部的重要著作。通过比较研究，我们可以这样说，《庄子显灵记》是对《老庄心解》主要的思

①　范曾：《老庄心解》，华东师范大学出版社，2005 年，第 20 页。
②　同上，第 56、57 页。

想和观点进行了诗意升华和诗意阐发，并对人与自然、人与艺术的现实存在状况进行了诗意的裁判。《庄子显灵记》构思伟岸奇特，以天地万物化身——太始导引庄子进行"上穷碧落下黄泉"式的精神漫游，超越了时间和空间的篱藩，穿透了语言与地域的界限，庄子与古今大哲、中外巨匠、文豪诗人、艺坛巨子进行了面对面的对话，语言犀利睿智，色彩瑰丽斑斓，作者为我们建构了一个宏大多彩的有意义的复调的世界。在这多声部混合的复调的交响乐中，从气势恢弘的变奏中，我们依稀听见：楚骚的浪漫，庄子的宏肆，唐诗的风韵，宋词的流美；我们依稀看见：荷马诗史中英雄跋涉的身影，但丁穿过迷途的微笑，浮士德孜孜以求的步履，席勒歌咏的永恒女神的英姿。下面就这部著作的运思的体裁和运思的方式来说明，为什么说《庄子显灵记》是一部富有睿智的哲思诗剧。

1. 运思体裁的丰富性，彰显戏剧的品格

在《庄子显灵记》里，范曾先生凭借丰富的创作经验，驾轻就熟，动用诗、词、歌、赋、曲、文等多种艺术表现形式，去歌咏和铺陈庄子"上达天表，下至人间"的"太虚之游"。读过《庄子显灵记》的人，都对其体裁的认定产生了迷惑，是诗，是散曲，抑或是散文诗？众说纷纭，莫衷一是。我经过仔细的研究，认为《庄子显灵记》是一部具有哲思品质诗性的戏剧，与柏拉图的哲学对话录有异曲同工之妙。北大的张辉教授认为："柏拉图的对话是戏剧。……整个施特劳斯学派都是按照'戏剧说'来翻译和解说所有柏拉图的对话录的。……在施特劳斯看来，柏拉图对话的戏剧特征具有许多重要的特点。"① 概括他的理论依据主要有以下三点：①柏拉图在对话中都没有直接出场说话；②柏拉图选择的戏剧的主要人物——苏格拉底，也不把自己的观点和盘托出，他们都带上了一个看不见的面具；③"柏拉图对话也的确为我们留下了许多不该忽视的细节、暗示、特定的场景乃至神话传说等等重要的故

---

① 柏拉图：《柏拉图的〈会饮〉》，刘小枫等译，华夏出版社，2003年，第2页。

事线索。"① 根据以上的理论依据，我们发现《庄子显灵记》这部著作无疑具有"戏剧的品质"。首先，作品的整体凸现了"对话"的文体，在"第一章太空"中，庄子与太始对话；在"第二章智者"中，庄子与科学家爱因斯坦对话；在"第三章自然·生死"中，庄子与哲学家海德格尔对话；在"第四章艺魔"中，庄子与现代派画家毕加索对话；在"第五章诗人"中，庄子与著名诗人范伯子对话；在"第六章哲人"中，庄子与西方哲学巨匠柏拉图对话。从中，我们可以看出，范曾先生建构这种独特的结构和文体，就是要穿透时间和空间的限制，把庄子置身在不同的历史文化背景和运思语境中，与西方大哲、古今艺术家进行辩论、诘难，在对话中打通中西哲学、文化与艺术的畛域，并尝试着相互理解、宽容和尊重。因此，《庄子显灵记》既凸现"对话"的存在方式，又是作品运思的目的和宗旨所在。其次，在《庄子显灵记》中，范曾先生在《老庄心解》中倡导的"回归自然，回归古典"的观点，通过庄子与他人的对话渐次展开和阐发出来。再次，范曾先生在《庄子显灵记》也"留下了许多不该忽视的细节、暗示、特定的场景乃至神话传说等等重要的故事线索"。范曾先生凭借丰厚的知识储备，信手拈来，把中外神话、故事、典故和文化场景融入到庄子的"太虚之游"。在第三章"自然·生死"中，太始携领庄子"在儒、道、佛的大山中逍遥"。我们可以欣赏到儒、道、佛的大山仙境。范曾先生饱含深情地描写儒山风景："看，我们已近曲阜，跨过去便是泰山的云涛。那苍劲的古柏经历二千年的风霜，但它的年龄比您还少小。中国人有着坚强意志，不屈不挠，经过十八盘的攀登，光明顶上云霭莽浩。"在第六章"哲人"中，太始携领庄子来到被马克思誉为"人类健康的童年"的发祥地：古希腊，在那里庄子将与西方哲学巨匠柏拉图进行对话。范曾先生对古希腊充满了敬意，他深情地描写到："麾辇远巡，云海茫茫，地中海水碧波连天。奥林匹斯山势绵延，似闻古希腊悠扬的琴弦。看那，帕德嫩神庙的崔巍壮丽，维纳斯的端庄娇妍。奥林匹克运动会的骁勇健

---

① 柏拉图:《柏拉图的〈会饮〉》，刘小枫等译，华夏出版社，2003 年，第 3 页。

儿，雅典学园的渊博先贤。"[①]

范曾先生在《庄子显灵记》里，用华美的语言和恢弘的气势精心营造了许多美轮美奂的场景，如儒道佛的大山和古希腊，它们不仅是大哲对话的环境与场所，而且它们是对话重要的组成部分，是对话的开始和序幕，是对话的情景与氛围，不同的场景变化本身就是情景的对话，寄情于景，寓景于情，情景交融，构成了作品多维的运思空间，也是深刻理解和阐释范曾先生《庄子显灵记》的一把钥匙。《庄子显灵记》中的场景变换与情景描绘更展现了其诗性戏剧的品质，这一点毋庸置疑。

2. 运思方式的多样性，彰显戏剧的品格

在《庄子显灵记》里，范曾先生通过诗意的铺陈，让我们深切体验到庄子"上达天表，下至人间"的"太虚之游"。在"太虚之游"里，太始与"庄子遍列崇山阔水，甚至超越光速，看历史长河烟波浩渺"；太始与庄子"梦里人生巡宇宙"，"超越了形骸，精神插上与天地共在的双翅"。从中，我们可以看出范曾先生在整个作品中运思的方式：太始引领庄子"上天入地"，进行了"路漫漫其修远兮，吾将上下而求索"的探求、体证真理的过程，可以说是身体的"远游"、思想的漫游、心灵的"逍遥游"。"太虚之游"超越了人生，超越了古今，超越了中外，超越了宗教，是思想与心灵的大自由，是大哲智者的梦幻之景，也是范曾先生精心构建的理想之境。"太虚之游"的整个游程由以下四部分构成，即：①自然之旅，②人生之旅，③诗人之旅，④哲人之旅。"第一章太空"与"第二章智者"，构成了"自然之旅"，在"自然之旅"里，庄子与科学家爱因斯坦对话，发问"什么是真理？"爱因斯坦说："我想象着理性的宫殿，你却早造就了悟性的庙砥。我是块坚实的科学础石，你却如彩云般异绮。然而，我的方程可以验证，而你的高论却谈兵在纸。"庄子沉着应答："六合之外，圣人存而不论；六合之内，圣人论而不议。你说到对自然最微末的部分，竭诚尽虑的尾追。然而所有人类慧智的机巧，都飘风发发，

---

① 范曾:《庄子显灵记》，作家出版社，2005 年，第 132、133 页。

可惧可危。"①

第三章"自然·生死"与第四章"艺魔"构成了"人生之旅"，在"人生之旅"里，庄子分别与哲学家海德格尔、现代派画家毕加索对话，发问人生与艺术的价值和意义？庄子批评了海德格尔、毕加索的偏颇之说，对艺术与人生提出了真挚的希望："我希望天地的大美在人间化育，宛如自然本身不假斧斫……艺术家的'无待'之境，正是对宇宙的复归……我把削尽人间繁华后的境界称作'攖宁'，和大自然……宗师融为一体，心头是一片冲融静穆的'天乐'。远离市廛的尘嚣，天地大美和谐而静穆。"②

"第五章诗人"构成"诗人之旅"，在"诗人之旅"里庄子与著名诗人范伯子对话，发问：什么是诗人的天籁，什么是诗人的狷狂？谁是真正的诗人？庄子说："范伯子确与他不同，他的诗出语不凡，真似姑射山上石头的峋嶙。他的狂傲是由于看透人间的恶浊，他的孤独源自不染世俗的嚣尘……范伯子启迪钝顽的诗歌，是展拓着的长河，波光粼粼……范伯子啊，真正的诗人，他的心智是何等的清醇。"③

"第六章哲人"构成"哲人之旅"，在"哲人之旅"里，庄子与西方哲学巨匠柏拉图对话，对宇宙本体进行了深层的发问，"永恒的理念"与"道"在这里进行了切磋与交融。柏拉图说："听您谈老子'可为天下母'的'道'，那'永恒理念'是万物的楷模，正是同站在一块不朽的磐基。"庄子找到知己，他欣然应答："对大美的认知是对道的深刻体验，它是宇宙本体的不朽之诗……大哲柏拉图，您的思绪和我毫无龃龉，您的'摹品'说决非死板的误导，这其中对自然的崇拜至深至巨。我和您一样的孤独，但却在心灵上不期而遇。"④

---

① 范曾：《庄子显灵记》，作家出版社，2005年，第41、42页。

② 同上，第105页。

③ 同上，第121页。

④ 同上，第145页。

三、大丈夫之词：吟咏诗意的存在

海德格尔在《荷尔德林诗的阐释》一书中深刻阐释一个真正的诗人与本民族的本真的亲密关系，他说："诗是历史的孕育基础，因而也不是一种文化现象，更不是一个'文化灵魂'的单纯'表达'……诗乃是一个历史性民族的原语言（Ursprache）……诗意的词语只是对'民族之音'的解释……在这些道说中，一个民族记挂着他与存在者整体的归属关系……由于诗人如此这般独自保持在对他的使命的极度孤立中，他就代表性地因而真正地为民族谋求真理。"① 概括海德格尔这段话，有三点对我们理解和阐释辛稼轩与王国维有所启迪：一，"诗乃是一个历史性民族的原语言"，是对"民族之音"的解释；二，诗人与他的民族有本真的归属关系；三，诗人领受了历史的使命，为他的民族寻求真理。

在范曾先生新近出版的《大丈夫之词》著作中，有两篇论文赫然引起了我们注意，一是《大丈夫之词：论辛稼轩》，另一篇是《鱼藻波寒：王国维和他的审美裁判》。在这两篇文章中，范曾先生向我们展示诗人不同的存在方式，一种是辛稼轩"刚健任侠"式的大丈夫之气，一种是王国维"敏感哀婉"式的文化昆仑眼见文化大厦将倾的悲凉之气，这里敞现的两股浩荡之气，都是中华文化的"原语言"，是对"民族之音"的深刻解释，他们领受了历史与文化的"天命"，为民族及其文化的生存和发展寻求真理。

首先，我们来分析和研究辛稼轩"刚健任侠"式的大丈夫之气。范曾先生深刻揭示道："'大丈夫'一词，于《孟子》一书中有结论性的评述：'富贵不能淫，贫贱不能移，威武不能屈，此之谓大丈夫。'""大丈夫"是中华民族自周秦以还民族脊梁的符号，也是中华民族得以生存和发展的慷慨之气。辛稼轩文武双全，孔武睿智，"他当然有苏秦、徐尚之智，有乐毅、齐明之谋，

---

① 海德格尔：《荷尔德林诗的阐释》，商务印书馆，2000年，第51、53页。

有廉颇、赵奢之威，他身上集中了智略、识见和勇气，凛凛然大丈夫也。"[①] 但是生不逢时，南宋政权偏安一隅，不思进取，百般无奈，把自己报国无门、英雄无用武之地的千古惆怅、万种闲愁，尽情挥洒在纸上，写下了脍炙人口的词作。

"辛稼轩别开天地，横绝古今。论、孟、诗小序、左氏春秋、南华、离骚、史、汉、世说、选学、李杜诗，拉杂运用，弥见笔力之峭。"[②] 辛稼轩在词作里称赞英雄，呼唤英雄，他称赞"坐断江南"的孙权，他称赞"鼎立三国"的刘备，他称赞"金戈铁马，气吞万里如虎"的刘裕，他称赞"烈士暮年，壮心不已"的廉颇。辛稼轩作品里所蕴涵的英雄之气，可以说是动人心旌，夺人魂魄，俯仰吟诵，不能自已。

从范曾先生或文、或史、或艺的梳理和精深的分析中，我们可以体会到辛稼轩是一个极具英雄情结的人，是一个传承中华民族大丈夫之气的豪侠之人。他的作品健康、雄伟、博大，构成了独特的审美风格，成为后世文人雅士争相学习的模本。针对辛词所呈现的美学风格，范曾先生精辟概括道："明辨苏、辛之别，亦不在门户，而在苏旷而辛豪，苏东坡旷宕、疏放、散淡、通达，有高士之气，总评之曰：恢宏而高远，不失之颓；辛稼轩豪放、恣纵、磊落、任侠，有英雄之气，总评之曰：慷慨而恣肆，不失之粗。而辛稼轩深层的悲凉，苏东坡或缺。"[③]

其次，我们来分析和研究王国维"敏感哀婉"式的文化昆仑眼见文化大厦将倾的悲凉之气。王国维先生为什么自杀？这是摆在世人面前不能回避的问题。关于这个问题，众说纷纭，尚无思想史和文化史研究的定论。范曾先生力排众议，从辩证的思维出发，深入分析和考证了王国维当时的身体状况、思想状况、政治状况、审美状况、文化冲突状况等，认为王国维先生的自沉是多种原因、多种思想、文化和身体情结造成的，是中国文化史和思想史

---

① 范曾：《大丈夫之词》，北京大学出版社，2007年，第5页。
② 唐圭璋：《词话丛编·莲子居词话》，中华书局，1986年。
③ 范曾：《大丈夫之词》，北京大学出版社，2007年，第33页。

的重大事件，与他倡导的"境界说"、"赤子说"一样，具有独特的认识和审美价值。我是这样理解范曾先生的阐释的：王国维不到30岁时就写诗肯定屈原投汨罗江以自明心志的勇气，他在诗中说："投阁沉渊争一间，子云何事反离骚。"范曾先生评论道："此诗不啻是20年后自沉的言谶——这首诗隐含着王氏对往昔先贤自裁方式的认同。这几乎是从屈原开始的'投江情结'。"[①] "身体情结"就是："王国维自少年即体弱多病，'为生活故而治他人事'，消耗之精力亦多，不能终日治学，日多不逾四时，少不过二时。"王国维体弱多病，敏感睿智，加上受叔本华、尼采悲剧主义的影响，他的"审美情结"呈现在"孤寂之美"审美观照上，范曾先生深刻指出："看花开花谢，感人生无常，孤独寂寞构成了王国维词的主调，也同样反馈给自己一种人生选择的尺度，而这种尺度的神奇，甚至决定了古往今来大多选择者不能永寿的悲剧。"王国维有很深的"政治情结"：清廷大厦已倾，王国维被任命为"南书房行走"，他感到无力回天，他的政治抱负无法实现。王国维的"文化情结"就是王国维"看到世变的剧烈所导致的纲纪沦丧。希图通过学术之研究，唤醒社会对传统秩序的记忆，希望从中找出万世治安之大计——更使王国维困惑的是，倘使西学之东渐意味着国故的湮灭，则是更大的危机。"[②] 这些"情结"长期在王国维心理郁结徘徊，使王国维寝食难安，再加上中西文化冲突的加剧，中西文化各擅其长，更使王国维难以割舍，带着这些痛苦和矛盾，王国维——这世纪的苦魂走向了颐和园鱼藻轩，结束了自己有尊严的生命。

以上只是对范曾先生最近出版的三本著作进行了浮光掠影的初探，以管窥天，以锥指地，真不知能探测出先生著作中几处真髓？刘梦溪先生说："我称范曾先生是当代大儒，绝不是虚美之词。不知者以为范曾仅仅是画家、书法家，一般的知者或许还知道他善于写诗，文章写得很好。其实比这一切更重要的，在我看来，是他超乎侪辈的学养和学问。他是一位有渊源、有宗主、

---

① 范曾：《大丈夫之词》，北京大学出版社，2007年，第106页。
② 同上，第108页。

有自己独特语言符号的学问家。光是《庄子显灵记》一书，就可以确立他的学术地位……他的学问的根底是史学，他所追寻的是人类精神的故乡。"①刘梦溪先生的话掷地有声，代表了我们研究者共同的心声，我已经深刻地体会到：范曾先生的著作，思想精深丰瞻，语言辞周华美，是一座蕴涵丰富的精神富矿，很值得我们去做细致的研究和深入的探索。

---

① 范曾:《大丈夫之词》，北京大学出版社，2007 年，第 1 页。

跟范曾学做诗钟记

纪　宇

　　跟范曾学做诗钟是在甲申正月初十，我于青岛"三生缘"茶楼再次陪范曾先生喝茶。饮茶兴起时，先生提议做诗钟。我虽耽新诗有年，却孤陋寡闻，不懂诗钟这古人喜爱的文字游戏如何来作。范先生对我说：任取意义绝不相同的两词为"题"，无论天地人物大小古今，循其意作联，联中不得含其字词，要求凑合自然，对仗工整。

　　那为什么又叫诗钟呢，原来这和计时有关。范先生引经据典，清人徐兆丰在《风月余谈录》中说："构思时以寸香系缕上，缀以线，下承盂，火焚缕断，钱落盂响，虽佳卷亦不录，故名若诗钟云。"

　　先生示范，先出题：红楼梦，风流歌。稍加思索，他即写下：

> 一卷荒唐非梦呓，
> 千行跌宕是真言。

　　如此规矩，我似乎懂了。依着葫芦样儿画个瓢，我写道：

> 写尽金陵十二钗，
> 唱出中国四季情。

范先生点头，基本认可。说："有点实了。"我明白了。因旁坐了一位是青州来客，刚才还在说隆兴寺出土的被毁佛像，又因所坐茶楼之名，随口出题：隆兴寺，三生缘。范先生拿过信笺，凝思片刻，便在笺上写道：

四大皆空无实相，

千山拥翠到华堂。

范先生解释说，佛教本无实相，只要把佛祖释迦牟尼记在心中即可。然而有些一般信徒，他们读不懂佛经，不知大般若波罗密多经是什么。为寄托他们心中的尊崇，便塑出一尊尊泥胎，敷以金身，以香火供奉，虚相变生了实相。实际上，佛教诸法空相，认为宇宙本质上的一切都是无始无终、无际无涯的因缘，瞬息万变，总归无常。无论风土水火，都"如梦幻泡影，如露亦如电"，全是虚空，用不着锱铢必争，斤斤计较。而"三生缘"是茶楼，自然由其想到茶山翠园，直到喝茶人所在的华室轩堂。

范先生又出一题：手机，茶壶。这次我先写了，说到底，做诗钟作出的对联，是不是一定要七字句，必须要完全像七言律诗的颈联或颔联，越雷池一步或几步可否？我想，既然诗钟本来就是文字游戏，那么文字游戏多一种玩法行不行？于是，我用白话文的句式写道：

联结你我他喜怒哀乐，

倾尽天地人春夏秋冬。

我请范先生改，先生沿着我的思路吟道：

举世有容传喜怒，

倾杯岂止在春秋。

转瞬之间，他把我的口语变成了古诗的句式，顿觉增添了许多书卷气和格律的韵味。也许这正是新诗和近体诗的差异吧。可我以白话的形式写群众一看就明白的诗钟不可吗？看样子是不行。这时我将茶桌上的瓜子拈来配以香烟，出题：瓜子，香烟。范先生凝思兴来，下笔写道：

> 几瓣云山怀米点，
> 一线篆迹忆秦书。

旋即，又提笔将下联的仄声"线"字改为平声"横"，仍觉不妥，又改为"堂"字。他笑了，又吟诵一遍："几瓣云山怀米点，一堂篆迹忆秦书。"吟罢，击掌说道："此联甚妙，今日之茶没有白喝。"

因为是咏香烟、瓜子，我写成六字句联：

> 无迹吞吐随意，
> 有仁天下归心。

我请先生改，先生不假思索，写道：

> 无迹吐吞豪士意，
> 有仁开阔众生欣。

我这里的"吞吐随意"是写一种众生的姿态，非特指某人。"有仁"是孔子之仁，儒家之仁，与瓜子之"仁"字同而意远。范先生这样改自有他的角度，可谓见仁见智了。

先生说："曾有人千方百计想要在做诗钟时难倒我，出题为'南面'和'猫'，我写道：

> 社稷君王知所向，
> 廪仓硕鼠畏何来。"

我知道"南面称王"之典，想到"官仓硕鼠"之害，不禁为之叫好。先生兴致更浓，又出题曰：手杖，盆景。我想到上联，"耳顺过后添新足"，而下联围绕着如何"剪取春色"、"移得青山"，摆上案头来形容盆景，正苦思不得，先生妙联已成：

　　　　　庄严一柱非为老，

　　　　　葳蕤三秋直到春。

　　写毕掷笔，开怀哈哈大笑。取过身边经常把玩的象牙手杖，在空中一挥，高吟上联道：庄严一柱非为老，我插一言，范公正顽；先生迈步下楼时，续吟下联：葳蕤三秋直到春，我添四字：冬雪何畏！范先生称妙，说这样你便将我的上下联转换了地位。应改为"葳蕤三秋直到春，冬雪何畏；庄严一柱非为老，范公正顽"。两人抚掌，我想我终于打破了诗钟的清规戒律。此时暮色苍茫，白蝶翻飞。春天的脚步轻盈潇洒，无须手杖搀扶，已经成飞雪来到人间。

精神写意

——范曾艺术美学观念别解

杨　岚

范曾是个自觉的艺术家，他的思考携象而行，他的艺术形象是思想的外显，有着明确的艺术美学观念。他与古典文化血脉相通，中国传统艺术文化渗透在其精神气质中，构成其主观世界的主体框架，也主导着其审美情趣、表现方式，他对古典主义情有独钟，尖锐地批评20世纪现代艺术风潮，真诚地呼唤古典美的复归。但范曾古典而不保守，传统而不僵化。范曾典型地代表了尚处在现代转型中的中国艺术精神。他认为21世纪人类艺术一定会走向古典主义的复归。正确的审美又是什么？就是摈弃伪善、谬说、荒诞、矫情、扭曲、故弄玄虚、故作高深，就是回归宇宙本体的和谐、淳朴和童贞。

给一个尚且活跃、个性十足的艺术家来个精神写真，是件十分冒险的事情，多半吃力不讨好，还得随时准备接受他的一票否决，那不是我的本意。然而理论对当下精神现象的考察还是一直在进行，精神产品一旦生成并发表，便脱离了生产者的控制，而成为客观存在，对它的评价、分析、总结、批判，也就成为公共精神空间的自由再生产活动，在精神接受和精神消费的过程中，衍生出无数的新精神产品或变种。一个思想体系的多解是其生命力旺盛的标志，无论是理解、注解、正解、心解、别解，还是分解、曲解、误解、解构，引发关注，在这个注意力格外分散的时代，总是件幸运的事，强过在漠然中自生自灭。

范曾是个杰出的艺术家，而看过他的《诗意的裁判》《老庄心解》等后，我才意识到，他同时也是个不可忽视的思考者。艺术家创造美却很少言说美，美学家穷究美的本质却少有切实的艺术经验，这使美学理论与艺术实践之间总是存在隔膜。美学家令人叹为观止的恢弘体系中一涉及具体实例便难圆融，艺术家一旦用概念表达其思考便易露怯。尤其是视觉艺术领域的佼佼者，多半在语言表达方面不占优势，这使艺术经验的传递大受限制。口手相传、心领神会，毕竟有限，艺术哲学的发展严重滞后，使艺术本身在盲目摸索中艰难前行，于是有了五光十色，也有了光怪陆离，包括范曾所鄙夷的 20 世纪的丑陋流行。

范曾是个自觉的艺术家，他的思考携象而行，他的艺术形象是思想的外显，他画作的重心是为中国文人的精神世界造像，他把史学线索、哲学剖析、诗学底蕴熔铸笔端，在人物画领域达到了前所未有的深度。他家学深厚，涉猎广博，画、书、诗、史皆通，承继传统文化精髓又视野开阔，了解世界文化又不迷信盲从，终成一代国画大家。

多数艺术家信奉走自己的路，让别人去说，而范曾却是一路呐喊开辟出自己的路，有着明确的艺术美学观念。他的艺术美学观念带着艺术激情的温度、艺术创作的体验和艺术技能的基质，非隔靴搔痒的抽象理论能替代，他的诗意的裁判有着哲人的冷冽、史家的深邃、文人的敏锐，非一般评论家的点滴体会能比肩。其艺术美学观念可从多角度去解读，而我只能择取一个容易切入的视角，这就是他对精神的审美及其表现，而他擅长的历史人物画正类似于一种精神写意。

一、心灵的复活

范曾以人物画见长，其画中的人物多为大思想家、大艺术家，而这些人物中又以精神境界高远、际遇跌宕、性情放达者居多。他务求神似心合，这使其人物画体现出罕见的精神深度和震撼力。

如果我们要找人类精神的对应物，人体可以算是最切近的了，人的精神首先在其身体面貌上体现出来，理念的完善体现在人体的完美上，这也许是西方人体雕塑和绘画兴盛的重要原因。而中国的人物画对人体（尤其是裸体）的直接表现较少，且有神全德充则忘形遗骸的传统，认为"论画以形似，见与儿童邻"，更重形态、姿容、神情及衣饰的表现。范曾的人物画得此精髓，同时又有坚实的写实功夫，形神皆备，而精于传神，在研究人物心灵的基础上刻画人物神情，以达神似，笔简意精。理解一个人物，首先要与之进行心灵的沟通，把握思想家复杂深邃的精神世界，体会艺术家深切痛楚的心灵悸动，只有感同身受，作品才能打动人心，而准确的感觉和精确的表现，也会在同样的文化语境中引起共鸣。这就是为什么叶嘉莹在范曾的《屈子行吟图》前激动不已："这就是我心目中的诗人屈原！"这就是为什么杨振宁对范曾画达摩背部"正确的一笔"叹赏不已："如物理学中的精确。"

　　以今人之身而体会古人之心，范曾在文化修养上下了极大的功夫，所以能在精神之旅中博览思想奇景，准确把握人物精神风貌、气质神采，使那些在传说中模糊化，在思想殿堂中抽象化，在历史风尘中概念化的哲人、巨匠在其笔下宛然若生，怅然欲语。在他的画作中，老子安详超逸、庄子落拓不羁、屈原傲立自洁、达摩沉毅澹泊、李白旷达洒落、东坡宏博豪放、八大山人萧索清雅、钟馗神威凛然、弘一悲欣交集，陈省身与杨振宁睿智谦和，中国人精神世界中各个向度的风采，如此真切明晰地呈现出来，一扫帝相图的呆板、仕女图的浮丽、文人画的简远，以及近现代人物的粗放。他吸取了传统人物画的神韵，又借鉴了西方人物画的精致，开辟出一片广阔天地，任这些精神英雄纵横驰骋，尽展英姿。在《庄子显灵记》（作家出版社 2005 年出版）的插图中，还可见到范曾理解中的柏拉图的深邃、爱因斯坦的沉郁、海德格尔的洞彻、以及太始的童颜全智、太朴的高古大美。而我尤其喜欢其中庄子的翩然舞姿（他还有几幅男子舞图也极精妙），还有梦蝶图中身俱石化、神偕蝶飞的情景。范曾的人物画用笔简净，设色素雅，构图和谐，尤其突出表现面部和手，有唯美倾向且个性化风格十分明显，可谓达到了《周易》之变易、简易、不易的三重境界。

在范曾的人物画册中，我们可以欣赏到精神的美，体会永恒的精神美在有限肉身上的折射，领悟到精神光华照彻人体而显现出的人的本质力量。范曾的人物画是他与先哲、大家心灵对话的结果，也使中国悠久文明中形成的抽象的精神世界在我们心目中具象化了。

二、自我精神镜像

范曾的人物画也是他自己的精神镜像，他的许多人物原型与他自己神似，他择取入画对象时，也往往自觉不自觉地选择和自己气质相近相投的人物，并且在表现中不断拉近自己与对象精神上的距离。他以作学问的态度作画，做到了在思想上理解，在情感上沟通，在心灵上契合，在气质上模仿。这样，他的精神世界在他一次次的不断重复的绘画模式中越来越接近他的描绘对象，他的个性也在古典文化的熏染中开始体现出中国士大夫之风和"大丈夫之气"。人画一体，他的画（精神人物画）少有美色、不带血腥、无关功利，却格外的逼真、真诚而易打动人心。

范曾强调，他的家族史可上溯到范仲淹，而且十三代诗风不辍，从中可见其在思想上对儒家精神的推崇。这在一定程度上中和了老庄思想带给他的散漫恣肆、冷冽淡远，而保持了情感的张力和思想的针对性。正是这种对个体精神自由的追求与对现实的高度关注、热情参与，使其始终迸发出作为艺术家的激情、个性和锋芒。作为上世纪30年代末出生，在斗争风云中成长起来的文化人中的一员，虽然其精神发育期也经历了传统断裂、锁国动乱、教育崩解、思想激变等时代狂潮，但范曾的家学和文化信仰使其与多数同时代人在精神上拉开了一定距离。他与古典文化血脉相通，中国传统艺术文化渗透在其精神气质中，构成其主观世界的主体框架，也主导着其审美情趣、表现方式，甚至癖好习气，他的作品体现出正宗的中国气派，不易随西风摇摆。比较而言，现代性的建构、现代生活的历练，以及西方现代文化观念的影响，对他来说不过是外在的因素而已。他承继了中国古典文化的精髓，以致人称"如对古人"，其诗赋书画颇有古韵，人格个性颇具古风，晚年尤甚。他对古典主义情有独钟，尖锐地批评 20 世纪现代艺术风潮，真诚地呼唤古典美的复归。但范曾古典而不保守，传统而不僵化。同龄艺人中如他这般成功的不多，他时时勇立潮头，动辄名利双收；多领域佳绩传播，各界人交游不绝；大江南北雅俗共赏，日欧台海名盛纸贵；既肯埋头努力，又擅宣传造势；聚财纤贵不流俗，任性纵情不逾矩，真是难能可贵。奇的是即使时代风潮汹涌，生活动荡不安，而他的画依然静谧宁和、不染纤尘，让人叹服。

　　范曾著有《老庄心解》，又有客居巴黎时写作的长篇哲理诗剧《庄子显灵记》，老庄玄妙恣肆的思想风格对其影响至深。在他看来，老子是阴柔的进取派，庄子是退隐的自由派。他尤其推崇庄子自由的精神境界，"庄子可以说是中国古典哲学家中最追逐心灵自由的人。——'吾丧我'，这是庄子对精神修炼的最高追求。——只有庄子与天地浑然无偶时，他才能真正领悟天地大美之所在"。[①] 范曾把庄子思想视为艺术王国的精神巅峰，甚至是人类思想史上的极致。对于知识结构和思维方式未脱传统窠臼的国人来说，这个思路司空见惯，而凭借老子的道超越孔子的仁，凭借庄子的坐忘超越儒家的礼义，凭借佛性禅悟超越世俗化的德治教化，凭借寄情山水超越现实烦恼，也正是典型中国士人的精神历程和心路历程。鄙夷艺术的老庄，在范曾心目中却是艺术之神，因为在追求精神的博大和自由这一点上，老庄精神与艺术精神汇合了。因缺乏宗教超越而过分世俗化、现实化、实用化的中国文化体系，没有给精神发展留下足够的上升空间。但老子深邃的历史眼光映照出了现实的相对性，庄子以超绝的想象力进行的逍遥游突破了世俗规范。在逻辑贫弱的文化中，这两个思想巨人的具体思路便成为后人精神超越的翅膀，也成为摆脱现实泥潭，走向理想美学和艺术的精神动力。

　　作为一个艺术家，范曾首先信仰美，从美出发的视角使他的"心解"没

---

① 　范曾著，侯军辑录：《诗意的裁判——范曾艺史谈话录》，天津古籍出版社，2005 年，第 25 页。

能在现代意识的高度上超越老庄思想原始的完满性，而在传统文化情结主导下美化和拔高了老庄思想；他有意无意地滤掉了老子可作"南面之术"的"无为"倒退思想，而只推崇其玄妙；遮蔽了庄子"明哲保身"、"与世浮沉"的精神犬儒色彩，而只推崇其通过放弃而得的消极的"精神自由"，并以虚弱的怀疑论攻击硕果累累的认识论，以古老的相对主义撼动奠定在科学理性基础上的真理体系，虽不无启发，却难有建树。尽管聪明绝顶的范曾以数学家陈省身、物理学家杨振宁等为友，谈玄论道颇有心得，又广泛涉猎诸多学科前沿问题，深思妙想火花频溅，在某些方面与后现代观念貌合，但显灵的庄子（天哪，多本土的比喻）的凭虚御风，还是敌不过长眠的爱因斯坦们一砖一石砌起来的科学的通天塔，尤其是在已经进入现代化的今天。但对于一个艺术家而言，这个精神资源已是相当丰富，因而，范曾典型地代表了尚处在现代转型中的中国艺术精神。

三、精神追求与现实生活的对接

　　范曾的生活有行为艺术的味道，而他的艺术更带有精神探索的印记，他的言行在艺界有相当影响力。他口无遮拦，好评点人物，胸无芥蒂，喜褒贬作品，且一语中的，言辞辛辣，刻薄而准确，生动而俏皮，往往一句成诵，片纸广传，成艺界风标，学人马首。范曾晚年，形象逐渐定格，渐趋儒雅，一袭量身定制的典雅大方的中式丝缎裤褂，手握西式烟斗，须发染霜平添仙风道骨，浓眉电目虎虎有生气，口若悬河吐珠玑，挥手投足隐霸蛮，话无禁忌真性情，灿然一笑现童心，深受年轻学子们的崇拜。他行至雅之事，却又做财富英雄；高朋满座，又特立独行；高金求字画者临之嗫嚅，在公益事业、文化工程中，他却闻风慷慨捐赠；出则在海内外展示中华文化风采，居家则造园养鹤、吟诗作画、穷理悟道，更兼红袖添香、才俊捧墨、雅友酬唱，将中国古代文人的梦想和现代青年的追求熔铸一炉，将生活艺术化做到了极致。

　　梅花香自苦寒来，没有人能随随便便成功。范曾取得的艺术成就是其刻苦努力的结果，"强调古典主义的复归也有一个最便捷、最明确、最基本的'方便法门'，那就是：必须强调有难度的艺术。有难度才有艺术，要克服困难才能使技巧臻于完善"。① 他在临摹研习上所下的功夫常人难及，中国历史博物馆和他指上的厚茧可以作证："我当时所勾画的画面之多，现在学画画的人简直不可想象。——凡是绘画作品里最精美的，我大都非常精细地描绘过。"② 即使成名后，对书画大家的作品临摹也没有停止。这是一种心灵的沟通，使他能与中国艺术史上的丰碑人物成为异代知己，使他画作的线条深得古法精魂，结构气韵也具大家风范，随意自然便见醇和大美。而他对古今中外思想大家如数家珍的分析盘点，也可窥见他博览群书、好学深思的特质和深湛的文史哲素养。（他读康德也是临摹式的，做了厚厚的笔记。）个性张扬的范曾还是"内美而修能"的，他不会去误导年轻人狂追后现代泡沫，制造"皇帝的新衣"，他本人就是一个实例和榜样：文化底蕴和思想深度对艺术家的创作具有何等重要的影响。

"一个艺术家，能从自然大道取之不尽、用之不竭的源泉中汲取灵感，在森严的法度中又不受牢笼拘束，最后回归自然。这个过程是古往今来真正能创造大美真美的艺术大师所必然经历的道路。"③ 狂生范曾懂得敬畏，敬畏自然，敬畏真正的经典，敬畏艺术的真谛，这使他能脚踏实地攀登高峰。艺术家应该谦卑，谦卑到把艺术作为自然的摹本，生活的写照，谦卑到以为艺术家是人类的感官，是理念或理想的传达者，是风俗的书记员，应忠实于真实的感受并真诚地传达这种感受。这样生产出的艺术品，可构成人类精神客观化图景中的一个个精确的小细节、一个个有研究价值的情感标本。范曾似乎还不够谦卑，的确，谦卑是宗教陶冶、科学熏染的结果，而这恰是中国文化中缺乏的因素，无怪乎我们很难真正理解异质文化中的貌似观念。不少中国艺术家有自我中心的毛病，认为主观世界的表达、自我精神境界的提升和自

① 范曾著，侯军辑录：《诗意的裁判——范曾艺史谈话录》，天津古籍出版社，2005 年，第 63 页。
② 同上，第 96 页。
③ 范曾：《老庄心解》，华东师范大学出版社，2005 年，第 54 页。

我精神形象的塑造更重要，艺术不过是抒情言志、怡情养性的工具，因此，抒写胸中逸气而不必追求形似，努力做到心态平和而不必暴露真情，追求超凡脱俗而不必理会时代精神特征，即使有"文以载道"的观念，也或者拘于伦理政治之道而形成对艺术的束缚和驯化，或者偏于天地之道而形成对艺术小技的睥睨和消解，这样，压抑了真情与激情，淡化了真实与真诚，艺术的震撼力也便弱化了。

　　范曾注意到了这一点，并给出了自己的解释，"东西方艺术在 20 世纪最根本性的区别——就是西方特别强调个人和外界的矛盾才能产生艺术，而中国特别强调个人和大自然、与外界的和谐才能产生艺术。——西方的现代派艺术家，他们渐渐认识到自己的个性语言的重要性，这是他们的进步。可是在这同时，他们又走向另一面：我内心狂热，我就在画面上表现狂热；我内心躁动，我也在艺术上表现躁动。而中国艺术家不是这样。中国画家在其内心躁动的时候，他要通过宁静的说服来表达在绘画上，用来慰藉自己的狂热。这又是东西方的一个很大的不同"。[①] 看来，真正"画如其人"的不多，通过艺术作品了解中国人的内心世界恐怕行不通，因为不少人习惯拿出精神的艺术照而不是生活照，更不敢尝试思想的裸体写真。

　　和谐确是美（尤其是优美）的高级境界，但不是唯一的。优美纯净也的确是古典美的核心要素，但也不是唯一的，崇高、悲剧、喜剧等也是重要的美学范畴，而现代美学显然已突破了传统的"美"的观念，不仅欣赏自然、纯净、协调、典雅、明媚的美，也把强悍的美、艰涩的美、复杂的美、抽象的美等纳入美的范畴，现代艺术更把荒诞、滑稽、怪异、新奇、甚至丑作为探索和表现的对象，这是日趋强大的主体精神本质力量的体现。虽然有不少剑走偏锋、流于歧途的现象，但总体上仍呈现出蓬勃的生机，突破了偏安的中和、旧僵化的格局，改变了艺术的旧有风貌和存在形式，使工业文明和信息文明时代的艺术有别于农耕文明时代的艺术，符合现代人的审美需求，不宜全盘否定。

---

① 范曾著，侯军辑录：《诗意的裁判——范曾艺史谈话录》，天津古籍出版社，2005 年，第 52 页。

对古典美的心仪，使范曾对现代艺术和现代美学观念的理解受到一定的限制，"自达达而后波普而后行动画派，艺术成了群魔乱舞的地狱。裸陈、屠戮、血腥、淫乱，万丑济会，不一而足"。① 他认为 21 世纪人类艺术一定会走向古典主义的复归。这个论断倒是符合艺术发展规律，作为一个出色的艺术家，他有这个自信。在审美鉴赏力上，天才可为群众立法："正确的审美又是什么？就是摈弃伪善、谬说、荒诞、矫情、扭曲、故弄玄虚、故作高深，就是回归宇宙本体的和谐、淳朴和童贞。"② 事物的发展遵循着辩证法，呈螺旋上升之势，在更高层面的复归之前，总是颠覆、否定、开拓、重建，这其间也不乏激烈的、动态的，使人痛而后快的混浊碎裂、粗放磅礴的——美。

四、精神美的裁判

范曾勤于思考，他力图超越一般艺术家的视阈，努力由感性上升到理性和悟性，由现象深入到本质和本体，建构自己的一整套新思维框架。"我所思考的一些重要问题，首先就是对地球和人类命运的终极关怀，与之相关的，才是艺术的古典主义的复归；还有就是笔墨在中国绘画上的栋梁作用，它是来自宇宙本体的；此外就是文人画对世界未来艺术的影响等等"。③ 在这个精神坐标系中，他以艺术家特有的果断，给思想家、艺术家一一定位，形成他的精神品评系统。当然，他是站在艺术家的立场来裁判，所持标准只有美，不一定为其他领域所认同，但他自信"美善而不真，未之有也"。

范曾在《庄子显灵记》中，模拟了一场超时空的思想巨人论战，让庄子与太始同行，与柏拉图、爱因斯坦、海德格尔、毕加索等一一过招，还巧遇了范伯子（范曾高祖）为首的一群诗人，结果自然是"闲闲大智"胜了"间间小智"，而后归于太朴的混沌和谐。论辩经太始点评，"庄子啊，你的思绪深

<hr />

① 范曾:《庄子显灵记》，作家出版社，2005 年，第 106 页。
② 范曾著，侯军辑录:《诗意的裁判——范曾艺史谈话录》，天津古籍出版社，2005 年，第 12 页。
③ 同上，第 237 页。

不可测，西方只有柏拉图与你相语。不过他太过执着于逻辑，""爱因斯坦辩析不倦，他的逻辑经受了实证的详考，但他不知道诗意的裁判，才真正接近您说的大道。"而显灵的庄子评价海德格尔："我相信您过分的我执，使您产生东闪和西失。"痛斥毕加索："这才真正是对大造的肆意玷污。"显灵的庄子的理想是"扫尽那一切后现代的渣垢"，"让一切破坏自然大序的文化，扔进天地融化的大炉"，"让真正的大美在人间复苏"。其间还提到屈原："虽然他的诗瑰伟雄奇，但似乎缺少本道根真。"比较了庄、孔，"您是楚文化的代表，自然，是你浩博的怀抱；孔子是鲁文化的代表，克己复礼是他不渝的持操。因为您的智慧与天地浑一，回归古典往往以您为高标。"只有对老子之道，庄子闻而悦之。《庄子显灵记》请了两位名人作序，范曾说，季羡林的序（称认识他有三步曲：画家、国学家、思想家）放在前面的，他要印 200 本送学文科的人，陈省身的序（称其诗气概万千，希望再写一本《老子显灵记》）放在前面的，他要印 200 本送学理科的人，闻者无不大笑。这本书中，范曾评判精神美的标准已清晰显现，可举而不论。客居巴黎而写出此诗，不知为什么让我联想到了梁启超的《欧洲心影录》、辜鸿铭《中国人的精神》、林语堂的《中国人》，回头再找来看看，也许能理出几丝头绪。

在艺术美的评判上，范曾更显得得心应手。他把画家分为九品，正六品为：画家（赏心悦目）、名家（风格独特）、大家（应者云集）、大师（继往开来）、巨匠（不世之才）、魔鬼（只有米开朗基罗和八大山人有点接近）；负三品为：不知美为何物的、与美南辕北辙的、与美不共戴天的。范曾认为后面这些所谓画家（几乎占当今美术界九成）只能"尘秽视听"，该进艺术裁判所，不许谬种流传。[①] 人物画家范曾的艺术美学理论总是这样，不仅见观点，也见性情甚至表情。

范曾格外强调中国艺术"诗书画三位一体"的特征，认为这是西方达不到的境界，并主张以此和西方绘画拉开距离。"在中国，如果你没有东方的

---

① 范曾著，侯军辑录：《诗意的裁判——范曾艺史谈话录》，天津古籍出版社，2005 年，第 94—95 页。

哲学思想，你没有东方的文学修养，你没有东方的书法修养，你就不可能成为真正好的中国画家。"①情理交融，画中有诗，诗中有画，以书法用笔入画，以绘画语言治书，正是中国古典艺术的突出特征，也是范曾艺术的精到处。他认为文学修养对中国画家至关重要，"中国诗与中国画从本质上说，其实就是一回事，是中国艺术传统的两种表现形式而已"。②"中国画的独特风貌，那就是：重境界、重气韵、重风神，与诗不啻孪生姐妹；同时，又重骨力、重笔意、重墨趣，与书法异曲同工——这，也就是我提出中国画要'以诗为魂，以书为骨'的理论依据。"③范曾诗、词、散文俱有成就，他的"画家字"也不可小觑，他的字，用笔体现"屋漏痕"的奥义，线条如古藤逢春，劲健苍润，字字架构大气，通篇生机盎然。他还认为，"东方艺术的极致是书法"。"书法表现的是一种生命的状态、生命的节律，以及世间万物的一切兴衰等等，它是用最简单最迅捷的方法，表现这一切的。全世界没有一种绘画语言能够像书法艺术这样直接、明确而丰富——这一点是我特别强调的，因为这是中国文人画的独得之秘。"④

范曾一向认为："一个真正的艺术家，除了要严厉地批判别人以外，更应该严厉地批判自己。"⑤我手头资料极有限，少见他自我批判之作，而他对中国古今诗画名家的指点评判，却着实针针见血、振聋发聩，令人且看且惊，且惊且笑，且笑且思，且思且叹，我这槛外人看来痛快淋漓，想必行内人定会有冷水浇背之感。这等艺术评论可能不大温良，不无偏颇，却不会于懵懂中误人子弟。我近两年在南开大学开艺术概论课，建议在南开学艺术专业的学生把丹纳的《艺术哲学》、《罗丹艺术论》以及范曾的《诗意的裁判》作为枕下书。

---

① 范曾著，侯军辑录：《诗意的裁判——范曾艺史谈话录》，天津古籍出版社，2005 年，第 105 页。
② 同上，第 156 页。
③ 同上，第 130 页。
④ 同上，第 133 页。
⑤ 同上，第 147 页。

震撼心灵的情思

——读范曾的散文《梵·高的坟茔》

郭久麟

　　近年来散文作品很多，然而，真正优秀的、感人的、令人陶然心醉、拍案叫绝、吟咏再三的，却很少！而范曾的《梵·高的坟茔》，却是那样强烈地打动了我的心扉，震撼了我的心灵，使我不能不一遍、两遍地咀嚼它、吞咽它、消化它，并长久地回味着它、思索着它。

　　这也许是因为范曾本人就是著名美术大师，对艺术有独特的见解，对艺术家的不幸命运和不公正的遭际有更真切的理解和同情，因此这篇文章才写得如此深情而富于深刻哲理吧！

　　作者的纯情自然地流泻于优美而凝练的文字之中，一开始就把我们带入了梵·高生前最后所居住的小镇之中。让我们看到了他居住的六平方米的阴暗而潮湿的小屋。"梵·高的屋中只能放置一张小床和一张破椅，他根本无法在室内作画。于是苍苍穹庐，恢恢大地便是他的画室。"作者让我们看到了梵·高的不能被理解而自杀的悲惨遭遇。作者写梵·高之死，是何等悲壮、凄切："一个伟人的天才，当他无法知道自己的艺术具有无限的生命，会永恒地受人热爱的时候，形骸之暂寓人世，那是毫无意义的。艺术既不能提供面包，那就让需要面包的艺术家速朽，而自裁便是最简捷的方式。梵·高拿起了手枪，走到萨都的草坪，向心窝射了一枪，他在华贵的建筑前对这不平的社会用生命作一次壮烈的抗议。"作者以极为凝练而深刻的笔触，对梵·高的艺术作品及艺术生命作了崇高的赞颂："其人'若天之自高，地之自厚，日月之自明'。他的艺术就是天然本真的生命，世俗形骸消亡之日，正是他的艺术走向永恒之时。"在高度评价梵·高的同时，作家也对那些在梵·高死后还诟辱他是"神经病患者"的人，进行了激烈的批评。作者对梵·高的那幅《没有胡须的梵·高》在克里斯蒂卖出 7150 万美金的事进行了深刻的议论："这一切和寂寞痛苦的梵·高毫不相干，对此，我只想一挥作为一个艺术家的悲怆之泪。"而结尾，作者从梵·高学会会长送给他一把纪念馆的钥匙引出深思："今后这把钥匙将伴我走遍天涯，我或许不会再使用它，然而它将随时打开我心灵的门扉，让和畅的惠风一扫鄙俗的尘垢，从而满怀赤子般的真诚走向人生。"

作者突出地运用了对比衬托手法，使全文获得了强大的透视力和批判力。比如：作家把梵·高居室的小和贫穷与他以"苍苍穹庐，恢恢大地"作画相对比；把梵·高生前最大的愿望"在一家咖啡馆办一次画展"与"今天，所有的雄伟壮丽的画馆，无论奥赛博物馆或大星宫，都以一展梵·高的杰作为荣"对比；作者还把其他画家的奢华与梵·高的清贫对比，进一步展示出：正因为梵·高的清贫，梵·高方能"明于心而淡于欲，清于志而寡于营"，才"远离了传统审美的藩篱，以所向无空阔的气势和才力俯瞰当代、睥睨千秋，从而一扫艺术界的平庸浅薄和乡愿惰性"。作家还把风云际会的今天的明星与梵·高死后多少年成为"新星"对比。作者还把梵·高坟茔的"寒酸而简陋"却有人纪念同其他坟墓豪华却无人祭扫进行鲜明对比，指出"总有些人是不会被人们忘却的"。是的，一切为崇高的艺术事业而呕心沥血、奉献赤诚、作出杰出贡献的人，是永远不会被人们忘却的，是永垂不朽的！

作者的行文完全如行云流水，自然宛转，无拘无束，发于当所发，止于当所止。看似无心而为，实则匠心独运：首尾的照应，启承与转合，叙述描写议论抒情的恰当运用和自然融合，都是那样的随心所欲，流畅自然，毫无斧凿痕迹。真不愧是大师的手笔呀！

（原文刊登于《名作欣赏》2003 年第 3 期）

范曾辞赋的现代品格

王志清

一、范曾辞赋的广义和狭义

辞赋，非诗非文，而又具有诗、文诸特点，是诗文的综合体。从已知的文献来看，辞赋在早期应该是一种类似于说唱的民间文学，在其发展过程中集《诗》、《骚》、战国散文的优点于一身，曾经作为科考项目而成为士人主修主攻的文体。笔者深入考察了范曾所有的艺术创作，发现辞赋对范曾具有深入骨髓的影响，范曾也具有辞赋创作的天赋。故而，在 2009 年的一次范曾家族诗文研讨会上提出了一个观点，也深为到场的范曾先生所欣赏：从辞赋视域看范曾，就是从最本质处看范曾，就是看范曾的最本质。[①]

辞赋的最重要特点，就是铺采摛文，堆金砌玉因物造端，敷弘体理，情志俱发，真力弥满。这恰恰契合范曾个体的生命特质，是他具体的"这一个"的精神镜像之独写，也是他几乎所有文字的主要特征。故而，观范曾的文字，便总让人往辞赋上联系。辞赋这种文体在范曾手中灵活自在，气象富赡。范

---

① 范曾家族自明代诗人范应龙至当代范曾，历经四百五十多年，十三代文脉绵联不绝。"范氏世家诗文"申报世界级"非遗"代表作名录，得到联合国教科文组织的高度关注。联合国教科文组织对外联络专员爱莉斯·布斯姬翁·德让丽斯·迪第埃·麦勒希奥等人来南通考察，2009 年 3 月 15 日召开"范氏世家诗文恳谈会"。笔者在研讨会上发言，受到在座范曾的首肯。

曾的辞赋，大致可以分为两大类，我们把范曾的冠以赋名的那些赋作称之为"狭义赋"，而将其未著赋名而有赋格和赋形的作品，称之为"广义赋"。其一是"狭义赋"。此类文字是在题目上直接冠以"辞赋"，这在范曾的作品中并不多见，充其量也不过七八篇，如《炎黄赋》《莽神州赋》《水泊梁山记》《崂泉铭》等。此类赋虽然不多，然而影响甚大（留待第二部分说）。这也是本文所主要研究的对象。

其二是"广义赋"。范曾的文字多种类型，譬如书画纵论、序跋文字、题画小品、怀人纪事等，人们一般也不把范曾的这些文字当做辞赋来看，但可以作为辞赋来读，无论是"叙"还是"论"，皆能以真性情出之，且控纵裕如，多恣肆纵横，灵动飞扬，极有张力，虽铺陈而绵延，绮丽而古澹，完全是辞赋的气格和面貌。譬如，《沙尘，我奉上永恒的诅咒》《大美之"大"》《岂曰无衣，与子同袍》《南通范氏诗文世家·序》《临八大山人画集自序》《李潘之辨》《童心论》诸篇，作者不以辞赋而自规，意得手随，半文半白，气畅情酣，洋洋乎但写胸中之所感，沛沛然有万汇自肺腑流出。范曾的这类文字，短者二三百字、长者三五万言，或向沙尘"奉上永恒的诅咒"，或畅论"大美之秩序"，或"与相爱的人共赴天涯"，或去"梵高的坟茔"参访，文笔兼有诗情，诗情挟带文字，跳动跌宕、纵横睥睨，神气飞扬中而登高必赋者之形态毕现。笔者在《范曾的"三恋"情结》里说，范曾的创作大凡有一种赋格，活跃着赋的因子，诗如赋写，文如赋写，甚至画也如赋写。[①]

总之，读范曾的几乎所有文章，均让人深感作者左右映带的文化涵摄力，深为其旺沛的气势所震慑。笔者以为，范曾的辞赋主要不在于有其形，而在于得其神，得辞赋铺张扬厉之气势，其艺术精神与辞赋文化血脉相通，主导着他的审美情趣，制约着他的审美发生，成为他艺术上追求仿佛于"赋"的抗壮大气的艺术品格。

---

① 王志清:《范曾的"三恋"情结》,《华夏纪实》,2009 年，第 2 期。

二、范曾辞赋的有感而作与有为而作

当下的传统文化热，促成了辞赋文学的兴起，当下辞赋之作，于形式上可谓应有尽有，凡辞赋史上所出现的各种辞赋体例在当今均有人仿作。然而，范曾则不然，赋为我用，而不是我就范于赋。因此，范曾的辞赋创作，多有为而作。范曾辞赋创作（狭义类的），不排斥有感而发的情性之作，但主要是有为而成的应用性作品。譬如他的《炎黄赋》[①]，是应郑州市政府之邀而为之。河南郑州在黄河之滨修建了人文初祖炎黄二帝坛，并塑造炎黄二帝之像，邀范曾作赋。范曾赋且书成，由郑州黄河风景名胜区请来能工巧匠碑刻《炎黄赋》，该碑刻材质为红砂岩板，高 3.3 米，长 30 米，全篇 485 个字雕刻完成后将全部镶上金箔，作为丁亥年黄帝故里拜祖大典的一个重要组成部分。2007 年 4 月 1 日的落成大典上，2000 名炎黄子孙共同吟诵由中国书画大师范曾创作、著名作曲家李立夫作曲的《炎黄赋》，著名歌唱家杨洪基担任领唱。"丁亥年黄帝故里拜祖大典"系列邮品，范曾的书法长卷《炎黄赋》被用作个性化邮票套装和连体明信片。这种"综合性"的立体"包装"，使范曾的《炎黄赋》的价值远远超出了其赋之本身。而单从《炎黄赋》内容上来看，赋者回溯五千年文明源流，着眼国运，关注民生，寄意深广倾情殷远，兼"有感"与"有用"而为之。

范曾的《水泊梁山记》[②]创作于 2002 年，范曾撰文并题写，在山东梁山风景区落成的大型摩崖石刻高 7 米，宽 14 米，距地面十余米，雄迈清奇，气势宏大，蔚为壮观。范曾的《水泊梁山记》依 368 字之数步其先祖范仲淹《岳阳楼记》原韵，欲与古圣先贤相沟通，意在喻世明人。其文描述了水泊梁山河岳阔峻、草木萧森的雄奇景象，作者临泊怀古，心生慨叹顿有"为天地大德之运行而忧思难忘"之怀抱。于是俯仰今昔而立足当下，思接千古而寄意高远。末段归纳出"以德治天下，正兴国之本钦"之宏旨。此记古今一脉，

---

① 　新华社 2007.4.18 讯，"丁亥年黄帝故里拜祖大典"暨炎黄二帝塑像、《炎黄赋》石刻落成大典。

② 　新华网 2002.4.21：范曾先生撰文并题写的大型摩崖石刻《水泊梁山记》在山东梁山风景区落成。

既前承古代文化之精髓，又有鲜明的时代精神。

《崂泉铭》①是范应邀游崂山即兴而成。他根据每一个泉、潭的方位和形状、特点以及周围的环境关系，为崂山内"九水十八潭"逐一命名，赋予了北九水游览区浑厚的文化底蕴，从而使每一个潭、泉更具有灵气和文化内涵。《崂泉铭》全文，共 499 字，让人领悟到"顺法自然"的哲学理念与山水灵秀结合在一起的文化内涵。如"松风伴涛，千山似碧笋归主；朝霞送晖，万壑推圣泉依宗。或一线玉悬，越涧穿峡；或百丈帘垂，敲崖击石。""崂山之泉，穷碧落而临无地，险岚云腾，幽谷烟笼，泉得神助，山随泉活，普天之下未有如斯奇绝者。"这种辞赋创作的"有为性"，可见范曾的辞赋意识，仍是传统的"润色鸿业"观，深受其家学渊源的深刻影响。范曾的辞赋创作，自觉与当代的社会生活相结合，根植于当代社会之中，反映当代事物，反映地域文化，成为体现现代精神的现代赋。

这种"有为性"，使范曾的辞赋贴近社会，走入大众，因其了无成法，从心所欲，而缩短了辞赋的大众接受距离，也弥补了辞赋对大众文化的隔离和疏远的先天弱势。这种"有为性"，使范曾非常擅长炒作性的宣传，其辞赋多以捐赠、刻石的形式，多将辞赋作品与现代工艺相结合，利用辞赋与传统文化的天然联系，利用书法、绘画、雕刻等理想的辞赋载体，扩大辞赋的传播，这也是其辞赋声名极盛的重要原因。

三、范曾辞赋表情形态的奔进与曲郁

范曾的辞赋，给人的总体感受是"若决江河，沛然莫之能御"，特别擅长铺陈，极尽渲染之能事，包容广泛，浑然一体，热情奔放，气派豪迈，气势磅礴，有孟子雄辩的文风。范曾下笔，如同他的绘画一样，"当其下手风雨快，笔所未到气已吞"（苏东坡形容吴道子语），然而，又不是一味的直抒胸臆，不是火焰喷射的飚悍。

---

① 范曾书法作品精选书《崂泉铭》《水泊梁山记》墨迹（全二册），荣宝斋出版社，2003 年。

梁启超 1922 年在清华讲国史有一篇很著名的文章叫《中国韵文里头所表现的情感》，他把抒情法归为三类：一、奔迸的表情法；二、回荡的表情法；三、含蓄蕴藉的表情法。任公认为前两种是"热的"，后一种是"温的"，前两种是"有光芒的火焰"，后一种是"拿灰盖着的炉炭"。[①]范曾之于赋（包括其他创作），其抒情法的总体是属于"热的"，是奔迸回荡的一种。然而，在遣兴抒怀时，他自幼养成的诗人情怀和史人眼光，则又使他在表现上出以曲郁蕴藉之"温"，形成了范曾辞赋于吞吐激昂中的沉雄深郁。譬如范曾的《炎黄赋》[②]，通篇气势如虹，汪洋肆恣，波澜壮阔而顿挫吞吐，其开篇曰："莽莽天宇，八万里云驰飙作；恢恢地轮，五千年治乱兴亡。邙砀脊脉，逶迤远连昆岗；河洛清波，浩荡奔注海。"赋从混沌初开落笔，广袤深远，先声夺人；进而抒发对远古祖先的追思，对民族精神的赞美，作者排比铺陈，淋漓笔墨，表现了我泱泱中华不断繁衍壮大而终归一统的主旨。而全篇以"大道之行，讲信修睦，故国之兴，端赖和谐"之煞尾，意味深长，令人心旌摇曳而体味再三。

范曾的散文和论文，更是无法之法，突破了一般性论文的规范，但讲究文采、韵节，又有汪洋恣肆的形体特点，兼具诗歌与散文的性质，气势磅礴，思路纵横，情感激荡，情致飘逸洒脱，气息古雅醇厚，整体上的行文气质与赋同。范曾近年来论文力作合集《大丈夫之词》[③]辑录新作凡八篇。八篇文论所述人物多为真君子、大丈夫，与书名之所寄意正相吻合。譬如《大丈夫之词》，刘梦溪认为"从中可以体味到他的独特的语言符号"。[④]什么"语言符号"呢？纵横评述，铺张古今，笔致开张奔突而不失婉转细腻，情感激越腾挪而丰盈醇厚，饱含了范曾对古今自然人事的诗化诠释。此文论辛稼轩开篇即思接古今、横贯时空，间隙穿插辛氏沉郁悲凉又不乏生活情趣之诗词，兼

① 梁启超：《饮冰室文集》卷三十七，中华书局排印本，1936 年，第 208 页。
② 范曾：《范曾诗文选集》，浙江古籍出版社，2008 年，第 407 页。
③ 范曾：《大丈夫之词》，北京大学出版社，2007 年。
④ 刘梦溪：《既见君子，乐且有余——范曾教授受聘中国艺术研究院博导并文研所研究员大会迎辞》，选自《范曾诗文选集》，浙江古籍出版社，2008 年，第 486 页。

且剖析彼时心态处境，宛若稼轩之异代知音。读此文，恍见范曾与稼轩同游之情景，临风寄意，对话先贤。著名作家李存葆读《大丈夫之词》后感叹道："范曾将论文作美文写，滔滔乎言辞，崛崛乎气象，笔致加大江奔涌，读来令人忘倦。"此感觉与笔者同，即范曾将一般散文当作辞赋来写，且写出了辞赋的独有的特点。范曾曾经自我评价说："人们喜爱我的画，是因为其中有着炎黄子孙的傲骨烈魄，每一个龙的传人，都可以从我的画中感受到这种咄咄逼人的气势。"[1] 我们移用此论而观其文，同样充沛着如赋的一种特别不能或缺的"气""势""韵"因素。

《毋忘众芳之所在——论二十世纪美的误区和古典主义的复归》[2] 是范曾一篇解析艺术之美的长文，是他呼喊古典主义"魂兮归来"的论美力作，风格壮美奔放而又婉转多姿。范曾于文中对毕加索痛下贬语，直言痛陈后现代主义的种种罪状，指出区分艺术高下的唯一评判标准是好与坏，而非新与旧。文章意在为扭转毕加索之流给艺术界带来的衰颓之风，显示了他对艺术创造的执著无悔，也正与他追寻"天地之大美"的艺术殉道者精神相通。范曾相当看重艺术作品的"势"，他在论及"势"对散文重要时说："它的沛呼六合的博大气象，使你有了一双超越时空的眼睛，生就一对高翔死水泥淖的翅膀。而散文的'骨'，则在于作者摒弃俗念凡思，远离颠倒梦想。有气势、有风骨还不够，还得有文藻华彩、有排比骈俪。"[3] 这些文字即主要以势取胜，作者感情激越，思想倾向明显，行文格调雄浑壮朗，在充满了激情般的诗的波涛之中，涌动着哲理和政论的磅礴气势。

范曾的诗歌也是赋的路数，墨妙笔精，词旨宏大，气雄力厚。其长篇新诗《庄子显灵记》[4] 长达三千行的长诗，诗文风之人气淋漓、汪洋恣肆，思想之周密精微、博雅丰赡。此诗也正体现了范曾创作"铺采文"的特点，具有

---

① 范曾：《范曾自述》，文化艺术出版社，2004 年，第 13 页。

② 范曾：《范曾诗文选集》，浙江古籍出版社，2008 年，第 1 页。

③ 范曾：《范曾散文三十三篇》，河北教育出版社，2001 年，第 134 页。

④ 范曾：《庄子显灵记》，作家出版社，2005 年。

类似赋的那种神韵和气格。范曾的辞赋，举重若轻，既充盈着楚辞激越飞扬的神韵，又流露出汉赋辞藻富丽的风骨，而且还蕴含了唐宋文风古朴雄浑的气势。因为其思想内涵的深刻和论辩色彩的浓烈，其表情形态奔迸与曲郁并作，所有的笔墨都浸渍了诗人气质，是一种理想人格的体现，都是一种被画家诗化了的文化符号。

四、范曾辞赋的传统与现代

在传统文化中，辞赋相对来说属于"阳春白雪"，其文本相对于其他文学体裁来说解读难度更大一些。我们把辞赋置于整个文化回归的背景之下考察，当代读者缺乏相关语言知识和文化背景知识，辞赋语言与当代语言的脱节，制约了辞赋的创作和阅读。因此，如何用传统的语言形式表现现代社会生活，如何发展当代辞赋的语言形式，这些都是摆在辞赋作家面前迫切需要解决的问题。辞赋的"现代化"对于辞赋的普及意义特别重大。而新起的新赋，以弱化辞赋的古雅醇厚品质为代价，以平俗易懂来赢得读者，被学界称之为"俗赋"，或"现代赋"。

范曾的辞赋，属于亦古亦今的形态，从辞采和形式上看，似乎偏于古典；然而，从意识、题旨、气韵等方面看，则具有强烈的现代气息，是介于广义赋和狭义赋之间的现代品格的新赋。辞赋乃文言文的语体，即便是当代辞赋，也讲究文言的典雅博丽。因为追求文言，对于普通知识分子来说，理解辞赋作品的大意没有什么困难。因此，当下辞赋，具有近于文化而远于文学的特点。其实用性还不十分强，其阅读面还不十分广，而其写作与阅读似乎还只是局限于少部分文化涵养比较高的文化人中。范曾虽一向恪守古文"家法"，偏嗜文言，但在其辞赋创作中，选择了现代文言，甚至还选择了白话，或者在辞赋中夹杂进白话。他一方面，以古文精粹的有机成分注入现代白话文的肌理，正可以为白话增添古雅的意趣，使白话的品位提高，意旨升华；另一方面，他又将白话的灵通贯注进入文言，形成了典雅而不失畅达的行文。譬如他的《莽神州赋》：

> 云浮千秋，江山万古，是一片心头的圣址和净土。有共工来破，有女娲来补，有历代志士仁人荡尘涤垢、驱陈除腐。哺我有天降雨露，饱我有垄亩禾黍，她是生我、养我、爱我、抚我的慈母。导水有大禹的锄，劈山有五丁的斧，论天地有众妙之门的太极图，撑天地有傲骨铮铮的大丈夫。道既存，德不孤，漫道古今风物殊。问北国的严霜皓雪，问江南的绿草平芜，问半壁海日，问晓霞暮雾，问戍卒嫠妇，问睿智顽鲁，问列宗列祖，五千年文明是乐是苦？天无语、地无语，但只见桃花尽日随流水，但只见寒雨连江夜入吴。永恒的逝水如斯，永恒的苍茫沉浮。君不见五千年轮番的寒暑，五千年不尽的荣枯，五千年的玉帛变鼙鼓。找平天下的圣贤，寻治家国的良图，无李白的如弦大道，有屈原的漫漫征途，深祷她国泰民富，深祷她天朗地苏。我们的笔顿之山安，导之泉注。曾几番击节长歌，风卷云舒；曾几番濯浪飞舟，天低吴楚；这是一首浩荡悲怆的歌，是一首恢宏壮丽的赋，一首十亿朵莲花簇拥着、奉献给莽神州的歌赋，一首灵魂深处回旋的神州赋。[1]

这可以视为范曾对辞赋体式改革的尝试，也见出其辞赋的现代性特征。此赋不少地方干脆是新诗的语言表达，譬如开头："云浮千秋，江山万古，是一片心头的圣址和净土"；譬如结尾："这是一首浩荡悲怆的歌，是一首恢宏壮丽的赋，一首十亿朵莲花簇拥着、奉献给莽神州的歌赋，一首灵魂深处回旋的神州赋"。中间的几处如："论天地有众妙之门的太极图，撑天地有傲骨铮铮的大丈夫"，"但只见桃花尽日随流水，但只见寒雨连江夜入吴。永恒的逝水如斯，永恒的苍茫沉浮"等等。此赋以白话为主，平易传达，流畅自然。一般的表达是"但见"，或者"只见"，而范曾用"但只见"，也许是更想达到

---

①　范曾：《范曾诗文选集》，浙江古籍出版社，2008 年，第 405 页。

文白共用之目的吧！《莽神州赋》通篇落实在一个"莽"上，追求气势，创设境界，理御于气而如天象之行，气载于理而如地势之运，理气并作，华朴杂糅，白话与文言的交融互补，各致其极，最大程度地彰显了汉语言的神韵。

范曾辞赋在文体形式上，既继承传统，讲求骈俪四六，工整对仗，使事用典，同时又吸收和改造了楚辞汉赋中的有益因素，句式随意短长，大体对称，也不严格押韵，抒情多采用铺陈排比，收到了纵横恣肆、层层烘染的艺术效果。

刘梦溪评论说："他的学问的根底是史学，他所追寻的是人类精神的故乡。"[①]范曾站在历史的高度而俯仰历史时空，其辞赋关注当下，贴紧时代，追问天地人世，往往借助当代重大的政治或经济事件，而渗透当代政治、经济和文化的要素，发挥辞赋的渲染铺陈功能，其气象雄浑，情感激越，文风骀荡，视域宽博，襟怀浩大。因此，范曾辞赋不仅没有减弱辞赋的艺术感染力，且形成了他特殊的现代风貌。

范曾在《骈赋发微》中历数中国历代古文大家以及古文佳作，对骈文由古至今的来龙去脉予以梳理，然后总结性地说："总觉得凡足以传世者，必有浩荡庄严的意味在，必有凄楚沉痛的情愫在，必有剀切凌厉的判断在，必有美奂绮丽的幻想在。而要达到这山回路转、三致其意的境界，为文者当自有所感怀、有所激扬、有所铺陈、有所赋比，这就渐渐有了赋体散文之风神。而人类思维之左右相背，上穷下达、疏近导远，与夫比比皆是的宇宙对称律，必致骈俪面貌之或隐或现，而中国文字的音律对仗排比，更使这骈俪有了依托。"[②]此论虽从骈赋形式开论，道出了范曾缘何钟情辞赋的深刻原因，而主要表现出范曾对中国古典文化心向往之的回归愿望，这也是范曾何以在不是辞赋体的文字中而饱含辞格赋韵，而其辞赋介于现代与传统之间的原因之揭橥。

---

① 刘梦溪：《既见君子，乐且有余——范曾教授受聘中国艺术研究院博导并文研所研究员大会迎辞》，选自《范曾诗文选集》，浙江古籍出版社，2008 年，第 486 页。

② 范曾：《范曾散文三十三篇》，河北教育出版社，2001 年，第 132 页。

论范曾的文化散文

顾金春

　　散文是 21 世纪除了小说之外最受读者欢迎的题材，其实早在 20 世纪 90 年代起，所谓的文化散文、学者散文、小女人散文、新散文等概念就层出不穷，随笔小品行销全国，甚至有人断言这是个散文的时代。之所以出现这种盛况，主要原因在于散文直接叙事、说理、抒情，为商业化快节奏的现代生活提供了情感的调剂、附庸风雅的资源，无形中成为文学消遣的一种时代体裁。然而表面的繁荣并不能掩盖现代散文面临着前所未有的困境，也正是这种把散文当作文化消费品的理念，使得现代散文感情贫瘠、理性缺失、言说无力、姿态媚俗。以余秋雨、王充闾、周国平、张承志、史铁生、贾平凹、周涛、季羡林、陈平原、范曾等为代表的一大批散文家的作品，都被不约而同地冠以"文化散文"的称谓。这些文化散文的出现，有力地抵制了这种流弊，并以自身深厚的文化底蕴和独特的人生感悟，吸引了大批读者，从而获得了长远的生命力。

　　在这些文化散文作家中，范曾的身份非常特殊，世人最熟悉的莫过于他的画家身份，绘画似乎是他用心最深的事业。范曾出生于有着悠久历史传统的南通范氏诗文世家，幼承庭训，饱受家学诗教的沐浴熏陶；青年时期又考上南开大学历史系，师从郑天挺、雷海宗、吴廷璆诸先生，打下了史学的深厚根基；80年代以来又任南开大学文学院、历史学院教授、博士生导师，兴趣涉及哲学、美学、文艺学诸多领域，可谓海纳百川，无所不通。在绘画书法创作之余，他创作了大量的文化散文，出版了《大丈夫之词》《范曾散文三十三篇》《老庄心解》《范曾论文学》《趋近自然》《范曾海外散文三十三篇》等多部文集。在这些文化散文创作中，范曾的文化散文以深厚的文化底蕴、深刻的思想反思和激越的言说，显示了常人难以企及的高度，在现代散文中独树一帜。正是这种专业上的模糊与学识上的跨越，融入了他的散文，构成了他的文化散文的特殊性和多样性。

一、范曾文化散文的主题意蕴

范曾秉承家学，博闻强记，敏而好学，多思善悟，擅长把诸多学问融会贯通、学以致用。读其文，更能感受他深厚的家学渊源和丰富的学识体悟。范曾著述颇多，但就其文化散文的主题意蕴而言，主要集中于以下三类：

1.终极关怀：现实社会之反思

"先天下之忧而忧，后天下之乐而乐。"作为范仲淹的后裔，范曾继承了范氏世家心忧天下的良好家风，民胞物与的济世情怀，兼济天下的道义担当，常常引用司马迁"常思奋不顾身，以殉国家之急"以自勉。这种思想反映在其散文创作中，主要表现在他的散文贴近现实生活，关注社会种种困境及人类面临的生存危机，在哀叹人类多舛命运的同时，对人类道德的对人类的发展提出了严厉的警示。

《警世钟——写在世纪末》是范曾1999年世纪末写的一篇散文。作者认为20世纪科学技术进步空前，取得了非凡的成绩，然而人类却面临着更多的问题。原因在于在工业和科技进步的基础上，人类的野心也随之日益膨胀，原子弹的出现使人类面临整体灭亡的危险，地球也成为"漏船载酒泛中流"。如何拯救地球？作者对人类的小智慧和重利破坏行为进行了严厉的批判和谴责，认为人类应该尊重宇宙大智慧，遵守宇宙整体和谐的自然规律，调整自身和宇宙的关系。最后作者呼吁"现在是亡羊补牢犹为未晚的时候，我们应该牢牢地把握这最后的机遇！"文章批判了人类的自作聪明，对整个地球和人类生存的前途充满忧虑，体现了一个知识分子的人文关怀。

写于同时期的《沙尘——我奉上永恒的诅咒》也是一篇振聋发聩的作品。开篇作者在历史的长河中进行了回溯，中国西部地区曾经森林遍地、水草丰美，然而人类过度开发破坏了生态环境，导致了沙尘暴的兴起与肆虐。在人类与沙尘对土地的争夺中，人类逐渐败退，曾经富饶的西部地区逐渐让位于荒漠。为什么会沙尘肆虐？作者指出罪魁祸首正是人类自身！由于难填私欲的人类不断加强对自然的掠夺，科技的发展更是助纣为虐，对地球的索取日甚一日，地球已不堪重负。作者一针见血地指出和沙尘暴一样吞噬地球绿色的是利益金钱，对人类的贪欲进行了深刻的批判，呼吁要"限制科学"，珍惜自然，同时又流露出一个睿智之士无力回天的深沉的悲哀。

在这些作品中，范曾对人类的所作所为进行了深刻的反思，对于人类盲目的乐观主义情绪表现了忧虑，认为科学为日益恶化的环境埋下了毁灭性隐患，末日似的征兆也随处显露，于是大声疾呼："人类对自身的认识，在二十世纪末的最后一年之中，是面临着全面、彻底的大检讨时节了。"[1] 这种终极命运的关怀，表现了一个正直睿智的知识分子的呼声。

2. 回归古典：传统精神之呼唤

在绘画创作中范曾一直倡导"回归古典"、"回归自然"的艺术主张，回归古典，呼唤传统精神也是其文化散文的一个重要主题，表现了范曾植根于传统，坚守优秀民族文化传统的不懈追求。

在范曾看来，古典是"经过了岁月考验的、历代硕学俊彦鉴赏的、构成民族文化大厦的伟大智慧"[2]。古典文化宁静幽雅、虔诚质朴，是先民大朴无华的灵魂的显示。我们中华文化曾经璀璨辉煌，然而到了近代传统文化却被

---

① 范曾：《警世钟——写在世纪末》，《十翼童心》，华东师范大学出版社，2008 年，第 30 页。
② 范曾：《文化回归与文艺复兴——答诸生》，《趋近自然》，中国人民大学出版社，2009 年，第 132 页。

割裂了，形成一个文化断层。21世纪的今天随着后工业时代的来临，贪婪吞食了人类质朴的灵魂，整个社会迷失在追逐物欲的激情之下，人们对古典的神圣与崇高失去了应有的敬意，而将毫无艺术美感的所谓现代艺术捧为新时代的偶像，审丑行为横行。回归古典正是对这种社会风气的抵御与反击。

"回归古典就是隔着一个相当的朝代来追述那时候的辉煌。"[①]范曾认为，人类文化的发展必定要经过生发——成熟——经典——批判——否定之否定——回归的轨迹，整个过程是一个螺旋式的上升。本质上来说，回归古典是一种文化的寻根行为，但这种回归并不意味着保守，并不是抱残守缺，而是另一种意义上的创新，是传统基础上的创新。其根本目的是呼吁新时代的文艺复兴。

范曾在一系列的散文中阐释了他回归古典的主张。在《休闲的哲学》一文中，针对现代人类狂躁不安的困境，他认为中国古典哲学中便有医治的良方。比如老子的"复归于婴儿"，婴儿心灵纯净，是人类的导师；"复归于无极"，宇宙的本初单纯洁净；"复归于朴"，大朴无华的存在方式永远是闲逸寂静。"道"与"天理"是不以人类意志为转移的，需要遵从。人类如何休闲，得到内心的平静？范曾认为要做到四个字，"敬——庄敬，和——和睦，清——无垢，寂——静寂。"[②]而这四个字正是从东方传统文化中儒道佛三家提炼出来的。在《国学刍议》一文，作者对"国学"进行了定义，"先秦之学的生发"，认为"国学"与"西学"是东西方伟大文化的源头，国学博大精深，是我们民族传统文化的精华。《文质彬彬，然后君子——在南开大学孔子讲习班上的讲话》中对孔子及儒家的思想进行了赞美，为传统文化的伟大而深感自豪。

在这些散文中，影响最大的是两篇描写历史人物的散文《大丈夫之词——论辛稼轩》和《王国维和他的审美裁判》。在这两篇作品中，作者通

---

① 范曾：《自然与古典》，《回归古典之美——范曾谈中国传统文化艺术》，2009年，第5页。

② 范曾：《休闲的哲学》，《心系人寰》，中国人民大学出版社，2009年，第160页。

过对历史的挖掘和对历史人物的解读，寻求我们民族传统文化的精神，表现了对优秀知识分子人格魅力的景仰和赞颂。

《大丈夫之词——论辛稼轩》以辛弃疾的诗词创作，串联起其一生坎坷不平的遭遇。辛弃疾青年时代通经读史，胸怀大志，驰骋疆场，杀敌报国；中年时期豪情万丈，建言献策，却难以受到重用，怀才不遇，几经沉浮；晚年仍想建功立业，有所作为，然而屡屡受诬，壮志难酬，唯有寄情山水美酒，放浪形骸。作者通过对辛弃疾生平的介绍与作品的解读，概括出这个人物身上闪光的地方——热爱祖国，勇于担当，真正的大丈夫！中华民族历史上有很多这样的大丈夫，是我们民族的脊梁，而这一点正是我们民族生生不息、永远屹立于东方的原因！

《王国维和他的审美裁判》一文对有关王国维的自杀原因进行了深入的剖析。历来对于王国维的自沉有多种看法，最具代表性的就是"死忠"和"死节"。范曾延续了陈寅恪的观点，并进一步进行了引申。他认为王国维的"一切努力都是希图通过学术之研究，唤醒社会对传统秩序的记忆，希望从中找出万世治安之大计"。所殉者正是"独立之精神，自由之思想"。此外性格内敛不欲自伸，宿命导致绝望，也是其自沉的一个不可忽视的原因。在此基础上，范曾对王国维的审美思想进行了系统精辟的论述，梳理出一条线索：由"天才说"而引发出"赤子之心说"；由"境界说"而引发出"唯真是求说"；然后辅之以"格调说"、"非隔说"，再继之以"识见说"，其审美思想表现了对自由思想与中国固有道统无隙融合的追求。最后作者认为王国维的死是清末民初知识分子难得的品行，对其为理想"九死其犹未悔"的精神进行了赞美。

在正面歌颂我们民族传统文化的精神的同时，范曾对后现代主义展开了猛烈地批判。在《后现代主义艺术的没落》一文中，他将"后现代主义"比喻为在欧洲上空游荡的幽灵，敏锐地指出后现代主义对世界和中国产生严重的消极影响。范曾认为，后现代主义最初的目的是对古典主义的颠覆，对传统的叛逆，缔造了一个宽容博大的新秩序。然而，他们一切以自我宣泄为出发点，使得世界陷入集体盲动和混乱之中，乖张、荒诞、淫秽、审丑的行为艺术大行其道，使人们失去了"主敬"的虔诚，社会沉沦堕落。作者进一步剖析了后现代主义艺术兴盛的原因，找到了隐藏于幕后的凶手——资本，后现代主义艺术的悲剧根源在于这批艺术家为资本主义的讹诈所征服，成为为虎作伥的傀儡，被资本玩弄于股掌之上，由此造成了艺术的颓废和堕落，世界观的混乱和畸形。在批判的同时，范曾认为要回归古典，建立民族文化的自信心，建构和谐宁静之境。在"充满劳绩"的物质世界里，如何置身世外，栖居在诗意的世界里？康德认为艺术是超越这种区隔与距离的最好桥梁与纽带，范曾"回归自然，回归古典"的主张目的正在于超越"充满劳绩"的物质世界，"栖居在诗意世界里"，建设一座走向"和谐之境"的桥梁。

3."朴""真"之思：老庄哲学之体悟

有人评价范曾的散文，乃是集诗、史、哲三位为一体，既有史家之识见、哲人之思辨，又有诗人之情感。[①]范曾文化散文中有相当一部分对传统哲学、自然世界和人文环境、宇宙秩序、地球生命、天地大美等命题进行了深入的探讨和思考，具有浓郁的哲学思辨色彩，提出了一些振聋发聩、批判意味较强的理念和观点。

在中国哲学中，范曾最为推崇的是老庄哲学，他自己曾说："在老子面前，我心灵上有一种无法言状的感动。我笔下那霜雪似的皓髯，正昭示着皑皑千山般明净高远的学识；那止水般的宁静，也象征着老子澄潭千尺、清澈幽深的思维。"[②]老子不仅成为他绘画创作中的一种重要题材，同时也成为他散文创作的一项重要内容，从《大哉，老子之道》《和谐，宇宙的大智慧》《道法自然》到《大美不言》《老庄之辩》《庄子的生命体验》《百川归海说庄子》等，阐释了自己对于老庄哲学的理解。

在范曾看来老庄哲学的精髓在于"朴"与"真"，对道与自然的尊崇，对质朴天真的服膺可以说是这类作品的主旨。

---

① 侯军：《关于散文的对话》，《文学自由谈》，2006 年，第 2 期。
② 范曾：《老子皓髯》，《范曾谈艺录》，中国青年出版社，2004 年，第 393 页。

在《和谐，宇宙的大智慧》一文中，他对庄子进行了赞美，"他（庄子）和真正道家的区别在于他是一个彻底的无为论者、一个彻底的齐物论者，他的思维的活跃敏锐使他的思想长上了垂天之翼，而且他的散淡萧疏、不骛名利是骨子里的，而不是口头上的……如果说孔子是阳刚的进取派，老子是阴柔的进取派，那么庄子就是回归自然怀抱的贤哲，一个退隐的自由派，这更使其可亲可爱。"庄子正是圆融完满的东方哲学的代表。

在《道法自然》中范曾认为老子哲学的本质是追求和谐，认识到一切事物都有正反两面，物极必反。老子在治国方针上采取的是"无为而治"的大策略，遵循"不争而善胜，不言而善应"的天道；在个人修养、为人处世方面，强调要有所克制、大智若愚，追求生命的和谐、自身与社会的和谐。在老子看来，"道"的运动便是回归。天下大乱是人类对于本根之性的丢失。所以老子说"反者道之动"。反者返也，回归也。老子以为一切战伐杀戮、一切使人目盲的五色、一切使人耳聋的五音都违拗着天地的大道。于是老子提出了"复归于婴儿"，因为婴儿是无邪的，他们纯净的心灵，是人类的导师；"复归于无极"，那是宇宙本初的单纯和洁净；"复归于朴"，大朴无华的存在方式永远是闲逸和寂静。老子所追逐的天道自然，是为了达到没有污染、充分全面发展完美的人性。这种回归自然纯朴的理想，是针对当时人类的过多伪诈而提出来的，对当下世界仍具有重要的警示意义。

《大美不言》也是范曾论述老庄哲学的代表性散文之一，与西方哲学不同的是，庄子"本我"、"自我"、"超我"是一体的，庄子的弃绝矫伪、返朴归真是彻底回归自然的表现。庄子追求的是天地大美，天地的大美、四时的序列、万物的枯荣都是道——自然地伟力所致，人类的小智慧只不过是"用管窥天，用锥指地"而已，与宇宙大美相比相差甚远，所以人类要对天地保持敬畏与虔诚，不必强自己所不能，一切得失要顺应自然。庄子哲学对中国艺术家产生了巨大的影响，对于艺术家而言，要回归到大自然的空灵玄渺之境，才能真正与天地精神相往还，才能窥见万物之真性情。艺术的本质是与宇宙同体，回归到那宁寂而和谐的太始，忘却机变和智巧，这是中国书画艺术一向以"朴"和"拙"为最高境界的根本的哲学依据。

《童心论》则是范曾近年来的一篇杰作。文章由李贽的《童心说》入笔，围绕着"童心说"这一古老的论题，追根溯源，纵横捭阖，并阐释了自己的理解。作者先对"童心论"的涵义进行了解释。李贽的童心本真说把童心理解为本真之性，孟子有"根本善"之说，老庄眼中的宇宙本根之性便是婴儿、无极和朴，所以道家把"复归于婴儿，复归于无极，复归于朴"作为终极的目的。"童"与天地、宇宙、本初、朴等可谓是同姓而异名。接着，作者对宋明理学家张载、朱熹和王阳明的观点进行了阐述和比较。张载认为人性有本然之性和气质之性。悉心呵护天地本然之性，同时通过学习反省使气质之性向善发生变化，做到天即人，人即天的境界。这种天道合一的性，便是"童心"。朱熹思想中的童心广大精微，体现在他专门谈为人气质、气象的《近思录》中，童心是大人之心，圣人之心。一个人常具敬畏之心，就可以与天地精神相往还；反之，则去大人、圣人之心日远，童心沦失殆尽。而王阳明则更进一步，"夫圣人之心，以天地万物为一体……天下之人心，其始亦非有异于圣人也，特其间于有我之私，隔于物欲之蔽，大者以小，通者以塞"。人类如果讲信修睦，自身净化，那人皆可为圣贤，"皆其昆弟赤子之亲"。在此基础上，作者认为童心是人性中的纯良，是光明的所在，是人类的太阳，人类唯有保持童心，否则将陷入万劫不复的境地。

综上所述，范曾的文化散文题材多样，意蕴深厚，有对人类多舛命运之哀叹，有对自然环境恶化之呼号，有对人文精神丧失的呐喊，有对科技破坏生态的讼诫，有对世人审美误区的揭露，有对建立和谐大美之倡导，有对异类和平相处的期盼，有对回归古典意蕴的建构。这些反映了范曾对于现实社会现象的深刻思考，对于传统精神的向往，同时也表现了对于自然规律和秩序的尊重，对讲信修睦、大同世界的追求。不仅如此，范曾在思索历史、思索人生时往往能透过物象达到一种哲学的感悟和体认，表现出对哲学尤其是中国古典哲学内在价值取向上的趋同性和承传性，由此显示了一个大家思想的博大精深。

二、范曾文化散文的艺术表现

当代文化散文创作一度虽风起潮涌，成绩斐然，但无须讳言，这些作品也并非都是精品，而是瑕瑜互见。细究之，一些作品过于浅薄，感性太盛，流于空洞的抒情；而另一些作品恰恰相反，负载着太多理性的重荷，理性压倒了诗性，理性消解了文学情致与艺术氛围。"文化散文是主体而对历史文化所作的关乎个人心灵的文学化的言说。散文的文体规定性，从某种程度上意味着，在文化散文中作者对历史形态的文化所作的是一种主观化的或者说是'自由化'的历史叙事。"①的确如此，笔者认为文化散文在艺术表现上最重要的就是处理好历史和自我的叙述关系，优秀的文化散文应该是深厚睿智的史识和个人化的诗意言说的完美统一。范曾的文化散文既闪烁着史家的眼光，也有诗人的奇思妙悟与审美智慧，穿透着富有神韵的直觉与想象，更充满了哲学家的理性的逻辑与思辨，具有独特的艺术魅力。

1. 广采博取：史学家之广识

范曾博古通今、学贯中西，几乎每一篇文章都能显示深厚的文化积淀和广博的知识。他的兴趣无处不在，创作内容更是包罗万象，包括哲学、文学、历史、艺术、宗教、绘画、书法、摄影、集邮、舞蹈、文物鉴赏与收藏、环保、民俗、科技、相学、占卜、游记等等。作为一位美术界的书画大师，其有关书画艺术创作、艺术美学、中外艺术史的散文作品，量多质高，笔者不敢置喙，笔者认为一系列论述文学的散文创作，更显示出其非凡的修养，令人赞叹。代表作如《岂曰无衣，与子同袍——谈战争与〈诗经〉》《大丈夫之词——论辛稼轩》《王国维和他的审美裁判》等作品，作者引经据典，触类旁通，知识渊博，对中国古代文学及典故烂熟于心。从诗经到楚辞，从陶渊明到谢灵运，从唐诗到宋词，从辛弃疾到王国维……他借助于散文的创作，

---

① 丁晓原：《文化散文：历史书写中的历史与"自我"》，《甘肃社会科学》，2006 年第 5 期。

展开与历代文豪诗杰的心灵对话。用如椽大笔,纵横捭阖,把心怀澎湃之激情转化为一篇篇佳作。也正是在与古人的对视中他窥探到他们心灵的低吟,在与先贤的对话中他参悟到历史烟云背后的真相。充分展现了一个热爱传统的文人形象。

范曾既是一个完全符合古典传统的标准文人,同时又是极富现代意识和开阔视野的现代学者,这从近年来他创作的文化散文中可以清楚地看出这一点。《美的解释:单纯、混沌和秩序》一文中,作者讨论一个美学的问题,但是他不仅谈到美学、哲学、中国文人画、西方后现代主义艺术,还谈到数学、物理学、天文学。涉及到历史人物也很多,从老庄到亚里士多德,从苏东坡、王国维到康德、叔本华、尼采,从杨振宁、陈省身到牛顿、爱因斯坦,从塞尚、梵·高到毕加索、杜桑。如果没有深厚的学识素养,怎能驾驭如此丰富的材料?《干支与生肖的迷雾》同样为我们打开了一扇知识宝库的大门。天干地支是中国古代纪年的方法,生肖是中国古代用来代表年份和人的出生年的十二种动物,作者追根溯源,寻求干支与生肖产生的时间。作者先从《楚辞·离骚》中有关屈原的生日开始谈起,得出当时已有"寅年寅月寅日"之说。此后东汉王充《论衡》中《物势篇》和《言毒篇》中有生肖的完备记载,但十二地支如何对应了十二种动物则是一个谜团。作者认为天干地支是殷人后期纪年的创制,而十二生肖并非如郭沫若所说来自巴比伦,闻一多的图腾说也缺乏足够的证据,十二地支和岁星十二岁为小周天相应合有关。文中引用了大量古代和现代典籍,除了上面所说的《楚辞·离骚》《论衡》,还有《诗经》《日书》《世本》《史记》《南齐书》《周书》、郭沫若的《释支干》、闻一多的《龙凤》等等,而且谈论的话题涉及历史学、天文学、民俗学、图腾史、数学等多个学科的知识,辨伪求真,让人耳目一新。

2. 至情至性：诗人之气质

范曾曾言："世皆以画家视余，其实于诗癖爱尤深。"[①]他爱好诗歌，尤其擅长旧体诗的创作，著有《十翼诗稿》等诗集，而长诗《庄子显灵记》思想周密精微、博雅丰赡，诗风大气淋漓、汪洋恣肆，代表了其诗歌创作的成就。诗如其人，文如其人，范曾其人，热情洋溢、气宇轩昂，其散文创作亦是如此，作品情感充沛、汪洋肆意，表现了作者的阳刚之气。

诗人至情至性，面对外部世界总是坦诚地表现自己的情感。爱与恨，悲与喜，真实不伪，在他的散文中都得到清晰强烈的表现。于是我们看到：《阿翁吟》《芦荻波影》《我记得，那一缕轻烟》中对亲人的怀念，《和她共赴天涯》中的柔情，《沙尘——我奉上永恒的诅咒》《警世钟——写在世纪末》激越的批判与深沉的悲哀，《回归自然回顾古典》中对中国古典文化的自信与自豪，《后现代主义艺术的没落》对后现代主义艺术的鄙视，这些丰富的情感真切感人，无不跃然纸上。即使在同一篇文章中，他的情感也随着文章的叙述对象而起伏变化。《大丈夫之词——论辛稼轩》开篇回顾历史，辛弃疾生不逢时，南宋高宗时期，岳飞被莫须有的罪名杀害，作者哀叹赵构的懦弱昏庸、对阴险狡诈的秦桧进行了痛斥，"难怪无力的士子们痛哭于新亭，对于破碎的山河和无望的朝廷，他们能做什么呢？"失落痛惜之情溢于言表。辛弃疾的出现，使绝望的死水顿生涟漪，他英勇杀敌，进言献策，《美芹十论》横绝六合，扫空万古。然而宁宗庸碌无能，奸臣当道，辛弃疾忠言逆耳，年轻的生命只能消逝于无聊的等待之中。嘉泰三年的起用虽使他豪情再生，重燃建功立业的雄心壮志，发出烈士暮年的慷慨长啸。然而英雄因才而招致妒忌，屡屡受阻，北伐理想最终破灭，诗人只能寄情于山水美酒，快意人生，结束了充满风涛的生命。全文情感跌宕起伏，作者在对辛弃疾命运惋惜的同时，歌颂了其身上的大丈夫的精神，认为这是我们民族的真正脊梁。全文情感充沛，读完令人感慨万千。

---

① 范曾：《故园卮言》，《范曾自选集》，南开大学出版社，2004年，第226页。

单篇的作品也许并不能说明太多问题，实际上范曾文化散文已形成了比较统一的风格，展示了其独特的至大至刚的精神气质。他曾自言"对我文章气质影响最大者，曰屈原之骚韵，曰司马之沉痛，曰东坡之疏旷，曰稼轩之悲凉。"在他的散文创作中，也的确表现出这种情感的综合，最突出表现在他的赋体散文创作中。

作为散文的一种独特形式，赋体散文的最重要特点就是铺采摛文、堆金砌玉、因物造端、敷弘体理、情志俱发。范曾赋体散文主要有《炎黄赋》《莽神州赋》《水泊梁山记》《崂泉铭》等（也有人认为范曾很多散文可以归为广义上的赋体散文的范畴），这些作品擅长铺陈，极尽渲染之能事，包容广泛，热情奔放，气派豪迈，气势磅礴。譬如代表作《炎黄赋》其开篇曰："茫茫天宇，八万里云驰飙作；恢恢地轮，五千年治乱兴亡。邙砀脊脉，逶迤远连昆岗；河洛清波，浩荡奔注海澨。"文章从混沌初开落笔，广袤深远，先声夺人；进而抒发对远古祖先的追思，对民族精神的赞美，作者排比铺陈，淋漓笔墨，表现了我泱泱中华不断繁衍壮大而终归一统的主旨。最后以"大道之行，讲信修睦，故国之兴，端赖和谐"煞尾，意味深长，令人回味无穷。纵观全文，通篇气势如虹，汪洋肆恣，顿挫吞吐，波澜壮阔。《水泊梁山记》一文，开篇写梁山之景的雄奇浩荡，即是对仗，"逶通梁山，牵确延岱宗脊脉；浩森水泊，波澜接黄河源头。"后两句转至对地灵人杰的赞叹，又十分工整："千秋云走，史乘载铮铮人杰；万里风鹰，水浒传凛凛鬼雄。"而整篇文章在回溯水泊梁山由来时，铺陈用典，言及商封、周室、孔孟，文字流畅，音韵铿然。"所谓文章，其内质不外乎理与气。理御气而行之如天化，气载理而运之如地凝，天地合而成章，文章之所以参造化也。"邵盈午在浣诵范曾的赋体散文后心悦诚服地说："深感其确有两晋六朝的风流绮丽回荡其中，却又不失潇洒古澹的意趣并融合现代文化人的复杂心境，控纵裕如，用笔极伸缩转换之妙。"[①]为范曾赋体散文中的气势深感折服。

---

①　邵盈午：《范曾两篇赋体文欣赏》，《名作欣赏》，2007年第3期。

3. 理性思辨：哲学家之睿智

范曾深得中国古典哲学思想的真谛和精髓，其散文创作流露出浓烈的哲学思辨与感悟。这首先表现在一批直接谈论哲学或哲学家的散文作品中，比如《大哉，老子之道》《和谐，宇宙的大智慧》《道法自然》《大美不言》《老庄之辩》《庄子的生命体验》《百川归海说庄子》等，以现代人的情怀与伟大的先哲展开穿越时空的心灵对话，通过老庄作品的解读展现了老庄思想中的超人智慧和深刻蕴含，直接表达了对以老庄为代表的中国古典哲学思想的向往和迷恋。

更引人注目的是他的另一类散文，范曾从习见习闻的生活现象或历史往事中发掘其内含的意蕴，表现个人独特的感悟，作品往往既有形象的叙述和描写，又不乏理性的光芒和思辨的色彩。比如《沙尘——我奉上永恒的诅咒》《警世钟——写在世纪末》等，都是从社会现象的描写入手，展现了人类对于自然的破坏，人类生存面临的巨大危机。在描写的同时，作者深入挖掘危机的根源，发现掠夺自然的原因在于利益的驱使，在于人类的私欲的作祟，指明了人类只有尊重自然，知白守黑，才能挽救危机，渡过难关，生动表现了一个哲学家的睿智的眼光和清醒的认识。《后现代主义艺术的没落》一文从后现代主义的种种荒诞行为和表现入手，指出他们的洒脱无羁，表面上似乎与东方智慧不谋而合，实际上南辕北辙，风马牛不相及，本质上仍然是拜金主义的产物。后现代主义哲学中的解构是另一个潘多拉的盒子，其主张的不确定性、即时性、即物性、无中心、无主题、主体离散等，将破坏中规中矩的社会法则、艺术规定，导致一切的失序。《大丈夫之词——论辛稼轩》通过对历史人物辛弃疾一生坎坷不平的遭遇，表现了作者对于人生的思考，充满了历史的沧桑感。而《王国维和他的审美裁判》则通过王国维的自沉这一个话题，倾注了自己对生与死、艺术与人生的思考与感悟。

诗人、史学家、哲学家，这些身份在范曾身上得以融合，使得其文跳脱出一般散文，具有独特的审美艺术价值。

结　语

　　范曾学养深厚，其散文创作亦博大精深，主题意蕴深厚，具有极高的艺术审美价值，在当代散文史上独树一帜。他之所以能够取得如斯巨硕的成就，一方面渊远源长的家学使他获得了珍贵的文化基因和艺术乳养，而超越常人的天赋条件也是一个重要原因，另一方面则离不开他的埋头苦读，勤奋上进，笔耕不辍。由于自身能力的局限，笔者只能就范曾文化散文阐述几点粗陋的见解，期望得到同道的批评指正。

范曾诗钟研究

王业强

诗钟，就时间而言，在五千年中国文学史的长河中，代表了一股朝气蓬勃的力量。张西厢先生在《闲话诗钟》中引用近人林熊祥先生之说，欲使诗钟"成为一种较绝句更为锤炼之诗"[①]，并认为"若能独树一帜，使此铁钟而成为原子弹，不可谓非艺术界之一大改进也。"

据现有文献记载，诗钟兴盛于清朝中晚期的结论基本已为人共识。正因为诗钟的年轻，所以"它在中国的社会文化中虽然尚未完全绝迹，但是人们对它已经知之不多"[②]。

"诗钟的名称来自它的限时写作的方法。在钟表尚未普及时，人们在聚作中于在线系一根细线，线端坠一个铜钱，香烧到一定时间线断钱落，下面承接的铜盘发出声响，立即收卷，与古代击钵催诗的方法类似。"[③]

形式上，诗钟以七言为主。格律上，诗钟主要承袭七言律诗的中二联，即颔联与颈联。声律上，全部按照七言律诗中二联的要求进行。主要采用的平仄格式有两种：平平仄仄平平仄，仄仄平平仄仄平；仄仄平平平仄仄，平

---

① 　见张西厢：《闲话诗钟》，张为民国时期之人，其《闲话诗钟》现传绝少，笔者所录为网络电子本。下同，略。

② 　王鹤龄：《风雅的诗钟》，台海出版社，2003 年，前言。

③ 　同上，第 1 页。

平仄仄仄平平。上联必须用仄声韵，下联必须用平声韵。所写内容视钟题而定。所谓钟题，即在创作之前为分咏而捻出的两个毫不相干的词语或按嵌字格要求所要嵌入的两个或几个字。虽是两句，但更要求能够于其中见天地，见精神，见旨趣，若能如此，便可"使此铁钟而成为原子弹"。

范曾先生出身的著名的南通范氏诗文世家，自明末至今，瓜瓞绵延13代，代有大家涌出。于此可知范曾先生的文学修养和国学基础并非一般。崔自默曾在《与范曾先生练对联》一文中提到了诗钟就是练习对联的一种有效途径，并认为，范曾先生不愧国中高手，略一沉吟，妙句迭出。

《南通范氏诗文世家》壹拾肆册范曾卷，收录了范曾先生从1984至2002年期间所作的诗钟共55条[1]。另外，笔者在网上搜集到了朱彦民和刘波整理的与范曾先生所作的部分诗钟。[2]

王鹤龄先生在《风雅的诗钟》中对诗钟作品进行了归纳，凡五种：抒怀言情、感时议政、怀古咏人、登临游眺、巧慧诙谐。[3]前四类，也是七言律诗创作中常见的表现主题，这也足以见出诗钟与七律创作之间的密切联系。范曾先生诗钟作品的主题常常集中在抒怀言情、怀古咏人以及巧慧诙谐这三个方面。兹录范曾先生所作诗钟作品如下：

一、抒怀言情

（晨钟·青蛙）	分咏	轻敲响透三千界；漫唱音迴半亩塘
（古钟·青蛙）	分咏	梵声绕刹千山静；噪唱喧塘几处春
（花·牛）	分咏	曾和美女争春色；总共农夫度岁时
（贵·官）	七唱	烈士心雄轻大贵；高人意淡笑封官
（炭·草）	分咏	大爨藏温遗众庶；荒城接翠慰王孙

① 范曾：《南通范氏诗文世家》第14册·范曾卷，河北教育出版社，2004年，第123–127页。下同，略。

② 本文所录诗钟部分出自于此。

③ 王鹤龄：《风雅的诗钟》，第9–42页。

（印章·达摩）	分咏	厌思斋外求书者；忍见门前断臂人
（白描·鹤）	分咏	能教画境同缣素；便引诗情到碧霄
（南方·猫）	分咏	社稷君王知所向；廪仓硕鼠畏从来
（中·银）	五言一唱	中天悬皓月；银汉坠寒星
（康·宁）	魁斗格	康家五凤高梧起；故国千山碧水宁

二、怀古咏人

（剑·玉）	分咏	卧薪尝胆怀勾践；击柱雄谈忆相如
（舟·范伯子）	分咏	轻帆泛海谁无惧；硬语盘空我最能
（吴三桂·袁崇焕）	分咏	关山不敌胭脂泪；伪怅能凌烈士身
（庄子·菊花）	分咏	老去自欣归蝶梦；秋来恰衬和陶诗
（菊花·庄子）	分咏	东篱把酒谁为伴；北海抟风子即鹏
（郭沫若·沈从文）	分咏	幸未风云伤大节；应从烽火望微瑕
（郭沫若·沈从文）	分咏	大匠千秋驰雅颂；文心一瓣落渔樵
（郭沫若·沈从文）	分咏	群科巨匠开风尚；一隅边城有美文
（八大山人·虎）	分咏	展图忍见王孙泪；长啸能催草莽寒
（葡萄·老子）	分咏	沙场醉卧征夫恨；函谷从留大圣言
（释迦·茶壶）	分咏	走环城悟生老病死；浸一叶消苦恨烦忧
（黄山·老子）	分咏	载云归去何谈岳；叩道斯来便识无

其实，以上可以分而合之。不管是抒怀言情，还是怀古咏人，都是借人借事而明一己之志的。要在限定的时间内发情言志，除非不能，否则将是最可以触及和体现本质性情的。从范围上讲，以上两类诗钟作品包含的范曾先生的情怀盖不出儒释道三家。从古至今甚而将来，儒释道在中国文化史上的作用已经不容置疑。而这样的影响对历代文人和知识分子尤甚。黄乃江先生在《台湾诗钟研究》中提到过这种三位一体的中国传统文人思想体系对知识

分子的影响主要"表现在他们的人生态度与处世哲学上，往往出世与入世、积极与消极、达济与归隐、进与退、攻与守等的和谐统一与适时转换，只不过在不同人身上三种思想的主导成分有所不同，不同人在不同时期三种思想的主导成分有所不同，不同的人三种思想主导成分的转换时期有所不同而已"①。

而今，范曾先生可为其中杰出的代表。范曾先生出身诗文世家，自幼便于浓厚的中国文化的传统气息中耳濡目染，饱读诗书，识尽沧桑，使其文人襟怀渐臻轮囷，也于儒释道三家思想体会愈加深刻。

在《老庄心解》中，范曾先生对儒释道三家思想的理解作了一段鞭辟入里的阐释，洵为的论。他指出，哲学的思维、社会理想、社会功利目的在这三家思想中驳杂共陈，各有侧重。儒家思想中虽有部分哲学思维，但社会理想和功利目的是主要的。佛家和道家思想中的哲学之纯粹令范曾先生耽爱其中。他认为，佛家是迄今为止世界所有宗教信仰中的无神论者（至少中国化了的禅宗是如此），它的全部哲学思维在东方是最圆融而完满的，它对宇宙的解释，对天地万物的消长变化有着天衣无缝的阐释。他对庄子的偏爱尤甚：庄子思维的活跃敏锐，庄子的散淡萧疏、不骛名利，庄子那退隐的自由与回归自然的怀抱，更让范曾先生觉其可爱。②

其解如此，其思如此，其文字如此。观其诗钟，便可窥见一斑。从钟题上看，其拈出的题目确是毫不相干的。从钟意上看，欲能从钟题中标立独特之意，确是不易。张西厢先生在《闲话诗钟》中言及钟意之时说："诗钟固重对仗，犹重立意，无意义之诗钟，谓之'哑钟'，敲之不响，唱之无味。"又说，"诗钟之声调，须和谐而响亮，始足发人深省，因之平仄不可失调"。范曾先生的诗钟也体现了意重和调亮的上品特色。试举几例如下：

A（南方·猫）　　　　分咏　　社稷君王知所向；廪仓硕鼠畏从来

B（八大山人·虎）　　分咏　　展图忍见王孙泪；长啸能催草莽寒

① 黄乃江：《台湾诗钟研究》，复旦大学出版社，2009年，第176页。
② 范曾：《老庄心解》，华东师范大学出版社，2005年，第16—17页。

C（吴三桂·袁崇焕）	分咏	关山不敌胭脂泪；伪怯能凌烈士身
D（庄子·菊花）	分咏	老去自欣归蝶梦；秋来恰衬和陶诗
E（菊花·庄子）	分咏	东篱把酒谁为伴；北海抟风子即鹏
F（古钟·青蛙）	分咏	梵声绕刹千山静；噪唱喧塘几处春

A 例中的"南方"与"猫"，让人初见，确有风牛马不相及的感觉，非吾侪之力所能及也。范曾先生此钟敲得高亢无比。首先，气势夺人。范曾先生极得诗词椽笔之奥秘，高屋建瓴，虽用大字眼而无空泛之感，"社稷"、"君王"、"廪仓"、"硕鼠"，各得其位，一气呵成。其次，以理服人。读罢此联，一股浓郁的历史责任感迎面袭来，这是历代忠贞之士的代言，更是回眸千载亘古不变的论断，自然别有一番寄寓。联中"仓廪"位置的变化，便是作者为了追求诗钟声调的高亮而作的调整。如此读来，始知不愧为佳制。

B 例中的"八大山人"和"虎"，初见似可联想，但先生却能将其结合得天衣无缝。上联自是对明末皇室遗族、著名的八大山人的七字简评，从中可见八大山人的特殊身份；下联写虎，"长啸能催草莽寒"，当是一语双关，以虎喻人，很是妥帖。先生一直视八大山人为异代知己，可见此言不虚。

C 例，以两位历史人物为钟题，自然便有"前事不忘，后事之师"的意思了。D、E 两例，钟题全是庄子、菊花，亦可见先生对于庄子的喜爱之情，一如钟意。F 例，则是先生大美之境的形象诠释，只可意会不可言传。

自诗钟兴起之时，便有闽派与粤派之争。张西厢在《闲话诗钟》中说，"闽派重空灵尚意义，粤派重典实尚对仗"，"能化粤派之典实，而兼闽派之空灵，斯为上乘"。范曾先生诗钟空灵、典实俱重，故多上乘之作。

三、巧慧诙谐

| （奇点·蟋蟀） | 分咏 | 微虫识字；大有如无 |
| （风筝·火柴盒） | 分咏 | 青云借力；微焰凭磨 |

（手机·红楼梦）	分咏	园中粉黛；掌上乾坤
（天津包子·和平鸽）	分咏	津沽美彼；寰宇思君
（沈约·赵飞燕）	分咏	能飞一掌；从谱四声
（草原·砚台）	分咏	苍天作帐；滴水成文
（古镜·屈原）	分咏	何能流美；有事问天
（文天祥·大校）	分咏	正气千秋成圣哲；当行一步即将军
（非洲·谢灵运）	分咏	皮肤尽黑；智慧同玄

先生此类诗钟，诙谐之趣与智慧之力相映成趣，可以之擅场。笔者认为，这主要缘于老庄思想对范曾先生的影响。这里的影响主要是说此类诗钟透露出了老庄思想中的"玄"的特色，而这种特色非有足够智慧是无以达到的。另外，范曾先生多用四言形式，更能体现出诗钟较于诗词创作的小而精的优势。巧慧之中，寻味无穷。

另外，对于诗钟，我们不能只局限于七言范围之内。《程氏汉语文学通史》中指出"诗钟一般采用七言的形式"[①]，这便暗示了诗钟在形式上的不拘一格。黄乃江先生的《台湾诗钟研究》在王鹤龄先生的《风雅的诗钟》的基础上总结认为，将诗钟局限在七言范围之内是一种偏狭的认识，并以黄中编辑的《雪鸿初集》为例指出，"诗钟脱胎于中国传统的律诗绝句，与古典诗歌分类体系一样，诗钟根据单句字数，有五言、六言、七言和骈体之分"[②]，却并未提及诗钟的四言形式。然就现代的创作情况而言，诗钟的四言形式并未绝迹，也会偶尔出现。可知，诗钟的创作呈现出以七言为主，而又间杂其他形式的格局。

于上所举之例，我们发现，范曾先生作诗钟惯用分咏之格。揣测个中缘由，概有两点：

第一，从形式上看，分咏较其他的钟格要相对自由，能够减少形式对创

---

① 程千帆，程章灿：《程氏汉语文学通史》，河北教育出版社，2000 年，第 470 页。

② 黄乃江：《台湾诗钟研究》，第 243 页。

作的限制。嵌字格要求钟题位置的固定性，这自然不利于创作的自由发挥；分咏格没有这样的限制，只是要求不能与钟题相犯。过去文人为了增加难度，创设了多种钟格，也是为了增加娱乐性而已。这也因人而异，习惯所致。第二，老庄的散淡自由对范曾先生的影响，大概也是其中原因。这种影响对范曾先生的绘画、诗文创作以至生活习惯的作用是不可忽略的。

综上，范曾先生的诗钟创作，以其深厚的国学修养和渊博的学识为基础，灵活结合现实体验，自由抒发情感，且多有佳制。范曾先生于当今书画界、国学界享有盛誉，已经成为了复兴和发扬中华文化的大纛之一。范曾先生已将诗钟创作视为授课的重要组成部分，以此锻炼学生的作对、纵横联想与檃栝事物之功夫，成效显著。诗钟因"形式精炼而又错综多变，极具语言之张力与空间之对位美感。复出之以不伦不类之题，运之以能雅能俗之笔，妙趣横生，令人捧腹"[①]。虽然从清中晚期开始，兴盛百年之久，但诗钟现在的发展形势却是今非昔比，渐趋式微。王鹤龄先生引用周作人之语说："我们自己可以不会作诗钟之类，但是不能无视他们的存在和势力。"[②] 这足以说明诗钟的独一无二的优势所在和其存在的必要性，更是对我们的警醒——要保护和发展好这一奇特的文学创作形式。范曾先生力倡诗钟，在很大程度上也因其特殊的身份而起到了开风气之先的示范作用，这自然对于诗钟的保护和发展是一件功德无量的事情。

---

① 王鹤龄：《风雅的诗钟》，周笃文教授序言。

② 同上，第274页。

在南通范氏诗文世家绵延十三代、爝火不息的诗文赓续中，范文正公"先忧后乐"的济世情怀无疑是其中一以贯之的法乳根脉。在范氏家族的文化传承中，民胞物与的济世情怀正是其中最根本、最重要的体现。无论是范文正公"先天下之忧而忧，后天下之乐而乐"那样浩气长存的济世宏愿，伯子先生胼手胝足、汲汲于乡邦教育而不慕荣利的景行，还是范曾先生再三为灾区百姓慷慨解囊的壮举，均是这种大慈悲情怀的体现。

范先生的艺术王国，拥有浩渺的审美空间，妙参大化的灵性之光，以及对宇宙万象的包容、接纳。范先生就是要通过他的艺术让人们重新持有对宇宙永恒精神的终极关怀，使人类对自身所承领的责任、道义乃至生命的最终意义进行"直指本心"的再次思考。

天与人

——儒学走向世界的前瞻

杜维明　范　曾

编者按：2009 年 12 月，北京卫视《中华文明大讲堂》特邀杜维明和范曾两位先生在北京大学百年大讲堂开展了《天与人——儒学走向世界的前瞻》的国学对话。节目录制现场规模盛大，嘉宾阵容豪华，不仅北大、人大、南开、南通四大名校的校长亲临现场，还吸引了楼宇烈、万俊人、陈来、夏学銮、卢风、杨辛等数十位中国著名人文学者。两位先生的儒学对话，内容丰富，内涵深厚，深入浅出，既有意味深远的文化启示，也有切近生活的人文关怀。对话在 2010 年 2 月 8 日至 2 月 12 日北京卫视播出以后，好评如流，引起较大的社会反响，《北京大学学报》、《光明日报》和《学习时报》等媒体都刊发了对话的片段。为了让更多的人享受到这道文化大餐，范曾艺术馆根据现场录音整理出文字稿，今全文刊出，以飨读者。

一

主持人：各位来宾，观众朋友们，这里是《中华文明大讲堂》。今天我们移师人文气息浓厚的北京大学，在百周年纪念讲堂里录制我们这一期特别节目。其实对于我们中国人来说，儒家文化并不陌生，甚至已经深入到我们的日常生活当中，也成为很多人为人处世的准则。今天呢，我们非常荣幸地请到了两位海内外知名的学者，一位是北京大学同时也是哈佛大学的教授杜维明先生，还有一位是著名的国画家、书法家、诗人范曾先生。今天两位将给我们带来主题为"天与人"的精彩对话。我们也同样荣幸地请到了北京大学的校长周其凤先生，还有清华大学和北京大学多位知名的专家学者，他们会共同参与这场对话。同时，现场还有北京大学的同学们，同学们也会有机会在这里和我们的嘉宾进行交流。现在，再一次用热烈的掌声请上杜维明先生和范曾先生。我们邀请北京大学的周其凤校长致辞。

周其凤：尊敬的杜先生、范先生，老师们、同学们、朋友们，今天我们非常高兴地邀请到杜维明先生和范曾先生两位知名学者，为我们带来一场深刻而又别开生面的思想对话。我代表北京大学，向两位先生表示诚挚的敬意和衷心的感谢！同时也感谢北京电视台对这次对话的关注与支持，感谢各位专家、朋友和老师们、同学们的积极参与！

杜维明先生是当代研究和传播儒家文化的重要思想家，自1981年起杜维明先生一直在哈佛大学东亚系担任历史及哲学教授，其间获选美国人文社会科学院院士，还曾担任哈佛燕京学社社长。长期以来杜维明先生致力于儒学第三期发展，诠释中国文化，反思现代精神，倡导文明对话，在海内外享有很高的学术声誉。最近，杜维明先生已正式受聘为北京大学高等人文研究院院长。

范曾先生是当代中国著名国画家、书法家、文学家，目前他是南开大学终身教授、中国艺术研究院研究员、联合国教科文组织多元文化特别顾问。

范曾先生凭借深厚的国学基础和对中国文化的独特理解，在当代中国画坛独树一帜，具有重要地位和影响。同时，他在书法、诗词、文史哲等领域也取得了许多成就。

杜维明先生和范曾先生将在北京大学进行几次持续、深入、公开的思想对话，并通过北京电视台向社会转播，这将是一次极为有意义的学术文化盛举。今天对话的主题是"天与人——儒学走向世界的前瞻"。这是一个非常有意义的话题，我们热忱地期待两位先生就这一话题进行深入的探讨，进一步启迪和拓展我们的思想。再次向两位先生致以诚挚敬意和衷心感谢！

主持人：我觉得今天这个场合可能用几个词可以形容，就是"良辰""美景""赏心""乐事"，还有"贤主人"和"贵宾客"。接下来我们就把时间交给两位先生。

范曾：本来是应该杜先生讲，杜先生特别客气。我看到杜先生最近在《中国社会科学报》发了一篇文章，指出我们已走向了一个"心学"的时代。这篇文章我看了以后非常感动，既有知己之感，同时对我也有所启发，有茅塞顿开之感。因为他所讲到的一切，都是我非常赞同而且愿意和杜先生交谈的。今天这个标题"天与人"，北大印了一个请帖，上面写了个"天与地"。我说天与地只谈了一半啊，天地就是天啊；他说这个是印错了。如果谈天与地的话应该是另一个问题，这可能要谈生态平衡等等。

今天谈话的主题"天与人"，主要谈人类的心灵问题。这个"天"啊，我想是否可以讲就是宇宙。什么是宇宙？"宇宙"这个词，最早可能出现在庄子的《齐物论》、《让王》、《列御寇》，这些文章里提到"宁宙"。这个"宇"是什么呢？是横无际涯的、大不可方的空间；"宙"是什么呢？是无尽无休、永无尽期的时间。东方和西方的哲人们、诗人们对着苍天都会提出问题："这到底怎么回事？""他是一个先知者吗？""他是一个全能者吗？""我有困惑问他可以吗？"连苏东坡还得问问他："明月几时有？把酒问青天。"李太白比苏东坡谈得透一点："夫天地者，万物之逆旅；光阴者，百代之过客。而浮生若梦，为欢几何？古人秉烛夜游，良有以也。"天地，原来是人们的一个旅馆，我们谁非这个旅馆里万类中的一类？光阴是一度性的，转瞬即逝，生命应该及时行乐。这是李白的想法，这是诗人的判断，哲学家的判断可不是这样。

宇宙万有，日月随旋，银河迢遥，星辰转动，有没有"理"啊，它有没有理念在里面？柏拉图提出来了，用人类不朽的生命对永恒理念的回忆，需要方法：逻辑。他自己没有完成，可他的弟子亚里士多德完成了。亚里士多德完成了形而上学，同时研究物理学，他不太同意他老师之言论。"吾爱吾师，吾更爱真理"，是亚里士多德的名言。老实说，在杜维明先生面前谈西方哲学，叫班门弄斧，一点不错。我仅仅是看了邓晓芒先生翻译的康德的《实践理性批判》、《纯粹理性批判》和《判断力批判》。这三批判书比较难看，实在是不容易看完的书。可是我知道这方面的欠缺，整整看了一年半，花掉八百个钟头。我每天早上五点钟起来，画画倒成了我的业余。每天看两个钟头的做法从哪来的呢？我想今天清华大学国学院院长也来了。这个习惯来自王国维，他说每天必须保证两个钟头看书，这是绝不能动摇的。我最早看康德的翻译是看王国维的，尼采的书也是王国维最早翻译的。当然，王国维的文采非常好。我想他用文言翻译的确切性，比不上北大的贺麟教授和我的姑父王玖兴翻译《小逻辑》，或者像邓晓芒翻译康德的三批判书。可是他有诗人的判断，文采非常之好。

从柏拉图到康德两千多年，这个时间和空间的问题，康德还在研究。可是，康德是个非常了不起的哲学巨人，他对时间和空间的分析，得做一个辩论，甲方和乙方都是康德。这个书在页中分开，甲方如此说，乙方如彼说，都是哲学上的充足理由律。两方辩论，一方说时间有开始，一方说时间没有开始；一方说宇宙有边缘，一方说宇宙没有边缘。最后康德未就这个问题做出一个确切的判断，因为当时还没有宇宙大爆炸的学说。可是在康德的思想里，凡是推演的都可以称为一种理性；凡是经验的都可以称为一种知性，这是他讲得非常确切的。那么对于"天"的本质，他在对莱布尼茨的批评里提到。当然莱布尼茨和他不生活在同一时代，莱布尼茨是17世纪德国一个最伟大的数学家，他和英国的牛顿差不多同时发现微积分。莱布尼茨说，一定有"绝对必然"，"绝对必然"就是一个绝对的存在者，他必然地生活在一个地方，是一个最高的存在者，这无疑就是上帝。康德是不赞成上帝的，他在这个时候提出了一个合目的性。他认为合目的性是讲，如果理性给人们以恩惠，给人们以好处的话，就是我们根据理性，可以寻找到一个能够统摄万物的目的性。这个目的性可以发挥一种调节性的作用，调节性地使用它，而不可以概念偷换，结构性地使用它。他讲得非常好，他不是像莱布尼茨讲得那么肯定，存在"绝对必然"。我想康德坚持的没有"绝对必然"，还将持续下去。康德以为寻找"一切物的最后承担者……对人类理性来说是一个真正的深渊"。

对天的理解，我想中国古哲有中国古哲的理解。刚才讲的诗人判断都无足轻重，因为诗人不能代替我们思想。那么老子讲天，"有物混成，先天地生，寂兮寥兮，独立不改，周行而不殆，可以为天地母。吾不知其名，强字之曰道，强为之名曰大。"这个"道"和"大"，就是天的字和名。"大"是他的名，"道"是他的字，他认为还不是非常确切的名称，是勉强地能给他这样一个称呼。老子不是直观的判断，而是感悟的判断；不是逻辑推演的，而是感悟归纳的。而且他不太赞成直观，因为老子讲过："其出弥远，其知弥少。"你见的多了，可是你知道的越来越少。这是老子对天的一个混沌的解释。"混沌"这两个字，大家不要以为是贬词。"混沌"者，大而化之者。我的先外祖父缪篆先生，当时在厦门大学，在林语堂的文学院。他著了一本书，是《老子古微》。他说"大"中间的一横呢，是个天；加一个负阴抱阳的人呢，这就是"大"。"天"和"人"结合，乃是根本的"道"。我的外祖父很有名，他是章太炎的学生。他的言说很有意思，因为这个"一"在中国古文可以讲是个天，与负阴抱阳的人结合起来是个"大"，这就是老子哲学上的"强为之名曰大"，勉强地告诉人们，对宇宙本体可名之曰"大"。

我想中国的哲学从老子到王阳明大概两千年，两千年中，王阳明在中国的儒学思想中是个了不起的巨星，是个划时代的、里程碑式的人物。我记得雷海宗先生在他的一个集子《伯伦文集》里提到，他说王阳明是五百年来中国最伟大的思想家。我想可以和王阳明比权量力的西方哲学家不是黑格尔，不是杜林，而是康德。我留心阅读杜先生的文章，杜先生在《走向心学时代》这篇文章中提到，从19世纪到20世纪，人类对康德的思想没有很好的发展，或者说出了问题，大概意思是这样。我想，杜维明先生会对这个问题给我们很多的启发。

杜维明：范先生讲得非常全面，涵盖西方的哲学、中国的哲学。对"天"的理解很深入，特别是对康德的哲学花了那么大的功夫，每天两个小时，坚持了一年半，这个太不容易了。我只能够从我自身的理解，提出一些看法。范先生讲的西方哲学多一点，我则从中国哲学，特别是儒家哲学提一些比较粗浅的意见。

关于"天"的问题，季羡林先生就提到是自然的问题，就是自然的大化。我可以接受这样一个看法，不过我觉得，也许除了自然以外，"天"还有更深的含义。怎么去了解这个更深的含义，大概不能够完全从感性，也不能够完全从知性、乃至理性方面进行分析，因为它还有悟性的一面。孔子和"天"的关系，一般说是一种默契，"天何言哉？四时行焉，百物生焉。"孔子对"天"有一种敬畏感，这句话有一种"事天"的涵义。儒家传统可以说有很深厚的宗教性，但是我们对宗教可能有所误解，宗教其实都有很深的精神性。如果从比较文化来看，西方有两个大传统，一个是希腊传统，另一个是希伯来传统。希腊传统开辟了它的哲学，哲学的发展从柏拉图、亚里士多德，到康德、黑格尔，一直到分析哲学；犹太教所代表的希伯来传统，这一传统后来发展成基督教、乃至伊斯兰教。所以，在西方，哲学的发展和宗教的发展是分开的。刚才您提到关于中国的问题，不管从哲学来理解，还是从宗教来理解，都有很多重合点。其实古代印度的哲学，古代埃及的哲学（当然我们了解埃及的哲学很有限），乃至中国的道家、儒家，把宗教和哲学明确分成两种传统的现象，很难找到明显的证据。所以，我们说佛教既是宗教又是哲学，既不是宗教又不是哲学，儒家也有这一面。

从这个分别来看，到底儒家关于"天"怎么去理解，便是一个值得思索的问题，有的时候换一个角度可以看出我们的特色，譬如说和犹太教作一个比较。犹太教有个传统，到了基督教发挥得更突出了，即"天"是无所不在、无所不知、无所不能的。所以"天"呢，就是西方所谓的上帝。在中国，按照我的理解，觉得"天"是无所不知、无所不在，到底是不是无所不能，值得我们进一步地考虑。

在西方说天无所不能，就出现了一个难题。这个难题就是说，假如天是无所不能，而上帝也爱世人，那为什么人间出现了那么多悲剧？比如说纳粹悲剧，难道上帝隐退了么？难道上帝对这个问题不再关注了么？难道上帝的"博爱"不在这个特殊的时空里面体现了么？中国的传统对这个问题，可以说回答得非常理性，当然也有悟性的一面。在很早的传统里，有"天生人成"的观念，就是"天"有无限的创造力，但是这个无限的创造力要通过人的努力来完成的。从基督教的教义来看，这是完全不能理解的。孔子也说："人能弘道，非道弘人。"是不是说，人能够使上帝伟大，而上帝不能使人伟大；人能够使"天"和"道"弘大，而"天"和"道"不会使人弘大呢？其实，我想孔子说的是一种责任感，是非常深刻的责任感，也就是说，人必须参与到天的无限的创造过程中，才能为人开辟出一个新天地。人的活动本身就是天地造化的一部分。从这个角度来理解"天生人成"，我们就可以重新思考"人是什么"的问题。我想可以从三个层次来看。首先人是一个观察者，在《易经》里有"观"这一卦，就是人有一种洞见，能够了解这一世界。同时，人也是一个欣赏者。您作为艺术家，您对大自然的欣赏，我认为您是一种体知，体验之知，欣赏不仅像我们用眼睛来看，您用手、用您的身体，能够把您所欣赏的大自然体现出来，所以是一个欣赏者。另外，在《中庸》里面提到，人还是一个参与者，参与到天地化育的过程，比如说，"唯天下至诚，为能尽其性"，你能尽己之性，就能"尽人之性"；能够"尽人之性"，就能够"尽物之性"；能够"尽物之性"呢，就能够"赞天地之化育"，这里已经提到"天、地、人"了；那么能够"赞天地之化育"呢，"则可以与天地参矣"。如果是这样，那人就是一个不折不扣的参与者。这一点在西方的神学界引起了很多的争议，甚至有些反感。再进一步说，人也是一个共同的创造者。天的创造是无穷大的、无限的创造，而人也是一个创造者，而且是有很大的能量的创造者。举一个最简单的例子，大禹治水。在西方就有诺亚方舟，遇到那么严重的问题，我们唯一的办法就是逃了，最好能够保存整个人物界、植物界、生物界，把种子都摆在方舟一头，逃出来。大禹治水呢，动员了无数人的力量，以他的牺牲精神，以他的勇气，以他的经验知识来了解地貌，通过了长期的努力，甚至十三年不回家，逐渐疏通了水流，以后还用以灌溉农田，可见人的能量非常大。像我们最近也常常提到"愚公移山"吧，我不太喜欢"愚公移山"的寓言，因为是否需要花那么多时间来移山可以进一步讨论，但它也体现了人的巨大能量。人的能量大，意味着他的破坏力也大；了解到人的破坏力的一面，那么面对我们现在所碰到的生态问题，我想我们可以有一个深层的反思。所以说，"天"在中国传统是无所不知、无所不在，但不一定是无所不能，和上帝是"无所不知、无所不在又无所不能"有所不同。

我不知道范先生对这样子的看法是不是表示同意。

范曾：讲得太好了！我非常非常欣赏杜先生刚才的这段话。因为一个中国古代哲学家在思考问题的时候，他离不开人。比如孔子、孟子，他们都坚持以人为本的思想。《论语·乡党》有"厩焚，子退朝，曰：'伤人乎？'不问马"。那就是讲，他对人的关切是第一位的。孟子生活在战国之世，孔子生活在春秋之世，都是战乱频仍的时代。你想，孟子为什么在当时要提出人的"良知""良能"，所谓不学而能的是良能，不虑而知是良知，而且提出一个"根于心"的根本善，他是为了能参与天地变化，就是刚才杜先生讲的，人是有主动能力参加天地化育的，人本身必须是个善的因素，而决不要是个恶的因素。

我想这个问题非常重要。上个世纪60年代，英国历史学家汤因比写了《历史研究》，他提到人类会遇到十个大的危机，第一个危机是原子弹，然后谈到空气的污染，然后谈到天上会出问题，天上的问题根源在地下，也就是在于人的为非作歹。还有消费，欲望的膨胀等。汤因比是当之无愧的预言家。您和日本朋友池田大作的交谈里提到，汤因比当时讲，如果就个人的愿望而言，愿意变成一只印度的鸟；如果必须变成人的话，愿意变成中国人。这段话非常有意味，我就问为什么。后来我想到，因为印度有释迦牟尼，中国有孔孟。释迦牟尼主张天、人、阿修罗、地狱、鬼、畜生六道众生一律平等，六道众生皆有佛性，悟则成佛，迷则为众生。我做只鸟一样地很自由、很快乐。在中国呢，如果讲必须做个人的话，人的教化是非常重要的。但我想他愿意做个人，绝对不是做一个中国的霸主，或者中国的一个穷凶极恶的人，而是做中国的能够按照儒家的思维去知和行的人。

汤因比的讲话有着深刻的意味。谈到人对自然的参与，可以这样跟诸位讲，截至目前为止，天体物理学所能看到的任何一个星球，上面还没有生命的迹象。而地球上生命这么多，万类繁衍。而万类繁衍之中，又有一个有智有慧有灵的人，这是个多么幸福、多么了不起的事。我们应该以多么挚烈的热爱对待这样一个星球！这个星球我们能够糟蹋它吗？糟蹋它是罪大恶极。我们知道，天很宁静，"寂兮寥兮"，非常宁静。老子哲学讲："静为躁君。"静要制服烦躁，人类现在实在太烦躁，今天之所以我和杜先生举办这个讲座，就是希望能使烦躁的人群多一点安静。当人们心如止水的时候，很多道理自然会在心里明白。

杜维明：范先生刚刚提到地球，我想大概是在 1968 年，人类第一次用肉眼，通过太空人，看到了地球的全貌，这在以前是不可能的。再后来，我们越来越了解到地球的矿物、生物、植物、水源、土壤，乃至空气，都很容易受到伤害，而且也意识到地球是我们唯一的家。即使我们将来发现有水的星球，但要让这个星球能适合所有地球生物的生长，并且成为人类的新家，可能希望渺茫。所以，我们生活于其中的世界是我们唯一的家园，这一点恐怕没有任何人可以质疑。以前有位哲学家说，如果没有死过，就永远没办法了解生命的意义；如果没有离开地球，就永远没办法了解地球的意义。在 19 世纪初期，他讲这话是对的。没想到我们居然离开了地球，而且看到了地球全貌。我们有了对地球整体性的概念，可以说，今天即使中学生，也是全球性的思想家。

我举两个例子，基督教的一位神学家，或基督教的领袖，不会说基督徒就应该向往未来的天国，向往来世。对这个世俗的世界置之不理，或者就让它被污染下去。真正的佛教也不可能只是追寻净土，追求彼岸，而不关心爱护地球。在儒家传统里面，我想道家传统也一样，也有这样非常深刻的认识，就是世界本身，特别是人与人组成的世界本身，有内在的价值，我们不要随便否认它的内在价值。就是面对地球，我们的身体，我们的家庭，我们的国家，乃至我们的宇宙大化、天地，我们都要有一种尊重感，因为它有内在的价值，不是外加的。和您刚刚提到珍惜地球是一致的，地球是人存活和发展的基础，这样才能出现"天生人成"的愿景，我们应该向这方面努力！我想起非洲有一句很动人的话，是说地球不是我们的祖先一直交给我们的财富，地球是我们千秋万世的子孙依托我们要好好保存的最重要的资源，不仅是物质资源，也是精神资源。非洲这个地方我们常常忽视它，它有很多非常深刻的智慧，丛林原住民发展出来的智慧。所以，我觉得现在所有大的宗教传统都开始重新反思它最终极的关怀应该在哪里。虽然在中国、印度和西方的历史上出现过很多具有全球性视野和人类关怀的思想家，但他们毕竟没有亲眼见到过真正的地球，没有看到现在我们每一个人都可以看到的事实。

有了这个事实呢，就有很多含义。其中我提一点宗教学上的含义。康德在努力将理性推到极限时，也强调要为信仰留存空间，像上帝存在、灵魂不灭的观念。所以，在西方传统中，信仰是非常重要的，应该承认有一个超越而外在的上帝。上帝和我们的关系是什么？我们是不是它创造的？我们的理性永远没有办法了解这些问题，理性和上帝之间的距离是不可逾越的。所以，Kierkegaard（克尔凯郭尔）这位神学家说，我们要靠信仰的飞跃，才能够理解上帝的存在。可是，因为我们今天已经有了对我们唯一家园的认同，那么，任何一个宗教传统都不可能脱离我们的生活世界讨论宗教理想。曾经有隐者对孔子说，这个世界肮脏不堪、无药可救；所以，你不如和我们一样隐居，离开这个凡俗的世界，以一种自然的方式生活。孔子的回应就是"鸟兽不可与同群，吾非斯人之徒与而谁与"，就是说，我不可以与鸟兽为伍，而应该生活在人世。但这一点后来受到很多的误解，包括很重要的思想家，像马克斯·韦伯，他认为，因为孔子接受、认同这个世界，所以他就接受这个世界的游戏规则，而这些游戏规则是靠有权有势有钱的人制定的，所以，他就认同权、钱和势。这对孔子是非常大的侮辱。孔子认同这个世界的内在人文价值，不是认同现实的政治秩序，相反，他总是希望通过礼乐教化来转化这个现实世界。如果最终极的关怀只是超越外在的上帝，和这个世界毫无关系可言，或者只是净土，却和我们现在所处的世界无关，那么，我们究竟如何安排我们的现实生活？这会带来很严重的现实问题。所以，佛教现在越来越强调世俗化，非常重要，也就是提倡"人间佛教"或者是"人间净土"的观念，自从太虚开始提"人生佛教"，印顺接着讲"人间佛教"，现在像星云、法鼓山，还有慈济功德会，都谈"人间净土"，英文里面他们叫做"engaged Buddhism"。事实上，参与世俗社会的佛教徒做了很多慈善事业，这和儒家要入世又要转世精神不谋而合。

范曾：对！刚才谈到这个"人"，人离开地球以后，他的感觉是什么？我正好问了杨利伟："你离开地心吸力以后，用一句话讲一下你的感觉。"他说："人啊，真是伟大；人啊，真是渺小！"他的确是个聪明人，回答得很好。人在整个的宇宙里有这么一个造化赐予的星球，这个星球有四分之三的水、四分之一的土地，有人在上面，还有万类在上面。整个地球可以讲是一个方舟，是一个诺亚方舟，我们不要"漏船载酒泛中流"，不要使这个方舟漏水，对不对？呵护地球非常重要。人对自己的力量过分夸大，大体是"后工业化时期"来临以后，人和自然处在对立的状态。我记得上个世纪，俄国有一位生物学家说，我们不要等待自然的恩赐，我们要向自然索取。其实，我们既不要等待恩赐，也不能索取，我们要参与。另外，人类如果有一点庄子之思的话，就要站在一个"环中"来看问题，要居高临下来地看问题，这样就会把人间发生的很多大事情变得很小。他说，蜗牛触角上有两个国家，一个触角上的国家叫蛮，一个触角上的国家叫触，蜗角上演了蛮触之争。今天两个国家在对打，如果居高临下，以宇宙的眼睛来看的话，其实是一个很微末的战争，即蜗角蛮触之争。人类怎么就不想想，这个蜗角蛮触之争从古至今一直延绵不断。至少今天能够真正认识到这个问题的人群，还是要看各国的真正的掌握着武器的、掌握着军队的这些人。譬如讲，我和杜先生想通了，好，我们俩，大家在座的听我们谈，也非常有意味。哎，小布什打伊拉克了，这件事我们不能决定啊，对不对？这个"良知"、"良能"的发现，不仅是讲广大群众的问题，也包含各国领袖的问题。现在地球问题引起了人们的关注，哥本哈根举行世界环境会议。这环境会议是在什么情况下召开的呢？是地球已经到了危在旦夕的时候。潘基文到北极看了一下，冰川在加速度地融化，如果二十年之内，人类不采取紧急措施的话，世界将有四分之一的土地埋在海洋里，而埋在海洋里的都是各国最重要的城市。哪一个国家一开始建设就到山沟里去建设？没有的，靠近水，运输方便、平坦，正好是水漫淹浸蚀最方便的地方，对不对。所以讲，人类今天这个处境，可以讲是飘风发发，可危可惧啊。我想个人对大自然的参与，要做的功夫，首先就是心灵的自我觉醒，大彻大悟，同时和广大的人文关怀高度结合。这个才是我们今后探求儒学的一个重要的目的。

主持人：聆听了两位先生的对话，我们每一个人都会有自己的领悟，也会有自己的思考。前排就坐的都是各个大学的知名学者、专家和教授，其中有清华大学哲学系的主任、中国伦理学会的会长万俊人先生，万先生您是不是也参与到对话中来？

万俊人：刚才两位先生谈到现代人的一些问题，比如现代人对自然、对环境的一些态度，那么我的理解呢，就是说现代人对自然不是化育其中，而是化为己用，把自然看作是一种工具和手段，但目的是在自我。这样一来自然成了行动的对象，而不是学习的对象。我想问两位先生一个比较现实的问题，在现代社会里，一般的人要改变某种生活习惯，或现代性的一些观念，是不容易的事情，那么在这种情况下，儒学它能够贡献些什么？

杜维明：按照我们一般的理解，如果现在碰到人类的大困境，科学技术还是一个重要的解决办法，譬如生态环保的问题。另外，制度的创新和制度的改变也是非常重要的，但是我们从事伦理学研究，可能更重要的不仅是行为，而是态度和心灵，乃至信仰的改变。在伦理学里面，一方面提出德性伦理，怎样把我们现在都需要有的德性，如勇气、宽容，通过努力内化？但是还有呢，就是责任伦理。我们现在对于这个世界持有一个基本的信念，就是儒家的伦理学越有影响力，对于人类现在所碰到的困境越有责任感，就越能够以自己的良知、理性来为人类的困境提出他们的看法。儒家的传统里面，它不仅是德性伦理，不仅是责任伦理，也是一个关怀伦理。关怀伦理后面所带来的是一种人与人之间基本的沟通理性，人对自己的了解和对自己的修炼。所以，从这方面看，它要解决的问题是心灵的问题，不仅是行为的问题，也是态度、信仰的问题。所以，功利之心如何逐渐能够减少，我想在教育方面也应开始，当然我们需要能够善于运用工具，但是，如果心灵完全为功利所掌握，我们自己内在的良知不能发挥任何作用。我们在成长的过程，或者我们作为老师，或者作为教育家，基本上是为社会带来很多负面的作用。

范曾：天地有好生之德，如果没有好生之德，我们在座的诸位都没有。有了好生之德，他附带给予我们很多，譬如讲审美。对美的感受我们会经历审美的三过程，第一个过程是惊讶，第二个过程是赞叹，第三个过程是爱慕。就像我们感受大自然的山水一样，你到了黄山，你不得不想到，天地怎么会创造这么美的奇迹。我们之所以要举办这样的讲座，它能够给大家的是什么？要使自己相信：这种审美的权利属于每个人，这是不假外求的、已然的存在。审美绝对是不虑而知的。我经常讲一个小孩，刚生下来二十个钟头，他什么东西也看不到，可是这时候来了一个天生丽质的美女，他会感到愉悦；忽然来个猪八戒，他愤怒，他不安。谁教他的？谁也没教他，有好生之德的天地带给他的。我们希望通过这次对话，通过我们的交谈，使大家增加一种内在的自信，增加一种不假外求的自尊。我认为自尊和傲慢不一样，有人讲范曾骄傲，其实不然，我在杜先生面前很谦虚。杜先生是一个良知之根，我是这个根生出来的枝叶。所以也还是一种自信，自信能长出枝叶来，自信我通过和杜维明先生的对话，我能增长很多。我和杜先生同台演讲的人都有这个想法吧，等这个电视播出去以后，我想电视观众也会有同样的想法。

主持人：现场有来自中文系和历史系的北大的学生，下面的时间呢就交给他们，看谁有什么问题？

北大学生：是关于知行合一的问题。有时候我们知道了是什么，但是在行的时候会受到一些现实因素的干扰，而未必能去做。比如说现在哥本哈根大会上有很多国家出席，没有一个国家反对人应该为气候变化负责任，但是在各国具体行动的时候，希望别的国家做出更多。这里的疑惑就是，希望两位先生能解释一下，儒家的知行合一对当今这种知行不合一有什么启示？

范曾："知行合一"按照王阳明的讲法，就是当你一念之动，已经开始行了。知是行的开始，那些所谓知而不行的，他并没有知。"知行合一"是王阳明一个很重要的理论核心。他还讲了很多的例子，譬如讲良知使我们知道孝，实际上你一有"孝"念，孝已经开始了；你认为应该忠君，这是良知，一有"忠"念，忠已经开始了。所以知和行，在王阳明看来是不可稍稍分开的。而且呢，我想我们每个人，如果良知能真正地练就我们像明镜一样的心灵，当心如明镜的时候，是非判断在我们心里是很清楚的。善也好，恶也好，都会通过我这面镜子纤悉无遗地反映出来。在世界会议上，谁真诚，谁虚心假意，谁想光得点好处，如果王阳明的"知"是对世界万物纤悉无遗地反映的话，我们是可以很了然的。我相信世界绝大多数国家都会在哥本哈根会议上受到很多的教育，这不是一次会议能解决的问题，这个世界问题太复杂，可是我们总还是要"千里之行始于足下"，"九层之台起于垒土"吧，应该做一些力所能及的基础的工作，这些我想我们可以做到。

杜维明：您这个问题非常难回答，我想我也没办法回答，但是顺着"知行合一"的观念，就是知行本体是不能分的，就是意念一动就是行为，不是说先知然后行，也不是说知难行易，这点刚刚范先生已经讲得非常透彻了。哥本哈根会议现在碰到的困难，是大家有目共睹的。我们了解在哥本哈根会议之前是京都协议，京都协议碰到更大的困难。我在 1994 年有幸参加了世界社会高峰会议，那时候分裂的情况更是可怕，生态的问题没有提到议程上，虽然妇女的问题提到议程上。现在人类所碰到的问题非常多，但是哥本哈根会议的召开从某一个角度来看，是很大的进步，也就是说各个不同的国家现在开始意识到问题的严重性。王阳明看来，意识的本身是一种行动，这个行动虽然现在还很弱，并不能够发挥极大的作用，但是下一步，它会越来越有效，它的博弈就越来越为大家所关注。完全散离的 190 多个国家，现在开始成为各种不同的区域力量，比如欧盟，或者东亚，或者亚细亚，或者北美，慢慢的，这种博弈使得一种新的人类的共同理解会出现，可是另外呢，我们期待，就是现在年纪越轻的，对于生态环保的要求越强，而且他们的理解越深厚。所以，从这方面推动，可能还是有，不说一线希望吧，还是有希望的。这个观念和王阳明所谈的要通过"知本身就是行"的理念，对我们现在来说就是意识的提高，就是 conscious raising。意识的提高，本身就是一种行动，我觉得还是很有启发的。

主持人：好！今天杜维明先生和范曾先生从东西方文化的多维视角为我们诠释了儒家思想的博大精深，其实两千多年来，儒家思想和中国文化，还有世界各国的文化交融贯通，一直影响着社会的发展，也回应着各种各样的挑战。再次感谢两位先生，也感谢各位嘉宾的参与，谢谢观众的收看，下次节目再见。

二

主持人：大家好，欢迎走进《中华文明大讲堂》。今天我们继续在人文气息浓厚的北京大学百周年纪念讲堂进行我们特别节目的录制。我们继续邀请到杜维明先生、范曾先生，给我们带来关于儒学的对话。

今天在现场还有来自北京大学和清华大学的知名学者和教授，在对话的过程当中，他们也会参与进来。另外还有北大的学生，在节目的最后也会有机会和现场的嘉宾进行互动交流。好，现在我们就把时间交给两位先生。

杜维明：范先生提到，人非常渺小，同时人又是伟大的。这两个观点，事实上我们每一个人都耳熟能详，而且都能很亲切地体验到。从天地的大化流行，从宇宙的演化来看，人太微小了，连我们这个地球本身也非常微小。人在自然界的存活能力，也远远没有办法和其他生物相比，人的自然生命是非常非常微小的。同时，您也提到王阳明。我很高兴您说王阳明是中国最伟大的思想家，至少是最伟大的思想家之一吧。我对王阳明特别有兴趣，长期以来有观点认为他的思想是主观唯心论，所以他的影响力一直很有限。我们前面谈到，也许现在心学的时代即将来临。您刚刚也多处提到了良知和个人心灵的自觉。所谓心学，在中国传统文化，特别是儒家思想中有着悠久的传统。孔子就对"心"的问题有非常深刻的理解。从1993年，郭店楚简出土以来，我们认为孔子的孙子子思子创作了《中庸》，而《中庸》是心学的一个重要资源。再后来就是孟子，然后是陆象山、王阳明，还有后来的刘宗周这些人物，他们共同创造了心学的传统。钱穆先生甚至说，像北大冯友兰先生主张的朱熹代表理学，陆象山代表心学，这种观点不一定准确。钱穆先生认为，朱熹所讨论的重大问题，也都是关于心的问题，像"心静理明"、"心统性情"这些观念。那么，阳明在谈到"心"的时候，他特别强调心感受外物的能力。这一点我们用普通常识也能理解，不是一种很玄的、很高的理念。他认为，我们的心不可能是死的，心总会对外境、对外面所出现的事情有所感。即使我们现在觉得很多人的心都已经麻木不仁了，但如果有一个悲剧突然出现，就像孟子说的，眼看着一个小孩即将掉到井里，你在做出任何行为之前，就会有一种恻隐之心，一种真切的伤痛感，这个感触本身就说明你的心还没有死，你还有良知。阳明还有一个观点，就是说人的本心是无限的，每一个人都是如此。世界上任何东西，不管是遥远的星星，或者目前的桌子、椅子、草木瓦石，都和我们的心有关联。不可能想像我们的心所接触到的事物，却和我们没有关联。这种关联是每一个人本身具有的，而不是学来的。阳明对心的这些观念实际上是根据孟子的思想开拓出来的。这条思路在西方，一直到康德也没有开拓出来。没有开出来，并不表示它的哲学不够深，他的理性的思维不够全面。只是说明西方的思维方式和心学关于良知良能的基本观点中间有"隔"。康德基本上认为人心中的情感是不确定的，具有确定性的是理性。理性一定要客观，客观到什么程度呢？客观到没有任何一个人能够质疑，甚至一个动物，如果它是一个理性的存在，它也是根据这样的规则来行为，乃至上帝的存在、灵魂的不灭，都和这个理性有密切的关系。但孟子那时候特别注重了恻隐之情，也就是我们的同情，或者说慈悲。人的同情、慈悲是不是内在的，是不是自然的？假如同情是自然的，那么同情和一般的喜怒哀乐这些情感是不是同质的？我们碰到事情时生气或者高兴的反应，和一种与外在事物有着内在联系的情感，我相信不同。至少我们的同情心越多越好，而喜怒哀乐这些情感都必须要有点节制，要把握在一定的范围之内，否则的话不仅会伤害我们的身体，也会影响社会的秩序。像荀子也非常担心，人的欲望的随意扩展，会使得社会秩序不能维持。孟子坚持认为恻隐之心是内在的，而这个恻隐之心也就是您刚刚提到的"良知"、"良能"。这"良"的意思就是本性具有，并且自内而发，只是平常我们的本心就像灵光一闪，显现以后就不能持续了。像颜回可以"三月不违仁"，可以维持三个月，平常人很难一直维持下去。但是只要这个良知显现的话，那就是人性光辉的显现。良知虽然是内在的，但它绝对不是个人的，也绝对不是狭隘的个人主义。没有一个人是一个孤岛，每一个人都是关系网络的中心点。而且正如陆象山所说的"心同此理"，我们在心的这一层次，能够包含天地万物，可以相互贯通，而且从根本上就是相通的。现在像哈贝马斯他们讲"沟通理性"，而"沟通理性"的基础，他们是从法律、从理性来谈。那么在儒家的传统中，"沟通理性"的基础就是人与人之间"人同此心，心同此理"，因此，人与人具有基本的同情。这个同情之心每一个人都有，不仅是对他人的同情，而且有对天地万物的同情。天与人的相互感通，我想是儒家和道家的共识，是中国传统中的一个重要问题，这次对话取名为"天与人"，我觉得非常高兴。孟子所谓的良知，或者说同情心，不仅关乎人与人，而且关乎人与自然，人与天地，关乎万物构成的整个生命共同体。所谓"良知"无所不在。您作为艺术家，您在绘画上所体现的正是这样一种同情，或者可以叫做"体知"吧。我们外行人一般是通过"看"，尽量想办法来理解您的画作，但您是用"体之于身"的方式感受天地之美的。我想很多的艺术家，如果要画山画水，可能最好先不要去做一些客观的研究，而应该先到山里面住几天、住几个月，了解到这山里面的灵气，然后你可以有一种"体知"，可以以同情的态度理解自然。那么下面的问题是我们究竟如何可能达到对自然的同情的理解，也就是说如何可能"赞天地之化育"。实际上，《孟子》里面已经提到这个问题，他说假如我们了解我们的心，所谓"了解"的意思就是充分展现我们的本心，也就是"尽心"，那么我们就知道我们的"性"，也就是我们本有的人性，这就是所谓的"尽心知性"。人性的本身呢不是一个静态的既有结构，而是有一个来源，并且处在动态的发展过程中，人性中的基本价值都来自于"天"，而且始终与宇宙大化的过程联系在一起，也就是所谓的"天命之谓性"。所以说，我们"尽心知性"后就可以"知天"。在"知天"之后才能参与到天地造化之中，并且推动这种造化，发展人的文化，也就是"替天行道"或者说"人文化成"的过程。孟子还提到人应该具有的气度。一般讲"气"，是说自然层面的阴阳气化的气，或者气功的气，但孟子讲的是与道德境界有关的"浩然之气"。这种气是由"集义"支撑的，是说通过道德行为的践履来涵养道德本心，最终达到的一种气度，或者说达到的一种道德上的力量感。可惜，现在我们看到的人类的力量往往不是道德的力量，而是不道德的，甚至违反基本人性的力量，我们发展了具有极大杀伤力的武器，可以把地球毁灭好几百次，对自然环境的过度开发，导致很多污染、疾病，这都是我们碰到的问题。像这次哥本哈根气候会议，这个发展也让人觉得担忧。各个国家互相博弈，虽然都认识到环境问题严重，但是又都希望自己少负一点责任。我认为，这反映了一个悲剧现象，那就是我们的理智压制了我们的感情。从情感上说，不要说科学家，就连一般老百姓乃至儿童都知道，我们应该为保护环境做点什么，可是就因为各种现存的政治结构、社会结构，还有心灵的积习，贪欲啊、物欲啊，各方面的力量使得我们在理智上越来越觉得无能为力，甚至麻木不仁地安于现状。我认为这是一个大的悲剧。当然，我们也可以努力做一些改变，您也提到了，这表面看起来可能是一种幼稚天真的想法，就是说，最切实有效的的办法是靠自己的觉醒。如果从阳明、孟子他们讲，人的自觉是体认到个人内部的核心价值。这个核心价值可以有很大的影响力，比如说现在很多美国的年轻朋友开始吃素，他们的生活非常简朴，甚至在修禅、修道，这种现象还越来越多。那么中国文化有没有这种资源？我觉得有，而且我们能够开发这个资源。像楼宇烈先生好几年以前就说中国文化的主体性问题。我认为这个主体性可以做进一步的开发。这个"主体性"绝对不是狭隘的民族主义，绝对不是一个封闭的、排他的自我中心主义。现在大家都非常怕这个中国中心、中国威胁，甚至也怕我们所谓的"软实力"。当然"软实力"这个用法，我有点意见。这个中国文化的"主体性"，我认为可以通过中国的医学、中国的心学、中国的艺术，也可以通过中国的最核心的一些政治理念，包括"天下"，乃至"协和万邦"、"殊途同归"这些基本的价值来了解。我相信，中国文化可以成为21世纪人类最重要的思想资源之一吧。

范曾：好，谈得是非常之透彻。我想谈谈王阳明和朱熹，为什么王阳明最重要的著作叫《传习录》？在《传习录》里表现出他对朱熹的敬爱，他本来是非常崇拜朱熹，学朱子之学，可是王阳明之所以今天发表"心学"的观念，乃是为了一个理，为了一个真理，那么才不得不尔。在他的《传习录》里他这样谈到和朱熹的感情。我看到几封朱熹给他的朋友的信，深深感动，诸位大概看到过我的一篇文章，叫《大丈夫之词》，谈辛稼轩的。朱熹和辛稼轩有非常好的感情，朱熹他对南宋的帝王上书，哪里是个臣子对帝王上书啊？简直是申申其詈、训斥。所以他难免后来被韩侂胄他们诬为"逆党"。可是朱熹却拂麈而谈，外面好多的人甚至门人都和他远离。可是他像苏格拉底那样在平静中死去，大丈夫！可是我看到他的几封信，我更感动，更感动什么？他说我早年对贤哲的书所做的一些工作，不免支离，这无疑同意了在"鹅湖之会"上陆象山对他的批评。而且他也有给陆象山的信，也非常谦和。到了晚年的朱熹，就是个圣人。所以，谈到理学，我想，王阳明的心学是在理学基础上的一个进步，而不是反动。朱熹讲天地在未有之前总还有个"理"，他看作是心外之物。而王阳明不这样看，王阳明认为，心外无理，心外无物，甚至心外无天，在王阳明的《传习录》里都这样明确地提过。他特别强调个人心灵救赎的重要。王阳明讲到："良知者，是非之心也。"孟子讲，一个小孩掉进井里去了，你良知的第一反应："哎呀！可惜！救！"然后，功利判断来了，他是个地主的儿子，我救不救他？地主狗崽子，不救。这是功利判断。秦二世时的赵高牵了只鹿到宫廷上来了，讲这是马。你想，所有大臣的第一判断，也就是良知判断是什么？是只鹿。可是跟上来的功利判断："马！马！哎呦，马！"好，赵高看来，天下完全可以取而代了。所以是非之心实际上是"良知"的一种表现。一般讲来是非判断，差别不是很大。可是如加入了私心，加入了功利，那么判断就天壤之别。有时候颠倒黑白，颠倒是非，这正是王阳明心学的修为所要拒绝的。"心学"是不是唯心主义，我觉得完全不是唯心主义。王阳明很注重现实的生活，他认为一个人"心量"有大小，可是"良知"是一样的，"良知"的发挥有大小，可是"良知"的本体并没有区别。这和孟子讲的要"集义"、"养气"是一个意思，你的气"养"得越来越大，越来越恢弘，成为沛乎沧溟的浩然之气，那时又是什么景象呢？诸位看我后面这张画。原画比这个还要大，挂在人民大会堂。我主要是表现胸中对气的理解，而要了解天地和人、天地和万物、天地和禽兽，皆同此理，皆同此气。就是王阳明所说的能够和天地万物同体。如果一个艺术家能够做到一点点，我想就是一个好的画家，就是有意味的画家。因为我们的能力很小，可是艺术啊，可能有时候比我个人讲演，让群众更容易接受，它是群众接受画家的思想的一个方便的、很直观的一个对象。作为哲学家来讲，我非常欣赏杜维明先生刚才谈到的，就是讲人的良知。这个存在，我们怎么样能够呵护它，而如果要呵护它，王阳明又教导我们要无时无刻地、不间断地呵护。而这种呵护是每个人都可以做得到的，他不提人做不到的事情。王阳明的确是个君子，他在学术上的争论，或者在学问上和朱熹的不同，那是一回事。可是人品，王阳明和朱熹是一样的。这是中国古代文人一种非常重要的美德。尽管今天对于儒家的问题、儒学的问题存在着一些争论，我们在座的诸位都记住，需要心平气和地对待争论。这不仅为了个人名誉，或者争学术地位，究竟为了什么呢？为了儒学在新的时代，怎样能够得到普世的意义。

最近我听到李源潮先生在哈佛大学里的讲话，他特别强调了《论语·宪问》章里面提到的"君子和而不同"。这么大的世界，这么多的种族，这么多的语言（据联合国教科文组织最近给我的资料，世界上还有六千到八千种语言），这么庞大的人的群体，让它一天之内完全按照一种模式思维，是不可能的，这种不同是永远存在的。"君子和而不同"中的"和"，就是"大同"。我们要迎来一个"大同"的世界。这个大同的世界在《礼记·礼运·大同》篇里曾经提到，"大道之行也，天下为公。"要"举贤与能，讲信修睦"，要能够做到"讲信"，要能达致"修睦"，要有信用，要有和平。李源潮先生在哈佛大学讲话，特别强调的，正是这种"和而不同"。我看到王阳明在他的书中曾经讲，比方一个竹园，竹子都有竹节，这就是"大同"，你叫每个竹子都一样高、一样粗、一样细，这是不可能的。差异性是必然的，而千秋万代以后，这个差异性依然存在。可是"大同"是什么，它们都是竹子。我们现在的"大同"是什么，我们今天主要关怀的"大同"是人类和地球的终极命运，其他的差异都是小的。国家、党派、宗教、信仰、文字、语言等，都是大同中的小异。因为与地球和人类的终极命运相比，它是非常小的问题。我们现在不知道掌握着原子弹密码箱的人们怎么想的，他有能够敲响这个密码的东西存在。在广岛、长崎投下的两颗原子弹，仅仅具有五万吨烈性炸药的性能，现在每一个原子弹都可以产生几千万吨 TNT，这是可怕至极的东西！为什么汤因比把原子弹说成是十大危机的第一项呢？人类在很多枝节问题上提出了很多改革方案，如全世界戒烟，像个真的似的，一个个请勿吸烟。应该禁造原子弹嘛，对不对？全世界禁造原子弹，这才是当务之急啊！我们儒学未来的力量在于什么，在于它具有全世界性，它是属于世界的哲学。杜先生特别强调未来要做世界公民，这一点不错，世界公民的全球化才是君子的大同世界的到来。

杜维明：您刚刚谈到"大同"，就是孟子的一个基本思想。你有同情之感，有不忍之情，你最亲近的人，不愿他们受饿受冻，但是你对路人，开始的时候倒没有这种感觉。假如慢慢往外推，逐渐你的同情之感就可以跟其他人联系在一起了，它从感性提升到知性、理性和悟性。程颐讲人应该"涵养须用敬，进学在致知"，特别提出"敬"的观念。"敬"就是对任何人与人之间，对人物都有一种敬意，不把外面的事情或者自然当作一个客观的集合体，当成我们随时可以利用、可以宰制的对象。王阳明说："大人者，以天地万物为一体。"后来进一步说不是"大人"，任何人都可以"以天地万物为一体"，并举了一些例子。他不是说这就是博爱，爱一切人，爱一切物，没有任何分别，他讲得非常平实。开始用孟子的那一段话，看见小孩即将落井感觉到内心的震撼。有人说这是因为你看到的是人，要是看到动物呢？《孟子》中齐宣王看到牛要拿去衅钟（屠宰），有一点颤抖，感觉不忍，就换了一只羊，所以，对于动物也有这种感觉。再来呢，我们现在非常明显的一个现象是自然界树木都被砍伐了，这种砍伐对我们是一种震撼。所以，他说一个人对于其他的人，对于动物，对于植物，对于无生物都可以发生联系，所以，"大人者，以天地万物为一体"。我认为，所谓性善，不是说有很多人都做好人，不是这个意思，就是每一个人都有内在的良知理性和良知良能。如果能够发挥它的力量，没有任何人可以影响它，这等于说是"三军可夺帅也，匹夫不可夺志也"。陆象山特别喜欢"先立乎其大者"，"大者"就是我们的"大体"，我们的"大体"就是可以和天地万物能够连在一起的力量。另外，我们一般有的就是"食"和"色"，就是自然的欲望、自然的冲动，这在儒家有深刻的理解，比如孔子说："吾未见好德者如好色者也。"我从来没看到性欲的冲动比道德的冲动还要淡的。冲动是大的，但是这种冲动要经过调节，才能达到和谐。

另外，你本身能够发展出来的道德理念跟康德所谓的道德律，那是自己可以控制的。你有自己的意志，有内心最深刻的情感。

范曾：王阳明的心学绝对不是一些迂阔的儒家理念。因为他年轻时候信过佛，信过道，练过武，骑马射箭。王阳明认为仙家就是自养，而佛家把心看作是幻相，他完全不是这样。"吾性自足，不假外求"这八个字在王阳明看来非常重要，他把心灵看作是一个自足的体系。我们今天讲这个人犯了错误，开个生活批评会，他倒坐在那儿慢慢听，可心里怨恨在增加，错误非但没有改，反而变得更坏了。一切都在于自觉，都在内心的自觉。如果能够使一个人内心真正地感到有一种神圣的尊严，这是达到内性自足的前提。如果他本身是缺乏自信、缺乏自尊的人，你和他谈这些，他也许会不接受。我们为什么要集义养气呢？为什么要拔本塞源呢？我想拔本塞源也好，集义养气也好，都是从孟子到王阳明的一个重要思路，特别强调一个人内在心灵的修为。所以王阳明的哲学是非常入世之学，而不是出世之学。我非常感动的是，王阳明对小儿的教育很重视，说小孩教育有三点很重要——周校长，将来北大附中和小学可以参考——第一堂课音乐，第二堂课礼仪，第三堂课读书。音乐使小孩活泼泼的，因为小孩处在游戏的年龄呀，现在叫小孩坐在那儿死背，这种教育方法违背了天性，小孩玩的时间不是很多，不是很长，我们要特别珍惜儿童活泼泼的心态；礼仪呢，使小孩知道有所约束，比如小孩相见应该怎么讲话，见到老师应该怎么鞠躬；然后，读书，他在快乐的、知礼仪的条件下读书，这是多么好的教育思想！

杜维明：陆象山说"先立乎其大者"，首先要建立自己的人格，其次要"亲师取友"，要交朋友，要找老师，因为一定要形成社会，如果没有社会的话，就很难再进一步。王阳明在龙场的时候顿悟的时候，称"吾性自足"，"吾性自足"以后，他马上就"五经臆说"，背诵以前记下来的五经，看看和顿悟后心里面所想的观念是不是有相合的地方，结果相合了，他这种自我作主的心态是非常强烈的。王阳明有一个观念，我们现在对其批评得太厉害了，我觉得应该厘清一下，是"存天理，去人欲"。一般认为这话是禁欲主义，就是完全不把你自己的感情留存，所有的欲望都要去掉。他不是这个意思，他的意思是一个人的"真我"，真正的自我，和一个人完全受到欲望所控制的"私我"，有很大的分别。"真我"来自天理，有超越的一面；那么"私我"呢，就完全为一般的感情所束缚。那么这些感情本身是一点坏处都没有，但是当他们表现得过分露骨，或者是没有办法限制了，比如我们喜欢吃，但是吃到使自己的身体受到伤害了，就需要有所调节，所以这个调节就是节制人欲的问题。人欲就是在你应该做的、自然的、合节奏的感情表现之外，走过头了，所以程颢讲"吾学虽有所受"，"我"的学问可能来自一个不同的起源，但是这个授受之外"天理是我自家体贴出来"的。他了解了天理以后觉得非常愉快，就"手之，舞之，足之，蹈之"。您刚才提的我非常赞同，这种愉快是可以增加我们幸福感的学问。

范曾：王阳明对孔子的敬重从一句话可以看出来，他说，孔子讲"《诗》三百，一言以蔽之，思无邪"，他说岂止是《诗》三百，六经也可以用"思无邪"这三个字贯之。我们如果把这三个字记住的话，真是受益匪浅。一个学人也好，政治家也好，企业家也好，艺术家更是需要"思无邪"，不要产生邪念。可是不是邪念，我想自己心里也清楚，"吾性自足"。危及了别人，损害了别人，别人会不愉快，这都是自己可以体察到的，一体察到就提醒自己不可做，时时刻刻这样的话，就会成为一种习惯。我想不仅处理人与人的关系，而且处理国与国之间的关系都非常有用。对我这个民族有利了，对其他民族有侵害，你这个国家没有做到"思无邪"；你说假话了，在国际会议上老想着其他国家给自己点好处，没想到自己国家给其他国家提供什么，这也没有做到"思无邪"。为什么要开国际会议？国际会议就是全世界各国都要把这件事情当做切身的事情，本身求诸内，不假外求，强大的、经济发达的国家以良知对他们进行帮助。"思无邪"难道不可以推广为国家民族的相处准则吗？我想是可以的，可能的。

主持人：聆听了两位的对话，相信我们每一个人都会有不同的感悟和不同的思考。现在我们请来自北大和清华的教授和学者发表他们的观点。

楼宇烈（北京大学宗教研究所所长）：我有一个问题想向两位请教，就是说儒家思想里边非常强调敬天畏天的思想，我们儒学为什么要如此敬天畏天？

范曾：我们人对"天"的认识现在还非常浅薄，《庄子》书上讲："天地有大美而不言，四时有明法而不议，万物有成理而不说。"它是自然的存在。什么叫自然？"人法地，地法天，天法道，道法自然。"自在而已然的存在，是谓自然。它自在，因为它无所不在，无所不合理，无所不恰到好处。举起头来看看天上的云，在飘动，你说哪片云飘错了，哪片云飘的不对？没有。天地一点没过错。你说山中水流出来，它不择地而流，流的都那么美，确乎"天地有大美而不言"。人类的美感比起天地还差的很远。所以，过去有人讲江山如画，周恩来说："还是画如江山吧。"江山还不如你的画，不免妄自尊大，对不对？画家都要谦虚，对不对？画如江山就不错了。我们经常很尊敬地称艺术家是自然之子，这已经很不错了。齐白石是自然之子，我们不做自然之孙就很不错，更不要讲"我就是上帝"。所以，我们的德，能和天地之德有一点相侔和，就是大德行。

杜维明：作为德，就是"天地之大德曰生"，它创造生命，但是它创造生命是无心而成化，它不是主动自觉地像人创造文化，而是自自然然创造了生命，这等于是一种无为而化的精神。天有无限的可能性，但是虽然有无限的可能性，它又有一定的规律。这规律不仅是自然的，而且和人的生存之道是能够配合的。所以，人要从天所学到的，不仅是他的博大精深，而且是他之所以能够"天行健，君子以自强不息"的原因，所以，道德在这个意思上面还不仅是规律，道德的本身也是一种人性的创造。那么，在这方面，学天就能和自然、和人世能够有比较圆融的配合。

主持人：刚才说到道教，我们在座的有北京大学道学研究所的所长，也是北京大学哲学系的主任——王博教授。

王博：刚刚听到两位先生的对话，我是有很多收获，当然也有很多感动。

画家的心，其实和哲学家的心是相通的。我想请两位先生就儒学走向我们当代中国的前瞻，能不能做一点点的评论？

范曾：儒家讲"上畏天，下畏人"，不是怕，是敬畏。谈到儒学走向世界，我想儒学走向中国当然是第一步。现在儒学走向世界，就是孔子学院的遍地开花，现在全世界大概有 300 所孔子学院。孔子学院要让西方人了解中国比较困难，因为西方人对中国的了解，我可以讲，不如中国人对西方人的了解。西方对中国经典的认识，一直到 19 世纪，连黑格尔都有误解，他说我本来没有看孔子《论语》的时候，对孔子朦胧之中有些敬意，等到我看了孔子书以后，他不过讲些日常的话。一点不错，他不像黑格尔的哲学那么鸿篇巨制，可是中国的儒学，作为一门学问，它本身的审美价值，可能在下一讲我和杜维明先生会提到，本身的语言和思维，我们提到审美高度来看，是非常有意味的。

杜维明：我想这和儒家传统中比较核心的价值有密切关系，就是敬畏感。因为如果没有敬畏感，不怕天又不怕地，我们要做什么事情就可以完全靠人的意愿来做。我认为我们现在要跳出的不仅是个人中心主义，还要跳出人类中心主义，就是把所有的价值都以人的满足为唯一的标准。那么，要跳出人类中心主义，我们要重新了解，一方面就是人的尊严、人和宇宙大化之间的关系，乃至前面所提到的人可以通过自觉了解天给予我们的准则，所以，我们的行为，我们的道德行为，不仅为了个人、为了家庭、为了社会，甚至为了宇宙大化，才是所谓"人能弘道，非道弘人"。那么，在这新的视野之中，前面所提到的那种敬畏感，我觉得还是非常重要的。

主持人：人称"国嘴"的朱军现在也正师从范曾先生习画，今天他一直在这儿聆听两位的对话。

朱军：我刚才进门跟北大一位不知名的学生有几句对话，见面后那位学生非常热情地认出了我，说："你是朱军老师吗？"我说："是。"他说："你来做什么？"我说："我来听一个讲座。"他说："什么讲座？"我说："《天与人——儒学走向世界的前瞻》，是杜维明先生和范曾先生两位大师的讲座。"那位学生听了以后说："那挺好的。"我说："你怎么不去呀？"他告诉我："一方面我去不了，没票。"我说："如果我带你去呢？"他说："我还有比这更重要的事。"我听到以后觉得很奇怪，我说："还有什么比这更重要的吗？"他说："因为这个话题是你们这些吃饱了饭的人探讨的话题，对我们这些还正在找饭吃的人离得挺远的。"我想问问两位先生，对这位不知名的学生的这番谈话有什么样的看法？谢谢！

范曾：我希望他能够早一点找到工作。不听我的讲座无所谓，目前他找工作很重要。

杜维明：我也简单说一下，在另外一个世界，有些企业家一直在追求成功，但是成功之后是不是再成功？如果不是再成功的话，你追求什么？他当然追求人生的意义问题。那么，这位朋友呢，他现在有燃眉之急的事要做，就是王阳明讲的"不患妨功，惟患夺志"，他不来听这个报告，把所有的时间集中在找工作，是好的。唯一希望他不是为了找事情而找事情，还有一个向上的，比如说能够培养他自己、能够发展他人格的意愿，只要有这个向上之基，他花再多的时间在跟我们讲的"天与人"没有关系的事情上都是有价值的。

主持人：今天我们的现场其实也来了一些急着找饭吃的同学，他们当然也有更重要的事情做，但还是来听这个讲座了，下面的时间就交给他们，看谁有什么问题。

学生：在我们国家，什么大事情都讲指导思想。我就想请问，我们的儒学或者我们中国的民族精神，在这种指导思想中处于什么地位？它和其他的指导思想是什么关系？它和其他指导思想的博弈会是什么样的现象？谢谢。

范曾：中国古人讲话要言不烦，孔子讲仁，"其为人也孝悌，而好犯上者，鲜矣。不好犯上而好作乱者，未之有也。"就讲这个人要孝顺，这也是孔子讲的仁，如果让全世界的人都知道"不独亲其亲，不独子其子，使老有所终，壮有所用，幼有所长"，能够有这样一个大同的境界，全世界都这样想的话，我想地球村会很美好。我和杜维明先生不能发明原子弹，像奥本海默，或者像爱德华·泰勒造个氢弹，但我们有丰富的思想，这种思想可能会产生爆炸，产生核变，就是我们要恢复儒学的真面，而这个真面是为世界人所接受，而且能真正化为世界的现实。这当然是一个宏大的愿望，需要无数的知识分子做这件事情。你们作为中国新一代的知识分子，同样有责无旁贷之职。

杜维明：顺着范先生的思路提一点我的想法。儒家传统里面，即使今天都没出现像康德所写的那样完整精细的推理，我们需要很多代人的努力来光复儒学，年轻的朋友当然也有这个志向。在中国儒家可以说是"一阳来复"，才刚刚起步。提到国学，提到传统文化，都有很多争议，有很多讨论。我想也需要经过一番整理的工作，相信这个传统它所代表的比较宽广的人文视域具有一定的现实价值，特别是面对 21 世纪人类所碰到的一些困境。

主持人：两千多年来儒家的思想文化一直和中国文化，还有世界各国的文化交融贯通，影响着社会的发展，同时也回应着各种各样的挑战。再次感谢两位先生，也感谢您的参与，下次再见。

三

主持人：大家好，欢迎走进《中华文明大讲堂》，今天我们继续聆听杜维明先生还有范曾先生关于儒学的对话。两位智者的对话也可以说是"和而不同"，具有了不同文明之间对话的内涵。现在我们首先掌声欢迎两位先生！今天在台下就坐的还有清华大学和北京大学的知名学者教授，还有北京大学各个系的学生们，他们也会有机会和我们的嘉宾进行现场的互动。现在我们把时间交给杜先生和范先生。

范曾：我曾经问过一位妇科名医，一个小孩闷在母亲肚子里十四个月才生下来，有没有这样的奇迹？他说一般这就是死胎，另外可能就是个怪物。

王阳明的母亲是郑氏，他在郑氏肚子里十四个月，结果有一天，他的祖母岑氏做了个梦，梦见一位仙人奏着乐，和着祥云，捧着一个孩子来了，岑氏一接，那正是王阳明下来了。出生以后果然是个怪物，五六年不会说话。这次死亡体验，王阳明可能不知道，可是我想对他这个人，他所具有的素质会有影响。另一次死亡体验，就是在贵阳修文县龙场悟道，龙场悟道之前，因为朝廷宦官刘瑾一定要置他于死地，王阳明做了个棺材，结果悟道了，他欢喜腾跃，像发了神经病一样。可见死亡体验对于一个人思想裂变起的作用。这种欢喜腾跃、宛如发狂的样子，我想和真的神经病还不太一样，思想在裂变的过程中，去掉了很多东西，留存了一些东西，生发了一些东西。龙场悟道他静坐在那里，可是死亡体验在心，棺材在旁边呢。这两次死亡体验，造就了王阳明的思维，我想这可能有点道理，不知道杜先生有什么看法。

杜维明：非常非常重要。王阳明曾经说他的学问是在百死千难中得到的，尤其是"致良知"，他几个重要的思想，都得来不易。阳明一生，学问能够那么深层，那么全面，这和孔子在《论语》里面所谈到的"为己之学"有密切关系，就是学问是为了自己。这句话很难懂，一般我们认为儒家的学问是利己，儒家的学问是社会伦理，儒家的学问应该是为人民服务的，但是孔子说的"为己"有非常深层的意思，学问不仅是吸收知识，不仅是了解外在的世界，还是培养人格，培养自己身心性命之学，培养自己内在的资源。阳明通过"为己之学"积累了非常多的资源，所以，他谈"存天理，去人欲"，这绝对不是禁欲主义，他是经过百死千难以后认为每一个人心中有一个方向，有一个指导，这就是"良知"。这个方向，这个指导，你可以通过你的励志，通过了解你的大体（所谓大体，也就是能和天地万物连在一起的浩然之气），来发展你的人格，这是最重要的！你为学不仅不是为了一般所谓的社会，不仅不是为了父母，是为了自己。如果能够让自己站立起来，能够培养自己的人格，那对父母，对社会，对国家才有真正的贡献。假如你这关过不了，你只是为了他人，包括你的父母亲而学习，这会有很大的欠缺。这种"为己之学"，我们常常把它误解成"个人中心"，这又是很大的错误，所以，王学才有很大的魅力，有很大的影响。

您刚刚提到，龙场顿悟以后王阳明的学说发展波澜壮阔，不仅在中国成为显学，还影响到日本，影响到其它所谓的儒教文化圈。在日本的发展非常重要，如果没有王阳明的心学，包括日本的现代化都可能受到影响，所以，这是了不起的工作。因为王阳明曾经带兵，曾经平乱，即所谓的剿匪，所以，带来人们对他的误解。很多人说阳明的思想正好是分裂的，一方面讲静心，讲个人修养，一方面实际上在军事行为中做出了一些大家不能理解的行为。阳明在平乱的时候，总是有一大批学生跟着他，他甚至有一次请学生吃饭，学生觉得非常惊讶，他说："其实诸君对我有很大的好处，对我有很大的启发。"大家觉得非常惊讶，他说："我和你们一起去平乱，每次不管做了任何事情，我总问自己，到底回来面对诸君，是不是感觉心安。如果感觉心安，我做；如果不感觉心安，我不做。"所以对于内部心灵的体验，是他成为伟大思想家的重要助援。正因为如此，阳明的思想有非常深刻的内在性，同时他对于外在世界也一直关注，所以，内外的修炼使得阳明成为一个伟大的思想家。

范曾：关于王阳明，刚才杜先生已经讲得很清楚了。他的合内外之学，应该是龙场顿悟之后，彻底地领悟到这一点。过去一直不能够达到这一点，因为他早年非常推崇朱子（朱熹），曾经和一位姓钱的学生，他称钱子或者钱生，对着竹子"格"。什么叫"格"？"格"者，正也，探求也。坐那儿"格"了三天，钱子"格"病了，后来王阳明讲这还是耐力不够，没"格"到。王阳明"格"了七天，结果王阳明也病了，这是个教训，由于内外不合一，不能够达到合内外之知的境界。当他真正地悟到与万物一体的时候，就是心外无物的时候，物外无心的时候。有一次他和一位学生游南镇，看见山野里花开了，学生讲花自己在山里就这样开了，怎么说它不在心外呢？王阳明说，当我没看见这花的时候，我和花都归于寂，当我看到有花的时候，花的颜色渐渐明白起来了，这就说明花不在心外。他的这个例子，很值得我们深思。就是王阳明所理解的"为己之学"，它的根本目的是什么？是利他。请杜先生您指导我的看法。

杜维明：不敢当，不敢当。您提到的对我有很大启发。阳明他那么注重内心的修炼，但不是犯了主观主义。一方面他自得知趣，自己得道，又和"为己之学"有密切关系，他是为了自己，为了发展他的人格，因为能发展自身的人格，才能够真正的利他，因此，他所了解的自我和外面的世界是紧密相连的。您刚才讲的，在山里面看到花，其实花没有被人看到和被人看到，他认为是不同的。良知的本身是活泼泼的，和天地万物连在一起，尽管我们的心量和我们心的素质能够跟天地万物在一起。那另一方面，现在可以说是超越的那一面，和他内在的体悟连在一起。所以，一方面他有个人的"为己之学"，个人的身心之学，这是靠自己的修炼，同时他和外在的世界乃至所有的人都有密切关系。他说："仁者与天地万物为一体。"所有的人，和动物、植物、无生物都有关联。人和自然应该保持一种和谐的关系，应该保持一种持久的和谐关系。我觉得如果这个中间能够进行对话，在平等互惠的基础上进行一种东西文明的对话，应该可以为我们创造一片新的天地。

范曾：学问一事，只有好坏之别，没有新旧之别。它好，不管多少年以前它还是好，它不是因为新了，我们就讲它好。如果它真的好，新在其中，它包含思维本身所要求的"苟日新，日日新，又日新"。我觉得中国的知识分子，尤其是宋明以来的知识分子，他们内心都有治国平天下的思想，这个治国平天下的思想从自身的修为开始，是为己，最后达到的目的，终极目标是利他。这种责任感，我认为是宋儒和明儒所共有的。就拿张载来说，张载和我先祖还有交往，范仲淹当时在打西夏，和王阳明打叛匪一回事，因为西夏骚扰中原农耕社会。当时张载带着一群年轻豪俊去找范仲淹，雄谈阔论，范仲淹看他虽很有思想，可是带兵是另外一回事，带兵有很多不是书本上能得到的。范仲淹让张载还是回去读书，怕他成为赵奢的儿子赵括，纸上谈兵。结果范仲淹的劝说，使中国少了一位赳赳武夫，多了一位伟大的哲学家。为什么范仲淹"先天下之忧而忧，后天下之乐而乐"会成为千古名言，让今天所有的人都认为是至理？我想这是非常有道理的。把王阳明的学问说成是主观唯心主义，那是荒诞可笑的，他没有一处不是由于自己的修为而达到济世的目的。他提出了"大公"，提出了"无私"，你们可以看王阳明的书上，经常提到大公、无私，"私心"念一动，良知会在这点泯灭。让这个良知能够充分发扬，这是多么了不起的人格力量，精神力量。

杜维明：我觉得通过阳明的思想，我们可以重新回顾中国早期的传统，从孟子以来就没有把身和心分成完全不相管束的两方面，同时认为精神和物质也是联合在一起的。所以，阳明在考虑知行合一的时候，他认为"知"本身是一个判断，是一个决断，如果说决定要孝，但是没有行孝，从这个角度来看，那当时这种意愿本身不够真诚。"念"本身不仅是静态的，而且是动态的，甚至观察也不就是了解外在的事物，观察是一种体悟，体悟的本身不仅改变了一个人的知识，也改变了一个人的修养和内心的价值。"致良知"的"致"和孟子所说的"推己及人"的"推"有密切关系。假如良知只是内在的，像灵光一样常常能够表露出来，但没有持之以恒，这是不够的。所以说，有些人，他的良知经历了很短的时间就泯灭了，只有外在的一些事情出现以后，它才有所反应。阳明比较重视的，就是良知良能随时随地都存在。您是艺术大家，特别您在作画的时候，其实和天地万物融合无间，您完全没有把对象当作对象。所以，良知一方面在天地万物中显现，同时也是他内心深刻的自我认同和自我认识。

范曾：有一次山东有个地方修高速公路，要经过一个村，村口有一棵大槐树，村民商量要把这棵大槐树给锯了，劈柴卖。可这棵槐树多少年了？1200年了，唐槐。但是这个唐槐并不甚美，就是两个杈，农民也不是很保护它，劈柴卖也不乏是一种收入。我知道了以后，立刻派人把这棵树抢救下来，我说要多少钱，他说两千块，我说："好，买下来！"运到北京倒不止两千，运到北京以后，请了一位林业部副部长到我家来。林业部副部长现场指导，挖多深，先加什么，后加什么。我完全按他说的做，倾注了对这个生灵的爱心。草木有情啊，这棵树长得繁茂至极，新的树干都这么粗了！1200年的树，两个人合围都抱不住啊！到了夏天，我仔细看，它小枝上的嫩叶子，都长得挺挺的，它有着报恩的思想！

我在日本也好，在德国也好，看他们二次世界大战废墟上的那些破墙，大的建筑要把废墟上被炸烂的石头镶嵌在里面。这些石块的生命是和我的心灵一体的，反战！它本来好好地建在那儿，你为什么把它炸成碎片，这对它的完美形体是个蹂躏，今天这些碎片也能告诉我们很多的故事。王阳明是个思想特别活泼泼的人，绝对不封闭的人，把自己的身心和宇宙万有连为一体，了无间隔。但凡有了隔，就不行。就像画画一样，这张画（身后背景《唐人诗意图》）悬挂于人民大会堂，它比《江山如此多娇》的面积仅仅小一点点，当时《江山如此多娇》关山月和傅抱石两个人画了三个月，我这幅画，画了两天半。人家讲范曾岂不是潦草，两位画家那么认真。我想不是，当我画画的时候，想到我在自然之中，我和它一体，我和唐人对话。有人问我，这个《唐人诗意》是哪一首诗？我说你不要胶柱鼓瑟、刻舟求剑，哪里一定是哪一首诗啊！唐人有这样的诗意，他与天地精神相吻合，就是艺术本体所需要的。我这 70 多岁老头——画这幅画是 71 岁（2008 年）——上跳下跳，有人还要来扶我，我坚决不让扶，因为我当时快乐，没有比艺术快乐更重要的事了。王阳明为什么快乐？他感到那个时候，就像杜先生所讲的，一定和天地相融化。王国维《人间词话》里讲，一定达到无我之境，"不知何者为我，何者为物。"我想，艺术、哲学、文学都是相通的。

杜维明：孔子说，七十"从心所欲，不逾矩"，如果从艺术方面来了解，也就是说，应该做的和实际做的完全混合无间，这是非常高的造诣。阳明考虑对话的问题，可以为我们做个借鉴，这个借鉴就是我们和自然的关系。培根认为，人的力量通过科学可以认识自然，可以利用自然，甚至在控制利用的过程中不知不觉地也在破坏自然。现在面临到非常大的困境，所以，《地球宪章》（*The Earth Charter*）要重新建构人和自然的关系，而我觉得最严峻的是心灵的原因，态度的原因。我们在寻找物欲的满足，我们的生活能够改进，我们能够实现现代化，我们能够发展，常常觉得生态、环保可以先等一等，先把其它发展起来。但我们不了解，如果不能和我们生活的天地，也就是自然取得和谐，取得一种对话的关系，那我们这些价值只是在处理个人和社会的关系，不再了解到更宽广的天地，我们的视野不够宽阔。以前在希腊讨论科学，总是追求真理，追求智慧，而现在把科学和技术当作一种能够宰制不仅是自然，乃至宰制社会、宰制心灵的工具。我觉得面对人类的困境，很值得做进一步的理解。

范曾：关于人和自然，庄子、老子都谈过。庄子谈到古代有一个氏族，叫赫胥氏，他和鸟兽草木同在，很快乐，认为这是大道所在。我们今天为什么要追求"大道之行，天下为公"呢？为什么要"和而不同"呢？二三十年在宇宙生命史上，瞬间而已。天体物理学家都以几亿年、几十亿年、几百亿年来计算。这几十年人类不同在什么地方？不同在有发展中国家，有发达国家。每一种类型的国家，都应该反躬自省。发达国家应该想到，在发展的二三百年里，我给全球造成的危害，它所积累的，所遗存的。发展中国家也应该考虑到，我们是不是也承担着一定的责任。在这方面，中国做出了很好的榜样，准备在 2020 年把污染减少 40% 到 45%。结果遇到某个国家声色俱厉地讲："现在主要的污染来自中国，我们不会给钱给中国，中国有钱。"一个字，俗！俗透！中国哪里想要你的钱，中国其实很清楚，美国给一些不发达国家钱也不是进行慈善活动，而是联合国宪章规定了的，是法律规定了要执行的，是须言而有信的。王阳明特别强调"诚信"二字，意诚心正，这难道不是处理国际问题一个很重要的原则吗？当然我不是政治家，可我作为艺术家，可以在旁边评论。

杜维明：有一个美国的学者，非常重要的天文学家，也曾经在清华做过很多研究，对大气污染的问题，他只提了一个观念，可以提供给大家参考。就是关于污染，我们用人均来计算。这中间可能出现了问题，什么问题呢？比如在经济方面，我们用人均来说很容易理解，我国现在的经济已经是世界第三，再过二十年、三十年，世界第一！但是从人均来看呢，我们还相当穷困。可是从污染的角度看，这和人均的关系值得我们考虑。如果有大气的污染，大家都倒霉，不管你是靠人均还是不靠人均。所以，我觉得要从两方面重新考虑这个问题，美国历史积累下来的非常困难的问题必须解决，但是美国现在非常难突破国家利益。我曾经问美国的一位在政治方面很有影响力的先生，我说："什么时候美国才能突破国家利益（National Interest）？"这位先生有很大的国际视野，而且对于人类的文明有一定的关怀，他沉默了好几秒钟，他说："国家利益就不错了。"就是不能跳出国家利益。那么中国在这方面有难得的资源，我们谈了很多次"天下为公"，"天下"这个观念不是世界上各个国家都能接受的，所有的国家，包括发展中的国家，特别包括那些高度发达的国家。因为高度发达的国家过分自私，这个自私和他的政治结构纠缠在一起，大家觉得确实如此。天地其实就是我们的父母。天地既然是我们的父母，我们不仅要敬重，还要关怀，需要从心灵的内部引起共鸣。这个现象是开始了，我觉得越年轻的人——我们已经年纪大了，我们有这个感受了——对生态各方面的看法越全面，越深刻，也愿意付出代价。所以，中国的一批科学家提出了他们的看法，美国很多的民间组织也提出他们的看法，如果说我们现在只有二十年，只有三十年，这些力量是不是能够发挥他们积极的作用？所以，这样的话，人心的变化是一个基础。

主持人：聆听了两位的对话，相信我们每一个人都会有不同的感悟和不同的思考，现在我们请来自北大和清华的教授和学者来发表他们的观点。

卢风（清华大学哲学系教授）：在今天强调"为己之学"我觉得尤其重要，因为今天我们好多人在求学或者在学习都不是真正的一种为己之学，求学不过就是为了将来能够到职场上去赚钱，很多学的东西并不是真正能够成己的，能够对自己人格的完满真正有帮助的。我们在教大学学生的时候，也觉得他们总是对那些他们认为重要的东西花了最多的时间，花了最大的精力，实际上他们将来没准出了大学没几年，把那些东西全都忘记了，而对自己真正重要的东西，反而没有花功夫去学习。所以，今天两位先生这样特别强调"为己之学"，我觉得特别重要。这就是我的一点感悟。谢谢。

主持人：好，谢谢。

王春华（北京电视台导演）：两位大师好！我想先有个具体的问题问一下范先生，我们中国儒学走向世界，您也是我们中国第一位联合国教科文组织多元文化的顾问，在这个职位上您有什么具体的实施、具体的计划或者具体的责任使中国的儒学走向世界？谢谢。

范曾：艺术家要真，要诚，可是作为一个联合国的多元文化特别顾问，要照顾到各个多元，这就出现了很多的问题。比如讲，他的艺术思想和你不一致，他是后现代，你也不能不承认它是一元，对不对？我又是多元文化顾问，我不能每天凭着自己的良知去认为你们都伪或者什么。这里面还有对后现代派的认识，我还有一个不断前进的过程。所以讲，我会向杜先生请教，因为杜先生对西方艺术非常了解，尤其对后现代产生的历史背景和缘由，他会给我们做一个比较透彻的讲解。大家注意看我的文章《后现代主义艺术的没落》，我作为联合国的一个官员——我做官员，告诉你，每年薪金一块美金，这块美金还寄到我的账号来，不过这是象征性的——我想，我会做些事情，既不违背我的良知，又要符合世界多元文化发展的需要。我要在这里面取一个真正的、不违背良知的态度去做这些事情。

主持人：谢谢。刚才我们说到现场也有一些北大的学生，下面的时间交给他们，看看各位有什么问题希望和各位嘉宾交流的。

北京大学学生：范先生，我想问您，您说王阳明为什么不能格物"格"到刘瑾呢？为什么刘瑾一定要追杀他呢？这岂不是表现出他自己格物的有些局限性？

范曾：其实呢，本体来讲，无善无恶，知善知恶是谓良知，知善去恶是谓格物。我想如果讲"四人帮"荼毒了天下，我那时候再对他给予同情，我本身是良知泯灭，大家想是不是这个道理。我们看敦煌壁画上有五百强盗放下屠刀成佛故事的壁画，可是这个对于现实的世界来讲，往往是一种宗教的理想，它强调人性内部还有一点善的因子。那么刘瑾有没有善的因子呢？也可能有，可是当时的世事，已经不容再对王阳明同情，或者对他有恻隐。我想王阳明不会那么傻。

北京大学学生：我想问杜先生的一个问题就是，民主与科学精神与新儒学是否具有通约性，他们之间是否能够协调，是否能够像您所说的天人合一，能够共同构建和谐，互相的交流，互相的对话？

杜维明：当然儒家提到，"唯仁者，能爱人，也能恶人。"爱恶，不仅是儒家非常重要的感情，也是一种理性。儒家，严格地说，相对启蒙所代表的西方的核心价值，比如自由、民主、人权、法治、个人的尊严，在它发展的过程中都有缺陷，很多地方确实要向西方学习。但是儒家的很多价值，核心价值，比如说是恻隐、责任、正义、社会的和谐，乃至人与人之间的关怀和来往，这些在西方当然有，但是发挥得不是特别好。所以，我觉得，现在应该有一个平等互惠的核心价值的对话。因此，我对西方的这些价值，一方面是认同的，要发展的，另外我也抱着一种批判的认识，甚至在很多地方进行比较尖锐的对话。

主持人：刚才杜先生和范先生又进行了一场关于儒学的精彩对话。两千多年来儒家的思想文化一直和中国文化，还有世界各国的文化交融贯通，影响着社会的发展，同时也回应着各种各样的挑战。再次感谢两位先生，也感谢您的参与。下次再见。

四

主持人：大家好，欢迎走进《中华文明大讲堂》，今天我们是在人文气息浓厚的北京大学百周年纪念讲堂来录制这一期特别节目。相信各位都还记得2008年在北京举行的奥运会，尤其是美轮美奂的开幕式，当那幅展现中国文化之美的画卷徐徐展开的时候，当现场诵读《论语》的声音传遍的时候，那一刻一定是让全世界都为之赞叹。儒家的思想文化历经两千多年的发展，为什么还活力充盈？今天我们就请杜先生和范先生再给我们带来一场关于儒学的精彩对话。现在让我们用掌声表达对两位的感谢和敬意！

杜维明：我感觉到非常荣幸，我们谈了很多课题，其实范先生作为一个艺术大家，而且是在深厚的学养基础上创造艺术。我记得他对文史哲各个方面都非常有兴趣，都有很深的造诣，同时他对中国经典文字之美特别欣赏，用几句进行了概括。我不能完全记得，但是我觉得这概括是对经典文字之美非常传神的一种概括。他说，中国经典文字之美是简约的，是高华的，是确实的，也是朴直的，同时它也是圆融的，那么博大，而且——这个词我原来没有想到，就是——深雄，又深厚又气派很大，所以，我觉得是不是能够请范先生给我们谈一谈。这不仅是艺术方面，而且与人生素质的培养，都有很密切的关系。

范曾：博大深雄，简洁高华，这的确是中国文字本身带给我们文化人的一个无与伦比的稀世之宝。我的自豪感是从哪里来的呢？我发现我一篇很短的文章，一翻译成外文，怎么变成三页了；我一本很小的书，就这么厚，翻译成英文这么厚了！我就想，是不是我们中国文字的确是一种很简练的文字，它的语言涵盖内容非常丰富，而且中国的文字，从字来说，它本身所包含的丰富的内容又是它所独有的。"南村群童欺我老无力，忍能对面为盗贼，公然抱茅入竹去，唇焦口燥呼不得，归来倚杖自叹息。"忍是不忍。王勃在《滕王阁序》讲"敢竭鄙诚，恭疏短引"，他说不敢，实际上是不敢把鄙陋的文采献出来。一个字，因为语境不同，它有完全不同的含义，或者相反的含义，尤其在中国的经典，像《论语》、《孟子》，它有时候要言不烦，可是要说的事情很多。中国人讲话的确有时候要言不烦，像唐宋八大家之首韩昌黎，他有时候一篇文章几十个字，照样很完整；苏东坡写文章"行其当行，止其当止"，这又是中国文人一种潇洒气度的表现。孔子不是讲"文胜质则史，质胜文则野，文质彬彬，然后君子"？这个"史"和"野"都不是中国的文人所需要的语言风格和气质，中国文人所需要的风度、气质和语言本身都是统一的。其实人的气质之美往往是通过语言表现出来的。张载文章写得非常之好，他曾经谈过人的气质问题，张载说，有一个"本然之性"，还有一个"气质之性"。人的第一等重要的工作就是改变气质，改变气质从哪里开始？作为一个思想的载体的人，他的语言是最重要的载体。一个人张嘴，张嘴就俗，对不对？这完全是内在的，儒家的趋然使然。其实儒家是非常重视检点形骸，而不是随意的。我们现在很不注意这方面的教育，可以讲，讲话没规矩，言谈举止没有规矩。对待长辈，不能指到脸上来说："这怎么样？"现在朝鲜人喝酒，如果有长辈在，一定这样喝（以手遮住），这哪里学的？中国学的，礼失求诸野。这都是过去离中国很边远的国家，渐渐他们留下了礼仪，我们现在没有了。不管长辈、晚辈，"干（杯）！干（杯）！"很不堪其举止。我最恨的广告语言，就是表现兴奋的那种"哇噻"，俗不可耐。或者对着电视观众一个女的嘴这一弄，鄙俗不堪。这是为儒家所不能容忍的，而这种东西影响流播非常快！很多小孩见面，这样（打响指）。我和杜先生在这儿讲几天课产生的影响，不如演员这么一来（打响指）。这些演员的确今天应该到这儿听听我们这个座谈，因为身教比言教还重要。张载平时待人接物，不动声色的，以自己行动做个无言之教。我想，为什么张载特别强调改变气质是头等重要的事情，因为这个包含着语言、行为、动作。

杜维明：这使我想起身教，身教等于以身体的行为来传达信息，就是无言之教。是不是身体本身也可以显示一个人不仅他内在的价值，乃至他的行为，他的态度和他的信仰。在西方的艺术界，大概自希腊以来多半是以描写自然来逐渐发展它的艺术精神。所以，从美学的传统，很多对人的描写，逐渐成为对于文体的了解，对于诗的评价，乃至对于艺术的欣赏。这些词汇多半是没有办法翻译的，非常困难，像"气韵生动"，像"风骨"，像"神髓"。因为非常难翻译，很可能它是代表中国思想的特色。它这种特色和西方从自然发展出来的一套语言有非常大的不同。我想，因为人永远是在发展的过程中，人一定是动态的，要掌握一个动态的人，而且你不可能说这一生都在看他的发展，一看，必须一下抓住这个人的不说他的灵魂吧，他的特质。这种特别的智慧和观察自然、研究自然，逐渐地了解自然，中间有相当大的不同。

所以我想，可能从东汉品题人物开始，往往一句话就能够把这个人特别的性格掌握了。另一方面，有很多的词汇逐渐对中国的文学、艺术、绘画发生影响，都成为在美学欣赏中间的，一种在中国之外的西方很难理解的一些基本的词汇和基本的洞见。您刚刚提到的不管是人的气象，一看这个人他的相貌，他的举止，他的言谈，我觉得如果我就是这样一个人，您刚才描写的所有的缺点我都有了，那我是不是就已经定性了？我想没有。从变化气质来说的话，我只要开始改一点，只要我有信心我能改，就可以把这些限制逐渐逐渐地化出来。如果从阳明的立场来说，只要有志向，你能够立志，那你就可以转化。有很多朋友现在认为变化气质是不可能的，我认为还是有学习改变的可能，就在我有限的范围之中还有无限的可能性，所以，在实际的情况下，如果从本体来说，每一个人都可以达到最高峰，就是在你限制之中的最高峰。阳明说过这句话，有的人说也许尧舜是一万两金子，也许周公是七千两，孔子五千两，这样算下来普通民众根本算不了什么。阳明说我们为什么要和圣人争份量，假如我就一两，但是我如果把这一两变成很纯净，也就是我能力所达到的。现在就是各种不同的条件说我一无所成，但是只要在某一方面能够努力，使他纯净，那还是可以不仅有发展的可能，也是一个人基本上完成自我的一个方向。

范曾：讲得好。朱熹论孔子、颜回和孟子，他说："孔子，天地也；颜回，和风庆云也；孟子，泰山岩岩之气象也。"他这几句描写，就给我们刻画了三个人。的确我们再回过头来看看《论语》上对颜回的描写："贤哉回也。一箪食，一瓢饮，在陋巷，人不堪其忧，回也不改其乐也。贤哉回也。""贤哉回也"用了两次，这段话是孔子对他的大弟子一个至高的评价。所以，二程好像曾经讲过："人须当学颜子，便入圣人气象。"这个我想是有道理的。

杜维明：像颜回"不迁怒，不贰过"，这表面上看起来不难，但是我发现如果生气，在气中很容易就对旁边的人或者亲戚朋友生气，那么他们感觉到不自然，也就会让他们对他们所亲近的人生气。关于气、怒，宋明道学认为制怒的问题是非常严峻的。你在没有生气之前，如果能够把它化解，问题不大；那么一开始生气了，那不得了，如填壑推山，甚至比这还要困难，非常非常困难。关于儒家对于人格的欣赏或者是评价，有好几个层次。一般我们总觉得一个人能够做一个好人，甚至能够做一个正常的人，就很不错了，特别像伟人，充实之为美，充实而有光辉才叫大，所谓的大人就是在孟子讲的"大丈夫"。在这方面如果还能够大而化之——我们一般讲的大而化之就是没有很严格的逻辑性，不太重视一般人思路的清晰——这里所谓的大而化之，一方面化自己，那么只有在这个时候圣而不可知之谓之神。这个神倒并不是一定就比圣人更高了，就是它那个转化的功能，我们平常不一定能理解。那么这样说来，从善人到一个信人，到一个美人，到一个大人，再到一个圣人，再到一个神人，这个中间的发展可以说是无限的。我另外在想，一般我们是做不到的，一般没有办法达到那么高的水平，可是我们又有孔子所说的"吾欲仁，斯仁至矣"，我只要，我就可以。"只要，就可以"应该是一个最低的要求，每一个人都有这个潜力，所以，王阳明甚至说，满街都是圣人，就是满街的人都有成为圣人的潜力和可能性。对于孔子，对于其他可以说已经是文化的主要典范的代表人物，大家还觉得有更上一层楼的可能性。所以，这个过程从最低的要求一直到最高的体现，是无穷无尽的，因为无穷无尽，我们的变化气质就可能从我们活生生的一个具体的人开始，可能要做的并不是那么困难。

范曾：王阳明看到满街都是圣人，他说满街人看我也是圣人。因为他从年轻时候就学做圣人的功夫，特别强调功夫，这个功夫是什么呢？就是怎样保持那种不虑而知的良知。这个不虑而知的良知，它的容量是不一样的，大人之容量和小人之容量是不一样的，圣人之容量和闲人之容量是不一样的，而且表现方法会是千万种，不是一种。比如讲，孔子认为商代有三个圣人，他说："微子去之，箕子为之奴，比干谏而死，孔子曰：殷有三仁焉。"这三个人采取的对生活的态度是完全不一样的，可是这三个人都是商代的圣人。颜回在儒家看来，是一个比较完美的典范，他和你聊天，他可以不插嘴，不违如愚，不和你对着，不会一碰到不同意见就对着干。这还是保持了儒家最强调的一个中和之道，"喜怒哀乐之未发谓之中，发而皆中节谓之和。"他有了中和的心态，很自然地表现出那种大度，那种忠恕。因为你有了"中"，你意诚、心正；你有了"恕"，你宽大、博厚。这种东西都是中国儒家所赞颂的，要不断地予以弘扬的，这种忠恕、中和，这种气象，我觉得对一个民族都很重要。到了孟子时候，当然他提出一个"大丈夫"。我们中国自古以来对"大丈夫""富贵不能淫，贫贱不能移，威武不能屈"的气质是非常之推崇，可是能做到这样的，他还需要有很多方面的日常的修养。为什么讲"圣者不忧，贤者不惑，勇者不惧"，总是因为有了内心这些修为，他在表面上才会形成这样的气象，尽管以不同的方式表现出来，总是一种圣人之行。我深深感到，这个距离我们时代十分遥远，我们最主要要做的工作，就是从小孩起使他成为一种本能的习惯。现在老提到 80 后怎么样了，90 后怎么样了，我想年代不是绝对的，80 后有非常好的孩子，90 后有极端好的孩子。你说这个是不是先天有这些呢？可能先天有一些，可是最重要的，我相信是后天的。我有一个孙子，在澳大利亚，很小的孩子，6 岁。我陪他到迪士尼公园去玩，等游行队伍，我就坐在石头上，他的母亲就让他坐在垫子上。他看见爷爷没坐在垫子上，把垫子拿到我旁边，他讲的英文，我不知道意思，好像是你坐下来什么的。哎呦，我当时一阵温暖到心头。这样的小孩，他难道是先天本然之性吗？不是。因为他母亲对他们从小就要求知道什么是规矩。我很小的时候，和父亲上街，忽然我父亲停下步，就站在路旁边了，我就很好奇地看着他。忽然前面来了一个白髯老者，走过了，我爸爸就很尊敬地给他一鞠躬，这个老者也很自然地点了个头，过去了。我说："爸爸，这干什么？"他说："这是你曾祖父的学生（范伯子的学生徐昂），是你祖父的好朋友。"我说："是这样的。"对待曾祖父的学生，对待祖父的朋友，是这样的。大不像现在遇到面以后，过分的热情，不知道心里存着什么鬼胎，"想你啊，想得小刀剜心啊。"果然是这样吗？果然这样想吗？不一定。所以，我想到我父亲辈的这种仪表、动态，虽然已经过去了，可是印刻在了我幼小的心灵里。小时候我跟母亲参加一位教师的婚礼，她桌上放了很多的糖，小孩当然爱吃糖，我们当时家里又穷，买不起，那玻璃纸包着的一块块像橘子一样，上面还洒着白糖点，一个丝带扎着。我说："妈妈，我要这个。""不要。"然后妈妈就带我出来了。她说："以后人家的东西不要想着去吃。"可是我快乐的节日到了，我到我的曾祖母那儿去，就是范伯子的太太，她是南通女子师范第一任校长。那个时候就是我欢乐的节日，无论什么吃的东西，太太都给我塞满了，我高高兴兴的。我妈讲："太太给你的，可以。"我小时候，母亲还教我，不许看着人吃东西，别人吃东西不能看。有一次，父亲忽然看见我这样不动，父亲问我干什么，我说那边有个人在吃东西，我不看。因为小时候很天真，以为不看就是一定要坚决不看。这个就是自然的。你看我现在 72 岁了，我绝不会羡慕人家在那儿吃东西，或者企图得到什么东西。所以，良知良能，它本来是本体自在之物，可是良知良能不学而能的和不虑而知的这些东西，你如果不保护它，不呵护它，它也会渐渐丢失。

杜维明：我想，中国文化的一个特色，它是学习型的文明，不仅个人、家庭、社会，整个文化本身都在学习。如果我们在现实中考虑这些问题，您所提到的这些遗风、美俗，现在没有了，或者是荡然无存了，在这种情况下，我们面对挑战怎么办？儒家有很多人过分的乐观了，要由善又到信，又到美，又到大。我们现在连事情也找不到了，很多重要的工作我们也不能够完成任务，我们受的压力太大，跟那个时代完全不同了。刘宗周有一本书叫做《人谱》——一般说儒家的传统过分乐观，而对罪恶感（所谓像西方基督教传统里边认为，人都是罪恶的，你要改过）这方面不强调——但是《人谱》这本书呢，对每一个人各种不同的过错，如大错，各种聚集起来的丛过、显过、微过、隐过，他都做了非常详细的分析，就等于是一个犯错现象学的描述，而且是最深层的现象学的描述。所以这一面，在儒家传统里也非常凸显，就是说假如我们今天，您所谈到的这些遗风已经是荡然无存了，那我们是不是可以通过所谓改过和迁善，这个过错事实上有的时候很小，有的时候很大，但是慢慢的在改过的过程中，使得它正面的价值能够体现。我们说儒家是入世的，一定要在现实世界中有抱负，能够发展，但是在元代《辍耕录》里面有一段话是很有趣的，两个儒家的学者，一位是许衡，一位是刘因。忽必烈一招，许衡就马上去了，为忽必烈服务。当时有人就很不满，说这有点过分热衷政治了。他说："非如此，则道不行。"你要行道的话，要卷入政治，事实上对自己人格的一些污点你也没办法照顾到。那么刘因呢，忽必烈请了三次，他还是不去。所以人家说，这一点是不是过分傲慢了。他说："不如此，则道不尊。"从尊道和行道来看，它有不同的选择。在今天的世界里面，大家都比较急躁，感觉到没有方向性。我记得以前我每次来北大，很有感触，因为清早5点钟，甚至更早，就有人在背诵，多半是在念英文。那个时候，我就说整个北大的学风是不得了，你要在美国的大学里面哪里找得到这样的。后来慢慢熟悉以后，了解到他们学习英文是比较功利的，考托福，或者甚至出国，我感觉到有点不安。那么在这些情况所面临的现实之中，我们如何能够把儒家思想中最基本的理念转化成为大家都可以接受的，从这个开始一步一步地转化。我觉得，变化气质一方面是太难了，我们每个人有不同的倾向，当然每个人会碰到不同的困难，那么改过和迁善的中间不能够一个人自己做，一定要亲师取友，一定要有一批朋友，大家共同努力，就会发挥比较大的力量，从最初步、最简单的地方下手，我想这个逐渐地改变的可能性还是有的。

范曾：对。

主持人：今天在座的还有北京大学和清华大学的知名学者和教授，我想能有这样一个机会参与到两位的对话当中来，也是非常非常难得的。首先我们请北京大学的董强好吗，看看您有什么要说的。

董强：第一个问题，就是说他们认为儒学里面对女人、对女子的定位太低，西方因为男女平等的概念已经根深蒂固，所以每次讲孔子、讲儒学，都会第一个就遇到来自这方面的一种抵触，您两位对这个怎么看？第二就是对于家庭这种感觉，很多家庭发生的情况是小孩去教父母一些新东西，有一种反雏现象，小孩发现自己懂的东西远远要超过他父母，这个现象你们怎么看？

范曾：西方的学者对中国的学问缺乏一种大而化之的眼光，因为它是大而化之的学问，你就该用大而化之的眼光去看它，可是他们往往抓住一点不及其余。比如说孔子"唯女子与小人为难养也，近之则不逊，远之则怨"的言论，可是孔子的孝是包含全社会对女性的一种极端的尊重，"父母在，不远游，游必有方。"我想，母亲是全世界最伟大的女性，她是弱小生命的呵护，是一个成长的希望。孝道本身包含了很多，对中国这个国家来讲，从来都把孝字放在第一位。我谈一谈司马迁对国士是怎么分析的，第一个就是"事亲孝"，"与士信"，与士往来信，"临财廉"，遇到财产很廉洁，"取予义"，取和拿有义。他把中国大丈夫的精神通过国士的描写讲出来，最先也是提到"事亲孝"。我判断一个人人品，看他对父母怎么样，对父母不孝的人，你还可以跟他交朋友吗？父母，我可以告诉在座诸位青年学生，也许我这个不正确啊，和父亲讨论问题，讨论一个诗歌的好坏等等，都是父亲对。我父亲是位很卓越的诗人，我当然也是诗人，父亲讲这首诗怎么怎么好，"对！"其实我认为并不一定，"好！"爸爸做的诗拿到面前，"好，完全杜甫之风啊！"他生你、养你，你的血肉之躯都是从他那里来的。如果这一点心都没有的话是不行的，不就哄着老人玩吗，让他高兴吗？他已经八十几岁了，你还跟他争高下，干什么啊？我认为在座诸位如果能在"孝"字上想尽一切办法使你父母亲高兴，就在人格上前进了一步，这是容易做到的，而且也是你本身存在的。

杜维明：现在有很多的传统没有办法突破，比如说天主教或者伊斯兰教，但是关于"女子与小人为难养也"，我也和叶嘉莹教授谈过这个问题，也和很多的可以说女性主义者谈过。这大概不是一个性别论说，应该是一个政治论说，也就是说一个领导者，在他旁边很亲近的男人和女人，多半没有真正受过教育，处理关系要非常有智慧，因为让他们太接近，他们会腐蚀你的权力；让他们远离，他们会怨恨，那你的生活就不能保障。在传统中国，儒家的核心价值多半是通过身教，母亲的身教，一代一代传下来的。所以，在 17 世纪一位儒者的母亲就跟他说，要向我们传统中间的两位无父之子来学习，一位是孔子，他三岁父亲就过世了，另一位大家比较熟悉，"孟母三迁"中的孟子。现在我们讲孝子，就是孝顺儿子，这倒并不是说希望儿子能够孝顺，现在已经整个变了，在这种情况下家庭成为大家讨论的一个中心课题。家庭是一个复杂体系，有三五个人，有性别的差异，有年龄的差异，有地位的差异，有权力的差异，所以，三五个人要能够配合得非常好，能够和谐，这需要很大的智慧，所以，儒家所代表的家庭的基本价值还存在。值得注意的就是，儒家不是从一种浪漫的态度来说家庭就是温暖，儒家对于家庭的了解，有的时候非常现实，对家庭的复杂面相，它有非常深刻的体会。《孟子》里面有一段，舜的父亲是非常残暴的，继母对他又非常凶狠，而他的继弟一直想去掠夺他的财产。舜掉到井里面，他们就落井下石；要到屋顶去修房子，他们就在下面放火。反正是最糟糕的一个家庭。舜作为一个圣王，能够让那样糟糕的家庭和谐，非常不容易。其实大半的人都做不到，我们也都做不到。所以，"父慈子孝，兄友弟恭，夫妇有别，长幼有序"，这些基本的价值如何能在家庭体现是一个非常大的挑战。我们认为，儒家要进一步地发展，要对于女性主义所提出来的问题作一个比较创造性的回应。另外，儒家对于家庭的理解，这个智慧应该还在 21 世纪起到非常重要的作用。

主持人：今天我们听杜先生和范先生关于儒学的对话，不仅可以收获人生的智慧，其实对我们的心灵也是一种沁润。在多元文化的当今世界，当中国文化的影响力越来越扩大、越来越走向世界的时候，儒学所倡导的人与自身、人与人，还有人与自然、人与社会、国家和国家和谐共处的这些道理也是对当今人类文明的一种贡献。让我们再次感谢两位先生，也谢谢您的参与。再见。

五

主持人：大家好，欢迎走进《中华文明大讲堂》。今天我们继续在人文气息浓厚的北京大学百周年纪念讲堂进行我们特别节目的录制。今天我们继续邀请到杜维明先生和范曾先生，给我们带来关于儒学的对话。今天在现场的还有来自北京大学和清华大学的知名学者和教授，在对话的过程当中，他们也会参与进来。另外还有北大的学生，在节目的最后也会有机会和我们现场的嘉宾进行互动交流。好，现在我们就把时间交给两位先生。

范曾：孟子讲"人之初，性本善"，荀子讲"人之初，性本恶"，王阳明怎么样判断呢？他说，孟子是从源头上说起，也是大概言之；荀子是从末流上看，也未必错。这是我看到一位大儒对性善和性恶一段最精辟的分析。善的基因或者恶的基因存在于每个人身体的内部，我们为什么特别强调良知良能，强调人的根本善，这是儒家从最积极的方面考虑人性的可塑造性。我有一对双胞胎孙女，董强是经常看见的，两个都非常可爱，可性格全然不同。妹妹对每一个问题都要拐个弯，姐姐就直来直去。这是谁教她们的？同样的父母，同样的祖父祖母，同样的外婆。有一次分苹果，都想拿那个比较大点的苹果，这谁教她们的？人作为从动物族类里升腾起来的人，必然带有亿万斯年这些动物身上存在的一些因子。这种因子，我想，也是不教而能的，也是不虑而知的。所以，在良能良知以外，还有一个恶能恶知。我想，荀子并没有把这个看死，他认为如果人性恶的话，一定要通过自己的修为来改变这个恶，你的人生才不会开出罂粟之花，结出魔鬼之果。在还未然成形的时候，在最容易受影响的青少年时代，使他根深蒂固地种下一颗善的种子，这非常必要。我们可以请一些心理学家、哲学家，甚至科学家，还有教育方面的人才，集中起来编写关于"礼"的教科书，这本教科书是从小必须学习的。我觉得我的法文学得非常不好，可是有一句话我知道，叫"对不住"——pardon，你无论是踩着别人的脚，或者人家踩着你的脚，两个人同时说一句"pardon"（对不住），天下无事。今后是不是像"对不起"这句话，可以用在任何时候？没有分别过错和是非之前，已然有了一颗宽恕之心，这实际上是儒家所强调的良知，这是我们现在可以做的。大学校，如果是尊敬的、有名的、特别有权威的教授来，大家肃然；稍微没有名的，我就见过大学生和那些副教授、教授驮肩搭背、很哥们弟兄的样子。这不可以！地位不同，一个是学生，一个是老师，不可如此。是不是？南开大学有位大科学家申泮文，化学的学部委员。他看见一位男青年和一位女青年在马路上接吻，申泮文教授看了以后勃然大怒。老一辈人看不惯，申泮文怒不可遏，他想到南开大学应该有什么样的校风，这样的话怎么行？申泮文先生非常可爱，你如果见到他，你们会很快成为朋友，非常可爱的一个科学家！

杜维明：我一直在考虑这样一个问题，就是如果使我们的国民性能够和您前面所提到的汉字之美，不说全部吧，一部分能够配合。它有高华的一面，它有朴直的一面，它有简约的一面，它有圆融的一面，这都是我们的理想。但是鸦片战争以来，特别是五四以来，我们经历了很多变化。中华民族源远流长，历史的记忆非常雄厚，可是现代中国史，如果就最近一两百年来看，它的断层非常厉害，和传统文化之间确实有很大的距离。就今天来说，因为市场经济的力量特别大，社会逐渐成为市场社会了，所以，在这一个氛围之中，我们重新来考虑如何发掘传统的资源，如何使它和现代人，特别现代的年轻人有一种亲和感，我觉得这是非常大的，我不愿意用"工程"，应是非常大的"挑战"。我在1985年曾经来过北大，这段时间以后，我发现现在的情况，不能说完全乐观了，可以说有很大的变化。年轻人开始从传统诗词歌赋，还有哲学思想、历史中吸收了很多新的资源，大家也是以开放的心态来理解。对于五四以来文化传统，不说"评价"，我们应该以什么样最好的态度，或者不能说"最好"，以一种平正的态度来面对？因为国民性的问题在当时提出以后多半是负面的，认为反正国民性就是坏的。那么现在怎样在当下复杂的情况下重新来反思这一课题？

范曾：五四运动的确是中国近代史上一场非常重要的运动，是中国新民主主义运动的开端。当时北京大学充当了一个非常辉煌的角色，"科学"、"民主"的口号从这儿提出。其实，五四运动的时候，鲁迅、瞿秋白等都是青年。一般青年都感到祖国积贫积弱，非常忧虑祖国的前途，爱之深恨之切，有一种"哀其不幸，怒其不争"的心情。这种对整个民族的心情，鲁迅先生概括得很典型，人家称中国"东亚病夫"，因此需要中国人"强其骨"。因此，鲁迅和瞿秋白都曾经提倡斯巴达精神，要有健康的体魄，然后要有健康的精神。

认为中国的败落，或者中国的落后、中国的不进步来源于方块字，来源于思想载体本身。他们当时来不及像今天这样平心静气地谈这个问题，鲁迅先生曾经还说过："方块字不灭，中国必亡！"瞿秋白更激烈，他说："方块字是最卑鄙、最龌龊、最肮脏、最混蛋的一个臭茅坑。"恨之入骨！当时跟某电视台的主持人讲了这些，他说真是这样吗？我第二天拿着瞿秋白的书给他看，的确是这样说的。在公众场合，我和杜先生不能随便乱说，对不对？可能有时候会记错，可是这种话不能乱说。现在静言思之，是不是会对他们很反感呢？不是。我感到他们可爱的程度大大超过了对他们的反感，因为他们爱这片土地，爱这片土地上的人。我相信这些都体现了年轻时候的血气方刚，到了他们老年，他们才是真正的民族文化的捍卫者。

杜维明：其实今天我们讨论的时候，大家还有这种感觉，儒家的传统和"科学""民主""自由""人权"可能有不相合的地方，因此它的现代化有很大问题。所以，当时信以为真，认为确实需要通过牺牲，通过铲除传统价值塑造我们的民族。这太过乐观了，认为如果以反传统的方式把传统价值铲平，那么西方的伟大价值就能自然进来。其实不是这样。你对传统是粗暴的态度，那么引进的西学一定是肤浅的，如果你对传统的核心价值不加以重视，不加以研究，你对西方的核心价值也很难能够引进。科学不是功利的，科学是追求真理。而且最难过的，就是将中国文化的糟粕和西方文明最高的价值比较，这样的心态大概一直到今天影响还是相当大。所以，儒学如果要发展，昨天有朋友说，不要说走向世界，先要在中国发展，这是我完全赞成的。所谓拨乱反正这些问题，我们怎么能够以平和的心态对它，认为它是开放的，认为它是多元的，也认为它有反思能力，我们对它有的时候可以很严格地批评。其实，五四知识精英对中国传统糟粕的批评我都能接受，这是糟粕，但是除了糟粕以外，是不是还有很多深刻的东西，我们完全给忘了？您提到了很多做人的道理以及文字之美，这些深刻的东西我们都忘了。现在一项重大的工作就是怎样使这些最精华的价值，有些不一定要在中国社会上充分体现，但是让我们这个民族感觉到是一个伟大的民族，是一个历史渊远的民族，而且也是可以与世界各地互相参照的民族。我觉得也许现在到了时候了，应该有一种核心价值的对话，我们的核心价值和西方的核心价值。这个对话的意思不是评比，不是说我这个价值比你高，或者是你的价值比我高，要互补。

范曾：谈到民族性的问题，的确和这个民族的思维方法有很大的关系。那么儒家，可以讲是儒教，它有经典，有四书五经，有十三经，有很多历代杰出的思想家留下的丰厚经典。所以，也不一定就是中国的经典里不存在民族性的精华，毛泽东曾经说过："发扬其民族性的精华，剔除其封建性的糟粕。""三纲五常"里的"三纲"固然可以考虑是糟粕；"仁义礼智信"我估计不是糟粕，这就是精华。早在2500年前到2300年前，中国的人文主义精神，我们从经典上面可以找到。孔子的"仁者爱人"，孔子他实在是一个圣人，可以讲是一个对学生非常之不装腔作势的人。"吾有知乎哉，无知也。"孔子还说："吾少也贱，故多能鄙事。""我"小时候的地位相当低贱，所以很多的累活，吃苦的事情都能干，从这可以看出他的朴实无华。作为一个圣人，实在是很难得。甚至可以说，世界上最早提出取消死刑的是孔子。孔子讲："善人为邦百年，亦可以胜残去杀。"善人，这里指善良的人。三代人为政百年，可以胜残去杀，刑罚可以不要，死刑可以取消。在世界上，我不知道西方的经典中，是不是2500年前有人这样提出过取消死刑制度。孟子所讲更明显了："民为重，社稷次之，君为轻。"这种人本主义很简约、明确、掷地有声的提法充分体现了语言之美、思维之深刻和他的一种力量。我不懂科学，可是经常和科学家交往，因为能听到我完全不知道的东西，他也能听到不太了解的东西。杨振宁就说，一个人头发的横切面可以排列一百万个原子。那分割完了没有？还没有，远远没有完。因此就渐渐接近中国的"无"了。"无，名天地之始；有，名万物之母。"中国大而化之的思维，有时候非常之妙，这甚至还需要实证科学继续做很多工作。中国吃亏在逻辑思维没有发展，因此中国的数学不能够很好地发展，因为数学的灵魂是逻辑。有一次我在清华大学做报告，我说诸位数学当然不错，否则到不了清华大学，我就提了一个问题，$1/2+2/3+3/4+4/5$ 等于多少？抢答。大家相看而笑，没有一个人站起来。

我说，等于二又六十分之四十三。我说范曾没这个算的能力，这哪儿来的？
《九章算术》。汉代的《九章算术》不是数学，它是算数的"术"，它不是逻辑
推演的结果，不是假设、求证，得出根，它不是这个过程。中国自古以来有
对"机心"的提防，庄子就认为"有机事者必有机心"，有机心人类就会堕落。
不是子贡问一个灌水的老人嘛，现在发明桔槔了，出力少而事功大，你为什
么不用那个？遭到老农夫的斥责。这就是昨天讲的《庄子》书里经常对儒家
通过重言来编造故事，这是庄子的博大思维。

杜维明：我觉得真正的核心价值，儒家的核心价值，就是仁爱的"仁"，
而仁爱的"仁"，从孔子角度来体现，就是一种温顺的，一种恭敬的，一种善
良的，也正是您提到的今天在这个社会上比较缺少的重要的行为典则。从
"仁"来看，它是一种通德，就是各种不同的德目都和"仁"有密切关系。礼
和仁有关系，勇和仁有关系，义和仁有关系，信和仁有关系，忠、恕都和仁
有关系……任何一个德目，假如没有仁的因素，这个德目本身就有堕落的可
能。假如礼而无仁，就变成形式主义；义而无仁，可能变得比较尖刻；勇而
无仁，就变成匹夫之勇；智而无仁的话，就可能是小聪明；信而无仁是小信、
小义……仁，其实它最核心的，从孟子角度说就是恻隐之情。我有一个经验，
好多年以前在意大利，和德国一个非常重要的哲学家，叫 Gadamer（伽达默
尔），有一个下午的时间，走在意大利的一个花园。我只想问他两个问题，一
个问题就是他对于同情的看法；另外一个问题是对于一般的普通常识的看法。
他不能完全接受同情的重要性，认为同情是会被利用的。确实有这一面，但
是他不了解儒家所讲的恻隐之情，不是一般能够鼓起群众的动力。能够鼓起
群众的动力中可能有同情的作用，这是他所担心的，但是儒家的恻隐之情是
没有这一面的。关于普通常识，您讲过儒家最基本的精神就是人类价值最高
的体现，就在人伦日用之间，它没有通过另外的世界来体现。那么人伦日用
之间，不仅是最高价值的体现，也是所有儒家重要的大师大德希望能够塑造、
能够促进的最重要的园地。所以，我们现在是不是从第一步对日常生活，生
活的习惯也罢，人与人相处的方式也行，从这些方面开始重新了解仁、爱、

慈悲等价值的重要性。

主持人：聆听了两位的对话，相信我们每一个人都会有不同的感悟和不同的思考。现在我们请来自北大和清华的教授和学者来发表他们的观点。

夏学銮（北京大学社会学系教授）：要挽救人类精神颓废这样一个伟大的历史使命，我们的哲学，我们的儒家哲学还要做些什么样的改善？

杜维明：大概从上个世纪80年代就提到"十年河东，十年河西"，也有说21世纪是亚太的文明，是亚洲的文明，是东亚的文明，是中国的文明。我们看现在发展的趋势，范先生直接参加联合国多元文化的工作，这个多元的倾向是不可抗拒的。儒家是文化中国其中的一个资源。其实现在最有影响力的应该是佛教，还有道家道教，它们有它们的生命力，还有很多民间的宗教，所以，儒家在文化中国只是一个潮流。不管我们把"文化中国"怎么样扩大，也不能包容儒家的传统，因为它也是日本的，也是韩国的，也是越南的。所以，儒家的传统如果要进一步地发展，我们要做的工作，就是根的发展。因为在根方面如果没有发展，边缘再发展，多半是遗憾，就等于唐君毅先生说的"花果飘零"，飘零的花果在各个地方它都能发展，但是他下面有一句话，叫"灵根再植"，这个"灵根再植"一定是中国大陆。

范曾：我还愿意很乐观地想象，人们估计20年以后，操英语的人大概有30亿，操汉语的人大概有20亿，这是一个巨大的数字。现在孔子学院和世界性的学汉语的热潮，是前所未有的现象。中国如果有20亿操汉语的人，都把儒教作为一个宗教信仰那么虔诚地对待，这需要一个普遍的态度，就是我特别强调的从少小时开始，它的意义将来会非常之大。所以，杜维明先生提出来我们走向了一个心学时代，这真是抓住了儒学的要害。这对每个中国人来讲，是件值得自豪的事情，也是需要我们努力从事的事情。

主持人：下面我们请清华大学国学研究院的陈来院长也跟两位交流一下。

陈来：以前我了解范曾先生是艺术家，今天我看范曾先生对中国古代的各种典籍、儒释道都下过功夫，相当博学。我想问您一个问题就是，艺术家同情地了解儒家，同情地了解理学，如何成为可能？您作为艺术家，您创作这幅孔子像，您创作的思想历程，能不能跟我们说一说？

范曾：我曾经写过一篇文章《童心论》，主要是谈宋明理学，谈良知和根本善。一个人如果童心未泯的话，他看待事物，看待社会，看待人生，会是一双非常活泼的眼睛，或者以一颗纯洁的心灵去体悟。比如最近到虎年了，虎年要出邮票，我就想到很多画家画的老虎非常凶，好像要做一个万类的霸主，我这次就不画了，我画小老虎，越画越高兴。这个老虎它有威风在，可是它又是个小的，很年幼，充满了童心的一个动物。为了这件事，我还让动物园拿了几只小老虎到我家来，看了半天，还抱起它来。和猫差不多，当然重一点，头大一点，可是好玩。越画呢，就越激发了我《童心论》里所阐发的那些理论。包括画后面这张画（《唐人诗意图》），我想诸位一定会看到，我画这幅画的时候，内心一定充满了喜悦感，充满了对万物生灵的爱心，一种欣赏，在和谐的心智下用我的笔去挥毫。这种精神状态要持续，因为中国画和西方画不一样，中国画是兴奋的，它不是靠耐久力，而是靠灵性、灵感。灵性、灵感的发源地是什么很重要，如果发源地是一颗很纯良的内心，就会有纯良的一些表现。这张孔子像是我参照了李公麟的、吴道子之后画的。我觉得历代画家对孔子这样一个动作的描摹，已经成为人们相信的孔子的一个动作，而这又和《乡党》篇吻合，就是鞠躬如也，那是源自内在的谦虚。孔子为人有非常质朴的一面，可是他又绝不是一个没有威严的人，因此要表现他相当矛盾的两方面。孔子在《论语》里所讲的"吾少也贱，故多能鄙事"，有来自生活底层的一些风霜；又是一个巨大的圣人。这几个方面，我是否表现出来了？不一定，可是我画的时候的确是这样想的。

主持人：下面我们请南开大学的赵均教授也发表一下感言。

赵均（南开大学文学院东方艺术系）：传统儒学的仁爱，还有孝悌之心、忠恕之道、仁义礼智信，我坚信这些一定具有普世价值。怎样在当今世界中让我们年轻人能够辨析在世界整体文化中它的价值、它的位置，还有和西方具有代表性的基督教两种核心价值的关系，内在的联系，它们的差异和共通性？请两位大师谈谈。

杜维明：联合国在 2001 年由科菲·安南组织了一个文明对话小组，小组里面有一位神学家叫孔汉思，我们经过了长期协商，大家同意儒家的忠恕之道有一个特别的基本原则，就是"己所不欲，勿施于人"，应该是作为人类文明对话的最基本的原则。事实上就是我认为最好，不一定要强迫其他的人接受，他还没有达到这个水平一定认同是最好的。另外再举一个例子，孔子提出"以直报怨，以德报德"，人家对你如果是完全有暴力倾向的，那你可以以正义来处理这样的事情；人家对你爱，对你是表示友善的，你也应该对人家爱，对人家表示友善。这些讨论我们现在叫德性伦理，儒家传统已经成为世界上讨论德性伦理不可或缺的一个侧面。最后一点就是 1900 年世界哲学大会，也就是哲学界的奥林匹克，在巴黎召开。一直到 2003 年才到伊斯坦布尔，才到土耳其，等于没有离开欧洲，去年第一次到了韩国的首尔，他们把儒家哲学、佛教哲学和道家哲学都列入讨论的重点，这个将来会继续下去。最近我到莫斯科开了一个学术会议，大家做出决定：从下一届在雅典召开开始，中文成为哲学界的官方语言，所以，将来我们发展的空间可能就更大了。

范曾：南开大学今年（2009）竖了一块碑，我写的是"讲信修睦，和衷共济"。"讲信"一定有两方面，"和衷共济"一定有两方面，这也是今天解决世界问题的一个很重要的方面。儒家思想有很多要言不烦的格言式的经典语言，都是能够使人容易听得懂，而且容易去践行的，今后会有一些可以为世界各国人民耳熟能详。中国人坚持的道理，不是忽然拿本《圣经》给你，或者拿本朱熹的《四书集注》给你，因为我们还需要一个帮助他们走进微妙法门的方便法门，要使他们有一些比较容易接受而且简单可行、耳熟能详的东西。

加州大学博士：二位老师好！我是理工科的学生，我本来在清华大学读书，后来去了美国加州大学读博士。我有两个小问题。一个就是，我在去美国之后学它的数学，那种美把我深深地吸引了，您觉得在儒学走向世界的过程中在推动中国数学发展方面应该做什么？第二个问题是，我们强调多元的同时，是不是也应该强调一下作为人共同的东西？

杜维明：第一个问题，我没有资格回答。第二个问题，我也是这样想。除了文化多样性以外，必须考虑普世伦理的问题。如果不考虑普世伦理的问题，只考虑文化多样性，我们会走向一个相对主义。相对主义其实对于人类文明的共同发展有很大的缺陷。

范曾：我来回答你的第一个问题。我的数学不可以和你比，一定是这样的，可是有可以和你比的数学家——陈省身，他曾经跟我是非常好的朋友。我经常对他提出很多极为幼稚的问题，我说，你们数学家坐那儿，谁知道你们想的是什么啊？他说那他们就可以胡说八道。其实这是很幽默的回答。我说，中国的算数术对世界是不是有意义，你的数学是不是根在中国的算数术？他说，这个大体上没有关系。我觉得陈先生是一个很诚恳的人，讲话不会随便。谈到中国古典学问对数学家有没有用，我说绝对有用。为什么？因为杨振宁先生也是数学家，他当然是物理学家，数学也非常好。他们两个人都非常喜欢作诗、写文章。郭长虹也给我整理了一篇我和丘成桐的对话，谈诗歌。他说："我做数学，感到有时候想得困惑的时候，看看中国的诗歌，心灵就油然而动。"我想，这对这位年轻的数学家是不是有些启发？

主持人：刚才杜先生和范先生又进行了一场关于儒学的精彩对话。两千多年来，儒家的思想文化一直和中国文化，还有世界各国的文化交融贯通，影响着社会的发展，同时也回应着各种各样的挑战。再次感谢两位先生，也感谢您的参与。再见。

（来源：南通大学范曾艺术馆根据《天与人》

杜维明、范曾先生对话现场录音整理）

我梦想成为画家

——范曾对话

张晓凌

时间：2005 年 1 月 19 日下午

地点：北京·范曾家

张晓凌（以下简称张）：中国文化的传承有多种方式，其中很重要的一种就是文化家族的传承。文化家族这种景观在世界文化史上也是罕见的。正因为如此，中国文化才能不绝如缕，绵延至今。作为范氏家族来讲，从范仲淹"忧乐天下"的传统开始，到您这一代，已经第 29 代了。那么，您是怎样看待文化家族在文化传承当中的作用的？

范曾（以下简称范）：文化家族作为一个社会细胞来讲，是中华文明传承很重要的一个途径，尤其是大的文化世家，通过互相联姻通婚等方式，构成一个庞大的文化精英网络，以此相互沟通、联系和互相影响，这对文化传承的意义非常重大。以我们这个家族为例，晚清桐城派的巨儒吴汝纶对范伯子有知遇之恩，并且把姚鼐的后人姚倚云介绍给范伯子为妻，这种关系好像是联姻关系，实际上是一种文化现象。还有我们和江西陈家的结缘，陈宝箴极力促成他的孙子陈师曾和范伯子女儿的婚事，就源于陈宝箴对范氏的诗文非常欣赏，他说自己甚至愿意搬到江苏来住，这可以看出一个文化世家是多么有魅力和社会吸引力。实际上范伯子的弟弟范钟还是陈衡恪的老师。从这个角度我们还可以发现圣人是易子而教的，自己教自己的后辈往往不妥，你的儿子我教，我的儿子你教，这种关系同样构成了中国的一种文化景观。

张：易子而教也好，互相联姻也好，可以理解为文化家族之间的一种互动，这种方式给一个家族带来新鲜的具有活力的东西，有利于文化更好的繁衍传承。如果是一个封闭的系统就很麻烦。

范：太封闭的系统就像近亲繁殖一样，生命力会越来越弱。

张：作为您本人来讲，是从您父亲那里得到的启蒙教育，这也可以看作是对家族文化的接纳和承袭。您在文史、诗词方面的修养在当代艺术家里是最好的，以此来看能生在一个文化家族里面是很幸运的。

范：很幸运。陈师曾是晚清到民国时期的天下第一公子，什么叫第一公子？过去讲北京四大公子都出身于官僚财主家族，可文人家族中的公子谁能超过陈师曾？他是陈散原的儿子，范伯子的女婿，所以陈师曾成为一代名师是必然的。再拿我父亲来讲，他是范伯子的孙子，诗词、国学都非常好，《诗》《书》《易》《礼》《春秋》《尔雅》等等，他都非常熟悉，因此念错字、别字在我父亲那里几乎是不可能的。还有我自己，十几岁时《离骚》就全背下来了，有这个基础和没有这个基础是不一样的。有一次我和文怀沙先生聊天，我说您是楚辞专家，我们两个背《离骚》，你一句我一句，背完以后他抱着我说：现在像你这样对楚辞如此熟悉的人没有了。我开玩笑说：您本人就是楚辞专家，怎么可以说没有了呢？这些都是得益于从小的一种熏陶。因为有了家族文化的基础，到了学校，比如说我到了南开大学历史系，我就知道哪些书是我爸爸曾经非常重视的，是我应该认真读的，哪些书是很有意味的。我从 17 岁上大学就比其他学生有这方面的优势，因此，我当时虽然只有 17 岁，但是我的成绩最好。

张：我觉得您特别幸运，除了有一个好的家族文化背景之外，在读书期间也获得了一个非常好的文化生态。比如说您师从的南开大学诸位名师，中央美院的蒋兆和先生，另外还有郭沫若先生，当时郭老对您的评价很高，您还和沈从文先生编过《历代服饰》。您当时面对的这些前辈都是学界泰斗，这对您的成长也起到关键的作用。

范：这个文化生态是不可再得的。因为我们这代人所见到的那些学者上承了乾嘉以来的严谨学风，他们学识的渊博实在是令人叹为观止。我当时在南开大学所接触的那些教授，如雷海宗先生，现在是被世界史学界公认的能够和斯宾格勒以及汤因比相比肩的大师，他精通十几国语言，讲起课来滔滔不绝，那种仪表、那种学问和浩荡的气派我想再也不会有。还有像王玉哲、谢国桢这样的大学者都亲自上课。在中央美术学院的蒋兆和先生、李可染先生和李苦禅先生都是我的恩师，还有其他许多老师也都是非常有学问的人。

张：中央美院是一个以写实为核心的教育体系，蒋兆和也一直坚持这样的教学理念。前几年关于中国画教学的讨论很多，很多人认为学习中国画应该把西方的写实教育方法剔除出去。您曾经为蒋兆和先生画过像，蒋兆和先生还给您题了跋。如果没有一套西方写实绘画的基础，只是依靠中国画的造型传统，您还能不能把蒋兆和先生画得神采飞扬，您是怎样看待这个问题的？

范：人类历史上遗存下来的一切优秀的文化遗产，只要我们能够认真吸取它的精华，又能够立足于民族文化传统的深厚根基，就不会受到西方艺术的冲击而丧失民族的文化，只会在原来的基础上前进。过去中央美院对西方素描的理解有它的片面性，基本上是受苏联素描教学的影响，而苏联素描教学主要是契斯恰可夫教学体系，我们不能轻易否认契斯恰可夫教学体系，因为它造就了苏联很多伟大的画家，可是这种素描不是唯一的素描，西方的素描是五彩纷呈的，还有安格尔素描、米开朗基罗和达·芬奇的素描等等。

我认为蒋兆和先生伟大之处在于他很了解西方素描的精髓是什么。蒋兆和先生希望我们在三维空间里多角度地观察对象，对结构要有整体把握。另外他对细节非常重视，包括皱眉时的微妙变化，甚至对眼黑的把握都要反复观察推敲，这对我们严格地掌握造型能力有着非常重要的教导作用。所以谈到真正地传神写照，蒋兆和先生无与伦比。有一点需要特别指出，蒋兆和先生强调结构，不强调光暗，他认为光暗仅仅是对结构的补充。

如果画人物完全是素描，而不用中国的笔墨，就达不到效果，因为宣纸是适宜表现的，而不适宜描摹。因此，在西方精确观察的前提下，还要用东方重表现、重抒情的方法去刻画。您可以观察我画的几个肖像，例如蒋兆和先生的肖像，那几个眼神就是他的，他的姿态完全是我想象的，不是写生的，所以蒋兆和先生看到后很满意，还给我题了一首诗。

后来我就发现，我学蒋兆和先生的东西，一下笔就是他的，如果这样走下去，我无法达到他，我必须走自己的道路。所以三十几岁以后，我开始彻底舍弃光，可是因为有原来造型的基础，因此我画的人物画就和其他人的不一样，无论从面部五官的结构变化，还是从不同的空间关系看，都有它的合理关系和表现力。

张：如果没有这样一种严谨的写实造型教育，现在您不用起稿就悬臂作画是不可能的。美术界对您的功底很惊叹，事实上，功底达到一定的境界本身就是一种"道"，所谓"技近乎道"就是这个意思。通过刚才的谈话我就知道了您和蒋兆和先生的区别。对于前辈大师，我们也许不能超过他，但是我们可以超越他，也就是从另外一个角度建立另外一种风格，以此达到超越。

另外，您在谈话和文章中经常提到一个很大的话题，那就是回归古典精神。这个古典精神包容量非常大，那么，中国应该怎样回归这样一种古典主义精神，这种古典精神在当下社会又能体现一种什么样的价值，请您谈谈这个问题。

范：回归古典和回归自然是我本人对新的东方文艺复兴的预言。这个观点不是我发明的，意大利文艺复兴时代就是以回归古希腊精神为旨要，他们要从古典文化里面吸取再生的养分。

东方现在也同样存在这个问题，可东方和西方有些不一样，我们必须清楚地认识到这一点。当西方中世纪处于黑暗时期时，它在文艺上完全丧失了浪漫的激情。而中华民族文化，从公元 4 世纪到 14 世纪，在知识分子的群体中出现了许多高度浪漫主义的文人，他们创造了我们辉煌的文化史，并没有一个像西方那样的黑暗时期。而到了 21 世纪，人类所面临的是一个追求全世界和谐共生的世纪，最需要反对的就是民族主义和国家主义，因此我现在所说的回归古典是一个全球战略，它包含对人类所有文化精华的一种凝聚。

张：您和当代很多艺术家的区别就在于您具有强烈的人文关怀精神，这也许是一个精神的差别，也许是一个品位的差别。最近看了您的许多散文和杂文，在作品里面仿佛看到一个金刚怒目式的范曾，很接近鲁迅的战斗风格——锐利、毫不留情。在您的笔下，对人类所面临的生存危机表达出了深深的忧虑和反思，这体现了一个知识分子艺术家的本质。而这样一种人文关怀精神恰恰是应该在当代艺术家中提倡的。从根本上讲，这也是艺术和当代社会、当代精神以及当代生存关系的体现。

范："生年不满百，常怀千岁忧"，这是自古以来中国式的人文精神，这种忧患意识成为中国知识分子纯洁的世代传承的思维方式。到了我的祖先范仲淹，他提出"不以物喜，不以己悲"，"先天下之忧而忧，后天下之乐而乐……"，我认为这些思想也不是范仲淹本人发明的，而是他把中国知识分子传统的忧患意识通过最精粹的语言表现出来。

由于这种感受，使我感到未来的人文主义不仅仅是意大利文艺复兴时期的人本主义，而且包含了更为深刻的内容和思想。从本质上看，今天的人文主义是对地球和人类命运的终极关怀。这种终极关怀实际上已经成为全世界所有学人、科学家、政治家、社会学家、艺术家所关注的事情，这种关怀倘若能够凝聚成世界性的巨大潮流，那我们人类还是有希望的，如果人类继续分崩离析下去，那么人类共同拯救地球的机会就会越来越少。这种危机感促使我写出了《警世钟》《沙尘，我奉上永恒的诅咒》等文章，也使我对艺术界的一些现象能够慷慨陈辞。

张：中央工艺美术学院并入清华大学的时候，在李政道的提议下搞了一次艺术与科学的专题展览，目的就是想论证艺术与科学是一个硬币的两个面，是一体化的，因为他认为在文明史的发展过程中两者始终没有分离，有着千丝万缕的联系。最近读了您对于艺术与科学关系的文章，您的看法和李政道的观点可谓泾渭分明，认为艺术与科学没有太大的关系。

范：在谈论这个问题的时候，首先要把哲学概念弄清楚，科学是什么？艺术是什么？如果概念混淆就很容易犯像李政道这样的错误。通过展览的作品，我看到那些艺术家们根本不了解科学，只是科学家们需要他们为科学的理论做出一些图解。这样做最终会导致艺术呈现出一片混沌性、荒谬性，很容易为后现代鸣锣开道。

科学家所看到的美不是艺术家所能看到的。天体物理学开普勒讲宇宙是六声部的交响乐，它不能为平常的耳朵所听到，只能为科学家的心灵所感到。我曾经问陈省身先生：数学到底美在什么地方？他说简直美极了，做得好的数学，其结果是非常简洁、单纯和漂亮，这是他生前和我讲到的，一言破的。天地有大美而不言，这个大美，科学家只是从科学逻辑上逐步地接近它，因此科学家所追求的美是一种公式化地接近宇宙本体的一种描述，这种描述越简练越妙。

柏拉图讲宇宙是永恒理念的摹品，而艺术是摹品的摹品。说我们的艺术是摹品的摹品，是不是贬低了艺术家？不是。艺术家有天才的摹品，也有拙劣的摹品，天才的摹品画葡萄，徐渭就能画出绝妙的葡萄，充满了生气，而且在作品中抒发了自己大感情，西方人画的葡萄像真的似的，鸟来啄，这就是愚蠢的摹品。科学之美，不能够加入科学家的主观成分，而艺术家的摹品是主观的，是游离于宇宙本体的，但游离不等于背离。

杨振宁先生和陈省身先生都不赞成艺术家与科学家一体化的论断。天津市的天文馆要搞艺术与科学的展览，拿着李政道的书给陈省身先生看，书中提出最先提出物理一词的就是杜甫，因为杜甫诗里有"细推物理"的词句，又讲屈原的《天问》是中国最古老的一部天文学著作。陈省身先生听完后开了句玩笑说，屈原大概不会知道地球是椭圆的，因为当时没有这种实证科学的可能，所以不要牵强附会。

科学家和艺术家合作产生的艺术精品的确有，西斯廷大教堂是米开朗基罗设计的，它的天顶画和壁画是完美的艺术，这是艺术和科学的结合，但不能因此说艺术就是科学，科学就是艺术，不可弄混。

张：我读过您的《庄子显灵记》，里面充满了奇幻的想象和睿智的思考，我觉得非常有趣。其中提到庄子显灵的时候第一个看到的就是太始，按照您奇幻的想象，庄子与太始同在。他们两个有许多对话，通过他们的对话，我觉得您对道家思想更感兴趣，尤其是对老子和庄子的思想，对儒学则有一些贬斥。

范：对儒学的贬斥是在谈庄子的时候，是庄子如是说，并不代表我的观点，这个有区别。我认为儒学也是非常重要的民族文化遗产，是中国文化的主流。

张：庄子有一句话，就是"六合之外，圣人存而不论"，然后太始就嘲笑他像小儒，这些语言似乎都有一点对儒学的贬斥。

范：孔子也主张不是人类社会的问题不要谈，不知生焉知死，他所关注的是现实的人和现实的生活，这是孔子非常伟大的地方，但是庄子反儒教反得很厉害。

张：在《艺魔》一章中，您谈到毕加索，毕加索和庄子有一段对话，写的非常精彩。通过这些描述，表达了您对西方现代、后现代主义的一种很强烈批判，如毕加索在心灵深处这样独白："我随便吐一口唾沫，他们也将在拍卖会上竞争。"

这也许就是现代社会和现代艺术的悲哀之一。西方后现代艺术的发生有它的客观规律性，它通过挪用策略，通过观念性，把所有的现成品都变成了艺术。我不知道这个艺术边界还要扩大到什么程度。

范：一个概念无限扩大的时候，它在哲学上就会失去意义。因此我们必须把概念的内涵和外延有个清楚的界标，这个界标要有秩序。我把一切不符合秩序的纳入后现代，把符合秩序的纳入人类文化的主流。有些人把贝聿铭圈入后现代主义大师，我认为贝聿铭的玻璃金字塔就非常符合秩序，它符合宇宙大秩序，不属于后现代，后现代不是一个时间的概念。后现代是集体无个性，属于怪、乱、脏、丑的集合。

如果按照我这样的界标来分析的话，就比较容易看清问题。我的界标就是以古典精神来重新审视当今社会和艺术，古典精神就是讲天地有大美而不言，四时有明法而不议。另外西方有一句谚语：当人们思考的时候上帝就发笑。为什么？你想的问题如果不符合宇宙的大美、大秩序，上帝当然会发笑。

20世纪40年代尤其是二次世界大战之后，西方现代、后现代主义迅速蔓延，在这里面，画商、评论家、艺术家的操作占了很大成分，最后毕加索等几个人出来了，但在这个浪潮里有千千万万个艺术天才被抹杀了。现在的人们逐渐清醒了，法国巴黎进行过一项民意测验，内容是列出自己最讨厌的画家，有接近90%的人选择了毕加索。因此我们可以看出他统治的时代已经过去了，可是西方又很难回到古典主义时代那样的兴盛。现在中国有些艺术家还希望重复一遍已经走到绝路上的西方现代、后现代主义，我想是没有必要的，中国也没有西方那样的哲学背景。

张：《庄子显灵记》在《诗人》一章中写道，范伯子、陈散原一些人在聊天，您对这些人的赞美实际上含有对文学史片面性的评判，而这种批判恰恰和西方新历史主义史学不谋而合。新历史主义史学是比较新的史学流派，它们的目的就是重新发掘被所谓的主流文化压抑的边缘文化，比如说在莎士比亚时代，有的剧本是别人写的，就因为莎士比亚名气大，写上他的名字就能上演，有票房，因而这个艺术家本人就被压抑了，历史上有许多优秀的艺术家，因为各种各样的原因，也被压抑在艺术的边缘，在艺术史上找不到这些人，这就是历史的片面性，《诗人》就是对这一历史现象的批判，这一批判非常准确，也代表了您的一种文学史观。

范：中国的文学史可以说是一部残缺不全的文学史，为什么呢，因为这里面存在着一个衡量价值标准的问题，就像我对唯物论和唯心论的分析一样，中国古代的唯物论者就几个人，那么唯心的就是反动的吗？如果那样评判的话，中国就没有什么文化精华了，因为中国大部分文化精华都是唯心的，因此我认为应该说好的哲学和不好的哲学。有的学者就问我，好的标准是什么？其实很简单，好的就是符合宇宙本体和宇宙大秩序的论说。如果以唯物主义和唯心主义做标准就很难说。

张：在以前的谈话中您提到黄宾虹是您最敬仰的画家之一。黄宾虹是一位百科全书式的艺术家，2004 年中国艺术研究院举办了一次黄宾虹国际艺术研讨会，其目的就是通过黄宾虹来解读一下什么是中国的艺术大师、艺术大师的标准在哪里。中国有很长一段时间在知识、文化以及艺术方面在世界上未发生太大的影响，这和一个文化大国、五千年文明古国的身份十分不相称，所以我们期待能够再出现像黄宾虹这样的大家，中国艺术因此能成为世界文化的一个价值尺度。目前无论是中国的知识分子还是政府机构，都开始意识到这一问题，然而一个艺术家的成名不仅仅是个人的事情，它还应该包括政治、经济等各个方面的因素，您对这个问题怎么看？

范：其实整个艺术史是少数人的事情，是艺术天才的事情。大师不是批量生产的，也不是呼喊出来的。有一次一个记者采访我和陈省身，说我是绘画大师，陈先生是数学大师，那么大师是怎样产生的？陈省身就想不出来。我说很简单，是冒出来的，陈先生马上赞同："说得好，是冒出来的。"因为不知何时、何地、何种机缘才产生大师，这个不可强求。黄宾虹的成功也不是强求来的，他的成功还有一个关键的因素，就是他的寿命，长寿！如果他八十岁就去世了，那么就没有黄宾虹，他的天才被发现是在他的作品有了真正面貌之后。黄宾虹本来就是天才，这是他自己发现的。李可染先生曾经给我讲，三百年来就是一个黄宾虹，三百年后他的地位还要高。我再举一个例子，明末清初的八大山人，如果中国美术史上没有一个八大山人，那么中国美术史将黯然无色，天不生仲尼，万古如长夜，其他任何人不可和他同日而语。

要问我如何评价自己，我认为古往今来的画家我都能与之比权量力，惟一例外的就是八大山人，黄宾虹是另外一路。如果天还能假我三十年，做三十年功夫的话，我的最大目标就是在三十年后，在人物画上能达到八大的境界。

"万卷蟠胸识自高　百川横地一峰尊"

——范曾教授访谈录

彭修银

彭修银：范先生，您的丹青意境、书法笔意、诗文浩气、国学素养为世人称道；您的人生漫道、悠赫家风、至人德清、异域梦思、痴情至纯为时人大有仰之弥高之感。我想这次访谈对您的艺术、人生、治学将是一次有意义的巡礼。

一、艺术与科学

彭修银：我常听您说，您一生最大的幸事是结识了几位世界级的科学家，其中有国际数学大师陈省身先生。不幸的是陈省身先生前不久离我们而去，对于与您有二十多年交情的一位杰出学者的去世，想必您此时感受一定很多，我想我们今天的访谈就从您与陈省身先生的交往谈起吧！

范曾：陈省身先生的去世，不仅是南开大学的损失，也是中国和世界的损失。他的创树是世界几何学史上的一座不朽的丰碑，巍巍乎高哉！他的名字正如杨振宁先生的名句："千古寸心事，欧高黎嘉陈"，已和古希腊的欧几里德遥接，和高斯、黎曼、嘉当并驾齐驱，杨先生的这两句诗已被世界科学界允为的评。

陈省身先生和杨振宁先生不仅是科学大师，他们对艺术也由衷痴迷，正是由于这一原因，我与他们由相识而相知，成为忘年交。

　　彭修银：据说陈先生生前，您经常与他还有杨振宁先生一起探讨艺术与科学中的美学问题。陈省身是国际数学大师、杨振宁是世界级的科学家，您是著名艺术家和学者，你们共同探讨艺术与科学中的美学问题，当能解开很多科学和艺术中的美学奥秘。

　　范曾：陈省身先生对中国文学和史学的癖爱，几乎令人惊讶。他熟读姚惜抱《古文辞类纂》，出口成章，妙趣横生。而杨振宁先生对唐、宋诗词的了解之深，令人匪夷所思。信手拈来，顿生新境。两月前我在清华大学作《王国维的审美裁判》为题的报告，有杨振宁先生和李学勤先生之点评，李学勤先生博学鸿儒，切中肯綮，自不待言；而杨振宁先生对王国维"有我之境"与"无我之境"的剖析，亦可谓鞭辟入里，令人叹绝。陈省身先生和杨振宁先生都谈美，但他们所谈的科学之美和他们所谈的艺术之美是两回事。他们对于这两片水域的挚爱和深切的了解，使他们不致将两片水域作牵强的拉扯。陈省身和杨振宁先生是科学家，不是艺术家，他们对那些身为科学家，而又试图引导艺术家的作为，一般不加评论，然而我能感觉到他们的不以为然。譬如陈省身先生认为李可染先生画的一根荒诞不经的线，题为"弦"，是"滑稽"的游戏。而对某科学家说屈原之《天问》为中国最古老的天文学著作，陈省身先生以为："恐怕屈原不会知道地球是椭圆形的。"

　　杨振宁则是用自己美妙而雄辩的文章，深情地描述科学之美，谈到"性灵"，他曾引用唐诗人高适的"性灵出万象，风骨超常伦"来描述狄拉克方程式和反粒子理论。科学家需要从"性灵"得到诗意般的启示，同时永葆决不与俗沉浮的"风骨"。对于数学之美，陈省身先生有一次被我问得有些茫然了，他说："美极了"，"真是美极了"，很像俞平伯先生谈最杰出的宋词时说"好"、"就是好"一样。凡可诉诸语言者，皆不可尽其美。但我可以体会陈省身先生心灵中数学之美正是庄子"天地有大美而不言"的逻辑之美，秩序之美，而不是我们艺术家表现于声音、色彩或形体的可视可闻的美。

彭修银：您曾在一次讲演中谈道，科学家发现的美和艺术家发现的美同源而相殊，艺术与科学属于两片水域：在科学领域，美的存在是一种发现；在艺术领域，美的存在是一种临摹。科学家的灵性是理性的飞跃，艺术家的灵性是感觉的升腾。这些都是从科学与艺术的本体结构来谈的，那么它们的功能结构主要表现在哪些方面？未来的艺术何为？

范曾：我们可以作如此说：科学之美是如实地描述自然本体之大美，而艺术之美则是对自然本体大美的临摹。在临摹中因艺术家禀赋、天分和识见之不同，就有了天才与拙劣的区别。伟大的艺术家都热衷于对自然物象的游离，然而"游离"不同于"背离"。"诗有别趣，非关理也"（严羽《沧浪诗话》语），"非关"一词用得有分寸，不是与"理"为仇寇，而是一种艺术所必需的"游离"。科学家的公式是对自然大美的描述，不能强加给自然一个公式，而艺术家却被独许以特权，可以加进主观的"非关"于理的成分。

以上所述为科学与艺术所发现的美之不同，是指他们的本体结构，而其功能结构则恐怕是经常邂逅的。西斯廷教堂的穹庐般的美妙的天顶，不惟是科学家的"杰构"，建筑师的妙造，也同样是艺术家的灵感。可惊叹的是它出于既是建筑大师、更是艺术大师的米开朗基罗之手，那科学和艺术得到最完美的结合是必然的。米开朗基罗的《最后的审判》和天顶画，当然"非关"于理，而它们却天衣无缝地附着于建筑之上，建筑一日不坍塌，米开朗基罗的艺术则一日不消失，本体结构不同而功能结构相洽，真是解释科学与艺术之间关系的最好范例。

科学一旦游离于天地的大美，便是谬误；而艺术游离于物象决不是与天地大美为仇寇。这种游离是艺术本身所必需，艺术有表现性，而表现性的不同形成不同艺术家的个性，人类的生活才从索然无味中得到慰藉和启示，这是心灵层面的事，却不是科学家的使命。科学没有表现性，你倘拉开舞台的帷幕，有位科学家坐在那儿想，或者专注地拿着试管在看，他们自己当然觉得美极了，观众哪里知道。天体物理学家开普勒所听到的六声部的宇宙交响，那种在时间的穿流中定出的界标，它不等于贝多芬的可听可感的《第九交响曲》，这就是科学之美与艺术之美的不同。

二、学者与画家

彭修银：我记得，您早在上世纪80年代就提出了"学者型的画家"。当今您不仅是闻名遐迩的书画大家，也是学术界公认的艺术史研究家。您现在一边在南开大学历史学院指导艺术史学的博士生和文学院指导文艺学博士生，一边还在中国艺术研究院指导艺术学博士生。您兼画家与学者于一身，可以说是一位典型的"学者型画家"。但对于一般画家（艺术家）来说也必须应该是"学者型"吗？

范曾：这个问题的确是我在80年代初肇建东方艺术系时提出的。我有感于中国画家的日益手艺化所导致的浅陋粗俗之风弥漫，再回顾中国千百年的美术史迹，不通于文而成大家者从未之见，深感南宋邓椿所谓："其为人也多文，虽有不晓画者寡矣；其为人也无文，虽有晓画者寡矣。"的确是切中南宋时弊的要言，至今仍可为警世之说。这些年我在带博士生的过程中，力图逐步实现自己的理想，希望他们能成为明于理而精于技的学者型艺术家或者艺术家型的学者。然而说时容易做时难，我的学生中往往博于学者疏于技，或者熟于技者浅于学。迄至目前为止，还没有令我完全满意的博士生，可是有几位会在未来使我满意，因为我看到他们的努力。

其实艺术是天才的事业，大师也不是能呼唤出来的。我与陈省身先生曾有一个共识：大师是冒出来的。不知何时、何地，因何种机缘、命运，天时地利人和，能冒出极少数的天才。叔本华所谓："民万而始有诸侯一，民兆始有天子一，民京垓（京垓，中国古计量数词，谓十兆，一说万万兆，极言数之大也）而始有天才一耳。"艺术不是挣钱讨生活的手段，艺术更不是名利之徒的敲门砖，抱着这样鄙俗卑微的愿望，而欲成"学者型"艺术家，不过是痴人说梦，而距"天才"，则更不啻天壤。

彭修银：学术研究和艺术创作也可以说"属于两片水域"，那么您是怎样对待这两片水域？我觉得您的治学精神、方法和能力也充分地体现在您的书、画、诗词和散文之中。

范曾：学术研究与艺术创作当然是两片水域，广义的学术研究包含着自然科学和人文社会科学，他们和艺术的区别，上面我已大体说清。我想你这儿问的是"这一个"，即——范曾的学术研究与艺术创作的关系是不是两片水域。我所探求的学术，大体是与人类的生命、心灵、思维、美感有关的形而上的理论，这些理论与自然科学（譬如数学、物理学、天体物理学）的区别在于，自然科学是"天人二分"的研究法，也就是推演法，而我所关注的形而上则是东方"天人合一"的研究法，也就是归纳法。这"天人合一"的研究法对我的学术与艺术的直接影响便是它们的水乳交融而不是牵强的捏合。有时看到几十年前的画、书法不免报颜，文章诗词亦然。及至四十岁之后，不惑之境方到，那是成就任何艺术大师必需的自信。自信不等于狂妄，疯狂不等于艺术上的胆量。"卒然临之而不惊，无故加之而不怒，"这种心态不只适用于为人处世，同样适用于艺术。

三、人品与艺术

彭修银：您曾对您的博士生和一些年轻的画家讲道：学习中国画"岂能仅自笔墨下手，更当从人品修炼入门"，"一个伟大的艺术家，他们的代表作品，必定是其自身品德的最后完成。""有美的心灵才会有美的发现，而一个空虚的心灵其中储藏的只能是荒芜和贫乏；一个丑陋的心灵则必然宣泄出令人憎恶的欲望和私心。"您如何以艺术家的人品来论其作品呢？另外，艺术家，特别是年轻的艺术家在当下应该如何加强自己的人格修养？

范曾：当然，这些都是儒家所推重的"道德文章"，连苏东坡这样有着浓厚道家思想的人，论诗文时也讲："有德者必有言，非有言也，德之发于口者也。"文艺史上不乏道德与文章割裂的例证，如诗人中的谢灵运、书家中的张瑞图等等，然则作为人类精神之担荷者，艺术家"纷吾既有此内美兮，又重之以修能"是一条大道。这样的榜样很多，我们不必舍近而求远，陈省身先生刚刚去世，新开湖边的烛光，已向全世界昭示了一代青年学子对真、善、美的追求，我希望于年轻人能有"三心"：一、感激之心，对祖国、人民的培育，对父母的深恩，对师长的呵护要永怀感激之心。二、敬畏之心，对宇宙本体、对大自然、对经典的人类文明、对学术上艺术上的先贤先哲，永远保持着虔诚的敬畏。那么，一切无由的膨胀，会立刻显其渺小。泰戈尔有言"一个人大为谦卑的时候，便是他接近伟大的时候"，这种谦卑不同于伪为谦揖，惟大心灵能有大谦卑。三、恻隐之心，对社会的弱势群体、对伤病残疾人员、对贫苦地区百姓，要保持自己广大的同情。以上讲的"三心"，莘莘学子们都可对照一下，便会发现缺少一些什么。那么，我们可以从此下手，一步一步地使自己成为一个高尚的人，一个脱离了低级趣味的人，一个真正的人。

四、艺术本位

彭修银：您无论在艺术创作，还是在美学理论中，艺术、美是您一贯的坚守。您的坚守"艺术本位"的美学思想，在当今后现代文化汹汹来势比照之下显得更加可贵。后现代主义通过消解中心和规则，消解了对立的存在，使个性得到最肆意的释放。然而后现代主义文化环境下的个性张扬完全是无意识的、反理性的，个性的生成拒绝了理性的阳光。由于缺乏理性精神，虽然个性化因素使后现代文化呈现出五光十色、多姿多彩的灿烂景象，但是最终不可避免地走向荒诞。我知道近年来您对后现代主义文化一直比较关注，我想请您具体谈谈这个问题。

范曾：我们知道西方的哲学自叔本华、尼采之后，发生了巨大的震荡，他们都是无神论者和唯意志论者，前者大体用于美学的层面，后者则用于伦理和道德层面，他们的理论没有本质的龃龉，只是根与干的关系。叔本华重天才，尼采重超人，这对人类都曾产生过巨大的影响。尼采死于1900年，他做梦也不会想到他的权力意志会成为三十年后希特勒的利器；叔本华更想不到他的天才说会成为后现代主义诸流派繁衍的依据。历史上的哲学创说者，被后人误解、利用是惯见的事，然而能改变人类的生存方式和艺术的命运，叔本华与尼采可谓造极者矣。

　　20世纪西方现代派与后现代派真可用范仲淹的"阴风怒号，浊浪排空；日星隐曜，山岳潜形"来比附。它们对古典主义作了一次釜底抽薪式的全面而彻底的颠覆。在后现代主义的大纛下，不惟形成了浩浩荡荡的艺术大军，同时更形成了无以数计的观众群体。群众一旦被谬误所蛊惑，其所迸发的盲动破坏，一似目下惊动世界的海啸。西方人都希望成为独立意志的人，然而殊不知，哲学不能带给他们所有的人富裕，尤其在社会的轭下讨生活的人群。在知道了尼采的"你是你自己"之后，现实同样会告诉他"你不是你自己"。西方是金钱的帝国，清高的后现代主义艺术家们难逃金钱制约的铁律。个性，我曾在一次讲演中称："一想个性便无个性"。其实后现代的艺术不过是想个性少，想花样多。而花样一离谱，便是怪诞，而怪诞的本质便是失序。失序之后，所有的后现代派艺术家沦入集体无个性的泥淖。"失序"就不是对宇宙大道的游离了，那是一种对秩序的破坏、亵渎和仇视。游离的目的是为了以自身诗意的裁判更接近宇宙本体的大美，而失序则是根本无视宇宙大美的所在。坍塌的废墟，是建筑物的失序，而废墟是大体相似的——赤葵依井、荒葛罥涂、破砖残瓦、野鼠城狐。那是丑的所在。而当心灵失序时，体现在作品中的景象，与此也大体相类，那是破败的、残缺的、黯淡的、淆乱的、死寂的，一句话，与生命的本质背道而驰。

　　西方后现代艺术家们与殉道者不是一回事，大体心中怀抱着无名怒火（佛家所谓"嗔"），或者心中一片苍白，在躁动与死寂两者之间跳腾徘徊。他们的说词是抗拒社会的不公与黑暗，然而那是一种极端自私的、狭小的、偏执狂的号叫，一如鲁迅先生《孤独者》一文中所写的魏连殳"……忽然，他流下泪来了，接着就失声，立刻又变成长嚎，像一匹受伤的狼，当深夜在旷野中嗥叫，惨伤里夹杂着愤怒和悲哀……"后现代主义哲学家要使人们相信，往昔的哲学、语言学、艺术……施行着"词语的暴政"，使这些后现代的艺术家们的胡作非为带有了悲壮的色彩。中国也有一位以抄波洛克为能事的画家，发出了对"真的猛士"的呼喊，大有从容赴义之慨。事实上艺术的前进乃是一种不假言说的、不思不勉的自然生发过程，即使鸡不叫，天依旧会亮，人们不需要他们的絮絮叨叨和声嘶力竭。高贵鹰扬的品性不会属于欲壑难填的人，他只属于信奉回归古典、回归自然，对宇宙本体心存敬畏，抱着精卫填海的宏愿，一步步、一点点地使自己纳入人类自我赎救的伟大行列的人们。

彭修银：荒诞是后现代文化艺术的显著特色。荒诞把艺术创作推向极端不合理，极端无秩序，时空颠倒，是非不分，善恶倒置，一切因素都荒诞不经、不可理喻。荒诞的艺术彻底扬弃了理性因素，用非理性的形式表现荒诞的内容，形成了一种特定的荒诞模式。对于这种"荒诞模式"您是如何看待的？

范曾：后现代必然最后沦为荒诞的模式，装着深刻、装着空所依傍，其实时时计算着如何引起社会轰动和画商的垂顾。他们不是独来独往的人，他们是攀附性的藤科植物，他们的精神绝对依恃着后现代哲学家费耶尔阿本的一面破旗，听说其唯一不抑制进步的口号是："怎么都行。"

彭修银：荒诞艺术在放荡和躁动中演变到混乱和颠倒的极至，人类终不能长期忍受颠倒和无序的痛苦和折磨，必然要求越过对立因素之间的鸿沟，实现一种更高的综合，在一种新的审美形态中寻求新的和谐。那么这种新的和谐型的艺术应该如何实现？我们又如何努力？

范曾：你谈到新的和谐型的艺术应该如何实现？我们又如何努力？前面已然谈到，艺术史的生发过程既不会受胡言乱语污染太久，也不会听从某人的说教而革故鼎新，我们需要的态度是耐心和等待，静观其变。

五、回归古典

彭修银：在上个世纪末一些学者提出了"奔向东方"的口号，并引起西方学者的广泛关注。当历史的年轮刚刚为 20 世纪划上了句号——新世纪一开始，您提出了"回归古典"的口号。我想请您谈谈，您所提出的"回归古典"是否是对"奔向东方"的一种积极回应？另外，您曾在一篇文章中写道：20 世纪之所以出现美的误区，是由于有丑的所在。20 世纪的现代派艺术对丑的迷恋、对真的怀疑、对善的嘲弄，从根本上冲破了古典主义编织的真善美的罗网。您所谓的"回归古典"，是否重新来编织被现代派艺术冲破了的真善美的罗网？

范曾：我所提出的"回归古典"不是东方主义的，这古典包含着全人类的经典文明，这是一个全球性的战略口号。我们面临着人类的文艺复兴这一个不争的事实。艺术史正依循着物极必反的铁律重新走上沧桑正道，"正道"是变化着的，沧海桑田便是自然生发的大变化。如果意大利文艺复兴时期所关注的是古希腊文明、希伯来文明，那么，我们所关注的则是人类往昔所创造的一切美好的经典的文明，从摩耶人到三星堆，从米开朗基罗到八大山人都是地球所共有。人类对真善美的天然趋近，那是人类生命的本质，忘却只是暂时的、局部的。

彭修银：美在新世纪的发展是与文化全球化的发展走向密切相关的。在 20 世纪最后二十年内，全球化以汹涌的浪潮席卷了世界的各个领域，特别是文化领域。文化全球化是一种世界性的文化熔融运动。然而这个时期的文化全球化对于后发展国家来说，特别是东方国家来说，表现为定位于寻求"现代化"前提下，而陷于"西方化"的可怜情形。由于缺乏异质文化之间交流互动的平等前提，所以东方文化的现代性建构往往是循着西方现代化制度的标准和框架来进行，以获得一种文化认同和价值肯定，自觉不自觉地走向"融入"或"纳入"西方文化制度的迷途。文化全球化在今天的发展亟需解决的问题，就是改变强势文化借"经济——文化"一体性的强权剥夺弱势文化话语空间的倾向，使异质文化之间的交流建立在文化自立身份的确认和文化地位平等的前提下，对自身的文化个性和价值观念进行反思和清理，在平等的基础上进一步完成异质文化及其价值观念的互补，生发出适应国家和时代需要的文化新形态。这个动态过程是否可以说就是美在当代走向新形态的文化背景？

范曾：我们对"文化全球化"一词应该有一界定，什么是必须全球化的？网络文化、信息文化，还有属于全人类为了地球的生存、文明不致湮灭的最后契约，这些是所有的国家都必须奉行和遵从的，而且无商量：你必须如此！这些当然是大文化的概念。另一种文化是未必走全球化道路的，譬如"中国画"，有人说"中国画"必须有"兴奋"的品性，因为西方的"兴奋"使艺术五彩纷呈。这真是荒唐之言，无稽之考，不知所指。如果就"兴奋"一词的本义言，那是艺术家对外物的一种强烈感发，我想大概全世界没有更比中国画兴奋的了。法国巴尔扎克笔下的葛朗台老头和高老头都只对钱"兴奋"，中国的书画大师的兴奋，大体来源于他们最善于兴起对美的自然感发，他们具有了亘古以还的"兴观群怨"的诗性人格。别担心，它不会如你说得那么悲观，它甚至具备了磅礴于天下的，潜在的文化品质优势。互补？也许。不过 21 世纪西方文化补我者盖少，东方文化补彼者盖多，谓予不信，请看文艺复兴的曙色正不动声色地在东方冉冉升起，黎明将至，我们需要拥抱它！

六、全球化时代的东方美学

彭修银：自 20 世纪 80 年代以来，全球化（globalization）作为一种话语已变得越来越普遍，从经济全球化、全球贸易、全球金融，到文化全球化——全球化在当代是一个不争的事实，它将全面而深刻地影响人类社会的现实与未来。而伴随民族主义、本土主义而日渐生成的带有强烈而浓厚的东方地域性话语的东方美学，如何审视自身，在扬弃地域性为其基本特征的基础上，着眼于人类社会生活的共性，凸显人类的共同价值和共同利益，建构一个用于解决

21 世纪整个人类社会生活问题的内在本质特征的全球化话语的东方美学？您作为一位东方艺术的创造者和东方美学的研究者，是否能给我们具体谈一谈？

范曾：我不十分赞成你的说法，正如上述，全球化的文化观从整体而言是对的，但是它并不囊括一切文化，即以东方的美学而言，它在肇创之初即与西方分道扬镳。东、西方在这方面价值观的差异，正是它们独立存在的原因，固守各地域的特性而不是使各地域趋同，正是美术史家和美学家的使命。东方的美学由于有至少两千五百年的积淀，它一方面十分沉重，而同时又流水不腐，在时空的川流中，生生不息，成为一个既自足而又不断前进的体系。这种前进不是庸俗的进化，而是一种"天演"。"天演"者，不假外力的周赡而圆融的变化也，严复译西方之进化论为"天演论"，意即在斯。出现"西方化"，甚至一时一际甚嚣尘上，不足奇亦不足怪。究其缘由，皆来自对东、西方文化的不甚了了。对自身文明浅涉则止，对西方文明则趋之若鹜，非驴非马，势在必然。但是一切真正的、为人类所共有的大艺术，都根植于地域的沃土。全球的话语首先是政治、社会、制度、宗教、法律、科学、技术等极广泛范围的谅解和寻找共同价值和利益的杠杆，取得一种人类的大和谐的共识。只有一种事物大体不需要全球话语，那就是艺术，即从中国古典诗歌而言，不要说叫西方人作律诗，即使是能读懂，就需要做三百年的启蒙工作。即使他们知道了意思，其中的诗心、诗韵、诗境、诗情，恐怕还不得其门而入。这里中国画就有了征服西方人的优势，因为可视、可感、可悟，只要不是笨伯，真正优秀的中国画，不难在西方找到知音。

彭修银：您曾在一篇文章中写道："东方哲学的终极追求便是和谐，它是和谐的哲学。因为东方人深知，宇宙一切都处于至大无涯的和谐之中。和谐，是一切伟大的存在方式，顺之者昌，逆之者亡。"的确，"和谐"是东方各国、各民族文化价值的基本取向和东方各地区、各民族多元文化所整合的文化精神。中国古代的"天人合一"、古印度的"梵我一如"（即作为外在的、宇宙终极原因的"梵"和作为内在的、人的本质的我在本质上是同一的）以及古代近东、中东地区素朴的"生命宇宙观"（即人和自然万物都是生命体，人与自然统一于生命）等，都是这一精神的突出表现。而在这一根基上生长出来的东方艺术和美学，自然是表现了人与自然的亲和关系及和合美学精神。那么我们如何来发扬这一"东方智慧"呢？

还有，东方美学的终极目的是人类的和谐，个体与群体、人与社会、人与自然的和谐。东方的美学与宗教、伦理相通，它超出美学之外作为一种治愈技术文明疾症的良药，其重人与自然亲和共生的特性有助于"生态伦理学"的形成。东方美学以不同的方式呈现了对生命、生活、人生、感性、世界的肯定和执着。主张为生命、生存、生活而积极活动，要求在活动中保持人际的和谐、人与自然的和谐（与作为环境的外在自然的和谐与作为身体、情欲的内在自然的和谐）。您认为我们今天自觉地运用这一生存智慧，可以有效地整合当代人类所面临的人与自然的紧张、人与社会的对峙、人与人的疏离等价值难题吗？

范曾：谈到中国古代哲学中的和谐，那是儒、佛、道所共有的，儒家的"讲信修睦"成为《礼运·大同》篇开宗明义的大旨，儒家的天人合一，最初哲理上的意义不大，主要是证明统治者的合法性，从子思到董仲舒都是如此。但到了洛阳程氏兄弟和王阳明那里，就具有了深邃的哲学意味，构成了感悟思维中宇宙本体论发展到极致的典型的东方智慧。当然儒家谈人际的和谐如"仁者爱人"、"推己以及人"、"己所不欲，勿施于人"，言近而意远，无疑对人类的未来有着极重大的意义。庄子的"齐一"说，不只是说宇宙万有包括大而言之的时间和空间的齐一，也包含着贵贱智愚古今寿夭等的"齐一"，连区别都是多余的，更何论矛盾和斗争。连蛮国、触国的战争，也不过是蜗角上的不足道的可笑的争斗。在这里，老子和庄子都是非战主义者。老子的反慧智、庄子的反科学，当然不利于科学的发展，然而当科学将成为对人类的全面暴力专政时，我们不妨回顾一下庄子对"机事"和"机心"的鞭笞，从而我们是否可以设想一门新的科学——限制科学，应在人类的新世纪创立，并且发挥它神圣的作用。

七、老庄美学

彭修银：对中国古典美学的研究中，您对老庄美学思想的研究花的气力最多，其影响也最大。您能具体谈谈您对老庄美学研究的情况吗？

范曾：老子和庄子都表面上反对美的创造，其实他们所反对的是这些音乐、绘画背离了天地的大美，所以说："五色令人目盲；五音令人耳聋"（《老子·十二章》）庄子则更追求一种没有经过人为破坏的天地淳和之美，一种纯真不加矫饰的自然之美。当庄子听到曾子引吭而歌《商颂》的时候，他感到一种难以言喻的天地大美，那是洪亮的、清澈的、坚实的、宛若宇宙本体一样大朴无华的美。这是庄子对宇宙大秩序的另一种形象的描述。庄子以为当艺术家接近"天门"的时候，也就是艺术家接近了艺术本质的时候，这"天门"或许正是艺术家心灵的本身。"天人合一"的思维，在老庄那里是如此的自然，哲学的论述东西方之不同是：西方不厌其烦地推衍，而东方的感悟往往直抵灵府，要言不烦。我有一次与陈省身先生聊天，我咄咄追问到底数学美在哪里？因为他的"美极了！"三个字，应该还有诠释和细绎。他眯着眼睛，自言自语道："简洁！漂亮！"我从大师的只字片语中所感受到的，胜过了美学家们的千言万语，我隐隐感到那无穷极的宇宙的太初，一定是极单纯的存在，中国哲学家用"一"字来代表。这"一"字具有至大无涯的容纳性。先外祖缪篆先生在《老子发微》中谈到《老子》书中的"大"，那"一"字便是天，而与负阴抱阳的"人"结合，便是大，这真是石破天惊的妙人解语。我的《庄子显灵记》已有邵盈午先生的注本，它对了解我的思想会有很大的导读作用。

彭修银：您研究老庄美学的三部重要著作《老子心解》、《庄子心解》和《庄子显灵记》，这些著作不同于一般的文本研究，而是以一个艺术家对理论的敏感，以"心"去体悟老庄美学之奥秘，这也可以说是您研究老庄的一个重要特色吧？

范曾：对《老子》和《庄子》，王弼和郭象都作过很好的工作，我只是作为一个艺术家的"心解"。"心解"云者，不是言古人之所已言。它们都是《老子》和《庄子》对我心灵的启示。每个人的"心解"都不同，它比移译更主观而自由，也可以说是我自信心的一种表现。

八、"警世钟"——新世纪的呼声

彭修银：刚刚落下帷幕的 20 世纪是工业文明高奏凯歌、走向辉煌的时代，人类借助科学技术的力量创造出了空前的社会经济的繁荣。人类借助科学技术的力量不断地向自然界索取，自然受到拷问时是沉默的，然而，它却给予了人类巨大的回击。现在自然界已经不堪忍受人类的掠夺和蹂躏，从水土流失、土地荒漠化、水资源枯竭、臭氧层空洞、生物濒危等自然生态的恶化，到人类文化生态、精神生态、人文生态及艺术与审美生态被屡屡地扼杀与破坏……所有这些现象和现实告诫我们：科技的发展在给人类带来繁荣、幸福和欢乐的同时，也给人类带来了种种现实的或潜在的威胁。它就像高悬在头上的达摩克利斯之剑，逐渐威胁到整个人类的生存和命运。对于这种现象您以艺术家的敏感写了《沙尘，我奉上永恒的诅咒》《警世钟——写在世纪末》等文章，发出了"拯救地球"的呼吁。请您谈谈您当时写这两篇文章的动机。还有，汤因比在与池田大作 1973 年 5 月的对话中，明确提出在未来的世纪里，应"寻求终极的实体"。所谓"终极实体"，既不是人，也不是神，而是包含在宇宙生命内部的"法"。这种"法"是宇宙的各种现象的根本规律，是在宇宙的森罗万象之间保持协调的各种法则的根本的实体——地球。在寻求宇宙的内在生命、寻求人与自然以及人与生态和谐共处的方案中，这些学者们不约而同地"奔向东方"。如汤因比说，如果可以按照自己的意志出生，他希望"生为印度的鸟"；如果必须要出生为人的话，他"希望出生在中国"，因为他感到中国对全人类的未来将会起重要的作用。他表示希望中国为世界的统一做出贡献，努力争取使世界的潮流从以物质为中心的方向朝以精神为中心的方向转变。

罗素也指出，中国如能取得政治、特别是文化上的独立，发扬人道主义精神，就可以形成与近代西方的物质文明不同的新的文明。他确信，今后中国将在"最关键的时刻给予人类以全新的希望……这个希望是可以实现的，因此中国将取得最高的地位"。您是否能就此谈谈您的观点？技术文明给人类社会带来进步的同时也引发了生态危机。那么今天我们如何来协调人与自然之间的关系，"回归诗意的栖居"，使人类与自然达到一种更高级的融合状态？

范曾：在上世纪末，我所写的《沙尘，我奉上永恒的诅咒》《警世钟——写在世纪末》诸文，当时心境有些悲怆，忧思难忘，发而为文，在社会上引起的反响，更足证这些忧思不是我个人所专有。

早在两千五百年前老子称宇宙的智慧为"闲闲大智"，而人类的智慧为"间间小智"，"闲闲"者，言其博大无垠，自在无待；"间间"者，言者狭小有限，造作有待。在科学功利不居首位的 18、19 世纪，"怀疑"是科学之母，好奇心是所有伟大科学家的天性。然而事乃有大谬不然者，20 世纪的两次世界大战和种种发生于东西方的局部战争，使科学的负面影响成了权力、野心和侵略、霸权的代言人，这不只是天才的科学家们始料所不及的，而且这种负面的影响正威胁着地球和人类的生存。现在已经到了危机的临界点，到了或者解决危机或者被危机所解决的时候，"到了最危险的时候"已不仅是中华民族的事了，因之，今年的海啸事件是造化对人类的一个警示，这警示当然和人类的科学负面影响无关，也不见得和人类的破坏生态环境有什么关系，地壳要抖一抖，那是谁也管不了的。即使亿万斯年以后，地壳还会在这里或那里抖一抖。但是，警示的本质意义在于：人是渺小的，不要讲在宇宙，在地球上也是十分渺小的。人除去相互之间发狠而外，还能"人定胜天"吗？还能"与天斗其乐无穷"吗？警示告诫全人类：同情和关爱应该赶快超越往昔的所有仇恨，同时在这次自然大灾之后幡然有悟，全世界有产者、无产者联合起来，放下各自的屠刀，化干戈为玉帛，共同预防、重建地球这为天厚爱的、独一无二的星球。"回归诗意的栖居"，那是何等美好的举世无双的神圣而伟大的事业。我们期待着这一天的早日来临。

俯仰今古　寄傲丹青

——范曾访谈

张公者

时　　间：2009 年 8 月 19 日

地　　点：北京·范曾书房

采访人：张公者

当代画坛，名家纷纷而是，而范曾先生是真正的大名家，名下无虚。何以见得？记者在采访之余，约略总结为范曾"十最"：

一、范曾是当代画家中文化底蕴与学问最好的一位画家。

二、范曾是当代拥有崇拜者最多的画家。所到之处，如"明星大腕"，备受簇拥。

三、范曾是目前书画界中字画价格最高的画家之一。

四、范曾是当代画家中纳税最多的画家——这绝不仅仅是因为他的画卖得最多。

五、范曾是当代被造假画最多的画家，据说有五百万张范曾假画。

六、范曾的画是当代作为贵重礼品被送礼最多的画家。

七、范曾是当代画家中争议最多的画家。所谓"名满天下，谤亦随之"。

八、数十年清晨五点即起床读书的画家，并世恐无第二人。

九、与范曾来往的皆各界顶级人物。可谓"谈笑有鸿儒，往来无白丁"。

十、范曾是当代文化界的狂狷之士。子曰："狂者进取，狷者有所不为也。"范先生有是焉。

张公者（以下简称张）： 中国古代的画家，尤其是宋以后文人画的滥觞，画家首先要会写字，而且写的很好，往往都是大书法家，同时在诗文方面也是很有造诣。到了 20 世纪，基本延续了这个传统，包括一些留学归来的学习西方绘画的画家，像徐悲鸿先生是大书法家，文笔也好。到 20 世纪末，还有一些老先生是能够做到诗、书、画兼能。而当代的中国画画家，往往字都不过关，诗基本不会作。

范曾（以下简称范）： 我曾经讲过一个关于中国画的八字箴言，就是中国画"以诗为魂，以书为骨"，为什么讲这个八个字呢？中国画从它的发展历程来看，在唐以前还离不开一个"匠"的问题，包括吴道子在内。当然王维以后不同了，可是王维的画，苏东坡看过，所以有诗中有画，画中有诗之说。董其昌就没见过，董其昌一辈子就希望能看到一张王维的画，可是一直没有能够如愿。他根据苏东坡这些人的讲法，测定他的画大概是个什么样子。那么到了五代，董源他直承唐代王维这个系统。我想中国画的进步，和文人的直接参与有极大的关系，能够代表中国画最高境界的还是宋以后的文人画。那么人家就会提出来，工笔画难道不能代表中国画的水平吗？也不是这样，当工笔画真的能画到像宋代画册里面《红蓼白鹅》水平的话，也是非常富有诗意的。可是画工笔画的人，往往容易落入一个形式的窠臼，很难跳出来，他们有时候不太会做减法，做加法的比较多。

张： 中国画的内涵深邃，也是源于它的文化渗入、文学性。我们今天提到中国画，还主要是指中国古代的文人画。宋画已经显现出文人画的端倪，唐代人物题材绘画虽是中国画的另一座高峰，但不能代表中国画的主体。

范：我们说整体的能够代表中华民族水准的，应该是宋以后的文人画。那文人画有个先决条件，它和现代很多称"新文人画"的有一个根本的不一样，就是现在的新文人画家他本身不是文人。如果谈到文人画，过去的文人，往往是在翰墨之余，砚台里有剩墨，因着自己的学养，随性之所至。古时文人到现在都是书法家，可以这样讲。书法和绘画有一种血缘关系的，他用的是剩墨，随便画几笔就很有意味了，画与诗文的意蕴是相通的，富有诗意，这种东西是没有文化修养的人做不到的。文人画，根据我的先姑祖陈师曾所谈中国文人画，讲文人画要在画外看他的修养。今天的文人画家呢，就在形貌上想弄一些东西，可也不一定是文人画。其实文人画是很内在的学养的流露，而不是外在的、附加的一个画面的什么东西，也不讲画上题一首古人的诗就叫文人画了，两回事。我们就是要深入地探讨文人画。"以书为骨"就讲一个画家，他书法不行的话，终究不能成为一个大画家。张彦远在《历代名画记》里论谢赫的六法说："夫应物必在于象形，象形须全其骨气。骨气象形，皆本于立意而归乎用笔。"最后归属它的载体是用笔。那么这个本何以立，要本于内心的立，而落实到纸上是笔墨。就是"诗魂"和"书骨"的一个内在的关系。张彦远其实谈得已经非常透彻了。我们现在懂这个道理的人，嘴上说懂，可是实际上不是一个很简单的过程，而且我们有些画家太急于求成，还没有画到什么水准的时候，就想标新立异，其实标新立异和西方的后现代主义有共通之点，就是先有一个主义，横梗在胸中。横梗在胸中这个东西呢，成为一个"法障"——这个佛家讲的"法障"，"法障"是什么？你制造的东西并没有化为现实，而成为你认识现实和表现现实的障碍。那么这种陷入"法障"，很难说真正能达到一个境界，更谈不上随兴之所至。文人画随兴之所至，它非常强调偶得，说"文章本天成，妙手偶得之"，"一俯仰之间，不亦越乎万里之外"，俯仰之间的事情。

张："妙手偶得"、"俯拾即是"，这些是需要前提的，是在长期的学习积累中才能"偶得之"，没有前期的刻苦准备是做不到俯仰之间。

范：所以我说一个真正好的艺术家，尤其是好的文人画家，他要做到三点，就是智、慧和灵。这个智呢，就是好学，你只要好学，你就有智。古代的这个"智"和知识的"知"是一个字，好学一定有知识。可这个还不够，你有没有慧根，就讲你有没有这个根性，有没有悟性。这个慧根呢，我想对每个人来讲都是有的，问题是你发现没有。这个慧根存在你身内，就是与生俱来的审美能力。马克思讲过，一个马车夫和一个哲学家的原始区别，还没有白狗和黑狗的区别大。这是什么意思呢？就是讲只要不是白痴，那么基本的DNA 和 RNA 都是会给你一种与生俱来的审美判断。天地有好生之德，它不仅给你血肉之躯，还包含着人类发展到今天如此智慧的可能，而这个可能是一种基因，慧根不是唯心的东西，那在于你发现和不发现。有智、有慧了，你是不是有灵？如果讲做一个真正的大画家，他必须有灵，这个灵就使你能够超越自我，也超越前人。这个灵它是一个不可捉摸的，有点恍兮惚兮的存在，这个恍兮惚兮的存在会来到的，可是不一定、不知何时何地、何种境况下来到。就比如古希腊的阿基米德发现水的浮力，他在澡盆子里洗澡，他下去，突然感到，哦，浮力原来就等于排出水的重量，这就是灵。可是他如果讲没有那种智和慧的积累，这个灵对他是没用的。任何不研究物理学的人，每天都进澡堂，可是他不会想到这点。苹果掉在好多人头上会吃掉，苹果掉牛顿头上，他会想到地心引力。当然这个故事西方有人讲是后人杜撰的，但我觉得还是赋予了哲理的意义。灵、智、慧，都具备了，那你可能成为一个大手笔。可是大手笔是不是每时每刻画画都会这样呢？不会。

李可染、傅抱石这样的大家，他的至精至美的作品也是少数，而这个少数作品就决定了他的成就。有时候老鹰飞的比母鸡还低，可是母鸡没有一次能飞到老鹰的高度。我们看一个画家的作品，是看他平生最好的作品，这是他的水平。我们当然看傅抱石的那些苍莽的、浑然的、博大的境界。你不能拿着傅抱石画的一个抗美援朝的作品，拿着讲这就是傅抱石。李可染也是这样，李可染后来的代表作有非常精彩的。这种精彩的东西，也不是一般人能达到的，也不是每张画都能达到的。你也可以拿出抗日战争画的宣传画，讲这就是李可染的。不，那是他当时在政治三厅，他要革命，他要反对日本帝国主义，他愤怒。可是这个不同于他后来的山水画代表的作品。代表作、杰作是不会很多的。

张：您谈到中国画的进步，和文人的参与有极大的关系。可是现在当代画家缺乏的就是文化，更缺少文人。那么中国画是否会后退？

范：中国很大，人口众多，都会有奇怪的人出现。奇迹总会出现，后退是不会的。

张：现在培养画家的美术学院的学生常常是文化课一般才报考美术学院的。我们今天的中国画界就是这样的状况，画界文化缺失。

范：还不可以笼而统之地这样讲。我总认为中国是个大国，要出现什么样的奇人、奇迹都是可能的。而这个艺术水平的前进或者后退，它不体现在一个军团，一个百万雄师，而只体现在少数人。因此我们看一个时代进步，不是看总体人数的平均值，这里面有若干人超越古人，就是在进步。

张：您说的是，衡量水平是要靠顶级人物及顶级作品作为标志的。我们所担忧的是今天美术界所提倡的并不是我们认为有利于中国画进步的一些观点与做法，没有普及作为基本土壤，生长出高人总是有难度，或者说不利于高等人才的产生。刚才您谈到陈师曾，他是您的姑祖父。

范：我的曾祖父范伯子和陈寅恪的爸爸陈散原是极好的朋友，他们两个都是晚清的大诗人，他们两个修好就结下了儿女姻缘，我的姑祖母范孝嫦就嫁给陈师曾。

张：陈师曾的《文人画之价值》是谈文人画最好的一篇文章，把文人画说得非常明白而深刻。

范：您说得非常对，是很了不起的。陈师曾就是死得太早，47岁。当时他得了疟疾，金鸡纳霜吃多了，死了，非常可惜。可是以他47岁所取得的成就，也很可以流传，这是非常不简单的。陈师曾是晚清到民国的一大公子。你想他是陈散原的儿子，是范伯子的女婿，这是什么地位？那是无与伦比的，从文化的角度来讲是无与伦比的。

张：文人介入绘画促进中国画的发展，文人用"剩墨"绘画，所谓文墨之余、笔墨余事。那么他们可能在造型等方面所下的功夫不多。缺少对物像的描绘能力或会降低要求，作为绘画本体，形是不可缺少的。这样是否会降低绘画作品水准？

范：不会。是这样，客观对照，它包括形，还包括神韵。如果讲一个高明的相术师，看相的人，他不看皮毛外相，他看骨相。再进一步，不看你的骨相，看你的风神。能看骨相、能看风神的，就可以了，其实我们谈技法的时候，往往局限在一个皮毛外相，忘记了事物的宗旨，忘记了它的骨相。齐白石讲作画在似于不似之间，不似为欺世，太似为媚俗。其实齐白石本身有的没做到，画蜻蜓翅膀画得那么细，虫子、羽毛过分的雕凿，宛如非常高级的动物标本，这个不是中国文人画的本色，原因就是太像了。

你看中国的文人画，八大山人对形体把握有他的独到之处，你想他具体画个鸟是个什么鸟，不一定，可是他就把握这个鸟的神态，它在特定环境中的一种意态，而这个东西是很难超越的。他画一个荷花，就不同于一般人画荷花，可是那种清新之气，从画面透出来。你不会再从形似上去要求他，因为这种意味的力量太强大了，我们有些画家，形保不住，也缺乏学问的基本功。因此他有时候也想豪放下，也想来比八大，可是一上去就是败笔，一下手就是败笔。因为他还没有懂得八大。其实从清初以来，一直到现在，所有写意中国画家几乎都画过八大吧。

张：八大画的是物象的神，写的是灵魂，令人赞叹仰望，八大的画真是达到了绘画、艺术的至高境界。他早年还有国破家亡的政治思想和人生磨难表现在画作上，而至晚年，他把这一切也都抛开了，真正进入了心灵与创作的自由王国。前几年，您曾赠给我您所出版的临八大的作品集，除去对八大画作的形神书写之外，还有您自己的气质在里边。

范：是，你就可以看到，我临八大，一定用古人之心体物，用古人之舌言情，另外还加上我的理解，这才成为我临的一个"八大"。我今天送你一本《范曾诗文书画集》。古往今来，能使我用上"崇拜"二字的就是八大山人。

张：我可以这样理解您的话吗：八大之外就是您了？

范：不可以这样，逆定理不成立。因为我还有很漫长的岁月，要对我做一个公正、确切的评价，千秋万代名，寂寞身后事，我生前不要太关注这些。

张：您早年曾经（引用）说过"傲骨不可无，傲气不可有"，您觉得自己傲气吗？

范：没有。

张：我感到您说的很客观公正，留给千秋万代评说，这同时也是谦逊的话语。

范：对。当然这个谦虚是有分寸的，你看过我的这个二十四字的自评吗？

张：我拜读过。其中最后一句是"略通古今之变"。

范：痴于绘画，能书；偶为词章，颇抒己怀；好读书史，略通古今之变。

张：最后一句我觉得分量很重。

范：因为这表面看是谦词，可是有一种自信和力量在里面。

张："通古今之变"我觉得那是于文化、艺术，于历史、哲学，于社会、政治诸多领域能掌控通晓的智者，虽然您加一个略字，那是您文词上的谦虚。

范：这个是用的司马迁《报任安书》中的句子，"仆窃不逊，近自托于无能之辞，网罗天下放失旧闻，略考其事，综其始终，稽其成败兴坏之由……凡百三十篇，亦欲以究天人之际，通古今之变，成一家之言"。他是通古今之变。我还谦虚，略通古今之变。但如果讲范曾作为这么一个博士生导师，也算是一个比较有名的教授，如果我都不略通古今之变，我何以教人呢？

张：可是您看看现在，占着这个博导、教授的位置又有几位能如此呢？读的书都是有限的，不也同样教人吗？更别说通了。前面您提到"新文人画"，新文人画恰恰缺少文气。

范：我曾经在中央电视台讲话，不知道你注意到没有。

张：我看过。

范：可能因为比较尖锐，有几段都没有播出来，有人讲要呼唤大师，我说大师是呼唤不出来的，我说你要到现在南京紫金山上再喊出个傅抱石来，我就相信。你呼唤不出来，自然生出来的，不知道何时何地何人会成为大师，对不对？也不要自己误以为自己是大师。曾经有一个人就非常喜欢称自己是大师，我就和他开玩笑，我说有人特别崇拜你，他问是谁？我说是你自己。他们老称自己大师，而且是不停地在任何公开场合都这样讲。君子要知趣，他不知趣就不能成为一个文质彬彬的君子。他从事艺术嘛，有时候也会成为一个误会。

张：您知道好多人也称您为大师。

范：啊？

张：很多人提到您会在您的姓名之后加上大师，听到这样称呼您，感受如何？

范：至少我不会感到快乐。

张：您每年春季在荣宝斋有新作展，很多人很早甚至前一天晚上就在那儿排队等您签名，您那是一种什么样的感觉？

范：我累的感觉是第一，第二个我感到群众这样爱我，我尽其所能，因为我不会非常断然地拒绝几个人找我签名。曾经我和一个很有名的演艺界的人士游泰山，一群人就把我们围上要求签字，泰山路都很窄，也有危险。他说表示拒绝签名，情绪很愤怒。结果呢，旅游人就讲，有什么了不起的。他们会由一种倾慕或者爱戴一下子就在分秒之间变成怨恨。我要考虑到群众的心理状态。首先他叫你签名没有恶意；第二呢，你能给他签名，他会得到很大的安慰，也许他会宝藏很久，他会记得这一个场景。曾经有个专门造我的假画的人，我也不知道他是谁，他取个名字叫范小曾，就像李可染的儿子叫李小可，傅抱石的儿子叫傅小石，他叫范小曾。我在荣宝斋签书，都是一个人在外面拿进来签了就出去，拿号入内，因为不拿号，我该被挤扁了。他们讲今天范小曾也来了，我从来没有见过，这个范小曾来了以后，他披着头发，我看他有一种惶惧之色，我说你是范小曾，是，他不知道我会怎么愤怒。我给他签了"范曾"两字，一句话也没说，因为什么呢？因为我内心对这些造假画的人有点心怀恻隐，他们可能也是生活所迫，或者什么，也不知道法，法盲，就是法律在这个领域也没有任何的定准。而过去中国呢，又以造假画为荣，不以为耻，这个从北宋米芾开始，有记载他借了人家画，然后临了张冒充真的给人家，这传为美术史的佳话。张大千也是专门造石涛假画，也不以为耻，当时能把陈半丁都骗过去了。陈半丁从琉璃厂买了个册页，他非常高兴举行宴会，张大千也去了，说是我画的，成为一个艺术界的美谈似的。所以这个东西，每个国家有每个国家的特定情况。你说现在我的假画，据统计，也不知道他们根据什么方法统计的，讲我的假画在社会上流行的 500 万张。500 万张呢，我想也差不多，中国造我假画的人一万人是有的，因为什么地方都有造我假画的，没有一个地方，没有一个画店没有我的假画。如果说 500 万张，以我画的速度得画二万年，我花很多时间看书，学生他们一来，很少看到我画，就和他们作诗，作对联，作诗钟。作诗钟你知道是什么游戏吗？就讲一个茶杯和一个橘子，完全没有关系的两个事物，要做很好的对联，还要关联。这个其实是我在训练学生作诗嘛，当然这个平仄声都在其中了。可是这是最难做的，最难做的能够做到了，你今后做相关事物的，有联系事物的就容易下手，是不是？很多时间实际上是花在这个上。当然我画画和黄胄一样，是比较快的。李苦禅也是比较快的，像可染先生是比较慢的，也不让人看。傅抱石画画也是快的，他也不让人看。我、黄胄、李苦禅没有问题，多少人看没事。

张：您如何对待这 500 万张假画？

范：刚才谈了，这个 500 万张假画，以我画画每年能画 250 张的画，我得画两万年，所以没办法打假什么的，算了。上回有个司法部的副部长和我一起看关于法律的画展；他说你这个不需要我们来帮帮忙？我说你这个忙帮不了，也就罪不责众吧。这个事情若处理不当，枉生事端又何必呢？我还解决了就业问题，至少有一个军团的人。

张：这样会不会影响您作品的声誉呢？

范：不会，因为我可以讲一句话，差得太远。

张：您觉得仿造您假画的人没有画得好的？

范：绝对没有，如果讲他真的画得好了，而且可以乱真了，他可以做画家去。

张：可是很多人是没有相当的能力鉴别您画的真赝。

范：其实呢，这个东西主要是他修养不够，有的人就是看着像，可是你再仔细看，完全不是那回事。我可以讲，无论什么高仿、低仿，用一个词——一无是处，一点都不行。我曾经叫我的学生们，我说你们在我画完的画面点一个点，我回来一定能发现那个点不是我点的。做过这样的试验。这个心灵的东西，就用心灵来判断。不是每个人都会有这样的鉴赏力，为什么学问大的像黄宾虹这样的人，他在鉴定故宫藏画时犯了很多的错误。

张：好多当年黄先生鉴定结论是有问题的。

范：对，他的鉴定现在基本上就作废了，那么这说明什么呢？就是这么大的画家，就是他看古代的东西，也有看不到的。他可能就不像在故宫的那些老手如徐邦达等，他们看的东西多，见的东西多，渐渐的非常精通。

张：鉴定最重要的一点是经验、是熟悉。您谈到，在给人家签字的时候，能感觉得到他这个人的内在状况。是不是这方面也与您进行人物画创作有关系呢？人物画创作需要能够迅速准确地抓住人物的神态，并将其表现出来。

范：其实这也不必过神其说。你和很多人也都会对一个人见面三分相，有个判断。没说话走过来，大体上知道是一个什么样的身份，或者学养，或者你再谈几句话，大体就差不多。

张：这除去源于对方本身表达出来的一些形象、现象、语言，给您一种信息之外，我想与您本身的学养有关系。

范：当然和我画画有关系，几十年画画，也有在这方面的感受。比如，一个气势很恢弘的人，不一定个儿很大，也许个儿很小，像小平同志，是东方打不倒的矮子，这个不是对他坏的评价，是个了不起的评价。过去湖南一个很大的学者王闿运，也是诗人，他是肃顺的幕僚，本身学问很大，人家在他生日时作对联"学比文中子（王通，隋大哲人），形如武大郎"，他非常高兴，有文中子之学很了不起。那么这幅对联作得非常好。一个人能够和自己幽默，看了别人对他的幽默之词感到快意，这是个胸怀很大的人。

张：您的作品《爱因斯坦》《黄宾虹》可谓形神兼备，是一次性画成的吗？

范：画黄宾虹时，当时我的学生他们都在场，整张画上，我从画眼睛开始，到最后彻底完成，20分钟，神速。所以这张画是我刚才讲的，确实也不是一定每次都能达到，你现在叫我画黄宾虹，也许就画得不如那个。就是偶得。那张画好在很多的感觉汇集起来。把当时的精神状态、身体状态——一个画家的创作和自己的身体状态都有很大的关系——诸多因素综合画出来。现在你看我画的黄宾虹，虽然是很简练的，可是，连眼镜玻璃的光度都能看出来，这是油画在这么短的时间内不可能达到的——确实油画在这么短的时间内不能达到，不然到时候又得罪油画家。我现在讲话确实都注意。

张：名人就会受到很多人的关注。谈到油画，用中国画和西方绘画进行比较，我觉得并非是比较谁高谁低，不是体育比赛，但是比较可以让我们更深刻地认识到自己的优点、缺点，也同时认识到对方的优缺点，对相互的发展应该是有好处的。如果请您来进行一个中西绘画的比较，您是什么观点？

范：我做过两次讲演。这次在米兰艺术学院做报告，谈八大山人和米开朗基罗。米开朗基罗是我最崇拜的西方艺术家，而八大山人是我最崇拜的中国艺术家。这两个人，面貌是完全不一样的，可是他同样能使我崇拜。我传授一个审美的诀窍，审美大概经过三个阶段：第一，惊讶，你还没仔细看它，就惊讶。第二，赞叹。第三，爱慕。

真正感动人的艺术，你们去回想，也许你不知道这是贝多芬的第几交响乐，你也不知道这是巴赫的。可是他这个声音，首先使你惊讶，宇宙中有这样的妙籁，这种惊讶是超越了感动的，是不需要言说的。那你再静下来，你就要赞叹，然后你会爱慕。你看米开朗基罗，他在佛罗伦萨的《大卫像》，这是他22岁到25岁这个年龄段做的雕刻，五百年过去了，这个雕像还是达到一个至美境界，无懈可击。任何雕刻家在这个作品前面不惊讶，就可能是审美上有些毛病。像意大利米开朗基罗和法国罗丹，他们的石雕都要自己敲，不让别人动。就宛如我在画一张国画，别人能替我动手吗？一笔不能动，因为谁都有只属于自己的微妙感。好的雕刻怎么出来的，罗丹讲，这块石头你把不需要的地方都敲掉，好的雕刻在里边。可是，一个拙劣的雕刻家，他把必要的地方全敲掉了，把不必要的地方全留下了，那当然这样做是非常恶劣的作品，对不对？可是要达到罗丹的境界是多么难。而中国的文人画，尤其到了画肖像画的时候，那真是个至难的境界。他们曾经看过我画的爱因斯坦，画这张画旁边有很多观众没问题，我就是凭手里一张照片从画左眼球开始，一个黑点，然后上下眼睑、眼轮匝肌，画完，这个爱因斯坦眼睛一出来，一看就是爱因斯坦，然后在右边再点一点，右面眼球再画。这个画由点推到面，推到整个画面是最难的，也包含了整体把握，包含了你对他的体会，拿我画的爱因斯坦和我手上的照片比是有很大差别的，不在于像不像的问题，像不像的问题早解决了，这没有问题。就在光运用等等，我一定是经过自己的加工的，爱因斯坦这么复杂的一个肖像画，我还画到身体，拿烟斗，整个这张画就画了一个多钟头。那么你想这里面光有造型还是不行的。有的人造型能力还不错，过去有个画家画人像，画谁都能画像，可是我讽刺他，我说画的像都很像，可是每个被画的人都会感到愤怒。其实我们内心很难讲，我们内心完全纯洁，那就是佛了，他能把你内心的不好的部分充分地体现在你的很正确的五官上面，使你怒不可遏。他好几次想为我画像，我说不好意思，你很忙——拒绝。一个画家能做到这步也不容易，他能使每个人愤怒，也不容易（笑）。

张：技法是首先要具备的，但只是初级阶段，或者说不是绘画最终目的，最重要的还是能够把人的神情表现出来，从而反映出人的最本质属性。在这里文化内涵是个关键性要素。我看到您的学生在跟您学写诗，但是您是历史系的教授，美术学院不教这些。

范：我是历史学院、文学院的跨系导师。

张：我们的美术学院是培养画家的地方，在这方面做得不够。

范：这个说的中央美术学院都不高兴，不高兴也都随他去了。现在教学是个很严重的问题，其实上有倡之者，下必甚焉，校长提倡什么，底下学生一定做得比你还过分，我写过一篇文章《后现代主义艺术的没落》，主要是"擒贼先擒王"，贬斥了杜桑和德里达——这两个把潘多拉魔盒打开来的西方代表人物。潘多拉魔盒是不能打开的，打开以后，你不知道有什么样的魔鬼会出来，会层出不穷的，多得不得了。现在西方人已经审美疲劳了，中国还方兴未艾，认为是新的东西。实际上西方已经对这些都看不上眼了。讲一个妙龄女郎要嫁给艺术家，以后的生活怎么办？都是很穷的。这些艺术家呢，年轻时也许有一股劲儿，要创造自我，可这个创造是否合适你？尼采讲"你是你自己"，你不要忘记，尼采是个天才。他神经兮兮的，他很多有名的作品是在两次发生精神病之间著出来的，比如《查拉图斯特拉如是说》。这本书是在他两次神经病高潮之中极妙的一部哲学著作，你怎么能随便和尼采比？你说我也发个神经病，你发个神经病以后，拿起笔以后就抖。讲李白，斗酒诗百篇，有些人作诗之前也要喝酒，喝酒诗就作好了——天大的笑话。这个包括李白在内，李白算是他自己开玩笑的话。就是怀素"忽然大叫三五声，满壁纵横千万字"，也是人来疯，他才没醉呢。如果醉了，他用笔会那么准确，形体那么美？不可能。傅抱石有一个图章：往往醉后。你以为他真醉了吗？傅抱石夫人罗时慧告诉我，傅抱石从来画画都是不醉酒的，"是陶醉"。他有一次真醉了，说我要画画，最后就把纸拿出来，黑黑乎乎的墨色一团。第二天他醒了，说："我昨天好像是醉了以后，画了一张好画。"夫人拿给他看，他把画撕掉了。

艺术是阿波罗控制下的狄奥尼索斯，当然是激动的，这个是酒神。阿波罗是太阳神。这样在太阳神光照以下，你有醉意那能产生好的作品。真的酒徒，那是做不出事情来的。

张：前面您谈到，有 500 万张您的假画。启功先生也说过了，他不是打假的，您也是这种观点，还不是无奈？

范：我刚才已经讲过了，对造假的人有些恻隐之心，对这些作画人为稻粱谋表示同情。另外，我也给他们一点希望，可以写一个"仿"，"仿范曾"。他们说写了"仿范曾"之后不好卖，其实不然。那些买这种东西的人，他也不知道仿是什么意思，反正有范曾两个字。

张：您的画很多都是用来作大礼来送的，送画以后会办很多的事情，很大的事情都能办。

范：不太清楚。

张：这里面有很多假画。

范：我倒是曾经看过一次，那次我到风筝之都山东潍坊，他们一些各级的干部，就拿他们藏的画给我看，真是五花八门，各种风格都有，结果一张真的也没有。

张：拍卖会上的假画您怎么办？

范：拍卖会上假的画，一般我提出来他们可能拿掉。

张：您的画价格已经超过了众多的 20 世纪的画家，每年都在递增。您觉得您画的这个价格，是高呢还是低呢？

范：这个问题我本来想回避。你既然这样问了，我就回答一个基本的原则。画的价格不是我定的，是由社会定的。画在我的屋里，它是艺术品。当它在市场上，它成了商品。当然说画被偷了，是个赃物。当到了法院，它是一个证物。画因时间、条件、地点不同、它的性质不同。对我来讲，我在画室。因此这个社会的价格和我关系不大。我既不希望它低，也不希望它高，也不希望每年涨价。你们不妨走访一下荣宝斋，荣宝斋说，几十年他们见过无数画家，唯一和他们不谈价格就是我。当然纳税最多的也是我，给我一个纳税模范。我想，这只是我应该做的事情。

张：您的画雅俗共赏，艺术我觉得能够做到雅俗共赏是最难的，做到极致的雅是大家都在追求的。我觉得相对来说，做到雅反倒容易，而能做到雅俗共赏是最困难的。

范：我现在把你讲的"雅"的概念界定一下。我举个最简单的例子，就是中央电视台做的我的节目，它的点击率很快在中央电视台所有栏目到第一位，而且它广播的时间不是黄金时间了。那么这说明什么问题？并不都是一些文人高士在那看，学者看，群众也在那看，各有所得。这个就叫作雅俗共赏。可雅俗共赏一定有个本质必须是非常高华的。有人讲，屋里放个破坛烂罐的，这叫雅，我想这是一种审美的偏见。艺术、艺术品，包括艺术欣赏都是一种精神的奢侈。如果讲，还没有温饱时，奢侈是不需要的。一定是"仓廪足，而后知礼仪"，这个仓廪足了以后，才有文化存在的条件。你看咱们现在艺术界，每个艺术家都欢天喜地的，它有个条件，因为社会富起来。我们改革开放以后，人们感觉到需要文化了，这时候需要文化，也许是盲从的，也许是没有什么判断力的。讲这个人是在什么地方担任个什么职务，那么他的画应该贵了，大家冲这个最低的标准来买画或者怎么样。久而久之，他也会渐渐成为行家了，他就有区别了，他就知道，什么是真好，什么不是真好。而是在画外加了些光环，其实这样的情况古已有之。像西方，后印象派的，像梵高，是很了不起的画家。可在生前一张画都卖不出去，我们能讲他不伟大吗？艺术的衡量标准，它绝不是当代完全能决定的。我举个例子，就是在民国期间，有一个画家金城，他当时画的价钱比齐白石的贵太多，为什么呢？他本身就是一个官僚出身，另外他交友非常广泛，人缘也很好，他画的东西贵得很。现在你们连这个人的名字都不知道了。他的画现在根本没人要。这就是历史的无情。艺术家一定要有个历史眼光来判断。这个既不要沾沾自喜，一次拍卖会，卖了什么好的价钱，或者怎么样，这都是烟云过眼。还是我那句话：千秋万代名，寂寞身后事。一个人老顾着身前身后名，他还有其他时间从事他所喜欢的事儿吗？不会。所以，在那种名利场和是非乡，你们看不到我。我就感到上回贵刊有篇文章，讲我很会钻营。一个人从 17 岁开始，一直到今天，每天 5 点起来读书，到现在已经白发苍苍，习惯不改，很少和人交往，名利场从来不去，什么笔会等热闹场面，你们看不到我。如果讲这样的人钻营的话，我希望这样钻营的人多一点。我认为他对钻营这两个字可能不太知道是怎么解释。其实一个人，人生寄一世，奄忽如飚尘……我一会儿带你看一个东西。

（看范先生藏品）这是个一亿五千万年前的一个完整的恐龙化石，这个是地质学上的侏罗纪化石。上面这个龟化石也有一亿年。我为什么把它们放在书房？我看到它，我就想到了，人生短，艺术长。我想到人生这一世远不如趹尘。什么是地久天长？什么是烟云过眼？什么是你的生命的价值？什么是微不足道的追逐？都可以从这得到感悟。一亿五千万年，什么概念？六千万年以前，恐龙基本上绝迹了，就在恐龙绝迹以前，九千万年，这个恐龙在世。所以，我们想到这个年代的久远，我们怎么能够不珍惜自己的生命，怎么可以把自己的生命消耗在一种无聊的是非乡。

张：您很少参加美术界活动。

范：因为画家聚在一起，这个场呢，一个人身上如果冒一点俗气，这个场荟而萃之，能把一个人轰出来。

张：汶川地震您捐了一千万给灾区，感动了无数人。

范：我当时在法国参加联合国的一个会议，联合国的会议有我一个讲话，而且就是（2008 年 5 月）21 日。我记得那次会议是捐款会好像是 18 日，我 16 日赶回来。我怎么知道的呢？是朱军给我打的电话，朱军讲文联希望我能够参加这样的一个活动，并希望我讲话。我说我立刻回来，买了飞机票第二天就回来。16 日我回来了以后，朱军就来商量捐款这个事情，我说现在你认为捐多少为好？他说，捐个一百万吧。我说太少。"二百万？"我说不行。"五百万？"我说也还不行。"八百万？"我说离一千万还有两百万，那就一千万吧。大概决定的过程就是这么短的时间，然后我就给楠莉（范先生夫人）打电话，她当时在外国，我说我捐一千万，她说："好！太好了！"第一个字回答就是好，就是这么一个过程。

张：您没有和其他的捐款人作比较（捐款额）？

范：没有。这个不想比较。捐款以后，我谢绝一切媒体对我的采访，说人们在痛苦中，我们这是应该做的事情，做完就行了。我在国内没有会见任何记者来谈这个捐款。我很快又到法国，我 20 日到巴黎，21 日在联合国大会进行讲演。联合国大会非常友好，就在那现场起立，为中国汶川地震默哀一分钟，我很感动。当然，我最后讲演提到，说我在讲演的时候，我们祖国汶川的同胞正在受难，我感谢诸位对他们的哀悼。我讲的时候眼泪快要流出来了，可是我最后眼泪也没流出来，因为我会克制。汶川地震捐款大会的电视，大约周围人都会哭得很厉害，我就不会，能克制。当时有个特写，我眼睛里泪花在转，但不会流出来。因为男人不需要流眼泪。我曾经讲过，一个男子，一个纯粹的男人，一辈子只许哭两次，一次是母亲将死，你可以痛哭于床炜之前；国之将亡，你可以痛哭于九庙之外。其他的时候都不值得哭。我祖国需要男子汉的铁肩，需要的不是眼泪。这是我经常勉励自己的。当讲完以后，在法国华人圈相当地轰动。新华社的人都来访问我，顺便就问起来汶川地震捐款的事情，我说这次捐款一千万，我最近看到了一个消息一个乞丐捐了30块钱，我说他捐的东西也不比我少，还有大的企业捐几个亿也不比我多。在这个时候爱心是相同的，无论钱的多少，我也不愿意和任何一个人比较，这就是我的性格。你们从来不会看到我在任何场合和别人比，这不是我的为人。

张：您是在国际上有很大声誉的中国画家，您有很好的条件在国外生活，为什么没有选择在国外生活？

范：在国外我感到很孤独。孤独的原因，一个是没有对话的人。而北京，它是个首善之地，这里面藏龙卧虎，各个领域都有杰出的人，可以和我交谈、进行思想交流，有时很多智慧的火花在这个交谈中会迸发出来。这种快乐对一个重心灵而不重物质的人来讲是非常重要的。我在国外生活当然可以讲是非常好。可是，这个好，对一个生活在心灵中的人来讲，它是一个身外之物。回到祖国以后，我有我尊敬的师长，我有我心爱的学生，我有很多各界的朋友，从影视到体育、到文学、到艺术，各个领域的最杰出的人物都愿意到我家里来。当然这些人，都是在各自领域做得非常了不起的。我曾经和杨振宁在新加坡科技大学，两个人同台做过一次谈美的报告。我和陈省身先生在南开大学也同台做过一次演讲。另外，像有些科学家也愿意到我家里来，如大数学家丘成桐，我愿意听他们讲。听他们讲有什么好处呢？虽然是完全不同的领域，可是我可以提出问题，和他探讨。这些问题哲学上的意味是什么？中国古代的感悟哲学，在哪些方面走在西方实证科学的前面？中国古代的哲学是一个不求实证但求感悟的哲学。西方的哲学可不行，西方的哲学不然。科学有多高，哲学就有多高。西方现在的哲学家也无事可做，因为他们科技太发达，科学最多也还是在时空里发生的一些变化。可是时空的问题，科学家在这里实证了很多哲学家想不到的事情，这个就是我所愿意和西方的科学家谈谈话的原因，包括像丘成桐这样数学方面的杰出人物，他是杨乐介绍的，杨乐是我中学时候低一班的同学。杨乐写了一封介绍信，这篇文章在上海《社会科学报》都登载了而且登在第一篇，这是郭长虹整理的，当时他在。我不感到寂寞，冯骥才叫我享受寂寞。我说你自己不是喜欢热闹吗？

张：冯先生很忙的。我也去采访冯先生，他秘书说只给我半个小时采访时间。

范：享受寂寞，这是你在繁华过去以后一种生理上和心理上的需要。至于讲能把这个寂寞当作是享受内容的话，这个可能很高深。禅的本意就是沉思。那么对我这种艺术心灵生动活泼的人，可能是不太合适的。

张：祖国对您意味着什么？

范：在文联的一个新年的联欢会上，叫几个名人讲几句话。我说"我分担祖国的痛苦和灾难，我分享祖国的光荣和尊严，因为你的名字叫中国"。中国从鸦片战争到今天，一百七十年来，受尽了蹂躏。我国所受到的欺凌是深深刺痛中国人心灵的，尤其是敏感的知识分子。因此对祖国的每一次的强大，我们从内心能够由衷的欢欣。神舟六号，费俊龙和聂海胜在天上，他们是半夜回来的，我一夜没睡，就等着他们回来，一直等到四点多宣布神舟六号胜利完成任务，我才睡。后来聂海胜和费俊龙和杨利伟到我家里看过我，那么我非常高兴地接待这些民族英雄。同样神舟七号，我在一次宴会上，我给陈炳德将军讲，像费俊龙和聂海胜一样，我一个人送一张大画给他们。他说，好，那我就向他们宣布，没问题。因为我想，我的艺术在这个时候能带给他们的可能是知识分子的感激和一种感动。在这个时候，它是无价的。我想中国现在遇到前所未有的好时代，你们都生活在幸福之中。过去我们的磨难和痛苦已经过去了，其实贵刊那篇文章的一个恶毒之处，就是讲，我在"文化大革命"里斗沈从文，这完全是荒谬之说。过去已被历史博物馆的老人们批驳得体无完肤，而且我也有文章，《忧思难忘说沈老》，很清楚。还有他讲的非常污秽的话。讲我外靠奸商，内靠官僚。我既不靠官僚，也不靠奸商，我的艺术是一个自在之物，它的神圣性是我内心的灵智之火，我怎么会把自己贬成这个地步，完全是荒诞的。而且这个谣言所从来远矣！过去 Huan 某因为在政协会上讲，我大为震怒。从此不理 Huan 某。后来终于追根溯源，是某公在南京有一次开玩笑说的。某公也是我的一个老朋友，他这个人比较随意，有时开玩笑很离谱。这个人已经故去了，人已故，今非昨，不必抓住他不放，而且也是我的一个朋友，这也不能构成他的一个垢病。因为他讲的胡话太多，在一群胡话里面，这个话就不太突出。而对于我，这样写文章的人，这么讲究文辞的人，就很莫名其妙。像这种无耻之说，对我伤害是很大的。但是我有个大的名望压着，没起什么作用。

我觉得文艺界有的人气量是很小的。我不知道什么原因就得罪了像 Huan 某这样的人。也许我的文章，或者说也许我在谈一些道理的时候，批评一些现象时，他就自己对号人座，他就咬牙切齿地骂，就在吴祖光先生的家。吴祖光先生是对我非常好的一个老人。吴祖光对 Huan 某讲，他说你能讲一件范曾很不堪的事情，我就听你，他没有，一件都没有。Huan 某你干吗这么恨呢，这真是莫名其妙。佛家把这种叫无明烦恼。这种情况在知识分子里经常有。其实要谈艺术，你再评高低，没关系，因为艺术它自在。你附加很多东西来评艺术，那并不能证明艺术。

张：请谈谈对待师长。

范：我觉得一日为师，终生为父。我写过一篇李可染先生的文章。李可染先生这篇文章，当时是小可到我家里来请我写的。我说好。这篇文章后来影响比较大，后来《人民政协报》也全文转载，很多的书刊都转载出来。我们在生命的历程里有很多需要感激的，"平生多感激"。在你前进的过程给你知识，给你援手，给你帮助的，你都应该记住。这种感激之心很重要。所以讲，我们要感激父母亲，感激祖国，感激我的师长，感激一些在我困难的时候援之以手的朋友，这些都是人生难再。离开了这个时间、条件、地点就不行，都要记住。我们要对人或事情有敬畏之情，比如说这个人的确学有专攻，你就应该欣赏他。一个能欣赏别人的人，是非常难得的，有这样的胸怀很不容易，甚至你可以欣赏敌人。像项羽在鸿门宴上看到樊哙进来，在盾牌上生猪肉"哗哗"地切，剑将肉送口就吃，项羽站起来说，"壮哉，勇士！"欣赏敌人。有这种胸怀，那是很不容易的。要有敬畏，敬畏包含着你对学有专攻的人欣赏。另外一个我们还要有一个恻隐之心。对社会的弱势群体，对生活在贫困边缘的人群，或者孤立无援的一些人，都要心怀恻隐之心。这个恻隐之心人皆有之，怀有恻隐之心能不能保持付诸自己的实践，这是一个过程。过去好像王阳明讲，一个小孩掉到井里，大家第一反应说，"啊，救啊"，可是以后的表现不一样了。有的人就拿梯子派人救，有的人看看之后走了，有的人根本就不关心。有这种恻隐之心，就近乎佛心，就有广大的同情，有广大的悲怀。

另外，作为一个中国人，真是需要有赤子之心。我们不要看到现在的一些国外人对中国好，因为中国富强了，有钱了，都想分中国辛勤劳动的积累一杯羹，把中国当冤大头。我们也想想，你们的列祖列宗，对不对得起中国？我们的圆明园，就是一把火，烧毁了中华民族璀璨的文化。当时法国是拿破仑三世，英国是女王。当时这个侵军客舰队队长希望雨果写篇文章，歌颂那次远征。结果雨果来了一篇非常不可思议的训斥，他说你们完全是两个无耻的强盗，这两个无耻的强盗一个就是拿破仑三世，另一个就是英国女王。对东方这座神圣的公园，一个万园之园，你们给毁坏了，就像古希腊帕特农神庙一样。这么无耻的事情还叫我歌颂？法国有良知的知识分子和中国的知识分子的心是相通的。我们不把外国人都看作是最坏的。我接触了很多法国人，对中国人也是非常地友好，包括联合国。他们就是授予我联合国教科文特别顾问，授予我红色护照。其实我想这种来源于什么？来源于我后面有强大的祖国。他们也不是随便说说，他们也要得到我们文化部的回函，文化部有很热情的回函，认为范曾先生是当今中国文化一个杰出的人物，希望他在当联合国的多元文化的科教文特别顾问中，作出他的贡献。如果讲不是一个强大的中国，他怎么会把这么巨大的荣誉给我？不会的。我想我今天跟你所谈的，都是由衷之言。

张：请谈谈您的爱情观。

范：这和书画有关系吗？

张：是您说的，就与书画有关系（笑）。

范：我想爱情可以从大的方面来看。爱情是对每个人都适用的概念。因为有多少人就有多少爱情的方式。可是有一点是普遍性，什么叫爱情？就是这个人使你刻骨铭心。如果讲不是这样的，或者是金风玉露一相逢，这样的不叫爱情，其实那个叫游戏人生。另外曾经有过爱，可是遇到背离的时候，这种痛苦的伤痕在心里是很难磨灭的。我曾经在一篇散文《干一杯，再干一杯》里提到一段，我说当时我们都去干校，小伙子都在谈恋爱，前前后后收到女友绝情的信。我就带了一群年轻人，带着我们珍藏的照片和所有的信件，全部拿出来，到湖边去，我们买了很劣质的酒，因为当时没有好酒，也没有钱，就是一块三一瓶的白薯做的酒。我们把所有的信件都烧掉，我们举起酒杯对着茫茫大湖，莽莽苍天干杯，为了爱情的死亡，爱情已经死亡了。这个不叫爱情。我是这样来看待爱情的，其他的就不谈了。

人类整体面临着灵魂的自我救赎

——范曾先生香港访谈录

侯　军

在香港中环四季酒店面向维多利亚港的落地窗前，范曾先生执一杯清茗，与我对面而坐，尽兴畅谈。

转瞬之间，我与范曾先生已暌违两年。其间，我只能在电视荧屏上聆其雅教，观其风采，若央视一套《我们》栏目中关于"中国诗画"的系列演讲，若央视《艺术人生》栏目中对自己人生与艺术的回顾与展望，若 2010 年年初北京台《中华文明大讲堂》栏目中，与哈佛大学教授杜维明在北大百年讲堂所做的关于《天与人》的系列对话……范曾先生以画家之视野，诗人之襟怀，史家之通达，哲人之深邃，仰观宇宙，俯察万类，纵论古今，阐微发奥，令观者在由衷感佩之余，尤感心胸豁然开朗。

范曾先生以其深厚的国学底蕴和鲜明的东方视角，数十年来不遗余力地弘扬中华文化，推进东西方的文化交流与理解，从而赢得了世界文化界的尊重与褒奖：2009 年，他荣膺联合国教科文组织"多元文化特别顾问"，2010年，又荣获法国荣誉军团骑士勋章。

在联合国教科文组织授予他"多元文化特别顾问"的仪式上，范曾先生曾发表了一个演讲，题为《回归古典，回归自然》。这不啻是一位东方艺术家对全人类的一个忠告。这个观点随即不胫而走，很快就传遍了世界。那么，为什么在全球化浪潮汹涌澎湃、现代化思潮席卷而来的当今之世，范曾先生却大声疾呼要人们向古典和自然回归呢？我的提问，引发了范曾先生两个多小时的滔滔宏论。

现应《人物》杂志之请，选发部分内容，看范曾先生为当今的人们开出了怎样的济世良方。

回归古典，其源点就是以古代先哲为代表的古典主义精神，那里有疗救现代人诸多心疾的良药。

记者：我注意到，您一再讲到远古先民的生活状态和远古先哲的宇宙观念。这是否就意味着，您所讲的"回归古典"，就是要把人们带回到远古那种日出而作、日落而息、乐天知命、小国寡民的社会去吗？

范曾：当然不是。我所讲的"古典"，其实是指东方和西方的古典主义精神。我们讲古希腊，讲柏拉图和亚里士多德，那是因为古希腊时期曾被恩格斯称为"人类健康的童年"。而中国的春秋战国时期，同样是一个思想极为活跃，精神极为自由的中国人的"健康的童年"。公元前 5 世纪至公元前 3 世纪，正是人类文明史上的文化轴心时代，许多了不起的思想成果都是在那个时期萌生发展起来的，西方像苏格拉底、柏拉图、亚里士多德；东方像老子、孔子、墨子、庄子、孟子、荀子、韩非子等等，还有印度的释迦牟尼，在人类思想的星空里，那个时期真是群星璀璨。柏拉图不是说，人类要用不朽的生命对"永恒理念"进行回忆吗？任何回忆都需要找到一个远古的源点。五百年前的意大利文艺复兴，复兴的是什么？一个是古希腊古罗马的文化，另一个是古希伯来文化。这是西方文艺复兴所找到的源点。中国的唐宋时期曾出现一个"古文运动"，代表人物就是"唐宋八大家"，其首领就是"文起八代之衰"的韩愈。"古文运动"所找到的源点，就是先秦散文，就是史汉庄骚。那么，我们今天讲的回归古典，其源点就是以古代先哲为代表的古典主义精神，那些产生于人类健康童年时期的鲜活而纯朴的思想。我认为，这些纯朴的思想对于疗救现代人的诸多心疾，是非常有效的良药。

记者：能否谈谈这些古典"良药"的具体内容？

范曾：具体讲，我所指的回归的本义，首先就是老子所说的"复归于婴儿"、"复归于无极"和"复归于朴"。"复归于婴儿"，因为婴儿是天真无邪的，他们纯净的心灵，不啻是人类的导师；"复归于无极"，那是宇宙本初的单纯和洁净；"复归于朴"，因为大朴无华的存在是那样的宁静而安谧。而这些恰恰都是当今这个浮华世界所最为稀缺的东西。要想使这个嗡嗡嘤嘤的喧嚣世界归于平静，不在人类的心灵上下功夫，那不过是痴人说梦。所以老子说："反者道之动。"（《老子·四十章》）这里的"反"字，就是返回的意思。而"道"字，我们前面已经讲过，是他给"宇宙本体"勉强取的一个"字"。也就是说，在老子看来，"道"的运动便是回归。

回归的深层要义，在于唤起人类心灵深处的"良知"。苏格拉底在人类历史上第一次提出了"万物一体"的观念（《柏拉图全集·第一卷·斐多篇》）。在他看来，美、善、正直、神圣都是"绝对"的存在物，是天地生我之前已然存在着，而且"出生前就已获得"的。这一观念与儒家的"性善论"不谋而合，与孟子所说的"不虑而知"的良知，更是同一种妙悟。在孟子看来，不学而能为良能，不虑而知是良知。而人类这些与生俱来的"良知良能"，乃是一种根本善。"仁、义、礼、智根于心"，是"君子所性"（《孟子·尽心上》），即本性。孟子认为："恻隐之心，人皆有之；羞恶之心，人皆有之；恭敬之心，人皆有之；是非之心，人皆有之。恻隐之心，仁也；羞恶之心，义也；恭敬之心，礼也；是非之心，智也。仁义礼智，非由外铄我也，我固有之也，弗思耳矣。"（《孟子·告子上》）

王阳明继承并发展了孟子的这些思想，进而提出："良知是造化之精灵。"而他的"心学"就是建立在对宋儒提出的"存天理，去人欲"的论辩和"致良知"的阐发之上的。我们过去基于意识形态的偏失，对他的这些观念曾做过简单化的批判，现在看来，他的思想其实并不是那么简单。王阳明认为"心即理"，这是他对朱熹的理学观念的超越，朱熹认为"未有天地之先，毕竟也只是理"（《朱子语类》），而王阳明则说："心明便是天理。"心外无理，心外无物，甚至心外无天。他所讲的"存天理"，实质就是存本真之性，而本真之性也就是孟子所讲的"根本善"，即良知良能。而他讲的"去人欲"，并不是现代意义所说的一切人类的欲望，而是指一切违拗天理的自私自利之贪欲。他特别强调个人心灵救赎的重要。他认为，良知者，是非之心也。是非判断便是"良知"。"良知"原是人心之自在，不假外求的，可是一旦注入了私己，便有许多毛病浮现出来了。这一点，孟子早有论述：你见到一个小孩掉进井里了，你的第一反应是什么？要赶快救他——这就是人的良知。我把它称之为"良知判断"。可是，一旦注入私己之心，"功利判断"就出来了——在中国的某个时期，你或许会想到，落井的孩子是个地主的儿子，我救不救他呢？地主的狗崽子，不救！这就是功利判断。……如何保持"良知不泯"？王阳明认为要靠坚持不懈的修持，即所谓做功夫，要小心呵护自己内心的良知良能，不使丧失。用他的话说就是，必须不留纤毫渣滓，不使稍有留滞，功夫中断，则前修必失。

王阳明的"心学"是一条改善人类心灵、实现自我救赎的最广阔的法门。

记者：我开始理解您倡导"心学"的良苦用心了。您是希望通过唤起全民的良知良能，来抵御各种功利的诱惑和物欲的侵扰，来达到拯救世道人心的目的。我记得，您在20年前曾提出一个口号，叫做"重振雄风，再造民魂"；今天又提出要"回归古典，回归自然"，这两者之间是否存在某种延续关系呢？

范曾：哦，你还记得我当年的观点，这可不容易。当时，我讲"再造民魂"，这个"再造"，也就是说要靠大家的努力来营造，包括各种外力。实践已经证明，单靠外力是远远不够的，必须还要调动起人们的内在力量，也就是人心的"良知良能"，也即王阳明所说的"吾性自足，不假外求"，这才是更重要的。可见，我的看法也是不断发展、逐步深入的。

王阳明的"心学"乃是一种"为己之学"，强调人的主观能动性。过去总说他的思想是主观唯心主义，我认为完全不是。王阳明很注重现实的生活，他不提人做不到的事情。他要求人们无时无刻地、不间断地呵护"良知"，这种呵护是每个人都可以做到的。他认为一个人"心量"有大小，可是"良知"是一样的；"良知"的发挥有大小，可是"良知"的本体，并没有区别。这和孟子讲的要"集义"、"养气"是一个意思。你的气"养"得越来越大，越来越恢宏，有沛乎苍冥的"浩然之气"，那将是一种什么景象啊！

因此，我觉得，王阳明的"心学"虽然是"一己之学"，正所谓"龙场悟道，功夫在己"。可是他悟道的终极目的，还是"止于至善"的"利他"之道。从王阳明一生的实践，我们也可以看出，他是身体力行其"知行合一"的理念的，他修身的目的，还是为了"齐家治国平天下"。

王阳明的"心学"，是集儒释道之大成的东方哲学。他早年学过佛，所以他能参透佛家的顿悟。冯友兰先生曾论述禅悟的过程，犹如一下子跳过了悬崖，是经历了"死亡体验"之后的大彻大悟。王阳明在龙场悟道时，身边放着一口棺材，这同样是在经历一种"死亡体验"。生死亦大矣，能看破生死这一关，还有什么看不明白呢？所以，王阳明是把悟道看成是一种生命的超越。王阳明对道家学说也有很深的参悟，道家是诸子百家中，最注重人的内心世界的学说，特别是庄子。而王阳明正是专注于人的内心修炼，才完成了他的"心学"。至于儒家学说，虽然在历史上门派众多，而王阳明能博采众长，融会贯通。他龙场悟道最大的收获，就是打通了"六经"。"心学"的核心就是强调"天人合一"和"知行合一"。而"天人合一"的思想是孔子的孙子子思最先提出来的，子思就是孟子的老师。儒学经过宋儒的发扬光大，形成程朱理学。王阳明对朱熹的理学有过批判，比如，对于朱熹与陆九渊的"鹅湖之辩"，他是倾向于陆九渊的，对朱熹的"即物穷理"有疑义，这与陆九渊在鹅湖之会上批评朱熹的学问"支离"是一个意思。但是，王阳明对朱熹始终怀有敬重之情。在儒学发展史上，阳明心学是程朱理学的发展而不是反动，是毋庸置疑的。以致后来史家也常常把他们的学问合称为宋明理学。

五百年来，哲学家出现了很多，而王阳明的"心学"则是一条改善人类心灵、实现自我救赎的最广阔的法门。因为在王阳明看来，市廛的所有人都是圣人，而市廛的人也同样看到王阳明是圣人。这是中国大儒对人性"根本善"的信赖。

我想，如果让西方 18 世纪末的伟大哲学家康德的"合目的性"和东方 15 世纪王阳明的"致良知"联手，可能是人类灵魂赎救的良方。这一点，也许西方人还没有悟到。不过，上个世纪罗素曾说过一句话，他说："世界未来的希望在中国。"这是迄今为止最清醒的哲人的期许，我想，他是一个真正的智者。

在当今这个浮躁的时代，人类唯一的选择是按照孔子"和而不同"的理念，唤起普遍的"良知"。

记者：范先生，您刚才谈了这么多哲学话题，正是针对当下现实的。我们也都知道，目前拯救世道人心的任务非常迫切。可是，从哪里入手去拯救呢？哪些问题是我们必须尽快去解决的呢？

范曾：这是迫在眉睫的问题了。早在上个世纪 60 年代，英国历史学家汤因比写了一本很有名的书《历史研究》，他提到人类会遇到十大危机，第一个危机是原子弹，接下来就谈到空气污染，谈到天上会出问题，而天上的问题根子还在地上，也就是人类在为非作歹。还谈到消费，谈到欲望的膨胀等等。汤因比真是一个预言家，他五十多年前说到的问题，现在不是都显现出来了吗？

说到原子弹，固然对法西斯发动的二次世界大战的结束，起到了关键性的作用。然而，死于原子弹的大体是无辜的人群。而且，原子弹对地球带来的威胁是亘古未有的。人类制造出一种东西，足以毁灭地球几百次，这不是很令人畏惧的事情吗？汤因比把这种人类造出来的恶魔，列为头号危险，绝对是有道理的。原子弹之父奥本海默曾不胜感伤地说："现在物理学家知罪了！"他有科学家的"良知"，而且有担荷罪恶之意。而氢弹之父爱德华·泰勒则更在他的《广岛的遗产》一书中，表达了科学家深刻的反省，并祈望太平世界的来临。我们说，这些科学家都没有泯灭他们内心的"良知良能"。可是，我们却不知道那些掌握着原子弹密码箱的人们是怎么想的。

环顾当今世界，超级大国有囊括四海之意，并吞八荒之心。财富操纵者有永不满足的欲求，民族利己主义使国与国之间关系紧张，而亿万人群在物质主义的鼓动下，奔走忙碌，天下熙熙，皆为利来，天下攘攘，皆为利往。地球已然变成杂乱无章的一捆乱麻，气候变暖，冰山融化，河流污染，沙尘暴肆虐，种族冲突，金融海啸……人类整体面临着灵魂自我救赎的时节，这是当下刻不容缓的当务之急。舍此，任你有天大的本事，也无法阻止地球和人类走向毁灭。

妄自尊大是后工业时代人类的整体恶德，过分夸大了生产力对地球的改造作用。西方人一直笃信人类改造自然的力量，上个世纪有一位生物学家说："我们不能等待地球的施舍，我们要主动向大自然索取。"人类的索取确实力大无比，短短一百年，就使地球不堪重负了。而当代生产力的重要标志则是电脑与信息在全世界无远弗届的霸权。它渐渐不再驯服于创造者——人类的意志，反过来是对人类的全面专政。我相信未来的社会，国家、制度、信仰、文化，都不再占据主导地位，当工具发言超越意志发言的时候，那所形成的社会的巨大盲动是最可危可惧的破坏力。

庄子最反对人类的"机心"。所谓"机心"，也就是机巧之心。阴险狡诈，老谋深算，损人利己，投机取巧，等等，都属于机心的范畴。庄子讲过一个"抱瓮而灌"的故事，借一老丈之口批评世人的"机心"，说："有机械者必有机事，有机事者必有机心。机心存于胸中，则纯白不备；纯白不备，则神生不定；神生不定者，道之所不载也。"

人类原本是纯朴善良的，太过精明是不好的。庄子还讲过一个浑沌的故事，说远古南海之帝为儵，北海之帝为忽，中央之帝为浑沌。儵与忽去看望浑沌，浑沌待之甚善。儵与忽就商量着要报答浑沌，他们说："人皆有七窍，以视听食息，可是浑沌偏偏没有，咱们帮他把七窍打开吧。"结果，他们日凿一窍，当七窍都打开时，浑沌就死了。这个故事是非常深刻的。当今之世，机心泛滥，机关算尽，聪明人太多，而且那些用阴谋诡计谋取私利的人，不但不会受到谴责，反而被人们羡慕，甚至奉若神明。其中最典型的"机心"

群体，当属华尔街那些所谓"金融大鳄"，他们翻手为云覆手为雨，把世界金融市场玩弄于股掌之上，直至爆发金融海啸，让全世界为他们买单。这类机心之人，都属于"道之所不载也"！

在我看来，人类现在比以往任何时候都更需要"顿悟"。因为时不我与，不能等待太久长的时日了。当然，我们不能要求全球60亿人同时悟到人类良知之未泯，只是人类往往不能把握住历史的时机。我这么说，是因为有前车之鉴——在二次世界大战刚刚结束的时候，全人类等于是刚刚经历过一次整体性的"死亡体验"，那时的人类曾经有过美好的理想，希望建立一个超越国界的"联合国"，来解决全人类的问题。可是，"忘却"是人类的通病，"功利判断"很快就覆盖了全世界，私己之念一旦注入进去，冷战就开始了。如果说，二次大战的"死亡体验"曾经向全人类普遍昭示了善与恶的区别，而人类却轻易地错过了这次难得的机遇，那么，第三次世界大战则不会再给人类任何机会了，因为此时的世界已经多了一个叫做原子弹的恶魔，它足以让地球和人类在刹那间化为乌有。佛家所谓一念之中有九十九刹那，极言其时间之短暂。

在这生死攸关的时刻，人类唯一的选择是按照孔子"君子和而不同"的理念，唤起普遍的"良知良能"。人类有许多不同，从制度、宗教、文化直到肤色、风俗、习惯，千差万别。单讲语言吧，我因为担任联合国的"多元文化特别顾问"，所以他们经常给我提供一些资料，今天全世界还有6000到8000种语言，最小的语言族群只有1000人。如何把众多千差万别的人群联合在一起呢？"和而不同"，是唯一的选择。

我注意到前不久，李源潮先生在哈佛大学做了一个演讲，特别强调了"和而不同"的观念。这是东方哲学对世界文明的一个了不起的贡献。我们讲"和而不同"，最终目的是要达到世界的"大同"，也就是"大道之行也，天下为公"。而当下我们主要关怀的"大同"，则是人类和地球的终极命运。人类的其他差异都属于小异，比如国家、党派、宗教、信仰、文字、语言等等，都是大同中的小异。中国人有一句非常聪明的话，叫"求大同存小异"。现在的问题是，人类往往舍弃终极的"大同"，总是在那些枝节问题上争来争去纠缠不休。我曾开玩笑说，现在全世界都让戒烟，像真的似的，其实最该戒的是造原子弹。前些天，美俄又在谈判了，说是要把原子弹各减少15颗，那管什么用？还有1000颗原子弹在仓库里放着呢！而且，你想想，当年广岛、长崎两个原子弹的能量，仅相当于5万吨TNT炸药，现在每一颗原子弹的能量都几千万吨TNT。为什么汤因比把原子弹说成是人类头号的危机？因为只有它的力量，足以把地球毁灭几百次。

很有意味的是，这位汤因比先生曾经同日本的池田大作谈到："如果就我个人的愿望而言，我愿意变成一只印度的鸟，如果必须变成人的话，我愿意变成中国人。"我看到他的这段话，不禁十分诧异。我猜想，汤因比为什么要想变成一只印度鸟？因为印度有释迦牟尼，他主张人与所有生灵一样，一律平等，正所谓"六道众生，皆有佛性"；他为什么要变成中国人呢？因为中国有孔孟，有东方的大智慧，可以把人教化成一个君子。

当今世界，人类实在太烦躁了。而宇宙本体原本是非常宁静的，老子讲，天是"寂兮寥兮"的。人类的烦躁越多，背离宇宙本体就会越远。如何制服我们的烦躁呢？老子讲："静为躁君。"心要宁静，非宁静无以致远。宇宙的存在状态是单纯、混沌而有秩序的。我们人类只是茫茫宇宙中的一粒微尘，我们栖身于一个小小的寰球，这是迄今为止，天体物理学家所能看到的唯一有生命的星球，在这个星球上，万类繁衍，其中就有我们这些有智有慧有灵的人，这是多么了不起的事情啊！我们应该以炽烈的爱来呵护这个星球，因为这是我们唯一的家园，我们怎么能够糟蹋它呢？

愿为中华文化发扬光大尽最大努力

——访著名书画家、诗人范曾先生

赵明河

"莽莽天宇，八万里云驰飙作；恢恢地轮，五千年治乱兴亡。邙砀脊脉，逶迤远连昆岗；河洛清波，浩荡奔注海澨。涉彼洪荒，文明肇创；万代千秋蒙麻，厥功在我炎黄……天不欲亡我中华，必不亡中华之文化。中华文化，有源以之开流；神州百族，有秩以之共理。炎黄脊梁遍列九州，姓氏血脉，扬辉全球……"

不久前，当著名书画家、诗人、国学大师范曾先生受邀走进河南省会郑州唯一一所师范院校——郑州师范高等专科学校大礼堂进行国学讲座时，礼堂内恭候已久的千余名大学生立即齐刷刷全体起立，齐声朗诵先生抱病为号称"世界第一巨塑"的炎黄二帝巨塑落成典礼所创作的《炎黄赋》，以这一前所未有的隆重礼节，表达对远道而来的范曾先生最真诚而热烈的欢迎。

我全程聆听了范曾先生精彩的国学讲座，与大学生们一起一次次热烈地鼓掌，并有幸在讲座结束后，对范曾先生进行了采访。

坐在我面前的范曾先生身着一件宽松的中式对襟衣衫，银灰色的丝织质地圆领阔袖，上缀七排整齐的中式绳结盘扣，脚穿小口平底布鞋，别有一番仙风道骨的儒雅风度。先生虽满头银发，但精神矍铄，谈吐风趣，隽思妙语，议论风生，手里握着一柄古朴烟斗，在举手投足间尤显活力和睿智，完全不像年已 71 高龄的长者。通过亲切的交谈采访，我也渐渐走进范曾先生那丰富多彩的内心世界，了解了国学大师人生成功背后那艰辛的奋斗历程和博大的心胸情怀。

艺术成就享誉中外

范曾，字十翼，别署抱冲斋主，是当代中国著名的国画大师和书法家、诗人，开人物画一代风气之先。他的古代人物画，气韵生动，神采飞扬，笔力遒劲，线条简括，形象生动。他的泼墨人物画，尤其是以诗为魂、以书为骨，笔墨浑厚、造型生动，塑造的人物飘逸潇洒、栩栩如生。他的诗歌和散文，文采飞扬，与书法绘画珠玉璀璨，是当代中国画家中集诗、书、画三绝于一身的"怪才"、"奇才"。范曾六渡扶桑、多次远游欧美，更是目前拥有世界上最多读者的中国画家。学历史出身的范曾是当代大儒，更是一位学识学养学问颇深的书画大家，他身上洋溢着一股浓郁的文化学者的独特魅力，他学史而谙诗文，学文而通史哲，学书而洞《说文》。他自拓天衢、自开户牖，登临中国画坛的峰巅，形成了自己独特的语言和绘画符号。他的画是写出来的，"笔所未到气已吞"。他的字是画出来的，笔墨润含春雨，干裂秋风，抒情在腕底。他的书画艺术因他的学问滋养而绚丽灿烂；他的诗文辞赋是抒吐出来的，直抒胸臆，尽吐胸中块垒。

范曾的学术更因他的艺术思维而圆融灿然，他出版有《鲁迅小说插图集》《范曾书画集》《范曾画集》《范曾吟草》《范曾书画集》《范曾怀抱》《范曾自述》等多部图书。1979 年他首访日本，被日本誉为"近代中国十大画家之一"。1982 年获日中文化交流功劳纪念杯，1986 年获日中艺术交流特别贡献金奖。日本大企业家松田基，不惜重金，大量购买范曾先生的画，并于1984 年在日本冈山市设立了"范曾美术馆"。此前在日本为外国画家设立美术馆的仅毕加索一人。

范曾对中国悠久文化艺术一往情深，他对自己有 24 字的自评：痴于绘画，能书，偶为辞章，颇抒己怀，好读书史，略通古今之变。他说："每个人都要客观地看待自己，选择适合自己的道路。只有正确认识自己，正确的定位才能成功。"他认为，一个优秀的中国画家，必然对中国的哲学、历史、古典诗词、书画皆有深入了解，否则，不可能登堂入室，只能临摹古人，描摹大自然。因此，他的丹青书法、文翰辞章，无不体现出艺术家的博大精深，高古深远。

凭借其深厚的国学基础及对中国文化的独特理解，范曾更是以史入画、以文会意，画中熔融了中国文化的精魂，逐渐形成其在中国画坛书、画并绝，诗、文俱佳的艺术风格，成为当代中国画坛最重要的领军人物之一，其艺术成就享誉世界。他的代表作《灵道歌啸图》等藏于日本冈山范曾美术馆，《八仙图》等藏于中国美术馆，《秋声赋》等藏于美国伯明翰博物馆。

泪血斑斑凝书画

范曾 1938 年 7 月 5 日生于江苏南通一书香之家，父亲范子愚、母亲缪镜心均为南通当地著名的教育家。缪镜心还是南通女子师范第二附属小学的校长。范曾天资聪慧，在长辈的呵护下，自幼就开始学习历史、文学和绘画，很快展现出超人的文采和画赋，当时被称为"南通三小画家"之一。

范曾家学渊源，根据国家图书馆所藏《范氏宗谱》和《范氏支谱》以及苏州图书馆所藏《范氏家乘》等古籍文献的记载，范曾所属的南通范氏是北宋名臣范仲淹的后代，是范仲淹的次子范纯仁的子孙。传到范曾，已经是范仲淹的二十九世孙。

高中毕业之后，范曾以优异的成绩考入了南开大学历史系，师从著名教授郑天挺。郑天挺看出了范曾对绘画舍弃不掉的兴趣，就推荐他到中央美术学院学习美术史。然而，美术史系不久被解散，范曾随即转到了中国画系。范曾在国画系很快找到了以前画画的感觉，受到著名国画大师李苦禅、李可染的赞扬，他的毕业作品《文姬归汉》，更是令时任全国人大副委员长的郭沫若赞叹不已，亲自为之题诗。

从中央美术学院毕业之后，范曾进入了中国历史博物馆工作，随沈从文编绘中国历代服饰资料，临摹优秀绘画作品，并为沈从文创作中国古代服饰方面的配图。文革期间，范曾被下放农村进行劳动改造，直到 1971 年才得以重新回到历史博物馆，此时他已过而立之年了。

当时，范曾独自一个人住在北京垂杨柳一间四面透风的小平房内，严冬季节，室内滴水成冰。范曾只好用水壶烧水取暖作画。有一次，他作画入迷，水开以后也忘记关火，最后将水壶烧得变形，所幸水壶还未漏水，就这样一直使用下去，当时他的生活之困窘可想而知。

这期间，范曾为了夺回因下放被耽误的时间，不分昼夜废寝忘食，拼命作画，身体严重透支，面容日见消瘦，脸色苍白，十指无色，连行走都时常感到头晕目眩。有一次，他骑着自行车竟无力控制车把而突然摔倒，摔得鼻青脸肿。而一向不愿在命运前低头的范曾，坚信意志力能排除一切舛厄。于是，他每天清晨 5 时就起床外出跑步。一日，他正跑步中，忽觉天旋地转，眼中闪晃金星。他自知不妙，急忙死死抱住道旁一棵小树才没有摔倒。

范曾不得不到北京医院检查，化验结果出来，是恶性贫血，血色素为五点六克，不及常人之半，必须立即住院。名医会诊确定为结肠息肉，要开刀治疗。范曾十分冷静地分析了自己的病情：如果术后不佳，则来日无多，若就此离世，将上负苍天厚爱，下愧父母殷望，必须做一件有意义的事留于人间。 他决定画一本《鲁迅小说插图集》。在开刀之后不久，他便嘱医生将输血针管插到脚上，把一小案几置于病榻上，靠在床背上强忍剧疼，研墨吮毫，潜心作画。刚开始的几天，他握笔都极其痛苦，所见线条皆成双影。而手术之后，臂力腕力也有气无力，每画一笔，都如刀口撒盐，疼得他大汗淋漓，又常常出错，不得不撕掉一张又一张，重新再画，这其中的辛酸和煎熬外人根本无法体味。

当时，著名儿童文学作家严文井也因病住院，正巧就住在邻室。他每临窗总见范曾忍着病痛折磨，脸色蜡黄，额头大汗淋漓地潜意于画，感慨良深地赞道："平生所见刻苦如此者，唯沈从文与范曾二人。"

《鲁迅小说插图集》出版后大获成功，他同期创作的另一幅代表作《韩非子像》也轰动一时。此后，范曾开始在国画界崭露头脚。全国人大常委会委员长彭真访问日本的时候，专程请范曾作画以送给日本友人。日本友人对范曾的画极为欣赏，1982 年又专门邀请范曾在日本东京举行画展，这次画展在日本引起轰动，范曾也从此在国际画坛名声大振。

1998 年，范曾在香港举行了"范曾书画艺术世纪大展"，陈省身、杨振宁、季羡林、李锐、吴祖光等众多科学家和社会知名人士向范曾表示祝贺。在这次大展上，范曾的作品《丽人行》以 1200 万港币的天价售出。消息传出之后，众多人士议论纷纷，有人认为国画不值这个钱。但是范曾平静地回答，在梵高的画卖出更高的天价的时候从来没有人发表异议，这明显是崇洋媚外的一种表现。范曾用自己的画作证明了国画并不比西洋画差。此时的范曾，国画大师的荣誉称号实至名归。

外界传言范曾作画用坏的笔头就有两麻袋之多。当笔者向范曾先生求证时，先生笑答，从来没有用麻袋装过烂笔头，但用坏过无数笔头，则为不假，日积月累，应不是小数目。

旁人只看到范曾绘画上的突出成就，然而这其中的辛酸，又有几人能知？正如诗人宋词先生所赠言："画笔一枝常在手，泼尽平生粉墨，细看是，斑斑泪血。"

去国还乡情更浓

范曾成名后，曾到法国定居若干年，于 1993 年自巴黎返回祖国。目前，范曾是南开大学历史学院和文学院的博士生导师，还是中国海洋大学人文社会科学院院长、山东大学等多所高校的荣誉教授。相较于过去，他后来的生活过得较为低调。

但中国社会并没有忘记范曾，去年 7 月，由王一岩导演，历时一年制成了大型纪录片《范曾》。摄制组辗转北京、天津等中国城市拍摄，还前往巴黎、大阪、奈良、京都等地取景。该片在中国公映后，反响强烈，不久前获得中国纪录片评委会奖。

近期，中央电视台《我们》和《艺术人生》栏目相继推出了范曾系列访谈节目。在《我们》栏目中，范曾主讲了中国诗词之美、中国书法之美和中国画之美，更多的观众被范曾那渊博的国学知识所打动，对其中国书法、中国画的精湛技艺所深深折服，在《艺术人生》栏目更被其博大的胸襟、傲骨的气节和爱国的情怀所震撼！

人们更多只知道范曾先生的画，却鲜有人知道他的善行。作为一代杰出书画大家，范曾大隐于世，却像祖辈范仲淹一样情牵世人，心忧天下，千金散尽，独享平淡生活，收放之间，尽显大家风范。先生的画作广泛地被海内外收藏家和画院、博物馆收藏，所得收入大半捐献给了社会，用于慈善事业等。

还是在上世纪80年代那个万元户躁动的年代，范曾自甘清贫，耐得寂寞，以"二年画一楼，两鬓添秋霜"的惊人艰辛，通过卖画筹得400多万元人民币，全部捐献给母校南开大学，为母校建造起一座气势恢宏的东方艺术大楼。

2003年，范曾先生又捐赠50万元用于母校南开大学的抗"非典"工作。2004年的六一儿童节，在中华文学基金会的倡议下，季羡林等55位著名作家学者向全国文学爱好者和社会各界发出倡议，募捐建立"育才图书室"，以使更多贫困地区孩子能享受到阅读的快乐。范曾为此捐助100万元，成为最高额度的个人捐款。2007年，范曾先生为南开大学出版的《大学语文》教材绘出17幅人物肖像，分文不取。

2008年5月18日晚，在中央电视台《爱的奉献》抗震救灾募捐活动直播晚会上，年已古稀的范曾先生专程从国外赶回来。在现场，他一直用手掌紧贴左胸，引用民族英雄林则徐的名句"苟利国家生死已，岂因祸福避趋之"来表达自己对抗震英雄的钦佩之情，一次性捐款1000万元支援灾区，令全场为之感动，创下国内艺术家个人为汶川灾区捐赠善款的最高纪录。

范曾先生还用纳税的方式支持国家建设，这是他独具一格的表达方式，仅去年纳税就超过千万元，被北京税务局授予"纳税模范"荣称。范曾作为文化人群体的代表，和企业家们一同行善，在中国知识阶层中彰显出了独有的标杆意义。

去年，范曾又被评为"中国大陆慈善家排行榜"及"年度十大慈善家"上榜人物，在颁奖仪式上，范曾谈到："一个人对祖国和父母要有感激之心，对人类文明和经典文化要有敬畏之心，对社会弱势群体要有恻隐之心，一个人如果有了这三心，就是一个成熟的人，就可以缔造和谐社会。"

做中国传统文化的守望者

在讲座中，范曾先生还讲了一个故事，深深震撼了台下数千师生。他说，很小的时候，父亲带着他在巷子里走，突然父亲不走了，看那边走来一个年长的人，父亲站在一边，不说话，对那位长者鞠了一躬。父亲说，这是范曾曾祖父范伯子的学生徐昂，学品均好。父亲无声地让路，表达的是对祖父所欣赏的人的一种礼敬。至礼如同至痛，是无言的。范曾先生讲的这个例子，就是中国文化的一种表现，就是中国文化所讲究的那个"礼"。

面对数千名大学师生，范曾坦然讲道："我总想，我的艺术会给人类的文化宝库增添些什么，这是我最大的也是最宏伟的追逐。"

"实际上中国的书法和绘画代表了中国文化的一些精髓。一个优秀的中国书画家，必然对中国的哲学、历史、古典诗词、书画皆有深入了解，否则，不可能登堂入室，只能临摹古人，描摹大自然。绘画当以诗为魂、以书为骨。我愿意做一个中华民族文化忠实的守卫者，一个忠实的卫士。因为，作为中国传统文化重要组成部分的书法和绘画，集中和精妙地体现了东方人的精神追求，在中国人的心灵世界起着极为重要的作用，深为中外人们所喜爱。"

范曾先生还特别谈到，中国自"五四"以来，一些激进的希望我们民族能够振兴的知识分子，有个认识的误区。他们认为中国传统文化影响了中国的民主和科学，因为中国丰厚的文化成了一个阻力。当时最有名的代表人物陈独秀就曾讲，中国的汉字很难装载新的思想，因此要先废汉字，且留下汉语，而且这汉语改成罗马字拼音，这个对中国没有损失。胡适也曾说，我非常赞成独秀兄的看法。鲁迅先生年轻时，也曾认为汉字阻碍了中国的前进，希望把线装书统统扔掉。鲁迅甚至还讲过非常激烈的话，汉字不灭，中国必亡。而最激烈的当属瞿秋白，他曾说这个方块字是全世界最可恶、最龌龊、最混蛋的臭茅坑。

范曾先生解释说，当时国家危机重重，命运危如累卵，他们当时都是二十来岁，年少气盛，对中国是爱之深、恨之切，急盼中国强大，恨不得中国一天就能强大起来，这种心情是完全可以理解的。可是到了晚年，像鲁迅，他会很客观评价中国文化的意义，成为中国传统文化的守护者，这个变化可谓大矣。

中国文字为什么可爱？范曾先生向笔者介绍说，我们知道中国汉字书法有六意，有指事、有象形、有形声、有会意、有假借、有通会。举个例子，比如讲"上"和"下"，不告诉你什么意思，你一定会知道，哪是朝上，哪是朝下。这个是指事。象形，这个"日"字的写法，过去一个圆，里面一点。过去的"月"，一钩新月。会意，你今天心里很不平，上上下下的，"上"字底下一个心字，"下"字底下一个"心"字，是什么字？忐忑，心里上上下下，忐忑不安。像这种中国文字本身之妙，是全世界独一无二的，没有哪一个国家的文字，能像中国文字具有这么丰厚的、形象的、声音的、意义的内容。这次奥运会开幕式，张艺谋最成功的创意之作，就是活字印刷表演。

中国的汉字就是这样具有丰富六意内涵的一种文字，一看就是个有情界。而西方的文字都是拼音文字，一看就是个无情界。世界上没有哪一个国家的文字，能像中国的文字具有这样的审美价值。虽然中世纪西方一些基督教的经典，或者历史的古籍，也有一些很花体的文字，可是那充其量是一种工艺美术；而汉字不一样，带着浓厚的感情色彩，表达了书法者本人的性格，当时的心情。你看到他的字，有时候你也许不知道他字的意思，可是他那种点画之美，那种内部表现出来的力量，连外国人都会感动。所以讲，中国的文字，当你懂得它的内容，又能感受它的字形、机体之美的时候，你就到了一个审美的境界。

笔者问及先生对书画艺术的评述，他郑重说道："与天地精神相往来，吸取儒释道营养，做传统文化的守望者！"他更希望自己可以发挥国画这种中国国粹的特色，把中国传统文化的精神渗入到国画里去，让国画这种民族艺术屹立于世界艺术之林，从而改变人们国画不如西洋油画的偏见。

笔者又探求范曾先生，作为一个书画大家，对中国文化传统的发展，自己要有什么样的责任？

范曾坦然地说："对民族文化，我是一个守望者，使它在未来，人类共建一个花团锦簇的地球村的时候，中国的文化所能起的作用，不是西欧的文化，更不是美国的文化所能替代的，这是我中华民族应该有的一个自信心。现在孔子学院像雨后春笋一样在世界各地建立，这表明了中华民族在世界影响力的空前提高，表现了我们中华民族作为一个伟大的民族，真正地能够跻身于世界最强大的民族之列，我们引以为光荣。"

"我们生逢一个盛世，祖国极为强大，经济、国防、航天等等，都在全世界彪炳了中华民族的辉煌。而在这个时候，党中央又提出，要发挥文化软实力的作用，这是一个多么伟大的历史进步，这是非常令我们愉悦的一件事情，我愿为中华文化在世界的发扬光大，尽自己的一份责任和最大努力！"